LINGDAO GANBU TONGJI ZHISHI WENDA

领导干部统计知识问答

（第二版）

《领导干部统计知识问答》编写组

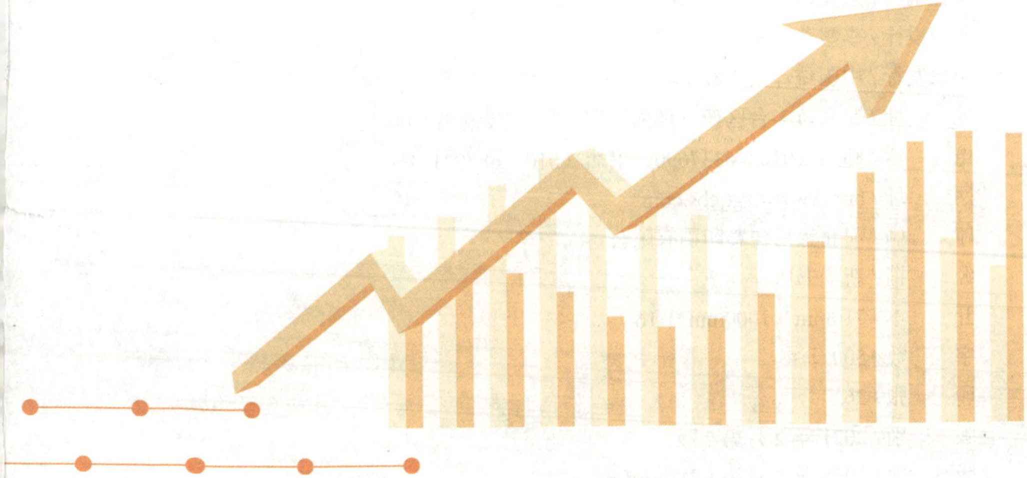

中国统计出版社
China Statistics Press

图书在版编目（CIP）数据

领导干部统计知识问答 / 《领导干部统计知识问答》编写组编. -- 2 版. -- 北京 : 中国统计出版社, 2021.2（2025.7 重印）
ISBN 978-7-5037-9454-4

Ⅰ. ①领… Ⅱ. ①领… Ⅲ. ①统计学－干部教育－学习参考资料 Ⅳ. ① C8

中国版本图书馆 CIP 数据核字（2021）第 014463 号

领导干部统计知识问答（第二版）

作　　者 /《领导干部统计知识问答》编写组
责任编辑 / 佘竞雄
装帧设计 / 李雪燕　李　静　黄　晨
出版发行 / 中国统计出版社
地　　址 / 北京市丰台区西三环南路甲 6 号 邮政编码 /100073
电　　话 / 邮购（010）63376909 书店（010）68783171
网　　址 / http://www.zgtjcbs.com
印　　刷 / 河北宝昌佳彩印刷有限公司
经　　销 / 新华书店
开　　本 / 710mm×1000mm 1/16
字　　数 / 500 千字
印　　张 / 26.5
版　　别 / 2021 年 2 月第 2 版
版　　次 / 2025 年 7 月第 6 次印刷
定　　价 / 80.00 元

如有印装差错，由本社发行部调换。

《领导干部统计知识问答》编写组

主　　编：宁吉喆

副 主 编：鲜祖德

编　　委：毛盛勇　安平年　徐荣华　刘爱华　赵同录　卢　山
刘文华　翟善清　董礼华　张　毅　万东华　李锁强
王有捐　方晓丹　杜希双　胡汉舟　张　军　闾海琪
钟守洋　彭永涛　叶植材

编 辑 部

主　　任：毛盛勇　叶礼奇

副 主 任：吴小武　巴运红　张　琳　汤魏巍　赵建华　安毓环
张　鹏　郑淼淼

执行编辑：赖建明　赵欣慧　邱　阳　华　中　易　超　罗懋婷
佘竞雄　李　冲

前言

统计是经济社会发展的重要综合性基础性工作。古人云：“不明于计数而欲举大事，犹无舟楫而欲经于水，险也。”随着中国特色社会主义进入新时代，“用数据说话、用数据决策、用数据管理、用数据创新”日益成为国家治理的主要方式，“基于统计的管理”正在向经济社会发展的各个层面渗透，统计数据已成为党和国家实施宏观管理和科学决策的重要依据。

党中央、国务院高度重视统计工作。习近平总书记多次对统计工作作出重要讲话指示批示，党的十九大和十九届四中、五中全会先后作出“完善统计体制”“发挥统计监督职能作用”“推进统计现代化改革”等重要决策部署，中央印发《关于深化统计管理体制改革提高统计数据真实性的意见》《统计违纪违法责任人处分处理建议办法》《防范和惩治统计造假、弄虚作假督察工作规定》等重要统计改革文件，为做好新时代统计工作提供了根本遵循。统计作为推动国家治理体系和治理能力现代化的重要工具，在经济社会发展中的“晴雨表”“测量仪”“指示器”和“风向标”作用更加突出，在帮助各级党政领导干部准确分析研判形势，审时度势科学决策中的作用更加彰显。

为适应时代要求，2018年9月，国家统计局组织编写了《领导干部统计知识问答》，较好地满足了领导干部学用统计的需要。但随着近年来统计改革的持续深入推进，《领导干部统计知识问答》部分内容已无法全面客观反映当前统计工作实际。为此，国家统计局组织局内有关单位，结合近年来统计改革发展中的重大事件和重点工作，对该书的篇章题目和内容进行了补充完善，增加“国际统计合作”部分共 6 个题目；增加统计现代化改革、完善统计体制的重大意义、地区生产总值统一核算、统计监督、国家脱贫攻坚普查、高质量发展统计监测与评价等题目；结合最新工作实际对相关解读案例和数据进行了更新。

修订后，全书共分 9 个部分，选取 146 个重点问题，对统计职能、统计指标、统计标准、统计调查、统计监测、统计分析、统计监督、国际统计合作、常用统计术语进行了详细解读和说明。希望对各级领导干部学统计、知统计、用统计，提升运用统计数据进行科学决策、科学管理的能力和水平有所裨益，有所帮助。

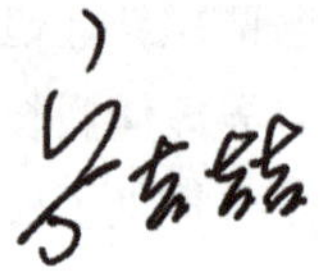

国家发展改革委副主任兼国家统计局局长

目录

第一部分　统计职能

1. 统计及政府统计的职能是什么？......002
2. 如何认识新中国政府统计的发展历程？......004
3. 我国政府统计组织体系是如何构成的？......009
4. 如何理解统计现代化改革的内涵和目标？......012
5. 统计现代化改革的主要任务是什么？......013
6. 完善统计体制的重大意义是什么？......015
7. 统计业务工作的基本流程是什么？......016
8. 统计调查项目包括哪几类？......019
9. 统计数据质量管理体系是如何构成的？......021
10. 国家统计数据主要通过哪些渠道发布？......024
11. 地方统计数据主要通过哪些渠道获取？......026
12. 什么是三大核算改革？......028
13. 地区生产总值统一核算如何实施？......032
14. 政府统计中如何使用大数据？......033
15. 联合国官方统计的十大基本原则是什么？......036
16. 如何发挥统计监督职能作用？......038
17. 开展统计督察的重大意义是什么？......042
18. 统计执法检查是如何开展的？......044

第二部分　统计指标

19. 判断经济形势最常用的统计指标有哪些？......048
20. 什么是国内生产总值（GDP）？......051
21. GDP 数据为什么要修订？......054
22. 如何理解 GDP、国民总收入（GNI）的区别和联系？......056

23. 粮食产量如何统计？ 058
24. 肉类总产量如何统计？ 061
25. 商品房销售面积和待售面积如何统计？ 064
26. 什么是建筑业总产值？ 066
27. 什么是服务业生产指数？ 071
28. 什么是拉动经济增长的“三驾马车”？ 074
29. 什么是社会消费品零售总额？ 076
30. 什么是固定资产投资额？ 080
31. 什么是货物进出口总额？ 084
32. 什么是服务进出口总额？ 086
33. 什么是调查失业率？ 088
34. 居民消费价格指数（CPI）是如何编制的？ 092
35. 工业生产者出厂价格指数（PPI）是如何编制的？ 098
36. 住宅销售价格指数（HPI）是如何编制的？ 104
37. 什么是 GDP 缩减指数？ 108
38. 按现价和不变价计算与公布的统计指标主要有哪些？ 109
39. 常住人口城镇化率如何测算？ 111
40. 什么是平均工资？ 113
41. 什么是居民人均可支配收入？ 116
42. 什么是恩格尔系数？ 120
43. 什么是基尼系数？ 122
44. 什么是贫困标准和贫困发生率？ 124
45. 反映工业质量与效益的主要指标有哪些？ 127
46. 什么是产能利用率？ 133
47. 单位 GDP 能耗如何测算？ 136
48. 什么是研究与试验发展（R&D）经费及投入强度？ 140
49. 什么是宏观经济的先行指标、同步指标与滞后指标？ 144
50. 什么是采购经理指数（PMI）？ 146

第三部分　统计标准

51. 最新的《中国国民经济核算体系 (2016)》作了哪些修订？ 152
52. 国民经济行业分类包括哪些类别？ 153

53. 三次产业是怎样划分的？ 155
54. 法人单位和产业活动单位有什么区别和联系？ 156
55. 大中小微型企业划分标准是什么？ 157
56. “三新”统计分类包括哪些内容？ 159
57. 怎样界定和统计战略性新兴产业？ 163
58. 高技术产业如何界定和统计？ 165
59. 文化及相关产业如何界定和统计？ 168
60. 生产性服务业与生活性服务业如何区分？ 171
61. 在统计上城乡是如何划分的？ 174
62. 常住人口和流动人口如何区分？ 177
63. 人口老龄化及其衡量标准是什么？ 179
64. 国际货币基金组织的数据公布特殊标准 (SDDS) 是什么？ 181
65. 世界银行如何划分各经济体收入水平？ 184

第四部分　统计调查

66. 什么是全面调查、重点调查？ 188
67. 什么是普查？ 190
68. 什么是经济普查？ 193
69. 什么是农业普查？ 197
70. 什么是人口普查？ 199
71. 什么是国家脱贫攻坚普查？ 201
72. 什么是抽样调查？ 202
73. 行政记录数据是如何应用于统计工作的？ 206
74. 什么是统计基本单位名录库？ 209
75. 什么是统计“四大工程”？ 213
76. 什么是电子商务统计？ 216
77. 什么是城市基本情况统计？ 218
78. 什么是住户调查？ 220
79. 粮食产量实割实测是如何做的？ 224
80. 什么是遥感测量？ 227
81. 社情民意调查是如何开展的？ 229
82. 计算机辅助电话调查是如何开展的？ 232

83. 什么是网络数据抓取？ 235

第五部分　统计监测
84. 如何对全面建成小康社会进程进行统计监测？ 240
85. 开展高质量发展统计监测与评价的重要意义是什么？ 243
86. 中国创新指数如何编制？ 244
87. 什么是经济发展新动能指数？ 248
88. 对营商环境如何进行综合评价？ 251
89. 如何对基本公共服务均等化进行统计监测？ 254
90. 如何进行农民工统计监测？ 260
91. 什么是全国农村贫困监测体系？ 262
92. 如何测算全要素生产率？ 264
93. 对京津冀协同发展主要从哪些方面进行统计监测？ 266
94. 对长江经济带发展主要从哪些方面进行统计监测？ 269
95. 对长三角一体化发展主要从哪些方面进行统计监测？ 271
96. 联合国可持续发展目标如何进行统计监测？ 273
97. 如何编制全球化指数？ 276
98. 如何编制人类发展指数（HDI）？ 278
99. 世界 500 强企业是如何排名的？ 279

第六部分　统计分析
100. 如何进行宏观经济预测？ 284
101. 如何进行计量经济分析？ 287
102. 什么是统计综合评价分析方法？ 288
103. 什么是分组分析法？ 292
104. 什么是结构分析法？ 295
105. 什么是对比分析法？ 298
106. 什么是平均分析法？ 300
107. 什么是相关分析法？ 302
108. 什么是因素分析法？ 304
109. 什么是周期分析法？ 306
110. 什么是时间序列分析？ 308

111. 什么是多元统计分析？……311
112. 如何进行景气分析？……314
113. 投入产出表的分析要点有哪些？……319
114. 资金流量表的分析要点有哪些？……322
115. 资产负债表的分析要点有哪些？……325
116. 国际收支平衡表的分析要点有哪些？……330

第七部分　统计监督

117. 地方各级人民政府法定的统计职责职权有哪些？……334
118. 统计机构和统计人员法定的统计职权有哪些？……336
119. 领导干部不能触碰的统计法律底线有哪些？……338
120. 对统计调查对象资料保密的法定规定有哪些？……339
121. 党政领导干部违反统计法律法规应当追究哪些党纪政务责任？……341
122. 统计领域严重失信将受到哪些惩戒？……344
123. 统计法律制度由哪些部分构成？……347
124. 国家统计局成立统计执法监督局的意义和作用是什么？……350

第八部分　国际统计合作

125. 国际统计机构主要有哪些？……356
126. 世界各国的统计体系主要分为哪几类？……360
127. 金砖国家统计合作是如何开展的？……362
128. 你了解世界统计日吗？……364
129. 近年来国家统计局开展的多边交流合作有哪些？……367
130. 近年来国家统计局开展的双边交流合作有哪些？……370

第九部分　常用统计术语

131. 什么是统计数据的报告期和基期？……376
132. 什么是季节调整？……377
133. 什么是统计误差？……378
134. 什么是翘尾因素？……381
135. 什么是指数？……384
136. 什么是权数？……386

137. 什么是弹性系数？ 389
138. 什么是变异系数？ 391
139. 什么是绝对数与相对数？ 393
140. 平均数、中位数有什么区别？ 396
141. 什么是存量与流量？ 399
142. 什么是经济增长贡献率和拉动点？ 401
143. 什么是所占比重、比例和相当于百分比？ 403
144. 同比与环比有何不同？ 405
145. 什么是环比折年率？ 407
146. 什么是购买力平价？ 409

第一部分

统计职能

1. 统计及政府统计的职能是什么？

统计是一种认识活动，是人们认识客观世界总体数量变动关系和变动规律的活动。统计与人类生产活动并存，并随着人类经济社会的发展而不断发展。统计可以使人类对客观事物及其相互之间错综复杂关系的认识不断深化。

一、什么是统计

（一）统计含义。

一般来说，统计包括三个含义：统计工作、统计资料和统计学。统计工作指利用科学的方法搜集、整理、分析和提供关于经济社会现象数量资料的工作的总称。统计资料指通过统计工作取得的，用来反映一定经济社会现象总体或自然现象总体的特征或规律的数字资料、文字资料、图表资料及其他相关资料的总称。统计学是为统计活动提供数量研究和认识规律的科学方法，核心是关于数据的搜集、整理、归纳、分析的原理和方法。目前的主流观点是，统计学是研究如何搜集数据、整理数据、分析数据，以便从中作出正确推断的认识方法论科学。

（二）统计特点。

统计具有数量性、总体性、变异性三大特点。数量性是统计的基本特点，收集、整理相关数据，研究事物数量表现和数量规律，从而定量认识和反映客观世界，揭示客观规律。总体性是指统计的数量研究不在于了解个体现象，而是对现象总体中各单位普遍存在的事实进行大量观察和综合分析，得出反映现象总体的数量特征。例如，进行城镇住户调查，需要对具体的居民家庭进行调查，但是其目的并不在于了解个别居民家庭的生活状况，而是要反映一个国家、一个城市的居民收入水平、收入分配、消费水平、消费结构等。变异性是统计研究同类现象总体数量特征的前提，指总体各单位的特征表现存在差异，而这些差异并不是事先可以预知的，如，各种股票的价格和成交量每天不同，所以需要对其进行统计，编制股票指数等指标。总体各单位的变异表现出个别现象的特殊性和偶然性，而对现象总体的数量研究则是通过大量观察，从各单位的变异中归纳概括出其共同特征，揭示出现象的普遍性和必然性。

二、政府统计及其职能

（一）政府统计由来。

在英文中，统计为 statistics, 它与“国家”为同一词根。统计的最初功能，就是为统治者了解国情和管理国家提供数据依据。现代意义的统计学创立于 17 世纪中叶至 18 世纪中叶，当时统计学理论最主要的国势学派和政治算术学派都表明了统计与国家管理的密切关系。在此后的 300 多年发展中，虽然统计的职能发生了很大变化，但是反映国情国力、为国家管理提供基础信息的职能却始终未变并且不断得到强化。为此，在大多数国家中，都有特定的机构专门负责经济和社会的统计工作，为人们提供关于一个国家现状和发展前景的重要的数量化信息。这就是政府统计。

（二）政府统计职能。

政府统计具有信息、咨询、监督三大职能。在我国，根据《中华人民共和国统计法》，政府统计是指由各级人民政府、县级以上人民政府统计机构和有关部门组织实施的统计活动，承担着对经济社会发展情况进行统计调查、统计分析，提供统计资料和统计咨询意见，实行统计监督的重要职能。即政府统计具有信息、咨询、监督三大职能。具体而言，信息职能是指，统计机构和统计人员根据科学的统计指标体系和统计调查方法，系统地收集、整理、传递、存储和提供大量以数量描述为基本特征的统计信息职能。统计信息是按国家统计制度采集的规范的、系统的信息，是覆盖面最广、综合性最强的信息，因而是经济社会信息的主体，是党和政府以及社会各界了解情况、研究问题、进行科学决策和管理的重要依据。咨询职能是指，统计机构和统计人员利用已经掌握的丰富统计信息，运用先进的技术手段和科学的方法，深入开展综合分析和专题研究，通过去粗取精、去伪存真、由表及里、由此及彼的加工过程，通过大量深入系统的定量分析和实证研究，透过表层的数量关系，探求事物发展的内在联系和规律性，为党和国家提供可供选择的各种咨询建议和对策方案，对科学决策和管理发挥参谋和助手作用。监督职能是指，根据统计调查和分析，及时、准确地从总体上反映经济、社会和科技的运行状态，并对其实行全面、系统的定量检查、监测和预警，以促使国民经济按照客观规律的要求，持续、稳定、协调地发展。党的十九大报告从提高党的执政能力和领导水平的高度、从健全党和国家监督体系的角度，作出“完善统计体制”重大部署，进一步强化了统计监督职能。统计部门作为我国重要的国民经济和社会发展评价和监督部门，将通过科学健全的统计调查制度、监测制度和考核评价指标体系，为考核评估监督各地区各部门国民经济和社会发展主要目标任务完成情况以及国家重大政策措施落实情况提供相关统计数据、监测数据和评价依据。

时至今日，随着人类社会进入互联网、大数据、云计算时代，数据已成为重要战略性资源，数字化治理已成为治国理政的基本方式，统计工作在经济社会发展中的晴雨表、测量仪、指示器和风向标作用越来越突出，推进国家治理体系和治理能力现代化，必须有真实准确、完整及时的统计数据作支撑。与此同时，统计学作为搜集和分析数据、研究数量表现和数量规律的科学正在成为最炙手可热的学科之一，统计数据作为经济社会信息主体也已成为最重要的公共产品之一，“基于统计的管理”正在向经济社会发展的各个层面渗透。公共服务机构进行管理服务，企业进行市场竞争，专家学者开展重大课题研究，广大社会公众生产生活等，都越来越离不开统计数据。重视统计、运用统计正在成为时代潮流和社会共识。

（撰稿：安平年 周彦）

2. 如何认识新中国政府统计的发展历程？

1952 年 8 月 7 日，中央人民政府设立国家统计局。近 70 年来，新中国统计在艰难中起步，在探索中前行，在改革中丰富和发展，用数字和图表绘就了新中国建设改革发展的光辉篇章。

新中国统计发展历程，可分为六个时期：

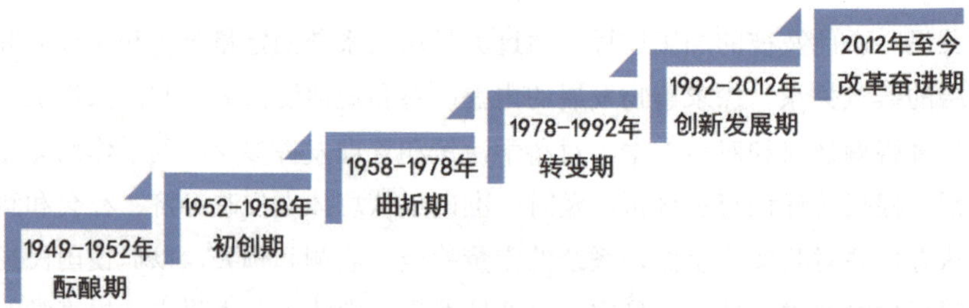

一、1949—1952 年的“酝酿”期

1949 年 10 月 1 日新中国建立，成立中央人民政府。在政务院财政经济委员会计划局下，设立了统计处。初期工作人员 20 多人，处长狄超白。后来，统计

处改为统计总处。

这一时期，召开了第一届全国统计工作会议，先后建立了全国公营及公私合营工矿企业、农林生产、基本建设、国营贸易、物资供应、劳动工资、运输邮电等定期报表和年报统计制度，初步形成了全国统一的统计报表制度。

为具体了解全国工矿企业的基本情况，作为恢复和发展工矿生产的根据，政务院财政经济委员会于1950年3月发布命令，决定对全国公营、公私合营及工业生产合作社工矿企业进行统一的全国普查。这是我国的第一次工业普查，也是第一个全国规模的大型调查，为新中国的工业建设提供了重要决策依据。

二、1952—1958年的“初创”期

1952年8月7日，根据政务院决定，在统计总处的基础上成立了国家统计局，直属中央人民政府，薛暮桥任局长。

1953年1月8日，政务院发布《关于充实统计机构加强统计工作的决定》，成为新中国政府统计工作的第一份纲领性文件，确立国家统计局为全国统计工作的领导机关，负责领导所有财政、经济、文化、教育、卫生以及社会情况等基本统计工作。随即，中央各部门、地方各级政府也迅速建立了统计机构或配备了专职统计人员。

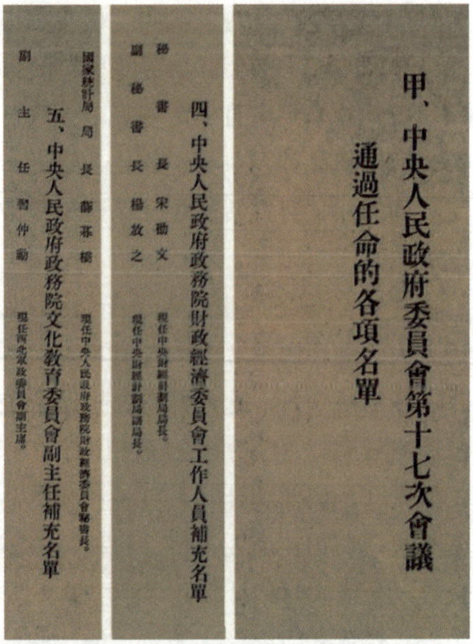
甲、中央人民政府委員會第十七次會議
通過任命的各項名單
四、中央人民政府政務院財政經濟委員會工作人員補充名單
秘書長 宋劭文 現任中央財經計劃局局長。
副秘書長 楊放之 現任中央財經計劃局副局長。
國家統計局局長 薛暮橋 現任中央人民政府政務院財政經濟委員會秘書長。
五、中央人民政府政務院文化教育委員會副主任補充名單
副主任 習仲勛 現任西北軍政委員會副主席。

中央人民政府委员会第十七次会议任命薛暮桥为国家统计局局长

国家统计局成立后，进一步建立和完善了工业、农业、基本建设、交通运输邮电、贸易及人口、劳动工资等重要统计报表制度，开展了工农业总产值和劳动就业调查、第一次全国人口普查、农民和职工家计调查等一系列统计调查工作。

这一时期，统计工作为国民经济“一五”计划的制订、实施和顺利完成提供了大量数据资料，发挥了基础性的作用。

三、1958—1978 年的“曲折”期

“大跃进”开始后，高指标、浮夸风盛行，统计工作遭受重大挫折。1961 年“八字方针”的出台，1962 年中共中央和国务院《关于加强统计工作的决定》的颁布，为恢复统计工作的真实准确、加强统计工作的集中统一领导，奠定了坚实基础。经国务院批准，1963 年成立了 900 人的直属国家统计局领导的全国农产量调查队及派驻省、区调查分队。

1966 年“文革”开始后，统计工作受到严重冲击。国家统计局及各级统计机构一度被撤销，大批统计人员下放“干校”劳动，仅留 14 人在国家计委生产组内从事统计工作。

1970 年，周恩来总理指示统计工作不能取消。1971 年，国家计委生产组下设统计组，随后逐步恢复基本统计制度。1974 年，国家计委“统计组”改称“统计局”。部分地方统计机构也先后恢复。1975 年，以“中华人民共和国国家统计局”名义在北京召开了 15 省（区、市）统计工作座谈会，为全面恢复统计工作进行先期谋划。

四、1978—1992 年的“转变”期

1978 年 2 月 9 日，国务院批转国家计委《关于整顿和加强统计工作的报告》，国家统计局恢复，直属国务院。年底，党的十一届三中全会胜利召开，全党工作的重点转移到社会主义现代化建设上。统计部门重焕生机，积极适应国家现代化建设的需要，努力转变统计调查工作方向，不断调整工作机制和模式，进入快速发展阶段。

1979 年国务院发布《关于加强统计工作充实统计机构的决定》，1983 年全国人大常委会通过《中华人民共和国统计法》，1984 年国务院作出《关于加强统计工作的决定》，这些都有力推动了统计事业的发展。这一时期，统计部门恢复了农产量调查、农村社会经济调查、农民和职工家计调查，加强了综合平衡统计、工业统计、商业统计、人口统计和社会统计，新建了国民生产总值、全社会固定资产投资、第三产业产值、科技、旅游、国际收支、经济特区等统计调查制度，成立了全国农村和城市社会经济调查队，充分发挥统计的信息、咨询、监督功能，大办“开放式”统计。随着《统计法》的颁布，统计工作开始走上法制化轨道；统计信息化建设也开始起步，并走在了我国政府信息化建设的前列。

1991 年，国家统计局试行新的国民经济核算体系，开启了从物质产品平衡表

体系（MPS）向国际通行的国民账户体系（SNA）转变的新篇章。

五、1992—2012 年的“创新发展”期

进入改革开放的新时期，统计部门抓住重要发展战略机遇，加快创新发展步伐。

这一时期，SNA 核算体系框架逐步建立，国内生产总值（GDP）成为我国国民经济核算的核心指标；经济、社会、科技、能源、环境等统计体系基本形成；初步形成以周期性普查为基础，以经常性的抽样调查为主体，综合运用全面调查、重点调查等方法，并充分利用行政记录等资料的统计调查方法体系；服务业统计制度方法改革全面展开；人口普查、农业普查、经济普查等一系列国情国力调查先后开展；积极探索对外合作，加入国际货币基金组织的数据公布通用系统（GDDS）。

统计服务逐步走向优质高效。中国统计资料馆落成、政府信息公开工作启动、“中国统计开放日”成功举办，成为中国政府统计公开透明进程中的一个又一个里程碑。

党的十六届三中全会提出要“完善统计体制，健全经济运行监测体系”。经国务院批准，国家统计局于 2005 年进行直属调查队管理体制改革，设立了 32 个省级调查总队，348 个市级调查队和 857 个县级调查队，由国家统计局实行垂直管理。各级国家调查队以真实可靠的统计数据和深入的统计分析，为党中央、国务院和地方各级党委政府提供优质高效的统计服务，成为监测国民经济运行的“千里眼”、服务党和政府的“轻骑兵”和在重大专项调查中冲锋陷阵的“突击队”。

面对提高统计能力、数据质量和政府统计公信力的迫切要求，2011 年，国家统计局启动统计“四大工程”建设，并进行全流程试点。2012 年，“企业一套表”联网直报在全国展开，为统计生产方式的根本性变革开辟了新的道路。

六、2012 年至今的“改革奋进”期

党的十八大以来，以习近平同志为核心的党中央团结带领全国各族人民，谱写了我国改革开放和社会主义现代化建设的恢宏篇章。在党中央的坚强领导下，统计部门坚定不移贯彻落实党中央、国务院关于统计改革发展重大决策部署，矢志不渝提高统计数据质量，全力以赴建设现代化统计调查体系，办成了、实现了许多统计人多年想办、多年想改、多年想做的一些大事难事，统计事业迎来前所未有的重大战略机遇期和黄金发展期。

党中央、国务院高度重视统计工作。习近平总书记多次对统计工作作出重要讲话指示批示，李克强总理多次对统计改革发展提出明确要求。党的十八届三中全会提出加快建立国家统一的经济核算制度、编制全国和地方资产负债表、探索编制自然资源资产负债表三大核算改革任务。党的十九大作出“完善统计体制”重大部署。党的十九届五中全会提出，推进统计现代化改革。中央出台了《关于深化统计管理体制改革提高统计数据真实性的意见》《统计违纪违法责任人处分处理建议办法》《防范和惩治统计造假、弄虚作假督察工作规定》等 7 个事关统计事业改革发展的重要文件；国务院颁布了《中华人民共和国统计法实施条例》，批准了《中国国民经济核算体系（2016）》。全力推动上述一系列重大改革决策部署落地见效，正在成为统计系统当前的重大政治任务和中心工作，构建中国特色社会主义现代统计调查体系的目标、方略、路径、举措渐次展开。

党的十八届三中全会明确提出三大核算改革任务

国家统计局推动加强领导干部统计工作考核和责任追究，不断深化完善“统一领导、分级负责”的统计管理体制；先后开展经济普查、农业普查、人口普查、国家脱贫攻坚普查等重大国情国力调查；进行城乡住户调查一体化改革，加强小微企业调查，建立健全“三新”统计调查体系、小康社会统计监测体系，新建绿色发展评价制度、“京津冀协同发展”“长江经济带”等跨区域统计监测体系、营商环境评价指标体系框架及监测制度等重要统计调查制度；投资、工业、价格、人口、服务业等统计改革步履坚实；全面推进依法统计依法治统，成立统计执法监督局，开展统计督察，持续加大统计执法力度，不敢、不能、不想统计造假弄虚作假的态势正在形成；加快信息化与统计融合发展，统计工作全流程电子化、网络化、云端化和“传统调查＋大数据”全新生产方式正在向纵深推进。

站在“两个一百年”的历史交汇点，全面建设社会主义现代化国家新征程即将开启。统计系统将以习近平新时代中国特色社会主义思想为指导，不断增强使命意识、创新意识和责任担当，立足新发展阶段，贯彻新发展理念，构建新发展格局，以提高数据质量为中心，以推进统计现代化改革为主线，深化统计改革创新，强化统计分析服务，加强统计法治监督，积极应用现代信息技术，为夺取新时代中国特色社会主义伟大胜利提供坚强统计保障，在中华民族伟大复兴道路上续写统计事业新辉煌。

（撰稿：钟守洋 程名）

3. 我国政府统计组织体系是如何构成的?

统计组织体系是统计组织机构、职责职权和管理体制机制的总称。新中国成立以来特别是改革开放以来，经过不懈努力，我国已建立能基本满足社会主义市场经济发展需要、相对集中统一的政府统计组织体系。

一、我国政府统计组织机构及职责职权

我国政府统计组织机构包括国家统计局及其派出的调查队、部门统计机构和地方各级政府统计机构。

我国政府统计部门组织机构设置图

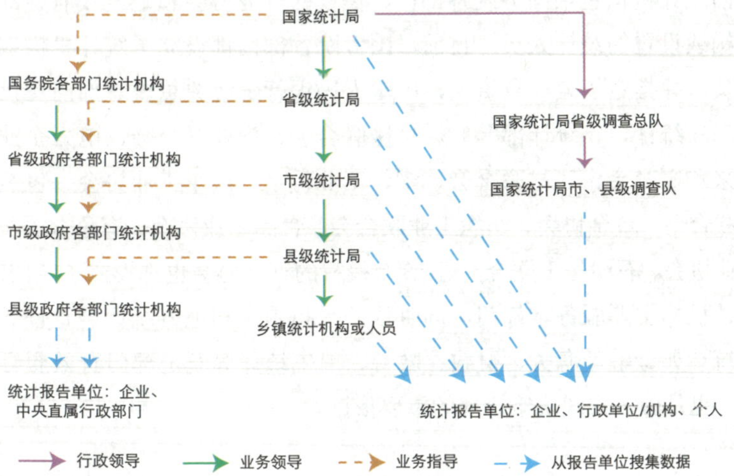

（一）国家统计局。

国家统计局成立于1952年8月，为国务院直属机构，负责组织领导和协调全国统计工作。目前，国家统计局机关和在京直属企事业单位现有司局级单位33个，包括行政单位18个、参公管理单位2个、事业单位10个、改制企业单位1个（出版社）以及住户调查办公室和巡视工作领导小组办公室。主要职责是：制定国家统计政策、规划、全国基本统计制度和国家统计标准，起草统计法律法规草案；组织实施重大国情国力普查和常规国家统计调查，搜集、汇总、发布全国性基本统计资料；实施国民经济核算；对国民经济和社会发展情况进行统计分析和监测，向党中央、国务院提供统计信息和咨询建议；依法审批部门统计标准，审批或者备案部门、地方统计调查项目；垂直管理国家调查队系统，统一领导地方政府统计业务，协管各省（区、市）统计局负责人，指导国务院各部门统计工作；组织管理全国统计工作的监督检查，查处重大统计违法行为。

（二）国家统计局派出的调查队。

国家统计局各级调查队是国家统计局的派出机构，由国家统计局实行垂直管理。目前，国家统计局在31个省（区、市）和新疆生产建设兵团设有调查总队，在15个副省级城市、333个市（地、州、盟、新疆生产建设兵团师级单位）和851个县（市、区、旗）设有调查队。国家调查队主要服务中央，工作方式以抽样调查为主，主要承担农产品产量、城乡住户、价格、劳动力、采购经理指数等常规国家统计调查任务，以及农村贫困监测、党风廉政建设等重大专项调查和统计快速反应调查。

（三）部门统计机构。

部门统计机构包括国务院各部门、授权的行业协会和地方政府各部门设立的统计机构或设置的统计人员。目前，国务院各部门都设立了统计机构或者设置了统计人员，并指定了统计负责人，中国人民银行、海关总署等部门还设立了专门统计司局（统计司、统计部等）。机械联合会、商业联合会、电力企业联合会、物流与采购联合会、建材联合会、钢铁工业协会、汽车工业协会、包装联合会、轻工业联合会、黄金协会、纺织工业联合会、食品工业协会、有色金属工业协会、煤炭工业协会、石油化工联合会等15个授权的行业协会也都设立了专门统计机构。部门统计机构主要服务本部门，同时依法承担国家和地方统计调查任务，一些重要部门统计如金融、海关、财政、教育、卫生统计等既是部门有效履行职责的重要基础，也是国家宏观决策管理的重要依据。

（四）地方政府统计机构。

地方政府统计机构是指地方各级政府依法设立的独立的统计机构。目前，各省（区、市）和新疆生产建设兵团、各市（地、州、盟）和绝大部分县（市、区、旗）都设有独立的统计机构，乡镇（街道）配备专职或兼职统计人员，一些乡镇（街道）也设有乡镇统计站（所）等统计机构。县级以上地方各级政府统计机构共有编制 7.6 万名。地方政府统计机构同时服务中央和地方，主要承担人口、农业、经济等三大普查以及规模以上经济、能源、投资、小微企业等常规国家统计调查任务，并依法组织管理和监督检查本行政区域内的地方统计工作。

二、统计管理体制

《统计法》规定，国家建立集中统一的统计系统，实行统一领导、分级负责的统计管理体制。在统计工作实践中，突出表现为“集中统一领导”和“分级分部门负责”两大特性。

（一）“集中统一领导”特性的主要表现。

一是国家统计局负责组织领导和协调全国统计工作。二是为保障国家、地方、部门统计调查项目明确分工、互相衔接、不得重复，实行政府统计调查项目审批备案制度。三是国家统计标准是强制执行标准，各类政府统计调查活动都要执行国家统计标准。四是全国人口普查、农业普查、经济普查等重大国情国力普查，由国务院统一领导，国务院和地方政府统计机构和有关部门共同实施。五是国家调查队受国家统计局垂直领导，其机构、编制、干部、业务均由国家统计局垂直管理。六是地方政府统计机构受本级政府和上级政府统计机构双重领导，在统计业务上以上级政府统计机构领导为主。七是部门统计机构受本级政府统计机构的业务指导。八是国家统计局组织管理全国统计工作的监督检查，依法查处国家、地方、部门统计调查中发生的重大统计违法行为；县级以上地方政府统计机构依法查处本行政区域内发生的统计违法行为；有关部门协助本级政府统计机构查处统计违法行为。九是县级以上各级政府统计机构的统计事业费、国家统计事业编制的经费、国家统计局及其直属调查队的各项经费，由中央财政拨付、国家统计局统一管理；重大国情国力普查所需经费，由国务院和地方政府共同负担。

（二）“分级分部门负责”特性的主要表现。

一是县级以上地方各级政府统计机构依法管理和协调本行政区域内的地方统计工作，对本行政区域内的由其组织实施的国家统计调查及其数据质量负总责，对本行政区域内的地方统计调查及其数据质量负总责，指导本级政府有关部门统计工作。二是县级以上地方各级政府统计机构作为地方政府的工作部门，其机构、编制、干部等由地方政府管理。三是县级以上地方各级政府统计机构完成统计工作所需的经费，由地方政府列入财政预算；重大国情国力普查中应当由地方政府负担的经费，由地方政府列入相应年度财政预算。四是部门统计机构依法组织、管理本部门职责范围内的统计工作，对本部门负责组织实施的国家统计调查及其数据质量负总责，对本部门统计调查及其数据质量负总责。五是部门统计机构隶属于国务院各部门或地方政府各部门，其机构、编制、干部、经费、业务均由所属部门管理。

（撰稿：安平年 李昌琦）

4. 如何理解统计现代化改革的内涵和目标？

统计现代化改革的内涵丰富。首先要把握统计现代化的内涵，就是秉持科学精神和法治理念，以现代统计科学和数据科学为内核，以先进统计制度方法为基础，以现代信息技术为支撑，以高质量统计数据为产品的有机整体，是统计生产力、统计生产关系现代化的系统集成。随着科学理论、方法和技术的创新发展，统计现代化要与时俱进、接续推进，及时准确反映我国全面建设社会主义现代化国家新实践。进而要把握统计现代化改革的内涵，就是适应国家治理体系和治理能力现代化要求，从统计工作各领域各环节推进现代化的复杂系统工程，既要完善不适应统计实践发展要求的体制机制和法律法规，又要不断创新统计制度方法和技术手段，还要优化统计组织管理和条件保障，推动实现统计科学化、法治化、数字化、国际化。还要把握现代化统计调查体系的内涵，就是具有现代化水准的一整套统计工作体系，包括与时俱进的统计理念、统计标准、统计制度、统计方法、统计体制、统计服务、统计手段、统计开放、统计保障和统计党建等各领域，这是一套紧密相连、协调互动的先进制度体系。建成现代化统计调查体系是推进统计现代化改革的奋斗目标，推进统计现代化改革是建设现代化统计调查体系的必由之路；而统计现代化离不开改革，统计改革必须面向现代化，这些都统一于依靠改革创新实现统计现代化的历史进程之中。

推进统计现代化改革的主要目标。“十四五”时期，要面向经济社会发展新实践，面向国家治理新要求，面向人民生活新需要，努力实现以下目标：一是统计数据质量持续提高，统计独立真实调查的责任制落实有力，国家统计调查制度执行严格规范，调查对象依法如实上报数据，不敢造假、不能造假、不想造假良好统计生态进一步形成。二是统计制度方法科学健全，统计调查制度体系覆盖更加全面，国家重大战略和决策部署贯彻落实情况得到科学反映，新发展理念贯彻落实和推动高质量发展进程得到客观评价；统计方法体系更加完善，普查作用发挥更加充分，抽样调查更加广泛运用，普查与常规统计调查有效衔接。三是统计调查能力明显增强，统计业务、统计政务与现代信息技术进一步融合，统计生产流程数字化改造取得突破，统计云平台基本建成，大数据、云计算、区块链、物联网、空间地理信息技术等新技术在统计工作中得到有效运用。四是统计分析服务优质高效，统计监测预警能力进一步增强，统计分析前瞻性有效性不断提高，统计服务领域不断拓展、产品更加丰富、方式更加多样，政府统计更加公开透明，引导社会预期更加有效，更好服务党和国家中心工作。五是统计体制机制更加完善，统一领导、分级负责的统计管理体制进一步健全，国家统计局组织领导全国统计工作的能力进一步增强，政府综合统计和部门统计发挥各自优势，部门间数据共享取得实质进展，统计治理能力不断增强。六是统计法治监督纵深推进，统计法律法规更加完善，尊法知法守法的长效机制不断健全，统计法治监督的震慑力进一步增强，统计领域信用建设更加深入，统计权利受保护、统计权力被制约、统计违法必追责、统计秩序有保障的生态基本形成。

（撰稿：张琳　安冉）

5. 统计现代化改革的主要任务是什么？

“十四五”时期，统计部门将以习近平新时代中国特色社会主义思想为指导，紧紧围绕统筹推进“五位一体”总体布局和协调推进“四个全面”战略布局，坚持稳中求进工作总基调，坚定不移贯彻新发展理念，加快建设与国家治理体系和治理能力现代化要求相适应的现代化统计调查体系。

一是推进统计工作理念现代化。牢固树立真实统计理念，将统计数据质量作为统计工作的生命线，坚持独立调查、独立报告、独立监督。牢固树立科学统计理念，遵循统计科学规律，用科学的统计理论和方法指导统计工作实践。牢固树立依法统计理念，坚定法治信仰，树牢法治意识，更好发挥法治对统计工作的引领、规范、保障作用。二是推进统计标准指标现代化。健全反映高质量发展统计分类标准，制定国有经济、民营经济、数字经济和节能环保、清洁能源、清洁生产及绿色低碳发展等统计分类标准。建立健全反映各类经济主体质量变革、效率变革、动力变革的统计指标，健全“三新”经济统计指标体系，优化反映供给侧结构性改革进展情况的指标，丰富需求侧管理和形成强大国内市场指标体系。完善反映文化繁荣、社会进步、民生改善、绿色发展、高水平开放等方面的统计指标。三是推进统计调查制度现代化。健全“三新”统计监测，完善互联网经济统计制度，改进研究与试验发展统计调查。围绕供给侧结构性改革，健全现代产业统计，加强以粮食产量调查为核心的农业统计，完善工业统计，加强服务业全行业统计。完善需求侧管理有关统计，综合测算社会消费商品和服务零售总额，着手开展知识产权产品投资统计监测。加强能源资源环境统计，建立生态保护补偿和生态环境监测体系。健全社会民生统计，加强就业失业统计，完善住户调查，改进劳动工资统计，加强基本公共服务统计。四是推进统计方法手段现代化。强化经常性抽样调查主体地位，考虑整体设计并分别推进“四下”企业抽样调查、住户类调查、价格类调查、劳动力调查。坚持普查与常规统计调查一体化设计，充分发挥普查为常规统计调查提供抽样框作用，研究整合经济普查和投入产出调查。积极推进部门行政记录和统计信息共享。加快推进大数据在各类统计调查中的应用。巩固拓展联网直报平台，探索区块链、人工智能、物联网等新技术在统计工作中的应用场景。建设国家统计云平台。五是推进国民经济核算现代化。进一步加强国内生产总值核算，巩固地区生产总值统一核算改革成果，研究健全生产法、支出法、收入法国内生产总值核算制度。完善投入产出表和供给使用表编制，改进资金流量表编制。稳步推进全国和地方资产负债表编制，开展全国和省级自然资源资产负债表试编。完善“三新”经济和文化、旅游、体育、专利密集型等相关产业核算方法，扎实推进农业及相关产业、数字经济等相关产业增加值核算。六是推进统计分析服务现代化。围绕服务宏观经济治理，加强经济监测分析研判，强化苗头性、倾向性、潜在性问题分析，为强化预期管理、提高调控科学性提供更具前瞻性的依据。坚持“能发布尽发布”原则，不断丰富统计数据发布内容，更好满足公众多样化统计信息需求；深入开发微观统计数据，为科学研究提供便利；加强统计数据解读，帮助社会公众正确理解使用统计数据。做强“中国统计开放日”品牌。七是推进统计管理体制现代化。从体制机制和制度上压实地方和部门防范和惩治统计造假、弄虚作假责任，指导地方和部门加强统计数据质量控制，推动充实地方和部门统计工作力量，规范面向基层的统计调查项目。加强国家统计机构对地方统计机构业务领导机制，落实相关干部协管制度。深化国家调查队管理体制改革，弘扬新时代国家调查队精神，强化快速调查职能。深化统计对外开放，加强双边多边统计合作交流，积极参与国际统计标准和规范制定，助力发展中国家统计能力建设。八是推进统计法治监督现代化。认真组织实施常规统计督察、专项统计督察和统计督察“回头看”。加大统计执法检查力度，依纪依法查处重大统计违纪违法行为，组织实施统计执法“双随机”抽查制度，强化统计造假、弄虚作假责任追究，加大案件通报曝光力度。加强统计领域信用建设。积极推进统计法修改，继续推动将统计法律法规纳入各级党校（行政学院）、干部学院领导干部教育培训必修课，积极构建统计普法宣传教育平台和长效机制。

（撰稿：张琳 安冉）

6. 完善统计体制的重大意义是什么？

统计体制决定着统计工作的组织形式和治理方式，是国家科学有效组织统计工作的制度基础，是确保统计数据真实准确完整及时的根本保障，一切统计工作和统计活动都依托统计体制而展开。新中国成立以来，在党的坚强领导下，经过不懈探索实践，形成了适应中国特色社会主义制度的统计体制，为统计服务经济社会发展提供了可靠的制度保障。党的十八大以来，各地党委政府和统计部门认真贯彻落实习近平总书记关于统计工作重要讲话指示批示精神和党中央、国务院决策部署，在推进统计管理体制改革、完善统计监督体制机制等方面做了大量工作，取得了显著成效。实践证明，现行的统计体制是以习近平新时代中国特色社会主义思想为指导、符合国情统情、具有强大生命力和巨大优越性的体制制度，具有多方面的独特优势，主要是：坚持党的集中统一领导，确保统计工作始终沿着正确方向前进的独特优势；坚持集中统一的政府统计组织构架，能够集中力量办大事、调动各方面资源搞统计的独特优势；坚持依法统计依法治统，坚定不移防范和惩治统计造假弄虚作假的独特优势；坚持以人民为中心的发展思想，让人民群众有更多统计获得感、幸福感的独特优势等。这些独特优势，是我国统计事业不断取得新的更大进步的根本保证，需要我们长期坚持并不断巩固提高。要进一步完善统计管理体制机制，努力构建与国家治理体系和治理能力现代化要求相适应的统计管理体制机制，确保统计机构和统计人员独立调查、独立报告、独立监督职权不受侵犯，确保各级统计机构按照国家的统计规则办事，确保统计资料真实准确、完整及时，全面提升统计运作效率、数据质量和服务水平。

（撰稿：张琳 安冉）

7. 统计业务工作的基本流程是什么？

规范统一是统计工作的突出特征，是统计调查科学性、权威性的重要基础，集中体现在统计业务工作的基本流程上。参考联合国官方统计国家质量保证框架手册和通用统计业务流程模型，2013 年国家统计局制定了《国家统计质量保证框架》，明确了统计业务流程的具体环节以及各环节的质量控制标准和要求。

一、确定需求

各级统计机构依据用户需求的重要程度、调查的难易程度、现有统计资源的满足程度以及人财物和技术条件的保障程度，统筹考虑和综合评估用户需求，并按规定时间向用户反馈处理结果；根据评估结果，提出调查内容和经费预算等，并与相关单位沟通协调；定期审查统计调查项目的适用性，适时作出调整。

二、统计设计

各级统计机构根据统计调查目标和计划，确定统计调查单位、调查指标、调查时间、调查频率、调查方法、数据采集和处理方法、数据评估方法、数据使用和发布及组织方式等内容，形成统计调查制度。根据统计调查目的科学确定统计调查内容，按照元数据标准规范统计调查指标，充分利用现有统计资料、行政记录和大数据合理确定统计调查方法，充分利用现代信息技术，一体化设计统计调查制度和数据采集和处理方法。

三、审批备案

各级统计机构对拟开展的统计调查项目及其配套的统计调查制度、方案进行审批或备案，并及时公告已批准的统计调查项目。统计调查项目要有充分的立项依据、明确的调查目的、合理的资料用途和服务对象，符合当前的职责分工；应当兼顾需要与可能，充分考虑基层统计机构和调查对象的承受能力，有必要的经费等资源保障；指标、口径、范围、方法、分类标准等要科学严谨，不得与已有的调查项目重复矛盾，重要的统计调查项目必须经过研究论证或试点。

四、任务部署

各级统计机构应依据批准的统计调查制度或调查方案印发文件通知，正式布置统计调查工作；落实调查人员、经费、设备等保障性资源；完成软件开发和测试，定制统计调查表，加载历史数据，开通数据采集上报平台，对权限进行管理和分配；编制操作手册，组织业务培训，开展布置、宣传、动员等工作；严格按照批准的调查制度或调查方案划定调查区域，编制代码和抽样框，抽取调查样本，确定统计调查对象，完成新样本单位的开户工作，建立台账；对重点、难点问题进行解答。

五、数据采集

统计机构按照调查制度或调查方案规定的时间、内容和方式，通过入户调查、现场采价、电话调查、网络调查、电子记账、联网直报、无人机遥感测量等方式采集原始数据；收集相关职能部门的行政记录、企事业单位的商业记录数据、有关行业协会的相关数据以及网络大数据；对数据完整性、逻辑性和奇异值等进行初审，对于有问题的基础数据，按规定及时退回，督促调查对象核实修正并重新上报；根据统计调查制度和各专业特点制定数据质量检查计划，采取有效方式和方法，选择一定数量、不同层次的地区和调查对象进行数据质量核查。

六、数据处理

各级统计机构采用统一的数据采集处理平台或规定的软件，在确保数据保密的工作环境下，对调查数据进行审核、查询、修正和确认；将多种来源的数据进行整理，清洗和转换，确定数据处理的优先顺序，并对数据进行关联；对数据加工过程中产生的中间数据、分组数据、汇总数据进行分析，对出现的问题数据进行核实和修正；对数据进行分类整理，生成过录表，计算权重、比重、速度、增幅等系数，汇总和推算总量数据以及各分组数据。

七、数据评估

各级统计机构制定科学的评估制度，健全和完善主要统计指标数据质量评估办法，综合运用历史数据比较、横向数据比较、数据偏差分析、相关性分析等多种方法对综合数据进行准确评估，对评估中发现的问题进行深入分析，作出解释说明；根据数据管理权限，向下级反馈经过评估后确定的最终数据，并作为下级的法定数据；对于口径范围发生变化的历史数据，进行统一调整，并将调整结果及时反馈下级统计机构。

八、数据发布与传播

各级统计机构依据《统计法》和其他相关规定依法发布数据，拟定数据发布的时间和方式，并提前向社会公开；对发布的指标进行解读，对数据反映的趋势和问题以及数据来源和方法等作出说明；通过网站、微信客户端等多种方式开展舆情监测，发现重大统计舆论事件，及时组织相关单位及有关专家妥善应对；建立、健全综合数据查询系统，及时更新、加载最新可公开公布的综合性统计调查数据；健全微观数据使用机制，完善微观数据开放平台，及时更新、加载基础数据。

九、统计分析

各级统计机构根据党政领导、有关部门、社会公众等统计用户的需求，选择统计研究方向，确定统计分析题目和用于分析评价的主要指标；使用不同的分析工具，开展时间序列分析、空间分析、一致性和可比性分析、差异性分析等，通过季节调整、加权计算等方法将数据汇总结果转换为总量指标、相对指标、平均指标及各类指数，生产更为丰富的统计产品，满足用户多样化需求。

十、整理归档

各级统计机构按照相关规定健全整理归档制度，按时将统计调查项目的文件通知、调查方案、统计数据和元数据等纸介质及电子文件进行归档；按照标准化的流程和要求进行分类、备份或清理；及时建立和完善统计数据库，建立查询和检索机制，提供数据的转换和交换服务。

十一、综合评估

各级统计机构按照统计质量评价的原则和标准，研究制定科学可行的统计调查项目评估制度；结合统计调查工作实际，制定统计调查项目评估计划，必要时由质量管理部门组织开展第三方评估；通过实地调研、问卷调查等多种方式，考察各环节工作完成情况；对收集、分类、整理、汇总的项目评估信息进行分析与综合评价，总结经验，找出不足，研究提出改进、继续或停止统计调查的意见和建议，形成评估报告，并作为下一次需求确定环节的重要依据。

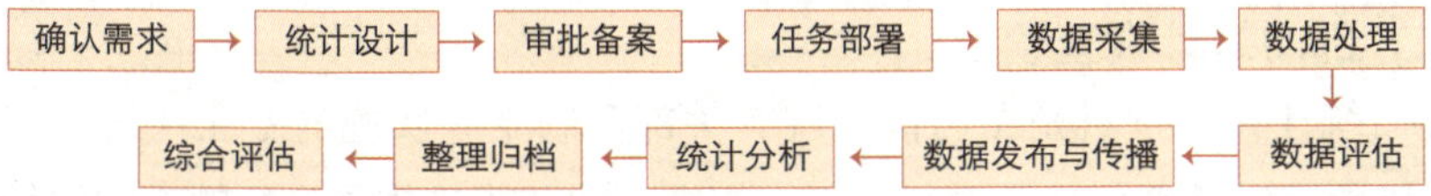

（撰稿：何平　韩宇）

8. 统计调查项目包括哪几类？

我国对统计调查项目的分类主要是根据制定主体不同而划分的。《中华人民共和国统计法》第十一条规定：统计调查项目分为国家统计调查项目、部门统计调查项目和地方统计调查项目。

一、国家统计调查项目

国家统计调查项目是指由国家统计局制定，或者由国家统计局和国务院有关部门共同制定的统计调查项目，是反映全国性基本情况、对基本国情国力情况进行统计的统计调查项目，调查目的主要是为了满足国家管理和宏观决策的需要。国家统计调查的调查对象和调查范围较广，包括全国各地区、各部门及其所属的单位，既可以是覆盖全国的统计调查项目，也可以是针对部分地区、行业开展的统计调查项目。目前由国家统计局组织实施的国家统计调查项目主要包括三类：

（一）重大国情国力普查项目。每隔 10 年开展一次的人口普查、农业普查，每隔 5 年开展一次的经济普查。

（二）常规统计调查项目。目前国家统计局组织实施的常规统计报表制度有 40 多项，包括国民经济核算、基本单位、农林牧渔业、工业、建筑业、批发和零售业、住宿和餐饮业、房地产开发、服务业、能源和环境、固定资产投资、劳动工资统计等，基本覆盖了国民经济各个行业。

（三）专项统计调查项目。为及时反映国家重大政策、改革措施落实情况，以及一些经济社会热点、难点问题，组织实施的一些专项统计调查项目，如2017年国家统计局组织开展了农民工市民化进程动态监测调查、“四众”平台专项统计调查等。

二、部门统计调查项目

部门统计调查项目是指由国务院有关部门制定并实施的专业性统计调查项目，是国务院有关部门依法履行职责、根据其业务管理需要进行的专业性统计调查。调查对象主要为本部门或本行业监管的单位。如教育部的高等学校基层统计报表制度，就是对全国经教育部批准的全国普通高等学校和成人高等学校开展的全面调查；国家海洋局组织的第一次全国海洋经济调查，就是对从事海洋经济活动的涉海法人单位开展的调查，具有很强的专业性。

三、地方统计调查项目

地方统计调查项目是指县级以上地方人民政府统计机构和有关部门制定并实施的地方性统计调查项目，主要是为取得管理本地区经济社会活动、制定本地区经济社会发展规划所需的资料而组织实施的。地方性统计调查项目的调查对象和实施范围，基本限于本行政区域范围内。如北京市新设企业经营状况调查，就是北京市统计局为落实《京津冀协同发展规划纲要》，为疏解非首都功能提供数据支持，对全市范围内新设立企业经营状况进行调查的地方统计调查项目。

鉴于统计信息需求的多样化和政府统计调查主体的多元化，为有效规范统计调查行为，防止“数出多门”“数据打架”，提高统计调查的整体效率，减轻基层负担，《统计法》第十二条对统计调查项目的管理做出了明确规定：国家统计调查项目的设定报国务院备案，重大的国家统计调查项目报国务院审批。部门统计调查项目，统计调查对象属于本部门管辖系统的，报国家统计局备案；统计调查对象超出本部门管辖系统的，报国家统计局审批。对地方统计调查项目的审批实行分级管理，其中，由省级人民政府统计机构单独制定或者和有关部门共同制定的，报国家统计局审批；由省级以下人民政府统计机构单独制定或者和有关部门共同制定的，报省级人民政府统计机构审批；由县级以上地方人民政府有关部门制定的，报本级人民政府统计机构审批。《统计法实施条例》第六条还规定：部门统计调查项目、地方统计调查项目的主要内容不得与国家统计调查项目的内容重复、矛盾。各级人民政府统计机构和有关部门应该严格执行统计法律法规，明确职责分工，避免重复统计，维护政府统计的公信力。

（撰稿：程子林 栗瑞梅）

9. 统计数据质量管理体系是如何构成的?

为强化国家统计质量管理，实现统计质量管理的科学化、标准化和规范化，确保统计数据真实准确，国家统计局印发了《国家统计质量保证框架》《国家调查队统计流程规范》《统计调查项目、改革方案、发展规划执行情况评估办法》和《国家统计局数据质量审核评估管理办法（试行）》，作为国家统计质量管理的指导性文件。各地区、各专业结合工作实际，研究制定本地区、本专业质量保证框架实施细则。

一、国家统计质量保证框架

《国家统计质量保证框架》明确了统计质量评价标准、统计业务流程的具体环节以及各环节的质量控制标准和要求，旨在为开展统计质量管理工作提供行动指南。

《国家统计质量保证框架》从统计的准确性、及时性、可比性、一致性、适用性、可获得性和经济性等七个方面，对统计数据生产全过程进行考量和评价。准确性是指统计数据反映客观实际的程度，它是衡量统计数据客观真实的质量评价标准，是统计数据质量的根本要求。及时性是指统计数据从调查到发布的时间间隔，时间间隔越短，及时性就越强。它是评价统计工作时间价值的质量评价标准，是统计数据形成和提供的效率要求。可比性是指统计数据在不同时间、不同空间可以比较分析的程度，它是衡量统计数据在比较分析中的质量评价标准，是统计数据使用的内在要求。一致性是指统计数据在不同调查项目、不同机构、不同时期之间的关联度和逻辑关系，它是衡量不同统计数据之间协调程度的质量评价标准，是对统计数据衔接、匹配的要求。适用性是指统计数据在内容、口径和范围上，满足用户需求的程度，它是衡量统计信息使用价值的质量评价标准，是构建现代化服务型统计的基本要求。可获得性是指用户得到统计数据及相关信息的难易程度，它是统计数据使用过程中的质量评价标准，是用户获取统计数据便捷程度和清晰度的要求。经济性是指统计数据的调查成本与社会经济效益之间的比较关系，它是衡量统计生产效能的质量评价标准，是对统计数据生产、使用过程中的成本效益要求。

各级政府统计机构依据《国家统计质量保证框架》，结合自身工作实际，制定适合本地区更为细化的质量保证框架，以切实加强和改进统计质量管理，提高统计数据质量。国家统计局同时制定了统计调查项目全过程质量控制办法（模板），为各地区、各专业研究制定相应的质量保证框架实施细则提供参考。

二、国家调查队统计流程规范

《国家调查队统计流程规范》明确了国家调查队基本业务流程，包括确定需求、调查设计、审批备案、任务部署、数据采集、数据处理、数据评估、数据发布与传播、统计分析、整理归档、综合评估等11个环节，共48个节点，旨在保证国家统计调查的科学化、标准化和规范化。

三、统计调查项目执行情况评估办法

《统计调查项目、改革方案、发展规划执行情况评估办法》明确了适用范围、评估目的、评估方法、评估内容、职责分工及评估流程。统计调查项目执行情况评估按照一定的质量标准，检查项目实施全过程各环节业务工作，评价统计数据和统计服务的质量水平，查找项目执行中存在的问题，提出改进完善的意见和建议，旨在强化统计调查项目执行情况的全过程质量控制和管理，为改进完善统计制度方法、业务流程和相关工作提供依据。

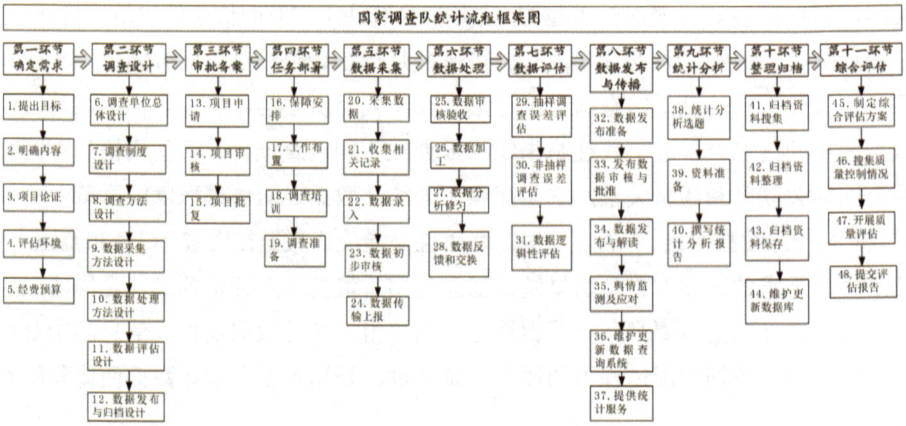

统计调查项目执行情况评估适用于对国家统计调查项目的评估，包括周期性普查、常规调查和专项调查项目。试点调查项目以及以行政记录和大数据作为数据源的统计调查项目不纳入评估范围。评估内容覆盖统计调查项目实施全过程，包括确定需求、统计设计、审批备案、任务部署、数据采集、数据处理、数据评估、数据发布与传播、统计分析、整理归档等主要环节的工作。评估采用事中评估与事后评估、定性评估与定量评估相结合的方法，从各级统计机构、调查对象和统计用户等多个角度，对统计调查项目执行全过程各环节工作质量进行评估，形成统计调查项目质量评估报告。同时积极创造条件，以协议方式委托中国统计学会组织高等院校、科研机构等相关专家，开展第三方评估。

2019 年国家统计局开展了规模以下工业、小微建筑业、限额以下批发零售住宿餐饮业和规模以下服务业抽样调查项目进行了评估。2020 年对第四次全国经济普查、企业（单位）研发活动调查、畜牧业调查、工业生产者价格调查项目进行第三方评估。

四、数据质量审核评估办法

《国家统计局数据质量审核评估管理办法（试行）》明确了评估的原则、对象、评估流程和工作纪律，旨在加强对统计数据质量审核评估过程的管理和监督，规范统计数据质量审核评估工作，保证审核评估工作科学严谨、公正透明、统一规范，有效防范廉政风险和数字腐败，提高统计数据质量。各相关专业按照管理办法的相关要求制定了专业统计主要指标数据质量审核评估办法。

数据质量审核评估是国家统计局及各相关司级单位以原始数据和汇总数据为基础，充分考虑数据生产过程的科学性、规范性和统计数据的匹配性、逻辑性等，采用科学方法对统计数据的真实性、准确性进行判断和分析，对可能存在的数据质量问题进行追溯、核实和修正，对全国和各省（区、市）统计数据进行审核与确认。评估对象包括全国和各省（区、市）生产总值、农业、工业、能源、服务业、投资、零售、价格、人口、就业、居民收支、科技等主要统计数据。

全国数据质量审核评估指对全国汇总的统计数据进行审核评估，主要包括专业审核评估、核算审核评估和综合审核评估。各相关单位应综合使用历史数据比较、部门数据比较、数据偏差分析、相关性分析等多种方法对全国数据质量进行审核评估。

地方数据质量审核评估主要指对省级核算和统计数据进行审核评估，由相关单位负责。重点审核评估地方数据的真实性、准确性、可比性等。各相关单位应综合使用逻辑性分析、关联性分析、协调性分析等多种方法对地方数据质量进行审核评估。审核评估过程中发现数据质量问题要及时反馈相关省级统计机构。省级统计机构需按规定查明原因，对存在的问题要及时采取有效措施加以解决，确保数据质量。各省（区、市）数据应当以国家统计局审核评估确认的数据为准。凡列入审核评估范围的数据，未经国家统计局审核评估确认，不得对外公开。

地方数据协调性检验指对各省（区、市）主要统计数据间的匹配性、协调性等进行检验。检验范围包括各省（区、市）的地区生产总值、工业增加值、固定资产投资、社会消费品零售总额等指标数据。通过对相关指标增速的协调性进行检验分析，测算地方数据协调性综合得分，据此分析地方统计数据的协调性。向存在数据不协调情况的省级统计机构反馈结果。省级统计机构结合实际情况分析查找产生不协调的原因，进一步完善工作，提升数据质量。

（撰稿：何平　李婧）

10. 国家统计数据主要通过哪些渠道发布？

为满足不同用户群体获取统计数据的多样化需求，国家统计局积极应用信息技术采用多种方式发布统计数据，主要有国家统计局官方网站、国家统计局数据发布库、《中国统计年鉴》等统计出版物、新闻发布会和两微一端一抖（即微博微信、手机客户端和抖音）等。

一、国家统计局官方网站（www.stats.gov.cn）

国家统计局官方网站的“最新发布与解读”栏目按照国家统计局主要统计信息发布日程发布统计数据。近年来，国家统计局主要统计数据发布的时间安排大致如下表。

数据类别	主要指标	发布时间
月度数据	居民消费价格指数（CPI）、工业生产者价格指数（PPI 和工业生产者购进价格指数）	10 日左右
	工业生产、能源生产、固定资产投资、房地产开发投资和销售、社会消费品零售总额、城镇调查失业率、服务业生产指数	15 日左右
	70 个大中城市住宅销售价格	15 日左右
	工业企业经济效益	27 日左右
	中国采购经理指数	月末一天
季度（年度）数据	国内生产总值（GDP）、农产品生产者价格指数、居民收支状况指标、工业产能利用率	季后月 17 日左右
季度（年度）数据	规模以上文化及相关产业生产经营情况	季后月末一天
年度数据	人口及就业	1 月 20 日左右

另外，农民工调查监测报告、城镇单位就业人员年平均工资、夏粮产量、早稻产量和全年粮食产量等发布时间一般分别为 4 月、5 月、7 月、8 月和 12 月，《国家统计局主要统计信息发布日程表》的附注部分还提示了其他重要年度指标的发布时间。

二、国家统计局数据发布库（data.stats.gov.cn）

国家统计局数据发布库可以通过官方网站“本网头条”位置右下方的“数据查询”处进入。对于月度和季度数据，在官方网站发布主要指标后，更多结构或细项指标通过数据发布库发布。对于年度数据，一般在国民经济和社会发展统计公报发布和《中国统计摘要》出版 5 个工作日左右更新主要年度数据，在《中国统计年鉴》出版后更新快速查询栏目年度数据，于 2 个月后更新全部年度数据并加载年鉴光盘。

三、统计出版物

国家统计局每年 5 月份出版综合性简明统计资料《中国统计摘要》，收录我国上一年社会经济主要指标数据，主要数据多为初步统计数；9 月份出版综合统计资料《中国统计年鉴》，收录的指标更全面，数据更权威；10月份以后出版各类专业统计年鉴，如《中国工业统计年鉴》《中国投资领域统计年鉴》《中国人口和就业统计年鉴》等。反映农业普查、经济普查和人口普查等各类普查结果的统计资料一般在普查时点后的两年内出版。此外，国家统计局主管的《中国信息报》及时转发数据新闻稿；每月月末国家统计局信息景气中心出版的《中国经济景气月报》提供各领域、千余项反映中国国情国力的基本统计指标数据。

四、新闻发布会

国家统计局在国务院新闻办公室举行月度、季度、年度国民经济运行情况新闻发布会和重大国情国力普查结果发布会，由国家统计局新闻发言人或国家统计局负责人等发布国民经济和社会发展主要指标数据或普查主要成果，并回答中外记者的提问。月度新闻发布会一般在次月15日左右召开，季度新闻发布会在季后17日左右召开，年度新闻发布会在次年1月20日左右召开。

五、两微一端一抖

官方微博@中国统计、官方微信“统计微讯”和手机客户端“数据中国”在官方网站数据发布后会及时更新数据；“统计微讯”菜单栏还提供国家统计局数据发布库的入口；部分统计数据也通过抖音号“统计微讯”公布。

（撰稿：付凌晖 俞炳彬）

11. 地方统计数据主要通过哪些渠道获取？

根据有关规定，目前地方统计数据一般由地方统计机构负责发布，国家统计局为方便用户使用，也提供部分地方统计数据的获取渠道。

一、从地方统计机构获取的主要渠道

地方统计机构的官方网站是获取地方统计数据的主要渠道。其中，省级统计机构网站可以通过国家统计局网站相关栏目（http://www.stats.gov.cn/tjgz/wzlj/dftjwz/）查询到，并可按时间顺序或专题查询已发布的本省和所辖地级市（地区、自治州、盟）的月度、季度和年度主要指标数据。地级市（地区、自治州、盟）

统计机构网站可以通过省级网站获取，一般可查询到本级和所辖区县的月度、季度和年度主要指标数据。

地方统计机构编辑出版的统计年鉴是获取地方统计数据的另一个重要渠道。多年来，省级和地级市（地区、自治州、盟）统计机构参考《中国统计年鉴》的内容和体例出版当地统计年鉴，发布主要年度数据。

此外，省级统计机构还通过举办季度或年度新闻发布会发布当地主要统计数据；省级统计机构与部分地级市（地区、自治州、盟）统计机构开设了微博微信或客户端等平台发布统计数据；部分地区（如北京市统计局和浙江省统计局）开发了统计数据库，按期发布或提供当地进度或年度统计数据；一些地方统计机构通过官方网站公布了咨询电话，接受公众的数据咨询。

二、从国家统计局获取的主要渠道

为便于公众获取地区统计数据，国家统计局通过数据发布库、统计出版物等提供省一级的经济社会主要指标数据。国家统计局数据发布库专门设有“地区数据”栏目，提供了31个地区的月度、季度和年度各专业主要指标。国家统计局各类统计出版物也提供地方年度统计数据。例如，《中国统计年鉴》和各类专业统计年鉴均收录相关领域省一级的分地区数据；《中国城市统计年鉴》《中国县域统计年鉴（县市卷）》则分别收录各城市和各县（市）的社会经济主要指标。

另外，在国家统计局数据发布安排中，每月发布70个大中城市住宅销售价格指数；在房地产开发投资和销售月度报告、规模以上文化及相关产业生产经营季度报告等新闻稿中发布东、中、西和东北四大区域的相关数据。

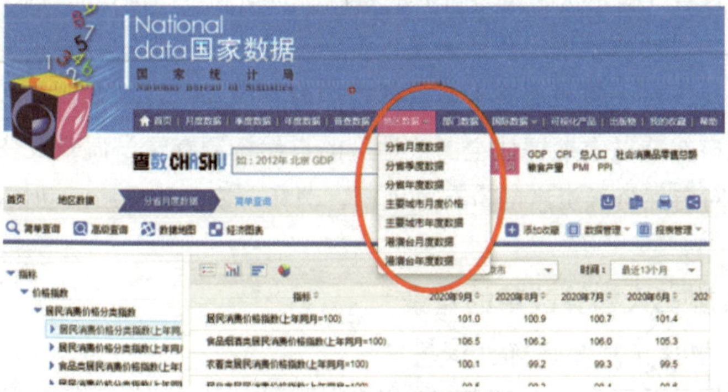

（撰稿：付凌晖 俞炳彬）

12. 什么是三大核算改革？

党的十八届三中全会通过的《中共中央关于全面深化改革若干重大问题的决定》提出，加快建立国家统一的经济核算制度、编制全国和地方资产负债表、探索编制自然资源资产负债表，这是党中央提出的三项重大国民经济核算改革任务，简称三大核算改革。按照党中央国务院的决策部署，国家统计局会同有关部门，通过深入调查研究、借鉴国外经验，广泛征求各方面意见，制定了《地区生产总值统一核算改革方案》《全国和地方资产负债表编制工作方案》《编制自然资源资产负债表试点方案》三个方案，并分别经中央全面深化改革领导小组第三十六次会议和第十四次会议审议通过。

一、三大核算改革的内涵

地区生产总值统一核算是地区生产总值核算的一种方式，指各省（自治区、直辖市）生产总值核算由国家统计局统一领导、组织、实施，各省（自治区、直辖市）统计局共同参与，按照统一的核算方法，遵循真实准确、规范统一和公开透明的原则，进行统一核算，并统一公布核算结果，实现生产总值地区汇总数与全国数（国内生产总值）的基本衔接。市级和县级生产总值核算参照省级生产总值核算方式组织实施。

编制全国和地方资产负债表指分别编制全国资产负债表和各省（自治区、直辖市）资产负债表，按照科学的核算方法，遵循真实准确与审慎核算相统一、整体推进与分步实施相结合、国际标准与我国实际相协调的原则，全面客观地反映年末全国和各省（自治区、直辖市）的资产、负债和资产净值状况。

探索编制自然资源资产负债表是以资产核算账户的形式，按照统一的统计规范和核算方法，对全国或地区主要自然资源资产的存量及增减变化、质量及其变化进行分类核算，以定期评估全国或地区的自然资源存量、质量及变动情况，揭示经济主体对自然资源资产的占有、使用、消耗、恢复和提质活动情况。

二、实施三大核算改革的背景

（一）地区生产总值统一核算

生产总值是经济分析、宏观决策和国家治理的重要依据。1985 年我国建立生产总值核算制度后，生产总值数据对真实反映国家及各地区经济规模、结构和速度，正确研判宏观经济形势及发展变化规律，发挥了重要作用。在实施统一核算以前，我国一直采取分级核算制度，即国家统计局核算国内生产总值，各级统计部门核算本地区生产总值，各级生产总值作为独立的总体单独核算，上一级生产总值不是由下一级地区生产总值汇总得到。在分级核算方式下，由于基础数据不完善、核算方法不统一、受政绩考核干扰等方面的原因，地区生产总值汇总数与国内生产总值长期存在较大差距，数据不衔接问题比较突出，不利于准确把握各地经济形势和加强改善宏观调控，还影响政府统计公信力。为控制地区生产总值汇总数与国内生产总值数据差距，提高数据质量，国家统计局采取了建立联网直报系统、加大统计执法检查力度、加强数据审核评估、改进核算方法等多种措施。经过努力，地区生产总值汇总数与国内生产总值之间差距不断趋于缩小，但仍未从根本上解决问题。

为从体制机制上实现地区生产总值汇总数与国内生产总值的基本衔接，提高核算数据质量，增强政府统计公信力，党的十八届三中全会提出，要加快建立国家统一的经济核算制度。习近平总书记等中央领导同志作出指示批示，要求加强顶层设计，认真研究地区生产总值统一核算问题。

2017 年 6 月 26 日，习近平总书记主持召开中央全面深化改革领导小组第三十六次会议，审议通过《地区生产总值统一核算改革方案》。会议强调了地区生产总值统一核算改革的重要性和紧迫性，要求按照真实准确、规范统一、公开透明的原则，深入推进改革相关工作，实现地区生产总值汇总数与国内生产总值的基本衔接。

2017 年 7 月 30 日，中共中央办公厅、国务院办公厅正式印发《地区生产总值统一核算改革方案》，明确规定了地区生产总值统一核算改革的总体要求、主要内容和组织实施步骤等。改革方案决定，利用开展第四次全国经济普查的契机，在核算 2019 年数据时实施地区生产总值统一核算改革。

（二）编制全国和地方资产负债表

1997 年拉美和亚洲地区相继爆发大规模金融危机，2008 年美国的次级贷款危机引发全球金融危机，2010 年欧洲国家爆发主权债务危机。随着一系列危机的先后爆发，国际上提出了利用资产负债表加强经济分析、识别防范风险、稳定金融的思路方法。在联合国主导下，西方发达国家不断加强资产负债表的研究和编制工作，资产负债表的功能也不再仅仅局限于传统的统计与核算，逐渐显露出了强大的宏观经济分析作用。

近年来，我国经济的国际影响力不断扩大，国际社会对我国经济的关注度日益提高。总体上看，我国经济运行稳中向好，债务风险总体可控，得到了国际社会的积极评价。但经济中也存在一些风险，如个别地区债务规模过大，部分企业资产负债率过高，金融和实体经济、金融和房地产、金融体系内部的良性循环亟待建立等。

面对国际国内复杂多变形势，资产负债表在摸清“家底”，对风险进行预警、防范等方面的框架性和基础性作用日益凸显，编制资产负债表在我国变得越来越迫切。2013 年，党的十八届三中全会明确提出编制全国和地方资产负债表这一重大改革任务，表明了党中央、国务院对全国和地方资产负债状况的高度重视，体现了经济建设、宏观管理对摸清资产负债状况家底的迫切需求。2017 年 6 月 26 日，习近平总书记主持召开中央深化改革领导小组第三十六次会议，审议通过《全国和地方资产负债表编制工作方案》，并随后由国务院办公厅印发，要求 2017 年开始编制 2015 年全国资产负债表，2019 年开始编制 2017 年地方资产负债表，以后年度以此类推。

（三）探索编制自然资源资产负债表

伴随人类经济活动对自然资源利用强度不断加大，保护自然资源、保证其永续利用的必要性越来越突出了。可以说，没有自然资源的永续利用，不可能有经济社会的可持续发展。为达此目标，需要算清楚自然资源这笔帐，为宏观经济社会管理决策提供自然资源信息支撑。

生态文明建设是中国特色社会主义事业五位一体总体布局的重要内容，关系人民福祉，关乎民族未来，事关“两个一百年”奋斗目标和中华民族伟大复兴中国梦的实现。党中央、国务院高度重视生态文明建设，先后出台了一系列重大决策部署，推动生态文明建设取得了重大进展和积极成效。2013 年，党的十八届三中全会明确提出探索编制自然资源资产负债表的改革任务。2015 年 5 月和 9 月，中共中央、国务院印发了《中共中央国务院关于加快推进生态文明建设的意见》和《生态文明体制改革总体方案》，这是继党的十八大和十八届三中、四中全会对生态文明建设作出顶层设计后，中央对生态文明建设的全面部署。总体方案再次明确提出“探索编制自然资源资产负债表。在市县层面开展自然资源资产负债表编制试点，核算主要自然资源实物量并公布核算结果”。

2015 年 11 月，国务院办公厅印发《编制自然资源资产负债表试点方案》，明确内蒙古呼伦贝尔市、浙江湖州市、湖南娄底市、贵州赤水市、陕西延安市开展自然资源资产负债表编制试点。同时，根据《京津冀协同发展规划纲要》，在北京市怀柔区、天津市蓟县、河北省（本级）开展试点工作。2017 年开始试编 2015 年全国自然资源资产负债表，2018 年开始试编 2016 年省级自然资源资产负债表，以后年份以此类推。

三、实施三大核算改革的作用

（一）地区生产总值统一核算

通过 6 年多的充分准备，以核算 2019 年全年数据为标志，地区生产总值统一核算改革正式实施。通过统一核算改革，将分级核算方式的“各算各账”改革为统一核算方式的“共同算账”，实现了地区生产总值汇总数与国内生产总值的基本衔接，彻底解决了长期存在的地区生产总值汇总数与国内生产总值差距过大问题，在客观准确反映区域经济发展实际、提高政府统计公信力、科学研判宏观经济形势等方面发挥了重要作用。

（二）编制全国和地方资产负债表

按照《全国和地方资产负债表编制工作方案》要求，在人民银行等部门的配合下，国家统计局已于 2017 年开始试编全国资产负债表，从 2019 年开始试编地方资产负债表。通过编制全国和地方资产负债表，可以摸清“家底”，从宏观上把握全国和不同地区的经济实力；有利于防范化解风险，通过分析全国和地方资产负债表中各机构部门的债务情况，可以识别潜在风险点，对潜在的风险进行预判，进而进行防范和应对。编制全国和地方资产负债表标志着我国国民经济核算由注重流量核算向流量核算与存量核算并重转变，对于完善统计体制，健全核算体系，全面深化统计改革具有重要意义。

（三）探索编制自然资源资产负债表

在自然资源部等有关部门的配合下，国家统计局已于 2017 年开始试编全国自然资源资产负债表，从 2018 年开始试编省级自然资源资产负债表。通过编制自然资源资产负债表，摸清自然资源资产的“家底”及其变动情况，可以为推进生态文明建设，有效保护和永续利用自然资源提供信息支撑、监测预警和决策支持；能够为建立绿色发展绩效评价考核机制、开展领导干部自然资源资产离任审计等提供量化指标信息支撑；有利于推动建立健全科学规范的自然资源统计调查和监测制度，促进自然资源统计监测信息的整合，提高自然资源统计监测数据质量。

（撰稿：赵同录 吕峰 李仲）

13. 地区生产总值统一核算如何实施？

按照党中央、国务院关于地区生产总值统一核算改革部署，国家统计局经过充分准备，于 2020 年 1 月开展了 2019 年全年地区生产总值统一核算，即首次正式实施统一核算，标志地区生产总值统一核算正式落地。

一、成立统一核算领导机构

为加强对地区生产总值统一核算工作的领导，国家统计局成立了地区生产总值统一核算领导小组，由国家统计局主要负责人担任组长，有关局领导任副组长，分管副局长负责协调处理相关工作，相关司主要负责人、各省（区、市）统计局主要负责人为小组成员。领导小组主要职责是领导地区生产总值统一核算工作，组织协调解决工作中的重要问题。领导小组下设办公室，负责具体日常工作。

二、制定统一核算方案

2018 年，国家统计局根据中央《地区生产总值统一核算改革方案》精神，制定印发《地区生产总值统一核算实施方案》，同时根据统一核算改革的进展和开展试点试算的情况，在充分吸收各方面意见的基础上不断进行改进完善，并修订印发，确保了地区生产总值统一核算改革工作顺利推进。2020 年，国家统计局制定了与统一核算实施方案配套的《季度地区生产总值统一核算方案》和《年度地区生产总值统一核算方法（试行）》，作为季度和年度统一核算工作的重要方法依据。与原分级核算制度下的核算方案相比，统一核算方案行业分类更加细化，基础指标更丰富、代表性更强，核算过程也更加规范，为做好统一核算工作提供了坚实的核算制度和核算方法保障。

三、开展统一核算工作

2020 年 1 月，国家统计局组织各省（区、市）统计局共同开展首次季度地区生产总值统一核算，11 月组织开展首次年度地区生产总值统一核算，至此构建起完整的统一核算框架。按照统一核算工作流程，地区生产总值统一核算由国家统计局统一组织领导实施，各省（区、市）统计局共同参与，核算过程分为基础数据审核、初步数据核算、初步数据复核、核算结果审定四个主要环节。实施统一核算后，各省（区、市）统计局不再上报本地区生产总值数据。

四、严格规范数据发布

按照《地区生产总值统一核算实施方案》规定，统一核算结果由国家统计局统一部署发布或授权各省（区、市）统计局发布本地区数据。为保证统一核算改革前后数据发布方式的有序衔接，数据发布目前采用国家统计局授权各省（区、市）统计局发布本地区数据的方式进行。同时，国家统计局对数据发布时间、发布方式和内容均提出明确要求，以确保地区生产总值统一核算数据发布的规范性。

地区生产总值统一核算改革是我国生产总值核算体制的重大改革，由施行 30 多年的分级核算制度，转变为统一核算制度，推进了我国核算体制的历史性转变。自正式实施统一核算改革以来，统一核算工作总体运行良好，实现了地区生产总值汇总数与国内生产总值三个基本衔接，即总量基本衔接、速度基本衔接、行业结构基本衔接。

（撰稿：吕峰 李仲）

14. 政府统计中如何使用大数据？

当今世界，科技进步日新月异，互联网、云计算、大数据等现代信息技术深刻改变着人类的思维、生产、生活、学习方式。信息技术与经济社会的交汇融合引发了数据爆发式增长，数据已成为重要生产要素和国家基础性战略资源。近年来，国家统计局颁布了一系列推进大数据应用的重要举措，确定了“总体设计、牵头攻关、先易后难、专业突破”的总体思路和“打造中国政府统计数据来源第二轨”的工作目标，稳步推进大数据政府统计中的应用，加快推进大数据与政府统计工作深度融合。

一、什么是大数据

大数据（Big Data）被认为是新型战略性资源，能够帮助实现对经济社会发展的全面展现、精准预测和智慧决策。当前，对大数据的概念已经基本形成共识，尽管在某些细节上还存在一些争议。中华人民共和国原国家质量监督检验检疫总局和中国国家标准化管理委员会于 2017 年 12 月 29 日发布了《信息技术 大数据术语》的国家标准（GB/T 35295-2017），并于 2018 年 7 月 1 起正式实施。该标准指出，大数据是“具有体量大、来源多样、生成极快、且多变等特征并且难以用传统数据体系结构有效处理的包含大量数据集的数据”。这种针对信息技术领域对大数据给出的定义，可以作为其他领域的重要参考。对政府统计而言，大数据通常被认为是采用多种数据收集方式、整合多种数据来源的数据，是采用现代信息技术和架构高速处理和挖掘、具有高度应用价值和决策支持功能的数据、方法及其技术集成。

二、大数据主要有哪些特征

一般认为，大数据的主要特征可以概括为四个“V”（见右图）：

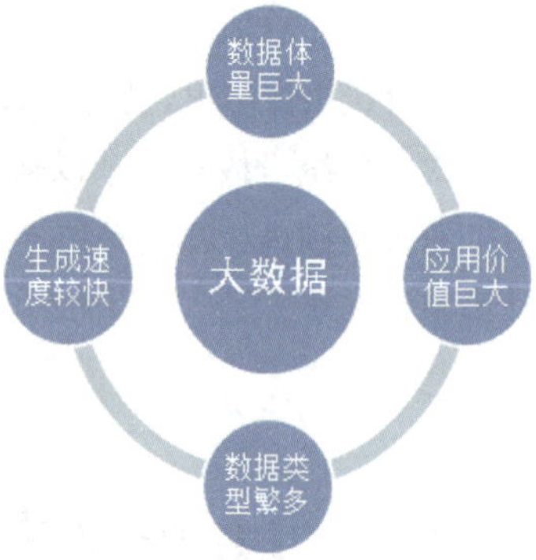

大数据的主要特征

第一，数据体量巨大（Volume）。目前人类社会的数据集规模已经从 GB 到 TB 再到 PB，甚至到了以 EB 和 ZB 来进行计量的程度。

第二，应用价值巨大（Value）。大数据经过有针对性地搜集、清洗、分析后，对政府决策、企业经营和大众消费等都具有应用价值和支撑作用。大数据和传统数据如果能做到深度融合、有机结合，可能会产生新的信息和知识。运用和处理大数据就是要通过强大的机器算法迅速地完成数据的价值“提纯”。

第三，数据类型繁多（Variety）。大数据主要包括结构化数据、半结构化数据和非结构化数据,如音频、视频、图片、网络日志、地理位置信息等多种类型的数据。非结构化数据占比很高且不断增大，对常规数据分析工具提出了较大挑战。

第四，生成速度快（Velocity）。大数据往往以数据流形式实时快速地产生。手机、物联网、平板电脑、移动互联网以及各种传感器的广泛深入应用，为提升大数据生产速度提供了便利条件。对大数据的处理需要采用非传统的技术手段，引入新的基础架构，努力破解快速计算和实时存储相关难题。

三、政府统计应用大数据的主要类型有哪些

根据国家统计局和国家发展改革委联合印发的《非传统数据统计应用指导意见》（国统字〔2017〕160 号），大数据是非传统数据的主体，在很多情形下可以代指非传统数据。具体而言，大数据是指通过非传统政府统计调查获取的数据（国外一些机构也称之为“二手数据”），包括政府部门的行政记录数据、商业记录数据、互联网数据、电子设备感应数据以及其他大数据。大数据与传统调查

数据存在以下主要差异（见下表）：

大数据与传统调查数据的差异

	传统调查数据	大数据
生成过程	有序可控，事先设有专门的调查目的	通常由机器自动化或半自动化生成，不是专门为统计目的而产生
数据类型	以结构化数据为主	以非结构化数据为主
数据质量	规范性和可信度较高，但获取成本也相对较高	规范性和价值密度较低，通常需要清洗提纯，但所需人工成本相对较低，相对更客观，时效性更强
分析侧重点	侧重因果关系	侧重相关关系，但并不忽视因果关系
抽样方法	以随机抽样、分层抽样等传统抽样方法为主	侧重采用适应性、序贯性、动态性和不等概率等新型抽样方法
处理技术	以基于结构化数据的关系数据库技术为代表的传统处理技术	以基于非结构化数据和云计算的数据库技术为代表的新型处理技术

四、我国政府统计大数据应用走在世界前列

大数据作为政府统计数据来源的“第二轨”（或新兴之轨），应用领域非常广泛，几乎覆盖数据采集、处理、存储、分析和发布等整个统计过程。近些年来，我国政府统计积极开展大数据应用，取得显著成效。在核算、工业、能源、投资、贸经、人口、社会、科技、农业、价格、住户、服务业等领域，广泛使用部门行政记录、互联网电子化数据等大数据作为常规统计调查数据的补充，提高统计调查结果的科学性。将大数据方法应用到数据质量问题查找、数据质量审核评估等工作环节，提升统计数据质量，为遏制统计造假弄虚作假提供新技术新手段，在提升统计数据准确性可靠性方面发挥了积极作用。利用大数据开展专业统计评估，补充常规统计调查短板，完善统计调查方法，改进数据生产方式，拓展统计调查指标体系，提升统计调查质量和效能。利用大数据改进数据处理、分析和共享机制，进一步提高开发应用数据的能力，增强统计分析、监测和预警的准确性时效性。整体而言，目前我国政府统计运用大数据工作已经走在全球前列，和主要发达国家与地区基本站在同一起跑线上。

（撰稿：闫海琪 何强）

15. 联合国官方统计的十大基本原则是什么？

官方统计就是政府统计。《官方统计基本原则》是官方统计工作的基本遵循，是各国官方统计的建设目标和评价标准，强调规范统计工作的基本价值观和原则必须得到法律和体制框架的保证，在所有政治层面得到尊重，并得到国家统计系统所有利益攸关方的尊重。

官方统计基本原则最初由欧洲统计专家制定，并在1992年欧洲统计专家会议上予以通过。联合国统计委员会对原则的前言部分作了部分修正，1994年认可了这些原则。2013年，联合国统计委员会重申了这一原则。2014年，联合国大会正式通过《官方统计基本原则》。

原则 1. 官方统计是民主社会信息系统不可或缺的要素，为政府、经济部门和公众提供有关经济、人口、社会和环境状况的数据。为此，应由官方统计机构公正不偏地编纂通过检验证明有实际用途的官方统计并加以公布，以尊重公民的公共信息权。

相关性、公正性、平等获取。第一，官方统计是良好管理和公众信任良好管理的基石之一，统计应该满足广大用户的需求，并能够广泛地获取。第二，要满足实际用途，统计必须具有相关性，其质量必须适于使用，其形式必须促进方便和正确的使用。第三，通过一个过程追求编制和发布的公正性，在许多国家，这种独立性体现在统计立法中。第四，在公正的基础上使信息广为人知和便于获取。

原则 2. 为了保持对官方统计的信任，统计机构应基于严格的专业考虑，包括科学原则和职业道德，确定统计数据的收集、处理、储存、公布方法和程序。

职业标准和道德。这一原则将原则1中的公正性内容进一步展开。统计方法应该由统计机构选定，不受政治干预，遵从专业道德和最佳实践，遵从数据收集、生产和分析过程的质量管理。

原则 3. 为便于对数据的正确解读，统计机构应按照统计来源、方法和程序的科学标准提供资料。

接受问责制和透明度。从统计数据收集或编制的设计阶段直到传播阶段，有许多地方会出现误差，无论误差是否可以测算，有关数据来源和使用都应公开告知用户，以便用户判断数据的适用性。

原则 4. 统计机构有权就统计数字的错误解读及不当使用发表评论意见。

防止不当使用。统计机构一方面通过实施良好的统计原则，用许多不同的、可接受的方法使用和诠释统计，使用户了解统计数据的概念、来源、方法和质量；另一方面要及时关注和处理公众对统计数据的错误使用或诠释，以维护官方统计的权威性。

原则 5. 可为统计目的从各种来源提取数据，不论是统计调查还是行政记录。统计机构在选择来源时应考虑到数据的质量、及时性、成本和给应答者造成的负担。

官方统计资料来源。统计机构必须有成本效益，通过对质量、时效、成本和调查对象的报告负担进行平衡，选用最好的概念、数据来源和方法。影响一个统计机构的整体成本效益的因素包括组织工作计划和操作、完善地应用统计方法、开发信息和通信技术、以及获得行政记录。

原则 6. 统计机构为统计汇编收集的个体数据，不论涉及自然人还是法人，都应严格保密，而且只用于统计目的。

保密。可靠的官方统计数据有赖于公众的合作和善意，有赖于它们提供调查所需要的准确的和及时的数据。为此必须保护调查对象提供的数据的秘密，维护数据的安全性，确保个体数据仅仅用于统计目的。

原则 7. 应公布规范统计系统工作的法律、规章和措施。

立法。将官方统计数据生产的所有方面公之于众对于维护统计机构及其生产的数据的信任和可信度都具有重要意义。在许多国家，统计数据的生产由统计立法予以规定。

原则 8. 各国国内各统计机构之间的协调对统计系统实现一致性和效率至关重要。

国内协调。一个国家的官方统计涵盖的领域众多，因而会由许多不同的政府部门生产统计数据。无论一个国家生产数据的组织方式是如何设置的，都应该开展统计协调工作，通过使用统计标准促进不同来源的数据的整合，以便避免工作重复，最大限度地减轻报告负担。

原则 9. 各国统计机构使用国际性概念、分类和方法可促进各级官方统计系统的一致性和效率。

使用国际标准。为了促进统计的国际比较并实现它们的生产活动的效率和质量，国际统计标准应尽量用于官方统计数据的生产。同时，一个国家在使用国际标准时也需要作出一些判断和折衷处理，开发出自身的统计标准，以便适应本国需要。

原则 10. 统计方面的双边和多边合作有助于完善各国官方统计系统。

国际合作。在共享数据、分享实践、制订统计标准等方面开展国际合作，对于持续改进各国官方统计的质量和范围，提高统计生产效率十分必要。双边性质的技术合作，或者通过国际组织和活动组织的技术合作，对于提高发展中国家统计能力十分重要。

官方统计基本原则自颁布以来，得到了世界各国统计界的广泛认可，已成为各国官方统计的建设目标和评价标准，有效保证了官方统计的可信性和独立性。

我国严格遵守《官方统计基本原则》，颁布了《中华人民共和国统计法》《中华人民共和国统计法实施条例》等法律法规和一系列配套措施，广泛宣传官方统计的核心价值，增强了社会各界对统计重要性、职业道德、专业素养和科学精神的认同感，为统计工作营造了良好的社会环境，有力地推动了我国官方统计的健康发展。

（撰稿：王全众 李爽）

16. 如何发挥统计监督职能作用？

统计监督是《统计法》赋予政府统计的一项基本职能。党的十九届四中全会提出要以党内监督为主导，发挥统计监督职能作用，推动各类监督有机贯通、相互协调，赋予统计监督新的职能定位，对于发挥统计监督职能作用提出新的更高要求。

一、什么是统计监督

作为统计工作的一项重要职能，统计监督的内涵和外延经过了长期的发展变革，随着时代的发展而发展，在传承中创新，在探索中发展。

统计监督理论源于列宁关于“有决定意义的事情，就是在产品的生产和分配上建立最严格的全民计算和监督。”新中国成立后，多位党和国家领导人对发挥统计监督职能作用做过精辟论述，在党中央、国务院下发的关于统计工作文件中对统计监督提出明确要求。1962 年，中共中央、国务院作出的《关于加强统计工作的决定》中指出，各级党政领导机关必须监督各部门、各单位如实反映情况。1963 年，国务院印发《统计工作试行条例》提出，要加强统计部门对国家计划执行情况的检查和监督作用。在这一阶段，统计监督处于初期探索时期，统计监督主要通过搜集、整理、分析统计资料，为编制国民经济和社会发展计划服务，主要监测和监督各地区各部门计划目标任务的执行完成情况、国有企业国有经济生产分配情况。

改革开放以来，随着全国统计工作的恢复和发展，统计监督得到重视和加强。1979 年《人民日报》发表的“充分发挥统计监督作用”社论，同年下发的《国务院关于加强统计工作充实统计机构的决定》以及 1981 年国务院批转国家统计局的《关于加强和改革统计工作报告》，都要求加强统计分析和统计监督。1983 年 12 月 8 日通过的《中华人民共和国统计法》，第一次将统计监督明确为统计部门的法定职责。1989 年 8 月，国务院批转国家统计局《关于加强统计工作充分发挥统计监督作用的报告》并提出“统计监督在国家宏观调控和监督体系中，具有十分重要的地位和作用”。在这一阶段，统计监督处于探索发展时期，统计监督的主要对象、范围领域、方法手段有了进一步拓展延伸，建立了反映国民经济增长速度、规模、结构，包括工业、农业、投资等领域的统计指标体系，通过数据分析揭示国民经济和社会发展情况，特别是围绕经济运行中的苗头性趋势性倾向性问题，在统计分析的基础上提出针对性意见建议，为党中央准确研判经济形势、加强宏观决策管理提供统计支撑服务。

党的十八大以来，统计监督的领域不断拓展，体制机制不断深化，方式方法不断创新。以习近平同志为核心的党中央研究出台《关于深化统计管理体制改革提高统计数据真实性的意见》《统计违纪违法责任人处分处理建议办法》《防范和惩治统计造假、弄虚作假督察工作规定》，提出“三大核算改革”，赋予统计部门开展统计督察、实施地区生产总值统一核算等新的职能。党的十九大提出完善统计体制，党的十九届四中全会提出发挥统计监督职能作用，将统计监督和纪检监察监督、巡视监督、派驻监督、审计监督等作为党和国家监督体系的重要组成部分，统计监督成为在党内监督主导下的重要监督方式，统计监督质效持续提升，统计的综合性基础性作用正在得到有效发挥。

二、统计监督的特点

在党和国家监督体系中，统计监督有其他监督不可替代的优势。一是独立性。县级以上地方人民政府依法设立独立的统计机构；统计机构和统计人员依法独立行使统计调查、统计报告、统计监督的职权。因此，统计监督可以保持相对独立超脱，不易受利益主体的干扰。二是数量性。根据一整套科学统一的国民经济核算体系和统计指标体系，对纷繁复杂的政治建设、经济建设、社会建设、文化建设和生态文明建设进程进行量化监测、评价，从数量关系揭示宏观发展规律，预警矛盾问题。三是全面性。随着经济社会深刻变革，统计调查范围大大拓展，基本覆盖国民经济和社会发展各个领域、各个方面，不仅可以反映全国总体情况，还可以反映地区和行业特点；不仅可以反映速度、规模、总量，还可以反映结构、质量、效益。

三、统计监督的主要任务

（一）开展统计督察。紧紧围绕中央《防范和惩治统计造假、弄虚作假督察工作规定》确定的督察内容，聚焦贯彻落实党中央、国务院关于统计工作决策部署，遵守执行统计法律法规，防范和惩治统计造假、弄虚作假工作，国家统计规则政令执行等情况开展督察，指出被督察地区和部门统计工作中存在的问题，及时反馈统计督察意见，推动整改落实。

（二）开展统计执法检查。受理统计违纪违法举报线索，严肃查处重大统计违纪违法案件，督促各级统计机构依法查处本行政区域内发生的统计违法行为，推动对有关责任单位和责任人严肃追责问责。对统计严重失信企业进行联合惩戒并公示有关失信信息，通报曝光重大统计违纪违法案件，发挥典型案件警示教育作用。

（三）依法独立履行监测评价职能。紧紧围绕“十四五”战略规划和国家重大战略部署贯彻落实情况，不断建立并优化体现中央要求、具有时代特征、符合发展定位的统计监测评价体系。充分利用国家、部门、地方统计调查和重大国情国力调查取得的数据以及相关部门的行政记录，对各地区各部门统筹推进“五位一体”总体布局和协调推进“四个全面”战略布局、落实国家重大战略和决策部署、执行中长期规划等情况，进行监测评价。

（四）监督评价高质量发展情况。按照高质量发展相关评价办法要求，通过各项指标数据形成各地区综合评价指数，对各地高质量发展情况进行定量评价，客观反映高质量发展绩效，引导各地区切实落实高质量发展相关工作要求，提出改进加强的意见建议。

（五）建立健全有利于发挥统计监督职能作用的协同配合机制。建立统计机构与政府经济管理部门的协调联动机制，推动信息共享，实施综合评价，加强成果运用。推动统计监督与纪检监察监督、巡视监督等监督方式有机贯通、相互协调，推动统计造假问题依纪依法处理到位。

四、如何发挥统计监督职能作用

深刻理解、准确把握新时代统计监督内涵外延，进一步发挥统计监督在党和国家监督体系中的职能作用，提高统计监督水平，需要着重把握以下几点：

一是把统计监督放在两个大局中审视，牢牢把握数据时代特征和优势。习近平总书记指出：“领导干部要胸怀两个大局，一个是中华民族伟大复兴的战略全局，一个是世界百年未有之大变局，这是我们谋划工作的基本出发点。”这一重要论述为做好统计监督工作、找准统计监督定位指明了方向、提供了行动指南。当前，大变局大调整大发展中有许多不确定性，风险、挑战、矛盾会接踵而来，数据分析是超前捕捉并敏锐发现大变局中的矛盾隐患最有效的工具，利用各种数据资源通过定量分析监测和预警，提前发现排查隐藏在数据背后的重大风险隐患，确保经济社会持续稳定健康发展。统计部门掌握着国民经济和社会发展主要统计数据，是国家最综合最全面的“数据库”，拥有大量数据分析专业人才，应当为加强党的全面领导和党中央集中统一领导，推动国家治理体系和治理能力现代化作出统计贡献和提供统计智慧。

二是把统计监督放在党和国家监督体系下审视，牢牢把握政治属性和监督属性。党的十九届四中全会把统计监督纳入党和国家监督体系。这说明：统计监督作为党的重大监督方式之一，不再仅仅是业务监督，而应当更加突出发挥在政治监督上的作用。这就要求统计监督聚焦政治原则、政治生态、政治担当、政治责任，把习近平新时代中国特色社会主义思想、党的路线方针政策和各项决策部署贯彻落实作为重中之重，完善优化已有统计指标体系，建立健全新的统计指标体系，发挥应有的监督作用。同时，统计监督要服从服务于党内监督，发挥独特专业职能优势，为党内各项监督有效贯通、形成合力发挥重要作用。

三是要把统计监督放在着力解决影响统计职能整体性协调性的突出矛盾问题下审视，创新思路补齐短板。统计监督是指在统计调查、分析的基础上，对经济社会运行进行定量检查、监测和预警。统计调查、统计分析、统计监督三者之间互相依托、互相补充、互相影响，是层层递进的关系。通过统计监督及时发现宏观经济运行中重大风险隐患，确保党中央重大决策部署在各地区各部门得到有效贯彻落实，及时分析掌握经济运行健康状况，对各种偏差予以调整纠正，防患于未然，这才是统计监督职能作用的真正体现。当前，需要在进一步扎实做好统计调查和统计分析的基础上，将统计调查数据和统计分析报告等成果有效运用于统计监督工作，在思路上大胆创新、在方法上着力探索、在机制上协调联动，不断构建起充分发挥统计监督职能作用的政策制度体系，推动统计职能全面协调发展。

（撰稿：刘玉琴　徐超）

17. 开展统计督察的重大意义是什么？

2018 年 9 月，中共中央办公厅、国务院办公厅印发并公布《防范和惩治统计造假、弄虚作假督察工作规定》（以下简称《规定》），对开展统计督察工作作出重要部署，这充分体现了以习近平同志为核心的党中央对统计工作的高度重视和坚强领导，体现了党中央、国务院以防范和惩治统计造假弄虚作假为突破口、营造风清气正良好政治生态的鲜明态度和明确要求，对于更好发挥统计督察在党和国家监督体系中的重要职能作用，以高质量统计数据服务推进国家治理体系和治理能力现代化大局，具有十分重要的现实意义和深远的历史意义。

统计数据质量是统计工作的生命线。真实准确、完整及时地提供统计数据是统计部门的永恒主题，是统计工作者的终身课题。国家统计局坚持把统计督察作为一项重大政治任务和重要部署行动，突出重点、发现问题、严明纪律，坚定不移防范和惩治统计造假、弄虚作假，切实维护统计法律法规权威，着力提高统计数据的真实性和准确性。

统计督察是防范和惩治统计造假弄虚作假、巩固党和国家决策基础的重大任务。党的十八大以来，以习近平同志为核心的党中央高度重视统计工作。习近平总书记多次就统计工作发表重要讲话、作出指示批示，为新时代统计事业发展指明了方向。在《规定》出台之前，中央先后印发了《关于深化统计管理体制改革提高统计数据真实性的意见》《统计违纪违法责任人处分处理建议办法》（以下分别简称《意见》《办法》），有力促进了统计事业改革发展，推动了依法统计依法治统。近几年来，统计执法检查力度不断加大，防范和惩治统计造假、弄虚作假取得了显著成效，统计生态向好态势不断巩固拓展。同时必须清醒看到，滋生统计造假的土壤依然存在，统计违纪违法问题仍时有发生，必须与这种歪风邪气作驰而不息的坚决斗争。统计督察是党中央、国务院授权国家统计局开展的重大行动，是坚持把“严”的主基调贯穿于防范和惩治统计造假、弄虚作假全过程的重要举措，是有效治理统计违纪违法行为的“苦口良方”。开展统计督察有利于打通堵点、疏通脉络、贯通上下，着力构建不敢、不能、不想造假的统计堤坝，全方位提高统计数据质量，筑牢党和国家宏观调控决策的信息基础。

统计督察是完善统计体制、推进国家治理体系和治理能力现代化的重要制度性安排。党的十九大着眼于加强党和国家制度建设作出完善统计体制重大部署，为新时期推动统计改革发展指明了方向。《意见》明确指出防范和惩治统计造假、弄虚作假，根本出路在于深化统计管理体制改革；建立防范和惩治统计造假、弄虚作假责任制，健全统计数据质量责任制。《规定》要求将各地区党委、政府和国务院有关部门深化统计管理体制改革，落实防范和惩治统计造假、弄虚作假责任制问责制等情况作为督察重点，是对中央《意见》的进一步深化，是完善统计体制的关键一招，有利于构建起与国家治理体系和治理能力现代化相适应的统计管理体制机制，更好发挥统计在国家治理中的重要综合性基础性作用。

统计督察是发挥统计监督职能作用、健全党和国家监督体系的有效方式。党的十九届四中全会将统计监督纳入党和国家监督体系，明确提出要发挥统计监督职能作用。统计监督是统计法规定的统计工作三大职责之一。十九届中央纪委四次全会对推动包括统计监督在内的各类监督有机贯通、相互协调作出部署安排。统计督察是坚持政治监督定位、开展统计监督的重要手段，是对各地区各部门贯彻落实新发展理念、推动高质量发展、深化重大改革、实施重大决策部署的有效监督方式。通过统计督察，能够及时发现并纠正偏离和违背中央重大决策部署问题，有效防范一些重大风险隐患，促进经济社会健康持续发展，更好发挥统计监督在党和国家监督体系中的职能作用。

统计督察是推进依法统计依法治统、落实依法治国依法行政方略的综合举措。法乃治国重器。统计法是中国特色社会主义法治体系的有机构成，依法统计依法治统是建设社会主义法治国家的具体实践。中央明确要求，要完善统计法律法规，加强统计普法宣传，严格依法查处统计违法行为，这也是落实全面依法治国基本方略的根本要求。统计督察的重点内容之一就是监督检查各地区各部门执行统计法律法规情况，特别是履行统计法定职责、维护统计机构和统计人员依法独立行使统计职权不受侵犯等情况，是对维护统计法律法规权威，确保依法统计依法治统各项举措得到有效贯彻落实的认识再提高、责任再压实、工作再落实，对于有效提高统计法治意识，强化统计法治思维，促进依法统计依法治统能力和水平提升，推动依法治国依法行政方略落实，都具有重要意义。

（撰稿：安平年　周游来　沙璐）

18. 统计执法检查是如何开展的？

统计执法检查，是国家统计局及其派出调查机构、县级以上地方各级人民政府统计机构，依照法定的权限、程序和方式，对公民、法人和其他组织在统计活动中贯彻执行统计法律法规和统计调查制度的情况进行检查，并对统计违法行为进行查处等各种活动的总称。

国家统计局组织管理全国统计工作的监督检查，查处重大统计违法行为。县级以上地方人民政府统计机构依法查处本行政区域内发生的统计违法行为。但是，国家统计局派出的调查机构组织实施的统计调查活动中发生的统计违法行为，由组织实施该项统计调查的调查机构负责查处。

县级以上人民政府统计机构在组织实施统计执法检查前应当拟定检查方案，明确检查的依据、时间、范围、内容和组织形式等。县级以上人民政府统计机构在调查统计违法行为或者核查统计数据时，有权采取下列措施：（一）发出统计检查查询书，向检查对象查询有关事项；（二）要求检查对象提供有关原始记录和凭证、统计台账、统计调查表、会计资料及其他相关证明和资料；（三）就与检查有关的事项询问有关人员；（四）进入检查对象的业务场所和统计数据处理信息系统进行检查、核对；（五）经本机构负责人批准，登记保存检查对象的有关原始记录和凭证、统计台账、统计调查表、会计资料及其他相关证明和资料；（六）对与检查事项有关的情况和资料进行记录、录音、录像、照相和复制。进行执法监督检查时，执法检查人员不得少于 2 名，并应当出示国家统计局统一颁发的统计执法证，告知检查对象和有关单位实施检查的人民政府统计机构名称，检查的依据、范围、内容和方式，以及相应的权利、义务和法律责任。

调查结束后，执法检查组或者执法检查人员应当及时形成执法检查报告，报送所属人民政府统计机构负责人。统计执法监督检查机构应当及时组织召开会议，对案件进行讨论审理，确定统计违法行为性质和处理决定，报统计机构负责人审查。对情节复杂或者重大违法行为给予较重的行政处罚，应当集体讨论决定。在审理过程中发现统计违法事实不清、证据不足或者程序错误的，应当责成执法检查组或者执法检查人员及时补充或者重新调查。

统计违法案件审理终结，依据不同情况分别作出处理，统计违法事实清楚、证据确凿，应当依法予以行政处罚。县级以上人民政府统计机构在查处统计违法案件时，认为对有关国家工作人员应当给予处分处理的，应当按照有关规定提出处分处理建议，并将案件材料和处分处理建议移送具有管辖权的任免机关或者纪检机关、监察机关、组织（人事）部门。同时，按照统计法律法规规定予以通报。

立案查处和执法检查的典型、严重统计违法案件，应当按照有关规定予以曝光。对具有严重统计造假弄虚作假情形的企业和统计工作人员，应当依法认定为统计上严重失信，按照《企业统计信用管理办法》《统计从业人员统计信用档案管理办法》等有关规定予以公示和惩戒。

（撰稿：安平年 胡博婧）

领导干部统计知识问答（第二版）

LINGDAO GANBU TONGJI ZHISHI WENDA

第二部分

统计指标

19. 判断经济形势最常用的统计指标有哪些？

分析判断经济形势常常围绕以下四大目标进行：经济增长、充分就业、物价稳定、国际收支平衡。这四大目标相互联系、相互影响、相互制约，宏观调控的目的在于恰当处理这四方面的关系，寻求一个最佳平衡点。通过全面观察这四大指标，可以了解社会总供给和总需求变化，掌握经济运行的总体状况。

一、经济增长

经济增长通常是指在一个较长的时间跨度上，一个国家经济总产出或人均产出水平的持续增加。经济增长是一个宽泛、综合的概念，狭义的经济增长主要指国内生产总值（简称 GDP）增长。国内生产总值是一个国家或地区的所有常住单位在一定时期内所生产的全部最终产品和服务的价值总和。GDP 可以反映一个国家或地区的总体经济规模，GDP 增长率可以反映经济总量的增长速度。经济增长可以从供给和需求两方面来反映。从供给端看，主要参考指标有农林牧渔业增加值、工业增加值、建筑业增加值、服务业增加值等；从需求端看，主要参考指标有社会消费品零售总额、固定资产投资、进出口总额等。

二、充分就业

充分就业，也称作完全就业，是经济学中的一个假设，是指在某一工资水平之下，所有愿意接受工作的人，都获得了就业机会。充分就业并不等于全部就业，在充分就业情况下，仍然会存在摩擦性失业和结构性失业。经济学家把在这种情况下的失业率称为自然失业率，有时被称作长期均衡的失业率或充分就业的失业率。我国经常用来衡量就业的指标有登记失业率、城镇调查失业率、就业人数以及城镇新增就业人数等。

三、物价稳定

作为反映社会总供求状况的“晴雨表”，物价是观察经济运行状况的重要方面。宏观调控的目标之一就是要维护物价稳定，即抑制通货膨胀、避免通货紧缩、维护币值稳定。货币的现实购买力大于产出供给，导致货币贬值，而引起的一段时间内物价持续而普遍的上涨现象，被称为通货膨胀，其实质是社会总需求大于社会总供给。衡量通货膨胀的常用指标有居民消费价格指数、工业生产者出厂价格指数、国内生产总值平减指数等。居民消费价格指数（CPI），反映了某一时期消费领域价格变动情况。工业生产者出厂价格指数（PPI），反映了某一时期生产领域价格变动情况。国内生产总值平减指数则反映了全社会物价总水平的变动情况。

四、国际收支平衡

国际收支平衡是指国际收支差额处于一个相对合理的范围内，既无巨额的国际收支赤字，又无巨额的国际收支盈余。一国国际收支的状况主要取决于该国进出口贸易和资本流入流出状况。国际收支平衡表是反映一定时期一个国家或地区同外国的全部经济往来的收支流量表，可以系统反映一国的国际收支状况、收支结构以及储备资产的变动情况。按照国际货币基金组织《国际收支手册》(第五版)，国际收支平衡表的标准组成包括两个基本部分：经常账户、资本和金融账户。除了国际收支平衡表，分析国际收支状况时通常还会用到进出口差额、外汇储备、人民币汇率等辅助指标。

五、分析宏观经济的新视角

党的十九大报告明确指出，中国特色社会主义进入了新时代，我国经济已由高速增长阶段转向高质量发展阶段。为适应我国发展阶段和社会主要矛盾的变化，要坚持从“五位一体”总体布局和“四个全面”战略布局出发，结合我国经济发展实际，及时完善宏观分析视角。分析研究经济形势不仅要注重总量分析，更要注重反映高质量发展的结构调整、动能转换、提质增效等情况。具体来看，结构分析主要从产业结构、需求结构、区域结构、城乡结构、收入分配结构等方面入手，常用的指标有三次产业增加值占国内生产总值的比重、三大需求贡献率、地区生产总值占全国的比重、常住人口城镇化率、城乡居民人均可支配收入之比等。我国正处在转换增长动力的攻关期，要充分利用“三新”统计调查结果，分析新产业新业态新模式发展以及传统动能改造升级情况，常用的指标有科技进步对经济增长的贡献率，战略性新兴产业、装备制造业、高技术产业增加值及固定资产投资增长情况，战略性新兴服务业企业营业收入和利润总额增长情况，网上零售额、新登记市场主体、专利申请量增长情况等。判断经济运行状况还必须考察质量效益变化情况，常用的指标有全员劳动生产率，企业利润、财政收入、居民收入增长情况，单位国内生产总值能耗，单位国内生产总值二氧化碳排放强度，单位国内生产总值用水量，清洁能源消费量占比等。

六、示例

2019 年是新中国成立 70 周年，是决胜全面建成小康社会的关键之年，也是中国经济发展历程中非常不平凡的一年。我国经济运行克服国内外风险挑战明显上升的不利影响，保持总体平稳、稳中有进发展态势，为决胜全面建成小康社会打下了坚实基础。一是经济平稳增长。初步核算，2019 年，国内生产总值 990865 亿元，按年平均汇率折算达到 14.4 万亿美元，稳居世界第二位。从增速看，2019 年国内生产总值比上年增长 6.1%，在世界主要经济体中名列前茅。从人均水平看，2019 年人均国内生产总值达到 10276 美元，首次突破 1 万美元，与高收入国家差距进一步缩小。二是就业好于预期。2019 年，月度全国城镇调查失业率均在 5.0%—5.3% 之间；年末全国城镇登记失业率为 3.6%，保持在较低水平。城镇新增就业 1352 万人，连续 7 年保持在 1300 万人以上。三是物价总体稳定。2019 年，居民消费价格比上年上涨 2.9%，符合 3% 左右的预期目标；工业生产者出厂价格比上年微降 0.3%，基本保持稳定。四是国际收支基本平衡。2019 年，我国货物进出口总额 31.6 万亿元，再创新高；服务进出口逆差 1.5 万亿元，比上年下降 10.5%。在全球跨境投资大幅下降的情况下，2019 年我国实际使用外资（按人民币计价）比上年增长 5.8%；年末外汇储备余额比上年末增加 352 亿美元。

与此同时，结构调整、动能转换、提质增效取得积极进展。经济结构逐步优化，2019 年，第三产业增加值占国内生产总值比重提高到 53.9%，内需对经济增长贡献率为 89.0%，常住人口城镇化率达到 60.60%。科技创新对经济发展的支撑和引领作用日益增强，2019 年底，每万人口发明专利拥有量达 13.3 件，工业战略性新兴产业增加值比上年增长 8.4%，实物商品网上零售额比上年增长 19.5%。发展质量效益稳步提高，2019 年，全员劳动生产率比上年提高 6.2%，万元国内生产总值能耗比上年下降 2.6%，全国居民人均可支配收入比上年实际增长 5.8%，与经济增长基本同步。这些指标充分表明，2019 年我国经济运行总体平稳、稳中有进，发展韧性、潜力和活力进一步增强。

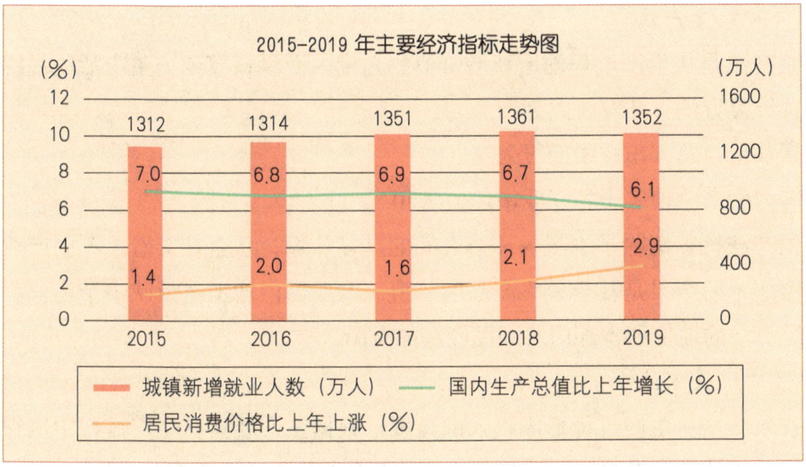

（撰稿：付凌晖 王冠华）

20. 什么是国内生产总值（GDP）？

国内生产总值，是国际上通行的用于衡量一个国家（或地区）经济运行规模的宏观经济指标，其在政治、经济、外交、研究等领域具有广泛应用。

一、国内生产总值的基本概念

国内生产总值是指一个国家和地区所有常住单位在一定时期内生产活动的全部最终成果。国内生产总值有三种表现形式，即价值创造、收入形成和最终使用。从价值创造看，它是所有常住单位在一定时期内生产的全部货物和服务价值与同期投入的全部非固定资产货物和服务价值的差额，即所有常住单位的增加值之和；从收入形成看，它是所有常住单位在一定时期内形成的劳动者报酬、生产税净额、固定资产折旧、营业盈余等各项收入之和；从最终使用看，它是所有常住单位在一定时期内最终使用的货物和服务价值与货物和服务净出口价值之和。

二、国内生产总值的三种核算方法

GDP 的上述三种表现形式分别通过生产法、收入法和支出法来核算，三种方法分别从生产、分配、使用三个方面反映生产活动的最终成果。

（一）生产法

生产法是从生产过程创造新增价值的角度，衡量核算期内生产活动最终成果的一种计算方法。计算公式为：

增加值＝总产出－中间投入

国内生产总值等于各行业增加值之和。

生产法核算消除了生产各环节之间的重复计算，从全社会看，不同产业部门增加值加总的结果是社会最终产品的价值。产业部门增加值反映一个产业部门在国民经济中的地位和本部门对国民经济的贡献。

（二）收入法

收入法是从生产过程形成收入的角度，根据生产要素在生产过程中应得的收入份额反映最终成果的一种计算方法。计算公式为：

增加值＝劳动者报酬＋生产税净额＋固定资产折旧＋营业盈余

国内生产总值等于各行业增加值之和。

收入法反映了增加值的价值构成。其中，劳动者报酬是雇员对生产单位提供劳动获得的工资和各种形式的报酬，固定资产折旧是生产中使用的房屋和机器设备等固定资产在核算期内磨损的价值，生产税净额是企业因从事生产活动向政府支付的税金（不包括所得税）与政府对企业的政策性亏损补贴的差额，营业盈余主要是企业从事经营活动所获得的经营利润。

（三）支出法

支出法是从常住单位对货物和服务最终使用的角度，也就是从最终需求的角度来计算生产活动最终成果的一种方法。计算公式为：

增加值 = 最终消费支出 + 资本形成总额 + 货物和服务净出口

支出法从国民经济整体的角度，反映核算期内一个国家或地区最终需求的总规模和结构。最终消费支出反映了消费需求，资本形成总额反映了投资需求，净出口反映了国外对我国货物和服务的需求。

在国内生产总值的三种计算方法中，生产法和收入法都是先核算国民经济各行业的增加值，以增加值加总得到国内生产总值。支出法是从经济整体的角度观察最终产品的去向，从全社会的角度计算国内生产总值。通过三种不同方法计算的国内生产总值，在理论上应该一致，这称为三方等值原则。从货物与服务流量的运动过程来看，三方等值原则也反映了社会最终产品的生产及初次分配结果与社会最终使用的一致性。但在实际操作过程中由于资料来源的不同，不同计算方法所得出的结果会出现差异，这种差异称为统计误差，统计误差在可接受的范围内允许存在。

三、国内生产总值的作用

第一，GDP 可以反映一个国家或地区的经济发展规模，判断其经济总体实力和经济发展的快慢。对 GDP 衡量经济状况的作用，诺贝尔经济学奖获得者萨缪尔森在《经济学》教科书中给出这样的评价，说 GDP 是二十世纪世界上最伟大的发明之一。

第二，GDP 可用来进行经济结构分析，是宏观经济决策的重要依据。从生产角度看，GDP 能够反映一个国家的产业结构，即第一、二、三产业在国民经济中所占的比重；从使用角度看，GDP 能够反映一个国家的需求结构，即最终消费支出、资本形成总额和货物与服务净出口及其具体构成项目在总需求中所占的比重。通过这些产业结构分析、需求结构分析，可以了解一个国家的经济结构现状及其发展变化规律，对制定产业发展政策，制定消费、投资和进出口政策，都具有十分重要的作用。

第三，GDP 可与相关指标结合，计算出具有重要意义的其他指标。例如，GDP 与人口指标相结合可以计算人均 GDP，它是衡量一个国家或地区经济发展水平和富裕程度的重要指标，如果把各国的人均 GDP 转换成美元，则可进行国际比较。又如，GDP 与能源消费量相结合可以计算 GDP 能耗指标，它衡量的是经济增长与能源消耗的比例关系，是反映 GDP 增长质量的重要方面。另外，通过现价 GDP 和不变价 GDP 能够计算 GDP 缩减指数，它通常被视为一个口径更全的通货膨胀率，反映一个国家价格总水平的变动情况。

第四，GDP 能够影响一国的经济利益和政治利益。它在一定程度上决定该国在国际舞台上的话语权，决定了该国所承担的国际义务和享受的优惠待遇，决定了该国在国际社会所能发挥的作用。近年来，中国的影响力越来越大，在处理国际事务中也扮演了越来越重要的角色，这与中国近年来 GDP 总量不断上升、综合国力不断增强是分不开的。

近年来我国 GDP 总量和增速

单位 亿元、%

年 度	GDP 总量	不变价增速
2009	348517.7	9.4
2010	412119.3	10.6
2011	487940.2	9.6
2012	538580.0	7.9
2013	592963.2	7.8
2014	643563.1	7.4
2015	688858.2	7.0
2016	746395.1	6.8
2017	832035.9	6.9
2018	919281.1	6.7
2019	990865.1	6.1

注：数据来源于国家统计局，2019 年数据为初步核算数。

（撰稿：赵同录 陈希）

21. GDP 数据为什么要修订？

对 GDP 数据进行修订是国际上的通行做法。世界各国 GDP 数据都不是一锤定音，一次核算就固定不变，必须根据更加完整、可靠的基础数据不断修订。GDP 的数据修订包括当期（当季、当年）数据修订和历史数据修订。GDP 当期数据修订主要是在获得更多更好的当期基础资料后，对原有 GDP 所做的修订；GDP 历史数据修订一般是根据普查资料或因核算方法的重大改变对以前的 GDP 数据所做的修订。

一、GDP 数据修订的原因

在各国 GDP 核算中，GDP 的初步核算数据通常更注重时效性，需优先考虑基础数据的可获得性，从而一定程度的牺牲基础资料的完整性和详细性。各国主要利用进度统计资料，采用相关指标推算的方法进行 GDP 初步核算。其后，随着可以获得的基础资料不断增加和完善，需利用更加全面、详细的基础资料对 GDP 数据进行修订，使其更加准确地反映经济发展实际情况。

此外，当发现对 GDP 数据有较大影响的新的基础资料，或计算方法及分类标准发生变化时，也需要根据最新的资料与科学的方法对 GDP 的历史数据进行修订，以保证 GDP 数据的历史可比性。例如，开展经济普查或其他大型调查之后，全面实施新的核算体系之后，实施新的国民经济行业分类标准之后等，都会对 GDP 以及相关构成项目进行修订。

二、部分国家的 GDP 数据修订程序

由于核算 GDP 所需基础数据的差异，以及统计调查体系的差异，各国都会根据自己的情况制定 GDP 数据修订程序。一般而言，各国都会对当期 GDP 数据进行若干次修订，包括季度和年度数据。如果遇到核算方法、资料来源、分类标准发生较大变化时，各国也都会对 GDP 历史数据进行修订，以保证数据时间序列的连续性。

美国的季度 GDP 数据一般需要修订 4 次以上。第一个版本为预测数据，所使用的基础资料比较有限，一般于季后第一个月月末公布。待搜集到比较全面可靠的资料来源后，在第二个月和第三个月月末分别再公布修订后的第二版（初步报告）数据和第三版（最终报告）数据。每年 7 月，在获得较为完善的上年年度数据后，又需进行一次常规的年度数据修订，此时也对相应的两年内的季度 GDP 数据进行修订。此外，美国还不定期进行“基准数据修订”。与年度数据修订不同，基准数据修订通常包括对定义的修改、重新分类以及数据的重新表述等，修订范围为 1929 年以来的时间序列数据。

类似的，加拿大季度 GDP 数据在季后 60 天对外公布，然后进行 4 次以上修订；而年度 GDP 数据在次年 3 月初第一次对外公布，随后进行 3 次修订。韩国的季度 GDP 数据修订次数相对较少，一般在季后一个月左右发布初步数据，然后进行 2 次修订；年度 GDP 则是在次年 3 月底进行发布，随后在第三年的 3 月份进行 1 次修订。

三、我国的 GDP 数据修订与发布程序

按照我国的 GDP 核算和数据发布制度规定，我国年度 GDP 核算分为初步核算和最终核实两个步骤。年度初步核算数据即为每年 4 个季度 GDP 初步核算数据的累计值，与第 4 季度初步核算数同时发布。年度最终核实数据则是根据国家统计局专业统计年报、部门财务统计资料和部门行政记录等资料进行详细核算得到。年度最终核实数据通常于次年年末以国家统计局公告的形式公布。

我国季度 GDP 核算分为初步核算和最终核实两个步骤。初步核算数据根据国家统计局的进度统计资料以及一些部门的行政记录数据进行推算得到。初步核算数据通常于季后 20 天内在新闻发布会与国家统计局的网站公布。季度最终核实于年度 GDP 最终核实后，利用核实的年度数据对季度数据进行修订。季度最终核实数据通常于次年年末在国家统计局网站公布。

GDP 数据除了常规的核实修订以外，在开展全国经济普查、发现对 GDP 数据有较大影响的新的基础资料、或计算方法及分类标准发生变化后，也会对年度 GDP 历史数据进行修订，并随之修订季度 GDP 数据。例如，2018 年我国开展了第四次全国经济普查，国家统计局以此次普查为契机，执行了新的核算体系《中国国民经济核算体系（2016）》，采用了新的分类标准《国民经济行业分类（GB/T 4754—2017）》，并获得了更丰富的基础资料，对 2018 年经济普查年度 GDP 进行了核实修订。为了保证 GDP 历史数据的连续性与可比性，在完成了 2018 年普查年度 GDP 核算的基础上，国家统计局对 2014 年（2013 年为第三次全国经济普查年）以来的 GDP 和分行业增加值数据，以及 1952 年至 2013 年的分行业增加值数据进行了统一修订，并将修订后的数据在国家统计局网站发布。

近年来我国 GDP 数据修订情况

年份	GDP（亿元）			GDP 增长速度（%）		
	修订后	修订前	变化	修订后	修订前	变化（百分点）
2014	643563	641281	2282	7.4	7.3	0.1
2015	688858	685993	2865	7.0	6.9	0.1
2016	746395	740061	6334	6.8	6.7	0.1
2017	832036	820754	11282	6.9	6.8	0.1
2018	919281	900309	18972	6.7	6.6	0.1

（撰稿：赵同录 柳楠）

22. 如何理解 GDP、国民总收入（GNI）的区别和联系？

国内生产总值和国民总收入是衡量一个国家（地区）经济状况和发展水平的

两个重要总量指标。两者既有密切的联系，又有一定区别，用途都非常广泛。

一、GDP 与 GNI 的基本概念

国内生产总值 (Gross Domestic Product，GDP)，是指一个国家或地区所有常住单位在一定时期内生产活动的全部最终成果，等于所有常住单位创造的增加值之和。可见，GDP 强调国内生产，体现的是增加值的生产创造。

国民总收入 (Gross National Income，GNI)，是指一个国家或地区所有常住单位在一定时期内收入初次分配的最终结果，等于所有常住单位的初次分配收入之和。1993 年以前，这一指标被称为国民生产总值 (Gross National Product，GNP)。由于它是一个收入总量衡量指标，叫“生产”总值名不符实，所以联合国 1993 年的国民经济核算国际标准 (1993 年 SNA) 将其改称为 GNI。

二、GDP 与 GNI 的联系与区别

从概念和核算过程看，GDP 是核算 GNI 的基础，先核算 GDP，才能核算出 GNI。两者的关系可用下列公式表示：

GNI=GDP+ 来自国外的要素收入净额

=GDP+(来自国外的要素收入－付给国外的要素收入)

其中，来自国外的要素收入是指从国外获得的资本和劳务收入，包括本国对外投资的收入以及本国居民在国外工作的劳动报酬；付给国外的要素收入是指对国外支付的资本和劳务收入，包括外国来投资的收入以及本国支付给外籍员工的劳动报酬。

GDP 与 GNI 的区别在于，衡量经济总量的角度有所不同。GDP 是一个反映生产成果的概念，它从生产角度衡量一个国家或地区的经济总量，只要是本国领土内生产活动创造的增加值，无论是由内资企业还是外商投资企业创造的，均应计入本国的 GDP。GNI 是一个反映收入总量的概念，它从收入初次分配的角度衡量一个国家或地区的经济总量，即在 GDP 的基础上，扣除外国在本国的资本和劳务收入，加上本国从国外获得的资本和劳务收入。

三、GDP 和 GNI 的作用

国际社会对 GDP 和 GNI 这两个指标都非常重视，并根据分析目的不同而分别使用。在分析各国的经济增长时，一般更关注 GDP；在分析各国贫富差异程度

时，一般更关注 GNI 或者人均 GNI。例如，联合国、世界银行、国际货币基金组织在评估各国经济总体表现时，一般都使用 GDP 或人均 GDP。联合国则根据一个国家连续 6 年的 GNI 和人均 GNI 来决定该国的联合国常规会费，世界银行将人均 GNI 作为划分高收入、中等收入、低收入国家的标准。

因此，GDP 和 GNI 这两个指标都有各自的用途。在反映生产成果、衡量经济增长时更多使用 GDP，在分析收入水平和生活质量时更多使用 GNI。由于 GDP 衡量的是“做蛋糕”的问题，GNI 衡量的是“分蛋糕”的问题，把蛋糕做大是分蛋糕的基础，因而国际社会和经济学界对 GDP 更为关注。

近年来我国 GNI 与 GDP 比较

单位：亿元、%

年度	GNI	GDP	GNI 与 GDP 之差	
			差额	差率
2010	410354	412119	-1765	-0.4
2011	483393	487940	-4547	-0.9
2012	537329	538580	-1251	-0.2
2013	588141	592963	-4822	-0.8
2014	644380	643563	817	0.1
2015	686256	688858	-2602	-0.4
2016	743408	746395	-2987	-0.4
2017	831381	832036	-655	-0.1
2018	914327	919281	-4954	-0.5
2019	988529	990865	-2336	-0.2

注：2019 年为初步核算数。

（撰稿：赵同录 柳楠）

23. 粮食产量如何统计？

“十九大”报告明确指出：“确保国家粮食安全，把中国人的饭碗牢牢端在自己手中”。粮食产量统计数据直接反映粮食生产成果，为国家粮食安全政策的制定提供基本依据。

一、概念

我国“粮食”概念有一个历史演变过程。在建国之初的统计的类别中，“粮谷豆类”是一个类别，包括粮谷、薯类、豆类。之后，“粮谷”变成“谷物”，“粮谷豆类”则变成“粮食”。

粮食的现行统计概念是，粮食按生产季节分类可分为夏收粮食、早稻和秋收粮食；按品种分类可分为谷物、豆类和薯类；谷物包括稻谷、小麦、玉米、谷子、高粱以及其它谷类（如大麦、燕麦、荞麦等）；豆类包括大豆、绿豆、红小豆等；薯类包括马铃薯、甘薯等。

粮食产量是指当年某一地区谷物、豆类和薯类生产量的总称，通常也称为粮食总产量。谷物按脱粒后的原粮计算，豆类按去豆荚后的干豆计算，薯类（马铃薯和甘薯）以鲜薯 5：1 折算粮食。标准计量单位通常为公斤、吨，习惯上也用“市斤”。

二、作用

粮食产量是国内外普遍关注的、关乎国计民生的、具有十分重要意义的基础性指标。1983 年粮农组织总干事萨乌马将粮食安全的概念表述为“确保所有的人在任何时候都能买得到又买得起他们所需要的基本食品”。目前国际社会广泛认同的粮食安全有三项具体目标：其一，确保生产足够的食品；其二，最大限度地稳定食品供应；其三，确保所有需要食品的人都能买得起。可以看出，粮食的生产和供应是粮食安全最基本的方面。

粮食产量牵动着国家安全、人民福祉，粮食产量的每一笔数据都是国家粮食生产情况的实际反映，其作用的重要性不言而喻。

三、统计方法

粮食产量统计工作由国家统计局组织实施。全国及各省（自治区、直辖市）的粮食产量数据由国家统计局定期向社会公布。

粮食产量统计内容包括播种面积和产量，通过农业普查和常规粮食统计调查取得统计数据。

农业普查在中国已经进行了 3 次，分别是 1996 年、2006 年和 2016 年。农业普查的结果为常规统计调查提供依据和基础。

常规粮食统计有以下两种方法：

一是抽样调查。抽样调查的主要粮食品种有稻谷、小麦、玉米和大豆等。

播种面积调查采取对地抽样调查的方式，根据有关耕地数据，结合2016年第三次全国农业普查通过遥感调查取得的统计用农作物种植用地基础数据，建立了农作物播种面积抽样框。全国共抽选2万多个样本村，6万多个样方，其中包括省级国家调查样本村近1万个，省级国家调查样方近3万个。每个调查季开展实地调查，取得样方内农作物播种面积情况，推算主要粮食品种播种面积。

单位面积产量主要通过“实割实测”取得。省级粮食单产抽样调查在国家调查县(市)抽取的面积调查地块中进行，全国共抽取5000多个样本村、近3万个自然地块样本，在粮食作物收获前，基层调员对相应粮食品种种植地块逐块进行踏田估产、编制地块抽样框，每个自然地块中再按照要求抽选3—5个10平方尺的小样方；待收获时，基层调查员在抽中样本地块上进行放样，割取样本，再通过脱粒、晾晒、测水杂、称重、核定割拉打损耗等环节，计算出地块单产。根据抽中样本地块单产推算各地平均单产。

另外，对于农业经营户的其它粮食作物（如谷子、高粱、大麦、燕麦、荞麦等）的种植面积和产量，采取小区域估计等方法取得。

二是全面统计。对于农业经营单位（农场等）的全部粮食作物播种面积和产量，通过各级统计机构全面统计取得。

常规粮食统计按粮食的播种和收获季节进行，夏收粮食、早稻和秋收粮食产量的合计就是本年度的全部粮食产量。

在全国的粮食产量中，农业经营户生产的粮食占了90%以上；主要调查作物（小麦、玉米、稻谷）的合计产量占了全部粮食总产量的90%以上，因此，可以说常规粮食产量主要是通过抽样调查的方法统计出来的。

四、例证

粮食产量历来是国家研究制定农村政策的重要依据之一，同时也是监测政策落实效果的重要指标。如针对1998—2003年期间，我国的粮食产量出现了连续下滑的局面，国家先后出台了对小麦、稻谷等主要粮食作物种植面积的直补，提高小麦、稻谷、玉米的最低收购价，免除农业税等多项重大政策。之后，在直补政策不变的基础上，农资综合补贴、良种补贴、农机具购置补贴等也纷纷出台，极大调动了农民种粮积极性，实现了自2004年以来的连年粮食稳产、丰产，充分体现了国家政策的积极成果。

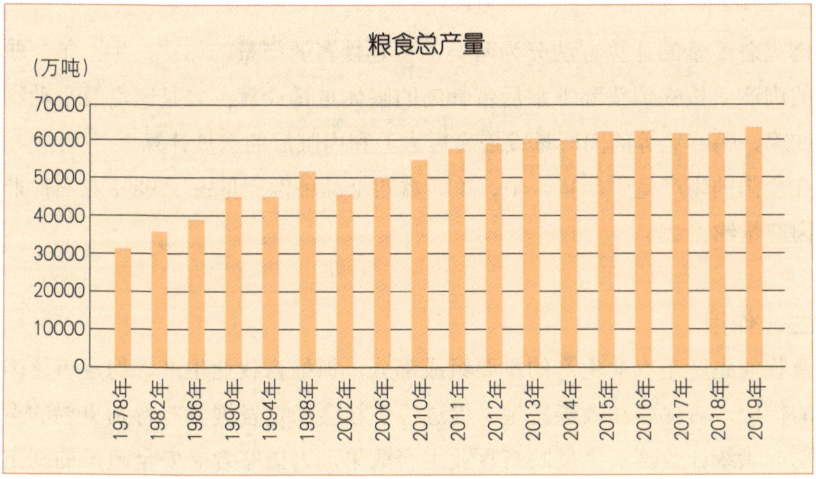

五、改革与完善

中国作为一个人口大国，粮食产量统计的重要地位显而易见。但与国际先进水平相比，粮食统计的基础、方法、手段和统计服务等方面尚有较大差距。

改革完善主要从两方面入手。一是调整粮食统计口径，将粮食与谷物一致起来，将粮食安全与口粮安全含义相同；薯类和豆类从粮食概念中分离，形成各自的农作物分类。二是充分应用遥感等空间信息技术手段，全面提升粮食产量统计水平。

（撰稿：万忠兵 韦革）

24. 肉类总产量如何统计？

俗话说“猪粮安天下”。肉类含有丰富的蛋白质与脂肪，可以提供人体所需的全部种类的胺基酸，是城乡居民的主要副食品之一，也是国家“菜篮子工程”的主要内容。

一、概念

肉类总产量是指调查期内各种牲畜及家禽、兔等动物肉产量总计，不包括鱼类产品。

肉类总产量的计算方法分为两类，一是牲畜的产量，如猪、牛、羊、驴、骆驼等的肉产量按去掉头蹄下水后带骨肉的胴体重量计算；二是家禽及小动物的产量，如鸡、鸭、兔等的肉产量按屠宰后去毛和内脏后的重量计算。

在全国的肉产量中，猪、牛、羊、禽四个品种肉产量占了98%左右；非主要畜禽肉产量约占2%。

二、作用

畜牧业生产是农业生产的重要组成部分，抓好畜牧业生产，稳定市场肉蛋奶制品的供应，对保障和改善民生，促进经济社会稳定发展具有特别重要的意义。肉类总产量统计数据直接反映畜牧业生产成果，为国家食品安全政策的制定提供基本依据。

三、统计方法

肉类总产量的统计工作由国家统计局组织实施。全国及各省（自治区、直辖市）的肉产量数据由国家统计局定期向社会公布。

肉类总产量统计采用以抽样调查为主，全面统计为辅的方法。猪、牛、羊、禽的产量由主要畜禽监测抽样调查获得，马、驴、骡、骆驼、兔肉产量由全面统计获得。

年度肉类总产量是以上两个来源数据相加的结果。即主要畜禽（猪、牛、羊、禽）肉产量和非主要畜禽（马、驴、骡、骆驼、兔等）肉产量相加，就是本年度的全部肉产量。

四、示例说明

举例说明主要畜禽监测抽样调查方法。

某省共有3个生猪养殖场，年末存栏15万头；2个肉牛养殖场，年末存栏有18万头。生猪规模养殖户共有5家，年末存栏5万头；牛规模养殖户2家，年末存栏6万头。该省羊和家禽都是散养，无生产单位和规模户。通过采用多目标概率与规模成比例（MPPS）抽样，抽中了6个样本调查小区，据对样本小区的调查，各样本小区的猪、牛、羊和家禽的年末存栏数见下表。

某省样本普查小区畜禽年末存栏调查及估计

编码	调查存栏数量				入样概率	扩展因子
	猪	牛	羊	家禽		
01	242669	556	0	788087	0.248	4.040
02	533818	3974	1604	633979	0.369	2.707
03	734259	231	0	1355240	0.469	2.131
04	292309	19099	4826	2185340	0.532	1.881
05	179377	26578	48537	357554	1	1
06	308563	87999	0	315014	1	1
全省估计值	5028193	163993	61955	12571503	-	-

全省猪、牛、羊、家禽年末存栏总量的估计过程如下。

（一）全数调查数据汇总。全省养殖单位及规模养殖的猪、牛数量，是将全数调查数据分别汇总：猪年末存栏为15+5=20（万头）；牛年末存栏为18+6=24（万头）。

（二）抽样调查数据推算。将样本小区的猪、牛、羊、家禽的调查数量，分别乘以该小区的唯一扩展因子（该小区唯一入样概率的倒数），然后分别汇总，得出对全省猪、牛、羊、家禽散养户年末存栏数量的估计，分别为：猪存栏 502.8 万头、牛存栏 16.4 万头、羊存栏 6.2 万只、家禽存栏 1257.2 万只。

（三）各结果数据加总。将上两步的各结果相加，得出全省猪、牛、羊、家禽年末存栏总量，猪：20+502.8=522.8（万头）；牛：24+16.4=40.4（万头）；羊：6.2 万只；家禽：1257.2 万只。

五、新技术应用

目前畜禽现场调查的主要问题是规模养殖户和单位因防疫要求，无法进入现场；现场调查工作环境差、工作量大。为了改变这个现状，提高调查能力和数据质量，主要是大力推进新技术的应用。实验、探索采用传感器等方法“数个数”，用智能终端“计个数”，采用高分卫星遥感影像“照圈舍”等方法进行调查或核实工作。

（撰稿：王挺漳　韦革）

25. 商品房销售面积和待售面积如何统计？

党的十九大提出“房子是用来住的，不是用来炒的”总基调后，政府稳妥实施房地产市场平稳健康发展长效机制方案，因城施策、分类指导，夯实城市主体责任，保证房地产保持平稳运行。商品房销售面积、商品房待售面积是需要关注的房地产市场核心指标。

一、概念和用途

商品房销售面积是指报告期内出售商品房屋的合同总面积，即双方签署的正式买卖合同中所确定的建筑面积。

商品房待售面积是指报告期末已竣工的可供销售或出租的商品房屋中，尚未销售或出租的商品房屋建筑面积。

商品房销售面积反映了房地产开发企业新建商品房销售情况，商品房待售面积反映房地产开发企业的现房库存情况，二者是监测房地产市场运行情况的重要指标。另外，商品房销售面积还是房地产开发经营业增加值季度核算的基础指标。

二、计算方法和填报依据

现行房地产开发统计报表制度要求“商品房销售面积”和“商品房待售面积”指标均由房地产开发经营业法人单位按照在地原则，通过国家统计局企业一套表联网直报平台填报。与网签数据来自行政记录不同，这两个指标的数据来源都是房地产开发企业，填报依据为企业销售部门的台帐，台帐由企业销售部门根据每月商品房销售合同的实际签订情况记录。

两个指标涵盖各种物业类型，包括住宅、办公楼、商业营业用房和其他。其中，住宅指专供居住的房屋，包括普通住宅、别墅、公寓和宿舍等。办公楼指企业、事业、机关、团体等单位使用的各类办公用房（又称写字楼）。商业营业用房指服务业部门对外营业的用房。凡不属于上述各项用途的房屋建筑物，如车库等，归入其他。

计算公式为：

商品房销（待）售面积＝住宅销（待）售面积＋办公楼销（待）售面积＋商业营业用房销（待）售面积＋其他销（待）售面积

商品房销售面积根据现行的房屋预售制度，又分为期房和现房两类。现房指在报告期内正式签订买卖合同、已经竣工达到入住条件的商品房屋。期房指在报告期内正式签订买卖合同、正在建设尚未竣工交付使用的商品房屋。

计算公式为：

商品房销售面积 = 期房销售面积 + 现房销售面积

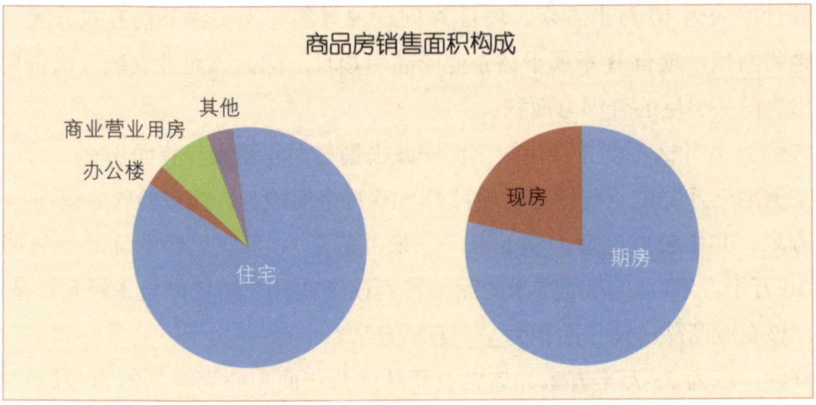

三、指标使用应注意的问题

（一）商品房销售面积是时期指标，商品房待售面积为时点指标。时期指标反映指一定时间段里的累计发生量，时点指标反映一定时间点的存量。

（二）因为商品房销售面积包括期房和现房，商品房待售面积只统计现房。如果利用两者计算去化率、去化周期等相对数，一定要考虑当地实际，不能简单拿来比较。

（三）按照统计制度规定，并不是所有房地产开发企业开发的建筑面积都记入商品房销（待）售面积。商品房销售面积不包括实物补偿的拆迁还建房屋面积；接受委托、定向开发建设，并收取一定的管理费所建设的统建代建房屋面积；学校、幼儿园、医院、派出所、居委会等公益设施建筑面积。商品房待售面积不包括拆迁还建、统建代建、公共配套建筑、房地产公司自用及周转房等不可销售或出租的房屋面积。

四、指标填写方法举例

实例 1：某企业房子开发量很多，为什么商品房销售面积却没有“预想”的多？

该企业自行开发项目 A，A 项目商品房部分规划建筑面积 40 万平方米，回迁安置部分规划建筑面积 10 万平方米（实物安置），同时作为乙方承接政府保障性住房项目 B，规划建筑面积 30 万平方米。10 月，A 项目首次开盘，A 项目签订销售合同 10 万平方米，回迁安置房分配完毕，同时 B 项目建成全部移交政府。请问 1—10 月份，该企业商品房销售面积为 ____万平方米？

解读：应为 10 万平方米。项目 A 回迁安置部分为实物补偿方式分配，属于不可销售面积，项目 B 不属于该企业商品房项目，因此该企业仅统计报告期内 A 项目出售商品房屋的合同总面积。

实例 2: 为什么不能直接用竣工面积减去销售面积得到待售面积？

某房地产开发企业自行开发项目 C，10 月全面竣工。竣工验收建筑面积为 50 万平方米，其中公共配套面积 5 万平方米，截至 10 月底已经签订商品房销售面积为 10 万平方米，10 万平方米的商铺转为该企业分公司资产自主经营。请问 10 月末，该企业商品房待售面积为____万平方米？

解读：应为 25 万平方米。该企业商品房待售面积应为竣工的 50 万平方米建筑面积，减去 5 万平方米不可销售面积，减去已经销售的 10 万平方米建筑面积，减去自营不用于销售的商铺面积 10 万平方米。

（撰稿：李俊波 杲海青）

26. 什么是建筑业总产值？

一、概念和用途

建筑业总产值是指以货币表现的建筑业企业在一定时期内生产的建筑业产品和服务的总和。建筑业总产值包括建筑工程产值、安装工程产值和其他产值三部分内容。

按照住房和城乡建设部关于建筑业企业资质管理规定，建筑业企业分为两个序列：施工总承包企业和专业承包企业。

施工总承包企业、专业承包企业的建筑业总产值按照企业施工对象的形象进度来计算建筑业总产值。

该指标既反映了建筑业企业在报告期完成的建筑产品和服务的总规模，也反映了报告期国家和各地区经济建设情况。

建筑业为国民经济各行业的发展提供物质基础。建筑业通过施工、安装、装饰装修等活动完成各项固定资产投资，为国民经济各部门、各行业的持续发展和人民生活的持续改善提供物质基础，作为劳动密集型行业，直接吸纳了几千万人的就业。建筑业的发展带动着建材行业包括钢材、铝材、木材、玻璃、水泥等等，以及煤水电气、装饰装修、智能科技、家电等几十个行业的发展，直接影响着国民经济的增长和社会劳动就业状况，其产品和服务质量直接关系着社会公众的生命财产安全和生产、生活质量。国民经济各物质生产部门所需要的厂房、仓库等建筑物和道路、码头、堤坝等构筑物都是建筑业的产品；工业企业的机器设备也必须经过建筑企业进行安装才能形成最终的生产能力。因此，建筑业是国民经济的重要生产部门，部分发达国家把建筑业列为国民经济的支柱产业。

通过建筑业总产值核算的建筑业增加值可以准确地反映建筑业在国民经济发展中的重要支撑作用，因此，建筑业总产值指标是重要的基础性经济指标。该指标按照企业注册地进行统计。为了满足建筑业在地核算需要，建筑业企业在填报建筑业总产值同时，还要将企业在外省（区、市）完成的施工产值分地区填列，以此核算各省（区、市）建筑业总产值流入流出情况。

二、计算方法与填报依据

建筑业总产值是价值指标，而建筑产品的价值即工程造价是通过工程预算来确定的。因此，建筑工程施工产值是根据已完成的工程量乘预算单价为基数，再乘以一定的间接费率来确定的。

基本计算公式如下：

报告期建筑业总产值＝∑[(分部分项完成实物工程量 × 预算单价)×（1+间接费率）]×（1+利润率）×（1+税率）

由于建筑工程承包方式的多样化，预算定额单价的基价包含内容不尽相同，因此，在计算建筑业总产值时，可按工程实际进度，与工程承包价相结合进行计算。

具体计算方法有工料单价法、综合单价法、部位进度法、工序比重法和直接费率法等五种方法。但在企业实际生产核算中，主要使用以下三种方法计算。

（一）工料单价法。

计算方法：将以实际完成的分部分项工程乘以预算定额单价汇总成直接工程费，再根据一定比率计算间接费、利润和税金，最后计算出建筑业总产值。

（二）部位进度法。

对于一些规模较小、管理不规范的中小微型建筑企业，如果没有编制分部分项实物工程量和价值计算表、以及取费计算表，可采用部位进度法计算建筑业总产值。计算公式如下：

单位工程完成进度的百分比 =∑（各部位完成进度的百分比 × 各部位预算价值占单位工程造价的百分比）

建筑安装工程产值 =∑（单位工程完成进度的百分比 × 单位工程预算造价）

例如：某混合结构的单位工程基础、结构、装饰三部位预算价值占单位工程预算价值的比重分别为 13%、60% 和 27%，该工程总预算造价为 50 万元，本月底基础工程已完工，并完成结构工程的 10%，装修工程尚未开始，则

单位工程完成进度：13%×100%+60%×10%=19%

单位工程产值 =50 万元 ×19%=9.5 万元

填表数：9.5 万元 ×10 千元 / 万元 =95 千元

用上述部位进度法计算建筑工程产值的关键是如何确定本月各部位的完成进度百分比的资料。为了正确估算各部位完成进度百分比，也可以将各部位再划分为若干个组成部分（相当于分项工程），然后确定其各部位的百分比。根据各组成部分完成情况来推算单位工程完成进度的百分比。

大型联动设备的安装工程产值，也可以按工序分段，再按安装工程完成的进度百分比计算安装工程产值。一般安装期较短，可以单独鉴定其质量，如机床、水泵等，可在每台安装工序全部完成后，一次计算其完成安装工程产值。即安装一台，计算一台。

（三）直接费率法。

将工程合同总价除以直接费得出直接费率，然后按实际完成工程量及相应单价计算出直接费，再乘以直接费率得出建筑业总产值。其计算公式为：

综合取费率＝（总造价 ÷ 直接费）×100

报告期完成建筑业总产值＝∑（分部分项完成实物工程量 × 预算单价）× 综合取费率

在数据采集过程中，对有施工合同管理台账的企业，可根据《建筑业总产值完成情况对比分析统计台账》《建设项目基本情况统计台账》《月度经营情况统计台账》等进行填报。无施工合同管理台账的企业 , 以施工预算、预算定额或消耗量定额 , 工程合同 , 各种工程结算 (变更) 签证 , 竣工结算 (甲方审计结果), 财务人员提供的报告期内发生的有关费用为依据计算填报。

三、指标使用应注意的问题

（一）建筑业总产值统计口径。

现行的《建筑业统计报表制度》统计范围为：各省、自治区、直辖市辖区内具有建筑业资质的所有独立核算建筑业企业及所属产业活动单位；国务院各有关部门（或企业）直属的具有建筑业资质的所有独立核算建筑业企业。国家统计局在季度发布的建筑业总产值是指有总承包或专业承包资质的建筑业法人单位完成的产值。各省（区、市）建筑业总产值按照法人单位注册地原则进行统计。

（二）建筑安装工程价格问题。

国家统计局发布的建筑业总产值增长速度一般都为名义增长速度，其他经济指标如GDP、工业增加值等一般都使用扣除价格因素后的实际增长速度，因此，在使用和研究建筑业统计数据与其他经济指标关系时，要注意考虑建筑安装工程价格因素的影响。

（三）建筑业总产值、建筑业总产出、建筑业增加值三者关系。

建筑业总产值指以货币表现的建筑业企业在一定时期内生产的建筑业产品和服务的总和。建筑业总产出指建筑业法人企业、产业活动单位和个体经营户在报告期内生产建筑业产品和服务的价值总和。建筑业增加值指建筑业企业在报告期内以货币表现的建筑业生产经营活动的最终成果。

四、计算案例

以工料单价法为例：

第一步 将以实际完成的分部分项工程乘以预算定额单价汇总成直接工程费，再根据一定比率计算间接费、利润和税金，最后计算出建筑业总产值。

第二步 将各工程完成的总产值汇总后，如果合同金额计量单位为人民币“元”，须除以1000后，四舍五入填写整数；如果是“万元”，须乘以10后，四舍五入填写整数。

例如：××建筑公司（一般纳税人）承接××商业地产工程（认定为一般计税项目），2017年1—3月份实际完成的工程部位是基础土方完；基础、地下室现浇混凝土已完工（详下表）。

为方便计算，案例中税金费率统一按11%计算。

1. 编制完成分部分项实物工程量和价值计算表

序号	定额编号	分部分项工程名称	工程量		价值（不含增值税）	
			单位	完成量	单价（不含增值税）	合价（不含增值税）
1	一、	**土石方工程**				**3,942,800.56**
2	1-1	人工土石方 场地平整	m2	13,450.05	1.31	17,619.57
3	1-28	机械土石方 槽深 13m以内 挖土机挖土方车运（KM）20以内	m3	152,493.43	25.74	3,925,180.98
4	二、	**预拌混凝土工程**		-		**4,741,032.43**
5	6-2	现浇砼构件 基础垫层 C15	m3	1,214.53	303.78	368,951.25
6	6-4 YBKSC30	现浇砼构件 满堂垫层 C30 预拌抗渗砼	m3	5,274.95	368.94	1,946,139.39
7	6-17	现浇砼构件 柱 C30	m3	1,496.73	368.61	551,708.72
8	6-24 YBKSC30	现浇砼构件 基础梁 C30 预拌抗渗砼	m3	1,988.41	377.53	750,682.87
9	6-36 换	现浇砼构件 墙 C30 预拌抗渗砼	m3	3,016.97	372.41	1,123,550.21
10		**合 计**				**8,683,832.99**

1. 该工程 2017 年 1 季度实际完成的建筑业工程直接费为 8683832.99 元。

	序号	费用代	名称	计算基数	基数说明	费率	金额
B1	1	A	建筑工程费	JZGCF+JZYGSBF	建筑工程费+建筑乙供设备费		8683832.99
B1	2	B	安装工程费	AZGCF	安装工程费		0
B1	3	C	投标人采购设备费	AZYGSBF	安装乙供设备费		0
B1	4	D	措施项目费	D1+D2	措施项目（一）+措施项目（二）		384393.38
B1	4.1	D1	措施项目（一）	CSXM1	措施项目一		366076.33
B1	4.2	D2	措施项目（二）	CSXM2	措施项目二		18317.05
B1	5	E	其他项目费	QTFY	其他费用合计		0
B1	6	F	规费	F1+F2+F3	社会保障费+住房公积金+危险作业意外伤害保险费		450085.51
B2	1	F1	社会保障费	F11+F12	建筑工程+安装工程		329757.22
B3	1.1	F11	建筑工程	JZGF1	建筑规费1		329757.22
B3	1.2	F12	安装工程	AZGF1	安装规费1		0
B2	2	F2	住房公积金	F21+F22	建筑工程+安装工程		109975.64
B3	2.1	F21	建筑工程	JZGF2	建筑规费2		109975.64
B3	2.2	F22	安装工程	AZGF2	安装规费2		0
B2	3	F3	危险作业意外伤害保险费	F31+F32	建筑工程+安装工程		10352.65
B3	3.1	F31	建筑工程	JZGF3	建筑规费3		10352.65
B3	3.2	F32	安装工程	AZGF3	安装规费3		0
B1	7	G	税金	A+B+D+E+F	建筑工程费+安装工程费+措施项目费+其他项目费+规费	11	1047014.31
B1	8	H	投标工程总造价(=1+2+3+4+5+6+7)	A+B+C+D+E+F+G	建筑工程费+安装工程费+投标人采购设备费+措施项目费+其他项目费+规费+税金		10565326.19

2. 工程总造价 = 税前造价 *（1+11%）

=（1+2+3+4+5+6）*（1+11%）

=1056.532（万元）

3. 该工程 2017 年 1 季度实际完成的建筑业总产值为 1056.532 万元 。保留整数，实际填写 =1056.532×10=10565(千元)

五、解读

十八大以来，建筑行业认真落实党中央、国务院的相关工作部署，凝心聚力谋求高质量发展，生产规模、建设能力屡创新高。2012 年，建筑业总产值现价总量为 13.7 万亿元，2017 年，建筑业总产值历史性突破 20 万亿元大关，达 21.4 万亿元，是 2012 年的 1.56 倍，2019 年，建筑业总产值现价总量为 24.8 万亿元。2012 年以来，建筑业年均增加 1.57 万亿元，总体保持了较快增长态势。

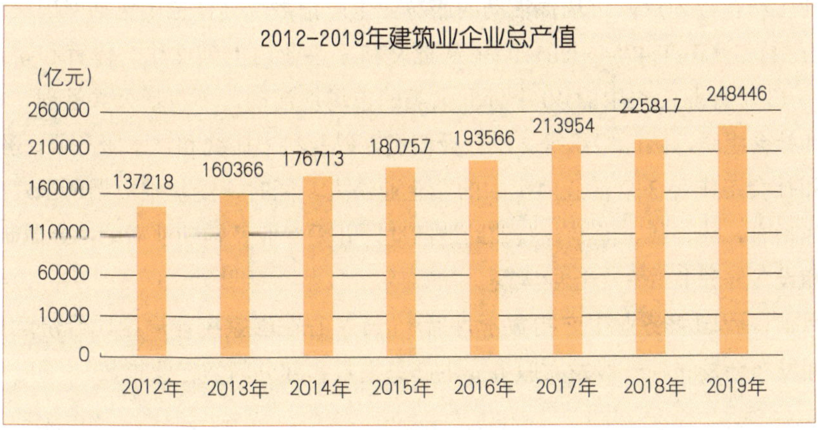

（撰稿：李俊波 陈淑清）

27. 什么是服务业生产指数？

十八大以来，我国经济迈向以服务经济为主导的时代，服务业成为推动国民经济增长的主引擎。2019 年，服务业增加值占国内生产总值比重为 53.9%，对国民经济增长的贡献率达 59.4%。但与服务业发展的新形势新要求相比，我国缺少能够及时监测服务业短期运行态势的综合性指标。为此，国家统计局自 2013 年开始研究试算服务业生产指数，并于 2017 年 3 月起正式按月对外发布，受到国内外及社会各界广泛关注。

一、基本概念

服务业生产指数（Index of Service Production, ISP）是指剔除价格因素后，服

务业报告期相对于基期的产出变化，主要反映服务业的短期变动情况：以基期为100，如果指数大于100，表明服务业生产总体在增长；小于100，表明服务业生产总体在下降。

根据服务提供机构的特点，可将服务活动划分为市场性服务活动和非市场性服务活动。因此，服务业生产指数可划分为反映市场性活动的服务业生产指数及涵盖非市场性活动的服务业生产指数。

综合考虑月度数据的可获得性以及生产指数与经济周期的关联性，目前我国服务业生产指数为反映市场性活动的服务业生产指数。具体范围包括《国民经济行业分类》（GB/T 4754—2017）中从批发和零售业门类到文化、体育和娱乐业门类共13个行业门类中的40个行业大类的市场性活动，不包括公共管理、社会保障和社会组织，国际组织等2个行业门类，以及科学研究和技术服务业，教育，卫生和社会工作等3个行业门类中的非企业法人。同时，受基础数据所限，暂时也不包括农、林、牧、渔专业及辅助性活动，开采专业及辅助性活动，金属制品、机械和设备修理业等3个行业大类。

目前，我国服务业生产指数于月后15日左右在国家统计局国民经济运行情况新闻发布会发布，一般发布服务业生产总指数和部分门类行业指数。

知识链接

市场生产者是那些以经济意义显著的价格出售其产出的生产者，非市场生产者则是免费提供大部分服务或者以经济意义不太显著的价格出售其服务。市场性服务一般由市场生产者提供，非市场性服务由非市场生产者提供。具体来说，市场性服务可以包括批发零售、住宿餐饮、交通运输等，而非市场性服务主要由政府及私人非营利机构提供的一般公共服务、教育非市场服务、科学研究和医疗服务，以及其他非市场服务组成。

二、主要作用

编制服务业生产指数对于科学、全面、及时地监测我国服务业生产总体状况、量化服务业发展水平、分析服务业发展结构等有着非常重要的现实意义。既是及时反映服务业短期运行态势的重要指标，又是季度服务业增加值核算的重要补充，还是服务业经济活动短期变动国际比较的重要工具。

三、计算方法

我国服务业生产指数计算选用拉式算法（用基期数量作权数），基本方法是：首先分行业大类（房地产业为行业中类）计算分行业大类代表性指标不变价增速（以上年为基期），当代表性指标为现价指标时需价格缩减后再计算增速；然后使用换算系数对分行业大类的代表性指标增速进行换算，得到分行业大类的生产指数，使用换算系数目的是通过换算把代表性指标增速转换为所代表行业的产出增速；最后按照每个行业大类在所属门类的增加值占比作为权重加权合成分行业门类生产指数，再根据各行业门类在服务业增加值中占比作为权重加权计算服务业生产总指数。

四、编制基本流程图示

服务业生产指数编制基本流程

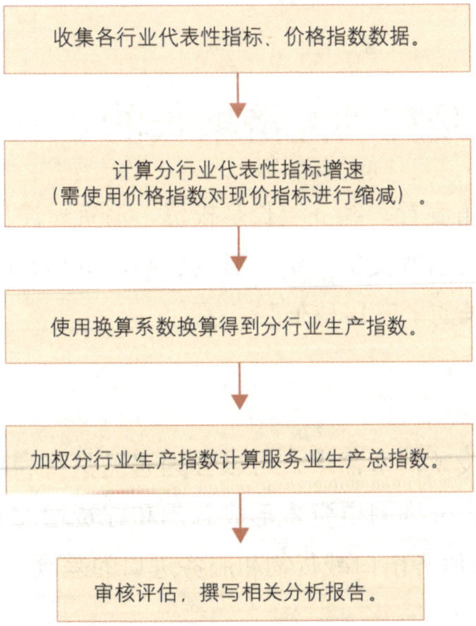

五、示例

从 2019 年服务业生产指数看，全年服务业生产总体平稳，运行保持在合理区间。2019 年服务业生产指数累计同比增长 6.9%，服务业生产指数当月同比增长均不低于 6.3%，保持了较快增长态势。

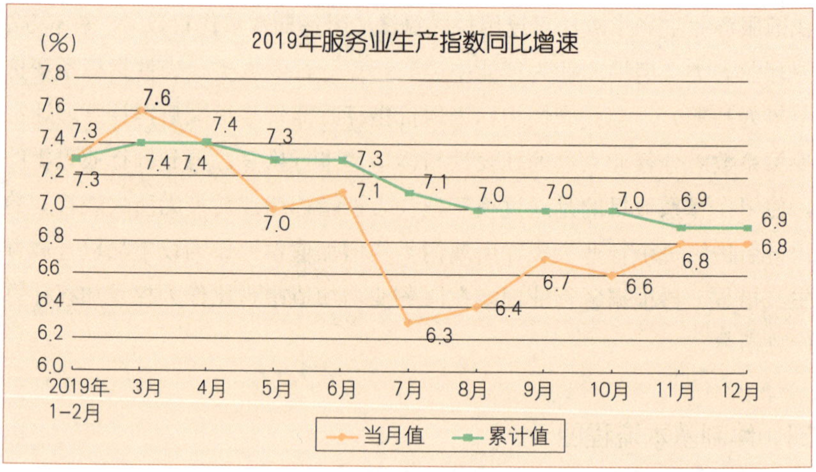

（撰稿：李卉 陈冠宇）

28. 什么是拉动经济增长的“三驾马车”？

从支出法核算角度看，经济增长是投资、消费、净出口这三种需求之和，因此经济学上常把最终消费支出、资本形成总额、货物和服务净出口这三者形象地比喻为拉动经济增长的“三驾马车”。

一、指标含义

最终消费支出反映消费需求，可以分为居民消费和政府消费；资本形成总额反映投资需求，可以分为固定资本形成总额和存货增加；货物和服务净出口反映外部需求，指货物和服务出口减货物和服务进口的差额。

二、示例

考察“三驾马车”的影响，通常关注以下两个方面：

一是消费和投资的比例关系。通常用最终消费率和资本形成率来衡量。其中，最终消费率（即消费率）是指最终消费支出占支出法国内生产总值的比重；资本形成率（即投资率）是指资本形成总额占支出法国内生产总值的比重。

从下图中，可以看到 1978—2019 年我国消费率和投资率的变化大致经历三个阶段：第一阶段为从 1978 年到 2000 年左右，最终消费率大致稳定在 60% 左右，投资率在 40% 左右，最终消费支出占 GDP 的比重明显高于资本形成所占比重；第二阶段为 2000 年到 2010 年左右，消费率呈下降走势，投资率呈上升趋势；第三阶段为 2010 年以后，消费率呈上升走势，而投资率呈缓慢下降趋势。

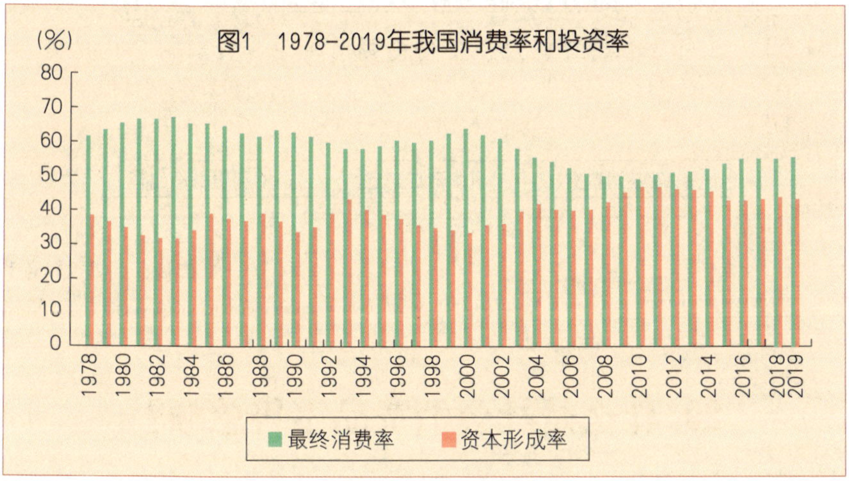

二是投资、消费、净出口对经济增长的影响。通常采用贡献率和拉动点数来分析“三驾马车”中某因素的增长对 GDP 增长的影响程度。

从下图可以看到，1978—2019 年“三驾马车”对我国 GDP 增长的影响大致可以分为四个阶段：第一阶段为 1978 年到 1985 年，消费对经济增长的贡献率快速上升，投资对经济增长的贡献率波动较大，而净出口对经济增长的贡献为负；第二阶段为 1985 年到 1995 年，三者对 GDP 增长的贡献率波动较大；第三阶段为 1995 年到 2009 年，投资对经济增长的贡献率呈波动上升状态，消费对经济增长的贡献则较为稳定，而同期净出口对经济增长的贡献较小；第四阶段为 2009 年到 2019 年，投资对经济增长的贡献波动下降，而消费对经济增长的贡献波动上升，说明我国经济的增长正从投资驱动型向消费驱动型转变。

图2　1978-2019年“三驾马车”对GDP增长的贡献率

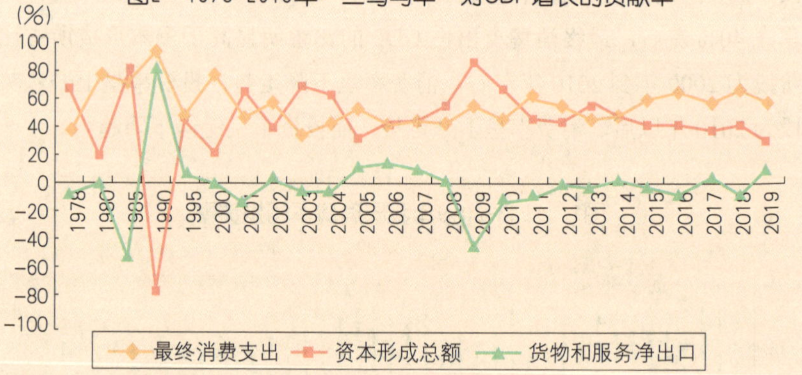

（撰稿：付凌晖　董辉）

29. 什么是社会消费品零售总额?

党的十八大以来，我国消费品市场保持平稳较快增长，市场规模持续扩大，新兴业态和新商业模式快速发展，消费对经济增长的贡献率稳步提升，已成为经济增长的主要驱动力。在反映消费情况的统计指标中，社会消费品零售总额是最常用的宏观经济指标之一。

一、基本概念

社会消费品零售总额是指企业(单位、个体户)通过交易直接售给个人、社会集团非生产、非经营用的实物商品金额，以及提供餐饮服务所取得的收入金额。该指标所涉及的商品包括售给个人用于生活消费的商品，也包括售给社会集团用于非生产、非经营的商品。其中，个人包括城乡居民和入境人员，社会集团包括机关、社会团体、部队等。

需要注意的是，纳入社会消费品零售总额统计的商品，不包括企业和个体经营户用于生产经营和固定资产投资所使用的原材料、燃料和其他消耗品的价值量，也不包括居民用于购买商品房的支出和农民用于购买农业生产资料的支出费用。另外，由于餐饮服务属于一种特殊的商品销售形式，因此，提供餐饮服务取得的收入也被统计在社会消费品零售总额中。

按照消费类型，社会消费品零售总额分为商品零售和餐饮收入。2019 年商品零售额约占社会消费品零售总额的 88% 左右。按照消费品零售经营者所在地，社会消费品零售总额分为城镇消费品零售额（包括城区和镇区）、乡村消费品零售额。目前，大部分零售网点集中于城镇地区，城镇零售额占社会消费品零售总额的 87% 左右。

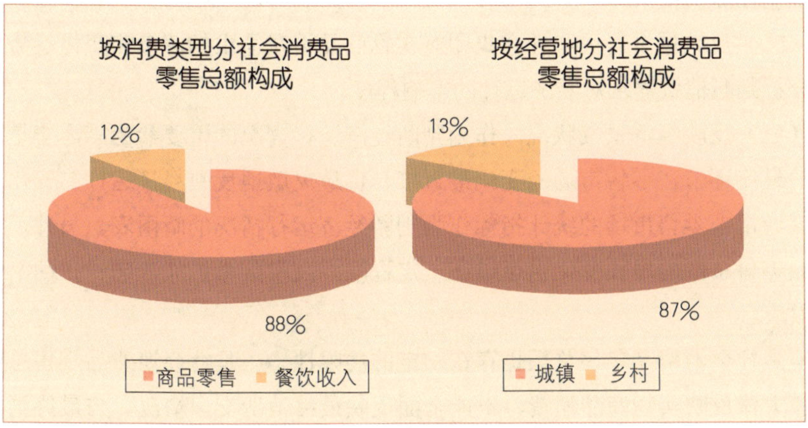

随着信息技术发展，互联网零售规模迅速扩大，为此，国家统计局于 2014 年建立网上零售统计，定期发布网上零售数据。网上零售额是指通过公共网络交易平台（主要是从事实物商品交易的网上平台，包括自建网站和第三方平台）实现的商品和服务零售额。商品和服务包括实物商品和非实物商品。社会消费品零售总额包括实物商品网上零售额，但不包括非实物商品网上零售额。

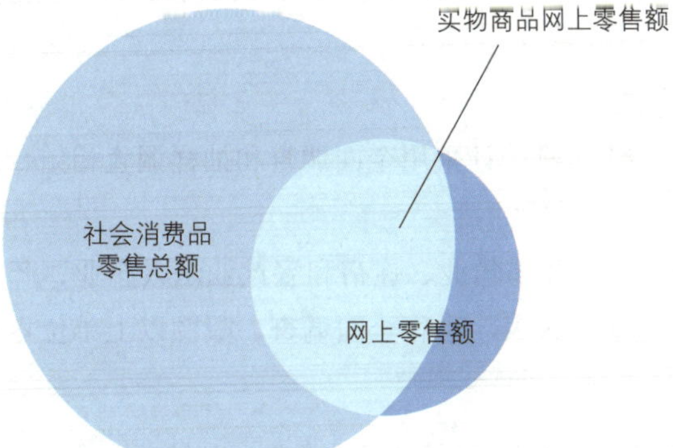

二、主要作用

社会消费品零售总额是反映宏观经济运行状况的重要指标，主要用于反映全社会实物商品的消费情况。它是从商品流通的最终环节入手，观察进入城乡居民生活消费和社会集团公共消费的商品销售变化情况。其作用主要有以下三个方面：

（一）反映国内消费品市场的总规模和地域分布情况，为分析判断国内消费品市场运行总体状况、地域特点、商品类别供给及未来市场走势提供参考，为国家宏观调控提供依据。

（二）反映城乡居民和社会集团对实物商品消费需求的总量和变化趋势，可用于分析判断消费需求对经济运行的影响程度。

（三）反映经济景气状况，作为判断经济运行情况的重要参考。零售是商品流通的最终环节，零售市场的变化最直接、也最灵敏地反映经济运行的变化。发达国家通常把零售市场的统计指标作为判断经济运行情况的晴雨表。另外，社会消费品零售总额的增长变化也可以在一定程度上反映国家扩大内需、拉动消费的政策效应。

但是社会消费品零售总额也存在一定的局限性。一是社会消费品零售总额指标只能大体反映实物商品消费，不能全面反映最终消费支出情况，与最终消费支出在口径、范围上都有很大不同。因为社会消费品零售总额只包括通过商品流通最终环节进入城乡居民生活消费和社会集团公共消费的实物商品销售情况，不包括最终消费支出中未经交易取得商品的消费，也不包括城乡居民和社会集团用于教育、医疗、文化、艺术、娱乐等方面的服务性消费支出，更不包括与生产、建设紧密相连的生产资料市场的变化情况。二是社会消费品零售总额是一个总量指标，主要反映消费品市场的总体变化情况，因此单纯应用这一指标不能很好地反映消费品的结构特征和变化情况，需要结合居民消费支出等相关指标进行分析。

三、计算方法

社会消费品零售总额统计采用全面调查和抽样调查相结合的方法，同时辅之以科学推算。

对限额以上[1]批发和零售业、住宿和餐饮业法人企业、产业活动单位与个体经营户，通过布置统计报表，进行全面调查。限额以上单位零售额数据采用超级

注：1. 统计限额标准为：批发业为年主营业务收入 2000 万元及以上、零售业为年主营业务收入 500 万元及以上、住宿和餐饮业为年主营业务收入 200 万元及以上。

汇总方法，直接通过对分单位的基层原始数据进行汇总得到。

对限额以下批发和零售业、住宿和餐饮业法人企业、产业活动单位与个体经营户，实施抽样调查。限额以下单位零售额数据根据抽样调查和科学推算得到。

四、示例

2019 年，我国消费品市场总量稳步扩大，消费方式创新发展，消费结构不断优化，餐饮市场需求持续释放。

2019 年，社会消费品零售总额比上年名义增长 8.0%，规模首次超过 40 万亿元。分季度看，第三和第四季度社会消费品零售总额均超过 10 万亿元。其中，第四季度在国庆假期、“双十一”电商促销节等因素带动下，当季社会消费品零售总额超过 11 万亿元。

新兴零售业态快速发展。随着物流配送体系的完善以及网购用户数量的增多，网上零售规模持续扩大。2019 年，全国实物商品网上零售额比上年增长 19.5%，增速比社会消费品零售总额快 11.5 个百分点。分商品类别看，在实物商品网上零售额中，吃、穿和用类商品分别增长 30.9%、15.4% 和 19.8%。

基本生活类商品增长稳中有升。2019 年，限额以上单位吃类商品零售额比上年增长 9.7%，增速比上年加快 0.2 个百分点。其中，粮油食品类商品增长 10.2%，增速与上年持平，继续保持两位数较快增长；饮料类商品增长 10.4%，加快 1.4 个百分点。限额以上单位日用品类商品增长 13.9%，加快 0.2 个百分点。

消费升级类商品增速加快。2019 年，限额以上单位化妆品类、文化办公用品类和通讯器材类商品零售额比上年分别增长 12.6%、3.3% 和 8.5%，增速分别比上年加快 3.0、0.3 和 1.4 个百分点；体育娱乐用品类商品增长 8.0%，上年为下降 2.7%。在消费升级类商品中，可穿戴智能设备、智能家用电器和音像器材等发展享受型商品零售额快速增长。

2019 年部分商品零售额增速（%）

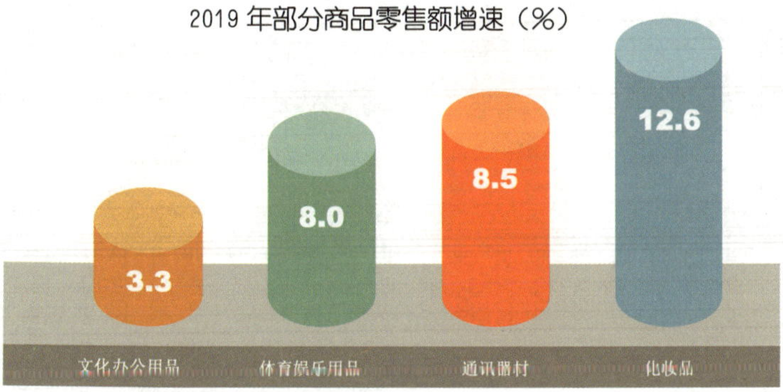

餐饮市场增势平稳。2019年，餐饮收入比上年增长9.4%，增速与上年基本持平，快于同期商品零售1.5个百分点；其中限额以上单位餐饮收入增长7.1%，增速比限额以上单位商品零售额快3.4个百分点，比上年加快0.7个百分点。

（撰稿：张敏 王月香）

30. 什么是固定资产投资额?

固定资产投资额是我国投资统计制度中的核心指标，有着60多年的历史，上世纪五十年代初我国正式建立了基本建设统计制度。随着我国经济社会结构的变迁，投资额统计的起点、范围和分组等内容也在不断地改革和完善。

一、固定资产投资额的概念和用途

固定资产投资额，是指以货币形式表现的在一定时期内建造和购置固定资产的工作量和与此有关的费用的总称。

该指标是反映全国固定资产规模、结构和速度的综合性指标，也是观察工程进度和考察投资效果的重要依据。多年来，固定资产投资额为国家宏观调控提供了重要信息支撑，为社会公众开展科学研究提供了重要参考；同时，固定资产投资额是进行国民经济核算的重要基础。在国民经济核算中，固定资本形成总额是支出法GDP的重要组成部分，全社会固定资产投资额为核算固定资本形成总额提供了重要基础资料。

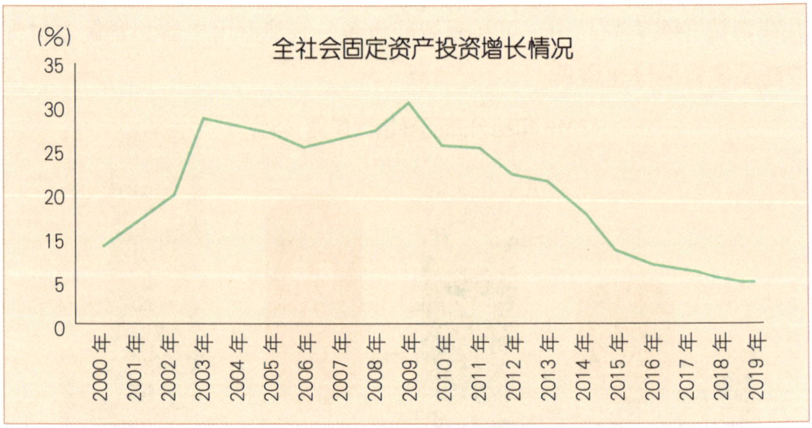

二、固定资产投资额的计算方法和填报依据

固定资产投资按照构成可分为建筑工程、安装工程、设备工器具购置和其他费用。投资额计算方法为对每个构成分别计算，再将四部分投资完成额相加。即投资额 = 建筑工程 + 安装工程 + 设备工器具购置 + 其他费用。

投资额应依据凭证规范填报，按照凭证取得时点作为计量时点。以工程结算单或进度单为依据的，按照工程三方（建设、施工、监理）签字认定中最后一方签章时间为计量时点；以会计科目为计量依据的，按照入账时间为计量时点；以支付凭证为依据的，按照开票日期为计量时点。

建筑工程、安装工程的计量依据有两种：一是工程结算单或进度单，一般根据已经完成的实物工作量乘以预算单价计算投资额；二是会计科目或相关支付凭证，对应会计科目为：在建工程——建筑安装工程。

设备工器具购置依据相关支付凭证计算。对应会计科目为：在建工程——在安装设备或固定资产下相关二级科目。

其他费用一般按财务部门实际支付的金额计算。相关会计科目为：在建工程——待摊支出或无形资产——土地使用权等。

三、使用固定资产投资额应注意的问题

（一）固定资产投资价格问题

国家统计局发布的固定资产投资额增长速度一般为名义增长速度。其他经济指标如 GDP、工业增加值等一般都使用扣除价格因素后的实际增长速度，因此，在使用和研究固定资产投资统计数据与其他经济指标关系时，要注意考虑固定资产投资价格因素的影响。

（二）固定资产投资额不等同于固定资本形成总额

一是固定资产投资额包括土地购置费，旧设备购置费、旧建筑物购置费，固定资本形成总额不包括这些内容。二是固定资产投资额不包括矿藏勘探、计算机软件等无形资产方面的支出，固定资本形成总额包括这方面的支出。三是固定资产投资额不包括商品房销售增值，固定资本形成总额则包括这一内容。四是固定资产投资额的统计范围为计划总投资 500 万元及以上项目，固定资本形成总额则包括 500 万元以下项目。

（三）固定资产投资额的统计口径

国家统计局在月度发布固定资产投资（不含农户）数据，包括 500 万元及以

上项目投资和房地产开发投资两部分。发布内容包括投资规模、增速以及分行业、分地区、按构成分、按登记注册类型分、按隶属关系分等分组指标的增速。同时发布与投资相关的指标如民间投资、到位资金、新开工项目计划总投资等指标增速。

国家统计局在年度发布全社会固定资产投资数据，包括500万元及以上项目投资、房地产开发投资和农村住户固定资产投资。除对500万元及以上项目投资、房地产开发投资发布更为详尽的分组数据外，还发布农村住户投资及分地区、分主要行业、按构成分等分组数据。

四、固定资产投资额计算方法案例

（一）案例一：按照进度单计算投资额

某堤防工程本报告期完成的建筑工程有：清皮374立方米；土方开挖2000立方米；马道垫层100立方米；浆砌料石8.39立方米；模板23平方米；彩砖500平方米，对应的中标合同价格如下表。则本期应填报的建筑工程投资额按照本期完成工程量乘以中标合同单价计算，即：374×13.56+2000×15.8+100×85.74+8.39×743.37+23×59.3+500×65.95=85821.21元。

序号	工程项目	计量单位	中标合同		
			工程量	单价（元）	金额（元）
	总合计				3028162
	第一部分 建筑工程				2785276
1	清皮	立方米	345	13.56	4678
2	土方开挖	立方米	4773	15.8	75413
3	马道垫层	立方米	169	85.74	14490
4	浆砌料石	立方米	120	743.37	89204
5	模板	平方米	296	59.3	17753
6	彩砖	平方米	1152	65.95	75974
	……				

（二）案例二：按照工程结算单计算投资额

某高速路工程本报告期工程结算单审定的结算金额分别为：路基工程5830万元，桥梁工程2665万元，涵洞工程1385万元，防护排水1280万元，绿化工程 700 万元，本期审定的结算金额共 11860 万元。则本期完成投资额为 11860 万元。

（三）案例三：按照会计科目或支付凭证计算投资额

甲公司经批准，新建一个火电厂。火电厂由 3 个单项工程组成，包括建发电车间、冷却塔以及安装发电设备。2015 年 2 月 1 日，甲与乙公司签订合同，由乙公司承建。双方签订合同，建造发电车间的价款为 5000000 元，建造冷却塔的价款为 3000000 元，安装发电设备需支付安装费用 500000 元。有关进展事项如下：

1. 3 月 2 日，发电车间和冷却塔进度达到 50%，办理工程结算 4000000 元。

2. 9 月 10 日，建筑工程主体完工。办理工程价款结算 4000000 元，其中发电车间 2500000 元，冷却塔 1500000 元。

3. 11 月 10 日，甲将发电设备交乙公司安装完毕，发电设备价款 3500000 元，甲乙办理设备安装价款 500000 元。

4. 12 月 1 日，完成试车，进行负荷联合试车领用本企业材料 100000 元，发生其他试车费 50000 元，验收指标达到设计要求。

企业的会计分录（借方）及投资额计算如下：

日期	企业会计分录	投资额
3 月 2 日	借：在建工程 ---- 建筑工程（冷却塔）1500000 在建工程 ---- 建筑工程（发电车间）2500000	投资额计入在建工程下的建筑安装工程。 投资额 =1500000+2500000=4000000
9 月 10 日	借：在建工程 ---- 建筑工程（冷却塔）1500000 在建工程 ---- 建筑工程（发电车间）2500000	投资额计入在建工程下的建筑安装工程。 投资额 =4000000+1500000+2500000=8000000
11 月 10 日	借：在建工程 ---- 在安装设备（发电设备）3500000 在建工程 ---- 在安装设备（发电设备）500000	投资额入在建工程下的在安装设备。投资额 = 建筑安装工程 8000000+ 在安装设备 3500000+500000=12000000
12 月 1 日	借：在建工程 ---- 待摊支出 150000	投资额入在建工程下的待摊支出， 此时投资额 =12000000 + 待摊支出 150000=12150000

注 投资额为本年借方发生额累计。

（撰稿：姜勤德 刘晓琼）

31. 什么是货物进出口总额？

货物进出口总额是我国货物贸易统计的主要指标，是反映对外贸易规模和发展水平的重要依据。改革开放以来，我国对外贸易实现了历史性跨越，货物贸易大国地位不断巩固，对外贸易为对外开放和经济社会发展做出了重要贡献。2019年，我国货物进出口总额达31.56万亿元，进出口规模再创历史新高，继续保持全球货物贸易第一大国。

一、指标内涵

货物进出口总额，又称进出口总额，是以货币表示的一定时期内一国或地区全部实际进出口商品的总金额，即同一时期货物进口总额与出口总额之和。货物进口总额是一定时期内从境外进口商品的总金额；货物出口总额是一定时期内向境外出口商品的总金额。

二、指标应用

货物进出口总额反映一国或地区对外贸易的总体规模和发展水平，是研究对外贸易往来和国际收支平衡状况，开展经济分析和决策、进行宏观经济调控的重要依据，是研究对外经济贸易发展和国际经济贸易关系的重要资料。货物进出口总额也是用支出法计算国内生产总值的重要指标，净出口值可以反映货物贸易对国内生产总值的贡献。

三、统计方法

我国的货物进出口统计由海关总署组织实施，全国货物进出口总额统计资料由海关总署编制和公布，各省、自治区、直辖市等地方货物进出口总额统计资料由地方海关编制和公布。

货物进出口统计的范围是实际进出我国关境的货物，统计的原始资料是经海关确认的进出口货物报关单证。货物进出口统计的统计项目包括品名及编码、价格、统计国别（地区）、统计时间、贸易方式等。

列入进出口统计的货物根据《中华人民共和国海关统计商品目录》进行分类，进口货物按到岸价格（CIF型值）统计，出口货物按离岸价格（FOB型值）统计，分别以人民币和美元计价。对于贸易伙伴国（地区），进口货物统计原产国（地区），出口货物统计最终目的国（地区）。关于统计时间，进口货物按海关放行日期进行统计，出口货物按海关结关日期进行统计。贸易方式是买卖双方转让商品所有权时所采用的交易方式，统计贸易方式可以反映货物进出口贸易方式结构的变化。

我国的货物进出口统计采用国际通用的贸易统计标准，主要指标数据具有国际可比性。

知识链接

到岸价格（CIF 型值）即货价、货物运抵中国关境内输入地点起卸前的运输及其相关费用、保险费之和，不包括进口关税和环节税。离岸价格（FOB 型值）即货价、货物运抵中国关境内输出地点装运前的运输及其相关费用、保险费之和，其中包含的出口关税税额，应当予以扣除。

四、例证

改革开放以来，对外贸易成为我国经济稳定、持续、快速发展的重要支柱和引擎之一，是我国经济迅速融入世界经济重要的纽带和桥梁。我国货物进出口总额从 1978 年的 355 亿元攀升到 2019 年的 315627 亿元，从无足轻重的贸易小国迅速崛起为名副其实的贸易大国。

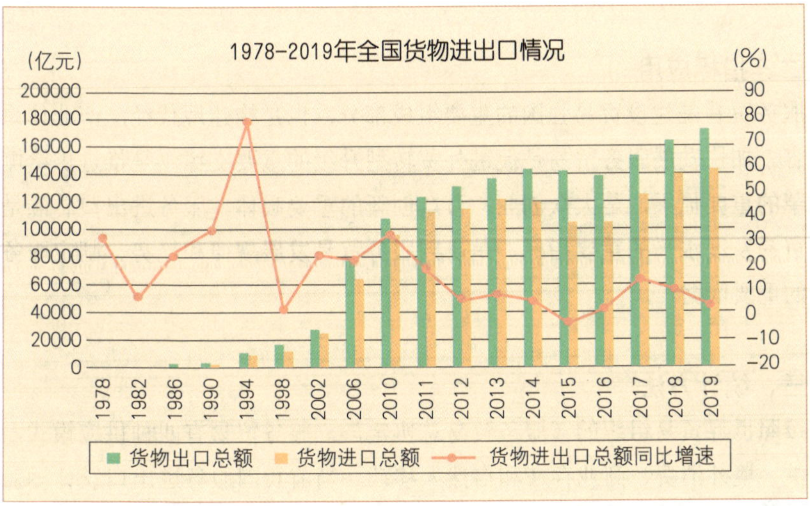

2019 年，我国货物进出口总额 31.56 万亿元，较上年增长 3.5%；其中，出口 17.24 万亿元，进口 14.33 万亿元，顺差 2.91 万亿元。一般贸易进出口 18.62 万亿

元，增长 5.6%，占货物进出口总额的 59%，较上年提升 1.2 个百分点，贸易方式结构进一步优化。欧盟、东盟和美国是我国前三大贸易伙伴，三者与我国货物进出口占总额的 41.3%。出口商品以机电产品和劳动密集型产品为主，分别占货物出口总额的 58.4% 和 19.2%。

（撰稿：刘晓燕　付加奇）

32. 什么是服务进出口总额？

服务进出口总额是反映服务贸易规模和发展水平的重要指标，是制定服务贸易政策的重要依据。服务贸易是建设贸易强国的重要组成部分。党的十九大以来，我国服务贸易进出口保持平稳增长，有力推动经济高质量发展。

一、指标内涵

服务进出口总额是以货币表示的一定时期内一国或地区常住单位[2]与非常住单位之间相互提供服务的总金额。常住单位向非常住单位提供服务称为服务出口，常住单位从非常住单位获得服务称为服务进口。

二、指标应用

服务贸易是建设贸易强国的重要组成部分，也是构建现代经济产业体系的重要内容。加快发展服务贸易是促进外贸转型升级的重要支撑，是推进供给侧结构性改革的重要抓手，是大众创业、万众创新的重要载体。服务进出口总额是反映服务贸易发展水平的重要指标，是研判服务贸易发展规律和趋势、制定服务贸易政策的重要依据。

三、统计方法

按照世界贸易组织的《服务贸易总协定》，服务贸易有四种供应模式，即跨境提供、境外消费、商业存在和自然人移动。当前我国服务进出口统计涵盖跨境提供、境外消费和自然人移动三种模式。

注：2. 常住单位的定义来自《中国国民经济核算体系 2016》，指在一国或地区经济领土范围内具有经济利益中心的经济单位。

服务进出口按照服务类别分为：运输，旅行，建筑，保险服务，金融服务，电信、计算机和信息服务，知识产权使用费，个人、文化和娱乐服务，维护和维修服务，加工服务，其他商业服务，政府服务。

中国服务贸易统计由商务部根据《国际服务贸易统计监测制度》组织实施并发布相关数据。

知识链接

按照世界贸易组织1995年生效的《服务贸易总协定》，服务贸易有四种供应模式：

跨境提供：服务的提供者在一国或地区的领土内向另一国或地区领土内的消费者提供服务。

境外消费：服务的提供者在一国或地区的领土内向另一国或地区的消费者提供服务。

商业存在：一国或地区的服务提供者在另一国或地区领土内设立商业机构或专业机构提供服务。

自然人移动：一国或地区的服务提供者以自然人身份进入另一国或地区的领土内提供服务。

四、例证

改革开放以来，我国不断扩大服务业对外开放，服务贸易作为对外贸易发展新引擎、对外开放深化的新动力，发展潜力不断释放。据商务部统计，我国服务进出口总额从1982年的47亿美元快速增长至2019年的7850亿美元，连续六年保持全球第二。按人民币计价，2019年，我国服务进出口总额54153亿元，比上年同期增长2.8%；其中，出口19564亿元，进口34589亿元。服务贸易结构不断优化，2019年，包含知识产权使用费，电信、计算机和信息服务等知识密集型服务进出口占服务进出口总额的比重达到34.7%。

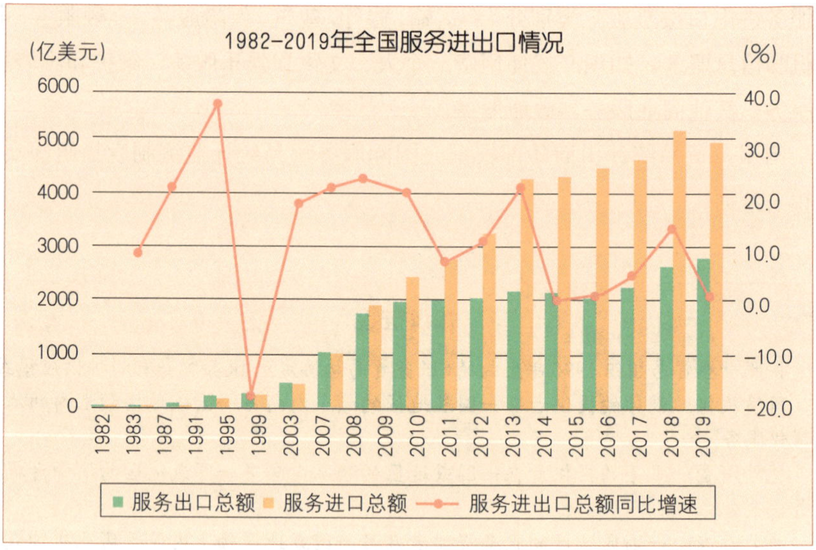

（撰稿：刘晓燕 付加奇）

33. 什么是调查失业率？

调查失业率与经济增长率、物价指数和国际收支并称为四大宏观经济指标，是分析就业形势变化和宏观经济走势的重要依据，有经济指标中“皇冠上的明珠”之称。2018 年政府工作报告首次将城镇调查失业率列为国民经济和社会发展的预期目标，同年 4 月起，国家统计局每月定期发布全国城镇调查失业率，为贯彻以人民为中心发展思想、加强宏观经济调控和实施就业优先政策发挥了基础性作用。

一、概念

调查失业率指根据抽样调查方法推算得到的失业人口占就业人口与失业人口之和的百分比，计算方法为：

$$调查失业率 = \frac{失业人口}{失业人口 + 就业人口} \times 100\%$$

16 周岁及以上人口可分为劳动力和非劳动力，其中劳动力包括就业人口和失业人口，如图 1 所示：

图 1　16 岁及以上人口分类

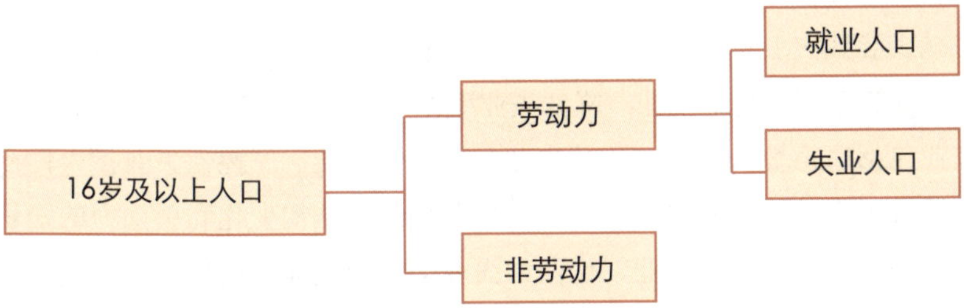

就业人口包括以下两类：（1）在调查参考周内，为了取得劳动报酬或经营收入而工作了 1 小时及以上的人；（2）因休假、临时停工等原因在职但未上班的人。失业人口是满足以下三个条件的人：（1）没有工作；（2）在调查时点前 3 个月内找过工作；（3）如果提供一份合适工作，能在 2 周内开始工作。非劳动力是除就业人口和失业人口之外的人，指没有工作，且不找工作或不能去工作的人。就业、失业和非劳动力三种状态可以互相转换，就业人口失去工作后，如果找工作并且能去工作就是失业人口，否则就是非劳动力。

就业失业的判断标准采用了国际劳工组织推荐的统计标准，以此计算的调查失业率是国际可比的。

二、统计方法

我国调查失业率数据来源于全国月度劳动力调查。这项调查采用分层、多阶段、与住房单元数成比例的抽样方法，先在全国范围内随机抽取居（村）委会，再在抽中的居（村）委会内采用随机等距抽样方法抽取调查户。全国每月调查样本约 34 万户，基本覆盖我国大陆地区所有地级市和县级地区。按现有抽样设计，在 90% 的置信度下，全国城镇调查失业率的相对误差在 2% 以内，即如果推算的城镇调查失业率为 5%，则真实失业率有 90% 的把握在 4.9%—5.1% 之间。

在每月特定时间内，调查员使用电子终端（PAD）前往抽中的调查户采集就业失业信息，并通过联网直报系统直接将数据上报到国家统计局。国家统计局对报送的数据进行加权汇总，推算得到全国和各省城镇调查失业率。

三、作用

调查失业率反映了一定时期内劳动力市场的供需状况，是政府判断经济形势、改进宏观调控和制定就业政策的重要依据，其高低受经济结构、经济周期、人口结构、收入和社会保障水平等多方面因素的影响。一般而言，失业人口增加或就业人口减少导致失业率上升时，对民生改善和社会稳定都有直接的负面影响，世界上大多数国家都把稳定就业、降低失业率作为宏观经济政策的核心目标。

失业包括摩擦性失业、结构性失业和周期性失业。摩擦性失业指人们在寻找工作或转换工作过程中的失业，结构性失业指经济结构变化和劳动力的知识、技能、分布等不匹配引起的失业，这两种失业构成的失业率被称为自然失业率。降低自然失业率的主要政策是大力开展求职招聘服务，提高人岗匹配效率，促进高校专业和市场需求对接，加强职业技能培训，破除劳动力自由流动障碍等。但自然失业率属于市场经济条件下劳动力市场运行中难以避免的一部分，只能尽量降低而无法消灭。周期性失业由社会总需求不足引起，经常出现在经济周期的萧条阶段，美国上世纪 30 年代经济大萧条时期的失业就是典型的周期性失业。治理周期性失业主要通过财政政策、货币政策等宏观经济政策，促使调查失业率接近自然失业率。

四、与登记失业率的区别

当前反映我国失业率的指标有城镇调查失业率和城镇登记失业率，二者统计方法、指标定义和作用都有明显的区别。

调查失业率由统计部门聘用的调查员入户访问获取就业失业信息，对于 16 周岁及以上的常住人口，不论其户籍所在地和类型，只要满足失业定义都属于失业人口。由于经济增长和就业具有密切联系，调查失业率通过反映就业形势的变化来体现经济运行状况，本质上是一项宏观经济指标。

登记失业率由人力资源社会保障部门通过行政记录进行统计，失业人口是 16 周岁至退休年龄的人中，满足失业登记要求且主动去公共就业服务机构进行失业登记的人。登记失业率作为政府制定就业政策和为失业人员提供公共就业服务的依据，是就业工作指标。

五、如何看待城镇调查失业率

城镇调查失业率反映了包括进城农民工在内的所有城镇常住人口就业状况。

在使用这一指标时，应注意以下情况。

（一）城镇调查失业率受多种因素影响，不宜作为考核就业工作的依据。失业率高低受经济发展、人口流动、社会保障、就业政策和社会文化等多方面因素影响，就业政策作为影响因素之一，很难完全抵消其他因素尤其是经济波动对就业影响，因此不宜将城镇调查失业率作为就业工作的考核依据。

（二）城镇调查失业率指标不宜层层分解。失业率是宏观经济指标，主要作用是为财政政策、货币政策和就业政策等宏观调控政策提供依据。由于劳动力在省内各市县间的流动相对频繁，失业率指标对地市和县（区）层级的意义不大。

（三）不能追求过低的失业率。如果失业率长期过高，大量劳动力闲置浪费，将导致经济增长下降，失业人员工作技能退化，贫富差距扩大，低收入群体生活困难，甚至影响社会稳定。但如果失业率过低，后备劳动力不足，也将导致企业招工困难，用工成本过高，影响经济长期发展，同时造成劳动者竞争意识下降，影响工作技能提升。

（四）经济增速和失业率走势没有必然规律。一般情况下，经济增速加快，失业率下降，经济增速下降，失业率上升，但这一规律并非普遍适用。如果技术进步导致劳动力需求下降，虽然带动经济增速加快，但失业率反而会上升；如果经济结构向吸纳就业能力更强的服务业优化升级，虽然经济增速有所减弱，但失业率也会出现下降。

六、例证

近年来，面对复杂严峻的国内外形势，党中央、国务院高度重视就业工作，把就业作为“六稳”和“六保”的首要去抓，加强宏观经济调节力度，实施就业优先政策，保持就业形势总体稳定，在新冠肺炎疫情的巨大冲击下，统筹推进疫情防控和经济社会发展，就业压力从高位逐步缓解。2018 年以来各月城镇调查失业率如下图所示：

图2　全国城镇调查失业率

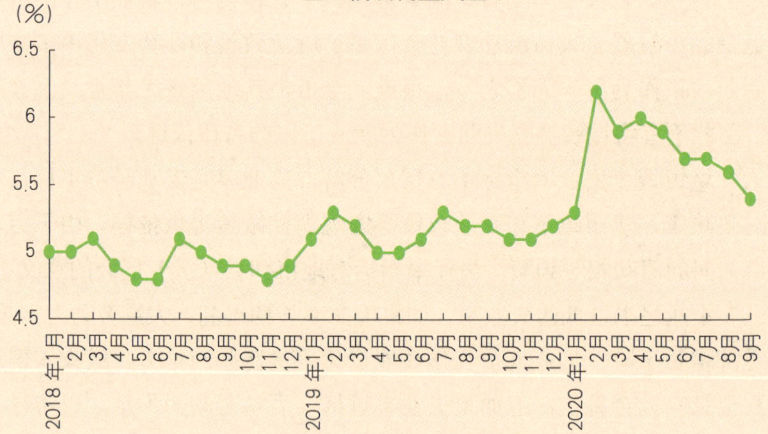

从图2看出，2018—2019年间，城镇调查失业率多数月份稳定在5%左右的水平，就业形势总体稳定，部分月份失业率有所升高，主要是受春节和高校毕业季的季节性影响。2020年，受新冠肺炎疫情影响，2月份城镇调查失业率猛然升至6.2%，随着经济社会秩序逐步恢复，各项就业政策持续发力，就业压力逐步缓解，失业率逐步回落，但高于往年水平，仍需各地区各部门不断努力，促进就业形势进一步好转。

（撰稿：孟灿文 郭航）

34. 居民消费价格指数（CPI）是如何编制的?

居民消费价格指数（CPI），是一个重要的宏观经济指标，CPI能够反映全国各地消费价格变动的基本情况，其数据的高低受到社会各界广泛关注，在经济生活中发挥着重要作用，CPI编制的基础工作是开展居民消费价格调查，通过一套系统的流程生产出价格指数。

一、什么是居民消费价格指数（CPI）

居民消费价格指数（Consumer Price Index，简称CPI），它是度量一组代表性消费品及服务项目价格水平变动程度的相对数，用来反映城乡居民所消费商品及服务价格水平变动情况的宏观经济指标，CPI 报告期为月度。

二、CPI 的主要作用

CPI 是宏观经济分析和决策、价格总水平监测和调控以及国民经济核算的重要指标，在经济社会生活中有以下主要作用：

（一）反映通货膨胀(紧缩)的程度。通货膨胀是指流通中的货币数量超过经济实际需要而引起的货币贬值和物价水平全面而持续的上涨。测定一定时期通货膨胀（紧缩）程度有不同的方法，但应用最普遍的就是通过物价指数（CPI 或 PPI），即以物价总水平上涨率（即物价指数减去基数 100% 的结果）作为通货膨胀率。严格地说，CPI 或 PPI 并不等于通货膨胀率，因为 CPI、PPI 都只反映了它们调查对象的价格变化，而不能代表全社会所有商品的价格变化，但从这两个指标的变化中，可以看出价格变动的大趋势。一般将 1%—3% 的年度 CPI 上涨率称为爬行的通货膨胀，将 3%—6% 的年度 CPI 上涨率称为温和的通货膨胀。超过 10% 的物价上涨率应引起重视。我国从 1985 年开始统计全国的 CPI, 从 1985 年至 2019 年的数据来看，CPI 最高涨幅出现在 1994 年，年度涨幅为 24.1%。下图是 2000 年至 2019 年共二十年的 CPI 年度走势，除了 2002 年、2009 年 CPI 分别比上年下降 0.8% 和 0.7%，其他年份 CPI 涨幅从 0.4%—5.9% 不等。

2000 年至 2019 年 CPI 年度变动走势图：

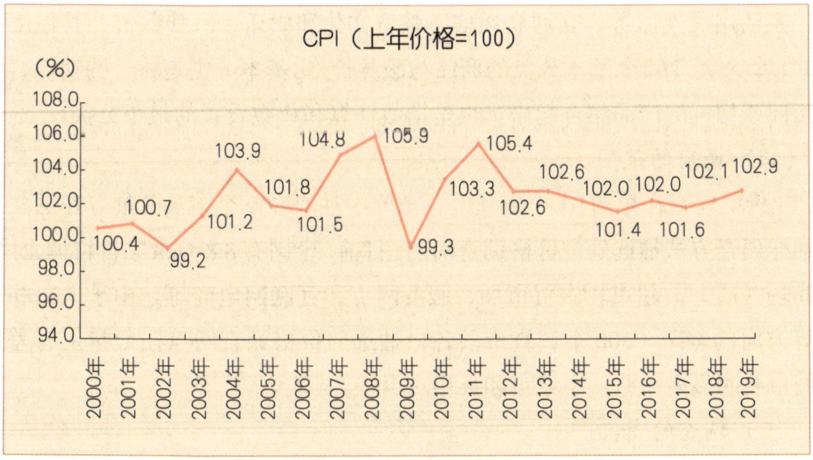

通货紧缩是指流通中的货币数量减少，居民的货币所得减少，购买力下降，影响物价下跌，通货紧缩是通货膨胀的反现象。在经济实践中，观察消费者价格指数（CPI）是否由正转变为负，且物价是否全面持续下降，来判断某个时期的物价下跌是否是通货紧缩。

（二）用于国民经济核算。在 GDP 核算中，通常使用居民消费价格总指数及分类指数，对相关现价总量指标进行缩减，剔除价格变动因素的影响，实现不同时期经济指标之间的可比，从而计算不变价增长速度。

（三）可用于计算货币购买力。CPI 的倒数通常被视为货币购买力指数，即货币购买力的变化与 CPI 的变化成反比关系。

三、CPI 的编制方法

全国的 CPI 由国家统计局编制发布，各省、自治区、直辖市 CPI 由国家统计局认定反馈，各调查总队公开。

（一）确定调查目录。

编制居民消费价格指数，首先确定将要调查的商品和服务项目。与国际上做法一样，我国统计部门抽选一组居民经常消费的、对居民生活影响较大的、有代表性的、固定数量的商品和服务，这一组固定数量的商品和服务统称为“商品篮子”。确定“商品篮子”时，参照了联合国统计委员会《按目的划分的个人消费支出分类标准 (COICOP)》，结合全国城乡居民家庭消费支出的抽样调查资料，确定“篮子”中所包含的商品和服务类别。目前，CPI 价格调查食品烟酒、衣着、居住、生活用品及服务、交通和通信、教育文化和娱乐、医疗保健、其他用品和服务共 8 个大类，262 个基本分类的商品与服务价格。基本分类是将一些功能、性质、结构相同或相近的产品集合起来，也是指数计算和权数设置的最小分类。

（二）调查的范围。

CPI 价格调查在全国 31 个省（区、市）中抽取 500 个市县开展，在这些市县采用抽样调查方法抽选确定价格调查网点。目前，全国有 8.8 万余家价格调查网点，包括商场（店）、超市、农贸市场、服务网点和互联网电商等。由于人口和市场建设等方面的差距，500 个调查市县各自抽选的价格调查网点在数量上有差别，大中城市要明显多一些，小城市和县相对少些。

（三）调查的商品。

在每个价格调查网点，选择确定要调查的商品，即“代表规格品”。“代表规格品”是每个基本分类下设的，用来反映某个基本分类价格变化的具有特定产地、规格、等级、牌号、花色等特征的一组商品。选取代表规格品遵循以下原则：

1. 消费数量较大，供应相对稳定，生产和销售前景较好。

2. 选中的工业消费品必须是合格产品，产品包装上应有注册商标、产地、规格等级等标识。

3. 价格变动趋势和变动程度有较强的代表性，即选中规格品的价格变动特征与未选中规格品之间价格变动的相关性愈高愈好。例如某市选中“金龙鱼牌食用调和油”作为“食用植物油”这一基本分类的代表规格品，未选“福临门牌食用调和油”，是由于市场上这两种商品的价格上涨一般是联动的，因此只选一种就能反映食用植物油的价格变动情况。

由于中国幅员辽阔，各地消费习惯不尽相同，各市县根据当地情况抽选的代表规格品有部分差异。例如，粮食制品这一基本分类下，北京选择的是馒头、火烧和大饼等代表规格品，贵阳选择的是米粉、卷粉等代表规格品。

（四）价格调查方法。

通过手持数据采集器，采用定人、定点、定时的方法直接调查。在保证价格准确的前提下，经国家统计局审定，各地可利用被调查单位的电子数据进行辅助采价，也可从互联网采集特定商品和服务价格。为准确反映当月的价格变动情况，对于与居民生活密切相关、价格变动比较频繁的商品，每 5 天调查一次价格；一般性商品（服务）每月调查 2 次价格；部分服务项目每月调查 3 次价格；由国家或地方统一定价的商品（服务）或价格相对稳定的商品（服务），每月调查一次价格。

以大米为例，“大米”是小类“粮食”下的一个基本分类，为了计算其价格指数，某调查市选取了“七河源牌 5 公斤袋装米”作为大米的 3 个代表规格品之一，抽选了甲乙丙三个价格调查点，在采价日，采价员前往各个价格调查网点采集价格。全国各地采价员使用手持数据采集器，登录统一的电子平台，即时数据全部及时传送至国家统计局服务器中，各省市县工作人员可以同时审核原始价格。

（五）关于权数的设置。

在实际生活中，居民家庭在一些商品上消费支出较多，在另一些商品上的支出相对较少，因此，在计算价格指数时，引入“权数”，权数显示出“篮子”中每一类商品或服务在居民消费总支出中所占的比重，一般用百分比来表示。通过权数能够计算某类商品的价格变动对上一级指数变动的影响程度。

在编制全国 CPI 时，权数资料主要根据国家统计局开展的全国城乡居民家庭消费支出资料计算，并辅以其他部门的行政资料、部分典型调查和专项调查资料加以补充。

（六）价格指数对比基期。

从 2000 年开始，CPI 计算由每月变动对比基期改为固定对比基期，居民消费价格首轮对比基期定为 2000 年，即以 2000 年平均价格为基期价格。考虑到消费市场的发展变化、居民消费的升级换代，为更准确反映居民消费结构的新变化和物价的实际变动，规定每 5 年进行一次基期轮换。CPI 基期轮换包括调查商品“篮子”、调查网点、代表规格品和权数等的调整。从 2016 年开始到 2020 年的五年，使用 2015 年作为对比基期，调查商品和权数以 2015 年城乡居民消费支出结构来确定。

CPI 编制工作流程图

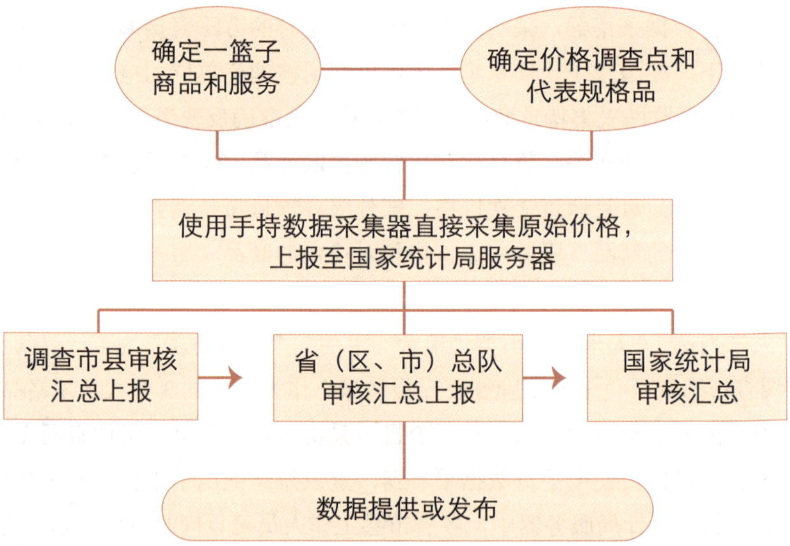

四、CPI 的计算

实践中，各国统计部门认为拉氏价格指数是一种较好的指数编制计算方法，并广泛使用该公式编制重要价格指数。拉氏公式是将同度量因素（权数）固定在基期，来衡量报告期价格综合变动水平，我国 CPI 也采用拉氏价格指数进行编制。

CPI 计算的价格指数包括：环比价格指数，是指报告月以上月价格为对比基期的月度价格指数；同比价格指数，是指报告月以上年同月价格为对比基期的月度价格指数；平均价格指数，是指报告期平均价格水平以上年同期平均价格水平为对比基期的价格指数；定基价格指数，是指对比基期固定不变的价格指数。

下面以 CPI 计算过程为例，对价格指数的计算原理进行简要说明：

基本分类以下的价格指数计算，首先采用简单算术平均法，先计算规格品在一个调查点的平均价格，再根据各个调查点的价格算出月度平均价，即两次简单平均计算出规格品月度平均价格；然后将各代表规格品的报告期平均价格除以上期平均价格，得到每个规格品价格变动相对数；再根据各基本分类所属代表规格品的价格变动相对数，采用几何平均法计算基本分类的月环比价格指数。

然后通过链式拉氏公式，将基本分类的环比价格指数汇总为更高级别的环比指数和定基指数。基本分类以上各类及总的定基指数通过逐级加权计算，计算公式为：

$$L_t = L_{t-1}\sum\left(W_{t-1}\times\frac{P_t}{P_{t-1}}\right)$$

其中，L 为定基指数，W 为权重，P 为价格，t 为报告期，t-1 为报告期的上一期（基期），$\frac{P_t}{P_{t-1}}$ 为本期环比指数。

各类指数，通过当月的定基指数推导换算：

$$I_{环比}=\frac{报告期（月）定基指数}{上期（月）定基指数}\times 100\%$$

$$I_{同比}=\frac{报告期（月）定基指数}{上年同期（月）定基指数}\times 100\%$$

$$I_{年度}=\frac{本年各月定基指数的简单算术平均数}{上年各月定基指数的简单算术平均数}\times 100\%$$

五、居民对物价的感受与 CPI 数据有差异的主要原因

（一）个体与总体的差异。

CPI 是一个综合反映居民消费商品和服务价格变动情况的平均数，是一个加

权计算后的综合平均数，不针对具体的商品，所调查的商品既包含价格上涨的品种，也包括了价格下跌的品种。因此，要了解某种具体商品（个体）或服务价格变动情况，要对号入座、研究具体分类指数。例如，想了解自来水的价格涨了多少，就要具体看“水”这一基本分类的价格指数。同时，居民更容易对与其日常生活密切相关的商品涨价感受强烈，比如蔬菜、水果以及肉类等刚需商品，人们对这些商品价格上涨比较敏感，而家电等耐用消费品，消费频率低，消费者一般对这些商品价格的变动不是很敏感，但这些商品价格近年来保持稳中有降态势，因此，综合计算 CPI“篮子”内的商品价格变动幅度不会很大。

（二）对比基期的差异。

CPI 主要公布的是环比、同比指数，对比基期分别为上月和上年同月。短期内，CPI 指数变动幅度不可能很大，而人们感受价格变化，对比的基期可能是 3、5 年前，甚至 10 年前。如果把居民消费价格放在比较长的时期内观察，价格变动幅度比较明显。

（三）价格指数与绝对价格的差异。

价格指数是反映价格变动的相对数，指数涨幅高并不意味绝对价格也高。例如，成都的猪肉价格由每斤 10 元涨至 20 元，涨幅是 100%；北京的猪肉价格由每斤 15 元涨至 20 元，涨幅是 33.3%。虽然成都的猪肉价格涨幅远高于北京，但绝对价格是一样的。

（撰稿：刘建伟 韩淑頔）

35. 工业生产者出厂价格指数（PPI）是如何编制的？

工业生产是社会再生产的重要组成部分，工业企业产品价格的涨跌，对企业的生产发展和国家宏观调控有着重要的影响。工业生产者出厂价格是工业企业产品第一次出售时的价格，通过编制工业生产者出厂价格指数（PPI），可以及时了解和掌握工业产品市场价格的变动情况。

一、工业生产者出厂价格指数（PPI）的基本概念

根据国际货币基金组织（IMF）《生产者价格指数手册》，生产者价格指数（Producer Price Index, 简称 PPI），理论上应涵盖所有产业的生产者价格指数，

即包括农业生产者价格指数、工业生产者价格指数和服务业生产者价格指数。工业生产者价格指数是其中的重要组成部分，由于历史及技术原因，目前许多国家编制和发布的 PPI 仅指工业生产者出厂价格指数。工业生产者出厂价格指数，是反映工业生产企业产品出厂价格水平变动程度的相对数，PPI 报告期为月度。

二、PPI 的主要作用

（一）监测工业产品价格变动情况。PPI 反映了国民经济活动处于生产环节和上游领域的产品价格情况，对监测宏观经济运行情况、分析预测下游产品价格变化趋势具有重要作用。

（二）用于国民经济核算。国民经济核算需要各种价格指数，如 CPI、PPI 以及 GDP 平减指数等，从而剔除价格因素的影响。从 2004 年 1 月起，国家统计局开始在全国范围内采用价格指数缩减法计算工业发展速度，工业生产者价格指数的高低直接影响工业发展速度。

（三）度量通货膨胀（紧缩）。与 CPI 一样，PPI 也是度量通货膨胀（紧缩）的重要指标。国家经济管理部门，通过监测 PPI，研判通货膨胀（紧缩）的趋势，进行宏观经济分析和预测。

（四）用于企业谈判和企业经济效益分析。在企业商业谈判中，双方可以约定依据 PPI 的涨跌对供销合同结算额进行调整，以避免通货膨胀 (紧缩) 给合同执行带来风险。PPI 的变化会对工业企业的经济效益产生重要影响，在企业经济效益分析中，利用 PPI 可以分析企业经济效益变动情况。

工业生产者出厂价格涨跌幅度图示：

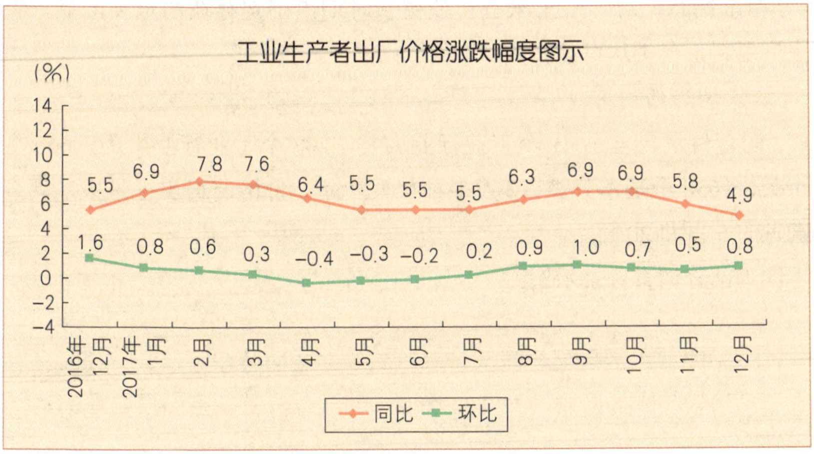

从上图可以看出，2017年12月份，全国工业生产者出厂价格同比上涨4.9%，即比2016年12月上涨4.9%，环比上涨0.8%，即比2017年11月份上涨0.8%。2017年工业生产者出厂价格总体呈现波动上涨，“前高后低”走势。一般来说，工业生产者出厂价格的上涨有利于工业行业企业效益的改善、行业利润的提升。

一般认为，适度的通货膨胀是有利的。价格上涨，会刺激厂商多生产，而因为担心未来涨价，人们也愿意多消费，这样经济中需求供给都会增长，经济向好。而如果发生通货紧缩，商品价格下跌，厂商生产积极性不高，人们倾向于存钱不消费，因而不利于经济循环发展。

三、PPI的编制方法

PPI的编制由国家统计局组织实施。2010年PPI调查制度进行了改革，自2011年起开始计算以2010年为基期的定基价格指数，并且每五年更换一次基期。从2016年至2020年计算以2015年为基期的定基价格指数。全国PPI由国家统计局编制并发布，各省、自治区、直辖市PPI由国家统计局认定反馈，各调查总队公开。

（一）PPI调查目录的编制。

编制价格调查目录是一项重要的基础性工作，PPI调查目录五年修订一次，2015年确定了新基期的调查目录。调查目录编制的基本原则是：

1. 按照国民经济行业分类和产品分类标准，制定基本分类以上的分类。

2. 确保覆盖全部工业行业的主导产品，保证新目录的覆盖面和代表性。不仅包括工业产品，还包含一些重要的生产性服务。

3. 在使用上能满足工业统计对产品和行业指数的要求。

4. 粗细结合，对一些未来五年或更长时期内确定存在的重要产品，特别是重要生产资料，分类尽可能详细。

（二）调查的内容。

PPI调查目录包含了41个工业行业大类，207个工业行业中类，666个工业行业小类，1638个基本分类，2万多种代表产品。价格调查实行月报，调查日期为调查月的5日和20日。

下图为部分调查目录示例：

代　码	产品名称	计量单位	大类	中类	小类	基本分类	产品
25000000	石油加工、炼焦及核燃料加工业		是				
25100000	精炼石油产品的制造			是			
25110000	原油加工及石油制品制造				是		
25110100	汽油					是	
25110101	90 号车用汽油	吨					是
25110102	93 号车用汽油	吨					是
25110103	97 号车用汽油	吨					是
25110104	航空汽油	吨					是
25110105	95 号车用汽油	吨					是
25110199	其他汽油						是
25110200	煤油					是	
25110201	灯用煤油	吨					是
25110202	航空煤油	吨					是
25110299	其他煤油						是

（三）代表产品的选择。

编制 PPI，是以代表产品的价格变动来反映全部产品的价格变化。代表产品首先应当有充分的代表性，代表产品价格变动水平能够代表该类产品的价格变动，代表产品价格变动的总体平均水平能够基本反映全部产品价格变动的平均水平。代表产品选择的基本原则：

1. 选择对国计民生影响大的产品。一般来说，销售额大的产品对国计民生影响就大，都应选择为代表产品。对于那些销售额并不大，但属于人民生活的必需品，且人们对其价格变动反映敏感的产品，也应选择一些作为代表产品。

2. 选择生产较为稳定的产品。一旦选为代表产品，就要连续调查较长一段时间，因此选择代表产品时一定要考虑其生产的稳定性，试生产、市场寿命较短的产品不应被选为代表产品。

3. 选择有发展前景的产品。部分产品如电子产品、生物制品、新材料等，尽管其当期销售额较小，但它销售前景好，随着时间推移，会逐步占有市场，代表性逐步增强，所以要将这样的产品选上。而部分产品尽管一时销售额较大，但已是国家明令淘汰或是很快将被市场淘汰的产品，则不应选为代表产品。

4. 可以选择有地方特色的产品。一些产品尽管产量不大，但具有地方特色，其生产和价格波动对该地区经济和人民生活影响较大，也应被选为代表产品。

（四）代表企业的选择。

代表企业，即填报产品价格的调查企业，是工业生产者价格资料的基层填报单位，准确选择填报企业是保证价格指数代表性和准确性的重要前提。

工业生产者出厂价格调查采用重点调查与典型调查相结合的方法。重点调查是将全部年主营业务收入2000万元及以上的企业列为调查对象，主观选样选择调查企业；典型调查是把年主营业务收入2000万元以下的企业作为抽样对象，采用随机抽样方法。全国有400多个城市的5万余家工业企业作为代表企业参与调查。对于每个代表基本分类，每个地区要尽可能选择多个企业进行填报。选择开展价格调查的代表企业时遵循以下原则：

1. 按工业行业选择调查企业。有销售产值的中类行业一般要选取调查企业。调查企业要合理分布，不能遗漏，也不能过于集中。

2. 大型企业应尽量入选。同时，也应采用抽样方法适当选择一些中小企业，使PPI数据更加准确、全面地反映客观实际。

3. 选择生产稳定、正常的企业作为调查对象。

（五）权数的确定。

编制PPI，不可能也不必要包括全部工业产品，只要选定部分产品，用其价格变动加权计算。权数是某个调查种类在全部调查“商品篮子”中所占的比重。一般情况下，工业生产者出厂价格权数每五年进行一次调整，基本分类以下不计算权数，在五年期间，若出现产品结构变动较大，以致影响“商品篮子”代表性的情况时，可及时进行合理修正。权数资料的来源：小类及小类以上的权数资料来源于工业统计中分行业工业销售产值数据资料；基本分类的权数资料来源于独立的工业企业产品权数调查。

（六）价格数据的收集。

从2014年1月开始，PPI实行“国家统计局一套表联网直报”调查，PPI中所有具备直报条件的调查企业于当月月底前，通过国家统计局一套表联网直报平台进行数据上报，暂时不具备直报条件的企业由当地统计部门代报，各省、市、县调查队从直报平台上审核数据。省级调查总队超级汇总后，于次月月初上报国家统计局。国家统计局审核后，逐级汇总各省上报数据并进行全国PPI汇总，形成 PPI 价格指数。

PPI 数据生成流程图：

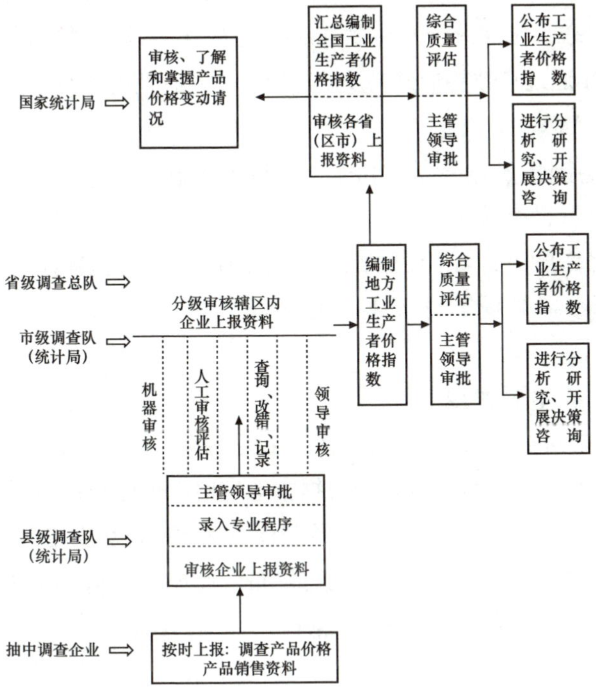

四、PPI 的计算方法

PPI 的计算方法和居民消费价格指数（CPI）的计算方法，以及各种价格指数的换算方法基本一致。具体过程为：

首先计算在不同企业调查的相同规格品的报告月价格和上月价格变动相对数；将上一步计算的各规格品价格相对数，几何平均计算得出代表产品的月环比价格指数；再根据各个代表产品的月环比价格指数，采用几何平均法计算得出基本分类的月环比价格指数；然后通过链式拉氏公式，将基本分类的环比价格指数汇总为更高级别的环比指数和定基指数，并推算同比、累计比等其他指数。（计算公式参见前文 CPI 的计算部分）

（撰稿：刘建伟 韩淑颋）

36. 住宅销售价格指数（HPI）是如何编制的？

为全面了解和掌握相关城市住宅销售价格的变动情况，满足国家宏观调控房地产市场需求，国家统计局编制并对外发布 70 个大中城市住宅销售价格指数（HPI），HPI 通过指数的形式来反映房价在不同时期的涨跌幅度。

一、住宅销售价格指数（HPI）的基本概念

住宅销售价格指数（Housing Price Index, 简称 HPI），是反映住宅销售价格水平总体变化趋势和变化幅度的相对数。目前，HPI 包括新建商品住宅和二手住宅销售价格指数编制工作，报告期为月度。

二、HPI 的主要作用

HPI 是我国价格统计指标体系的重要组成部分，该指数有以下主要作用：

（一）各级宏观经济管理部门根据本地房地产价格涨跌幅度，开展分析和决策，适时对房地产价格宏观调控，引导和促进房地产市场平稳健康发展。

（二）通过房地产价格指数的信息发布，使社会各界对房地产价格的涨跌情况做到心中有数，为房地产交易提供依据。

（三）用于国民经济核算，使用房地产价格指数对相关行业的指标进行缩减。

从 70 个大中城市住宅销售价格指数中，抽出 15 个城市举例，以图表的方式可清晰展示 2020 年 8 月份 15 个城市的房价变动情况。表 1 显示，北京市 2020 年 8 月新建商品住宅销售价格环比指数为 100.6%，说明价格比 7 月上涨 0.6%；北京市 2020 年 8 月二手住宅销售价格同比指数为 103.6%，说明二手住宅销售价格比 2019 年 8 月上涨 3.6%。

三、编制 HPI 的基本情况

HPI 由国家统计局组织直属调查队在各城市开展基础数据调查搜集工作，各城市的 HPI 由国家统计局编制发布。

（一）调查城市和范围。

调查范围为 70 个大中城市的市辖区，不包括县。调查城市包括直辖市、省会城市、自治区首府城市（不含拉萨市）和计划单列市（共 35 个），以及其他 35 个城市。

2020 年 8 月部分城市新建商品住宅和二手住宅价格指数

城市	新建商品住宅销售价格指数		二手住宅销售价格指数	
	比上月	比去年同月	比上月	比去年同月
北　京	100.6	103.4	100.7	103.6
天　津	100.3	100.9	99.2	95.5
石家庄	100.1	103.6	99.6	97.0
太　原	99.8	100.1	100.4	97.7
呼和浩特	100.5	109.9	100.5	101.0
沈　阳	101.1	109.2	100.7	109.4
大　连	100.3	104.2	100.7	104.8
长　春	100.6	107.0	100.1	103.8
哈尔滨	100.2	105.3	99.5	104.9
上　海	100.6	104.5	100.8	104.1
南　京	100.0	105.1	100.5	104.9
杭　州	100.4	105.3	100.7	105.4
宁　波	100.7	105.4	100.9	107.7
合　肥	100.3	100.6	100.5	102.6
福　州	100.3	103.3	99.9	104.4

（二）住宅销售价格调查的分类。

按照房屋交易属性，目前我国住宅销售价格调查分为新建住宅和二手住宅两大类。在新建住宅类和二手住宅类下面，又都设立了 90 平方米及以下、90—144 平方米、144 平方米以上三个基本分类。

（三）选择二手住宅销售价格调查单位。

二手住宅销售价格调查单位为房地产经纪机构。为保证指数的科学性，调查资料的可靠性和连续性，选择的房地产经纪机构要有较强的代表性，规模大、实力强、经营状况稳定，并尽量兼顾内资、港澳台商投资等不同注册类型。选取的房地产经纪机构的总营业额一般应占当地二手住宅总营业额的 75% 以上。

（四）HPI 权数的确定。

HPI 的权数，是指某类住宅销售面积（金额）占全体住宅销售总面积（金额）的比重。住宅销售价格指数权数的确定依据是网签数据和典行调查资料相结合。

2016 年至 2020 年，编制以 2015 年为基期的定基指数，权数使用的是 2015 年各类住宅销售面积（金额）占比。

（五）住宅销售价格的数据来源。

新建住宅销售价格基础数据来源：各城市房地产管理部门的网签数据。

二手住宅销售价格调查，按照房地产经纪机构上报、房地产管理部门提供与调查员实地采价相结合的方式收集基础数据。

住宅销售价格指数生成流程图

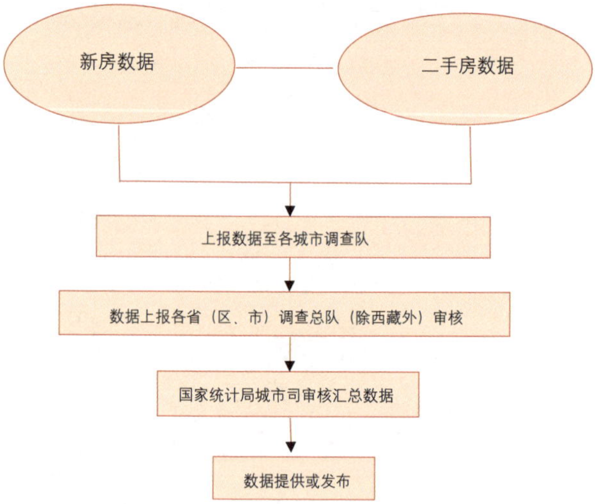

四、HPI 的计算方法

住宅销售价格指数的计算，包括新建商品住宅销售价格指数和二手住宅销售价格指数。

（一）新建商品住宅销售价格指数的计算方法。

1.计算各城市基本分类月环比价格指数。具体计算过程：

（1）销售金额除以销售面积计算出各项目各基本分类（90 平方米及以下、90—144 平方米、144 平方米以上商品住宅）本月及上月平均价格。

（2）计算各项目各基本分类月环比价格指数。

①连续性销售项目和新开项目环比价格指数的计算方法。

连续性销售项目是指，该项目本月和上月对应分类都有成交记录；新开项目是指，该项目本月第一次进入市场销售。

$$H_{i,j}=\frac{p_t^{i,j}}{p_{t-1}^{i,j}}$$

其中：$p_{t-1}^{i,j}$ 为第 i 个项目第 j 基本分类 t-1 期（上月）平均价格（对于新开项目则为增补的平均价格），$p_t^{i,j}$ 为 t 期（本月）平均价格。

② 间断性销售项目环比价格指数的计算方法。

间断性销售项目是指，该项目当月有交易，对应分类上月没有交易，而在上月之前的两个月曾经有交易的项目。对于该类项目，依据项目上月之前两个月内离本月最近的各分类成交数据计算各分类平均价格，再利用下列计算公式计算基本分类环比价格指数：

$$H_{i,j}=\sqrt[n]{\frac{P_t^{i,j}}{P_0^{i,j}}}$$

其中：$P_t^{i,j}$ 表示第 i 个项目第 j 基本分类 t 期（本月）平均价格，$P_0^{i,j}$ 表示距离本月最近的对应基本分类平均价格，n 为距离本月的月份个数。

（3）计算全市基本分类月环比价格指数：

$$R^{j}_{t,t-1}=\frac{\sum_{i=1}^{n}H_{i,j}w_t^{i,j}}{\sum_{i=1}^{n}w_t^{i,j}}$$

其中：$H_{i,j}$ 为第 i 个项目第 j 基本分类环比价格指数，$w_t^{i,j}$ 为第 i 个项目第 j 基本分类 t 期（本月）权数，n 为该基本分类中包含项目的个数。

（二）二手住宅销售价格指数的计算方法。

1. 计算各城市基本分类月环比价格指数。

（1）计算各基本分类中选中的二手住宅的环比指数。各基本分类中各个统计单位（本月）均价除以（上月）均价。

（2）计算全市基本分类环比价格指数。计算方法与（一）新建商品住宅计算方法 1.（3）相同。

（三）通过链式拉氏公式，将基本分类的环比价格指数汇总为各城市总指数和定基指数，并推算同比等其他指数，新建住宅和二手住宅计算方法相同。（计算公式参见前文 CPI 的计算部分）

（撰稿：刘建伟 韩淑题）

37. 什么是GDP缩减指数?

GDP是衡量一国（或地区）生产的所有最终货物和服务的价值，GDP缩减指数反映的是这些货物和服务的总体价格变动幅度，主要用于分析价格总水平的变化，是最宏观、最综合的价格指数指标。

一、GDP缩减指数的基本概念

GDP缩减指数又称GDP平减指数，是指未剔除价格变动的GDP与剔除价格变动的GDP之比，即现价GDP（或称为名义GDP）与不变价GDP（或称为实际GDP）之比，公式为：

GDP缩减指数＝现价GDP÷不变价GDP×100

GDP缩减指数本质上是一种价格指数，能够全面反映一般物价水平走向，是对价格水平的宏观测度。不同于CPI、PPI等常见的通过抽样调查编制出来的价格指数，GDP缩减指数不是一个直接编制的价格指数，而是通过计算得出的。

二、GDP缩减指数的计算方法

GDP缩减指数可以根据公布的现价GDP和不变价GDP计算出来。一般来说，GDP缩减指数的计算分为三步：首先，计算现价GDP，就生产核算来说，通过计算国民经济分行业现价增加值，加总得到现价GDP；其次，通过计算国民经济分行业不变价增加值，加总得到剔除价格变化影响的不变价GDP；最后，将得到的现价GDP和不变价GDP相除，计算出GDP缩减指数。GDP缩减指数取决于各行业增加值比重和价格指数，因此它相当于各行业价格指数的加权平均值。

三、GDP缩减指数的主要作用

GDP缩减指数最主要的作用是可以综合反映一个国家（或地区）物价变动的总水平。由于GDP衡量的是一个国家（或地区）所生产的所有最终货物和服务的价值，因此，GDP缩减指数反映的是这些货物和服务的总体价格变动，是该国家（或地区）生产的所有最终货物和服务的价格总指数，是最综合的价格指标。

四、示例

2019 年现价 GDP 为 990865 亿元，按 2015 年价格计算的不变价 GDP 为 891646 亿元，那么可以计算 GDP 缩减指数为 990865÷891646×100≈111.1，说明 2015 年到 2019 年间所有最终货物和服务的价格总水平上涨了约 11.1%。

（撰稿：赵同录 王君）

38. 按现价和不变价计算与公布的统计指标主要有哪些？

在经济统计和分析工作中，有些指标可以直接用实物量表示，如粮食和工业品产量等；而有些指标则是用价值量表示的，如全国居民人均可支配收入、社会消费品零售总额、商品房销售额等。在计算价值量指标时，一般均要考虑采用什么价格来计算。统计上常用的价格标准有不变价和现价，在实际应用中应注意区分。

一、什么是现价和不变价

现价又称当时价格，也就是报告期当时的价格水平。不变价是固定不变的价格，有时也叫固定基期价格，以反映不同年份之间实物量变化而采用的价格形式。

一般来说，某价值量指标报告期与基期相比产生变化的原因有两个：一个是由价格变动引起的变化，另一个是实物量变动所引起的变化。如 2019 年我国国内生产总值（GDP）以当年价格计算为 986515.2 亿元，2018 年 GDP 以当年价格计算为 919281.1 亿元；如果直接比较，得出的增长速度为 7.3%。这一数值与国家统计局公布的 2019 年 GDP 比上年增长 6.0% 显然不同。因为 986515.2 亿元和 919281.1 亿元是以当年价格计算的 GDP，7.3% 就是以当年价格计算的 GDP 增长速度，也即名义增长速度；而国家统计局公布的 GDP 增速是不变价增长速度，是扣除价格因素影响后的增速。

不变价与固定期（也叫基期）价格紧密相关。如果以 2015 年为基期，按照 2015 年价格计算，2018 年和 2019 年的 GDP 分别为 840302.6 亿元和 890304.8 亿元，就已经剔除了 2018 年、2019 年价格变化的影响。因此，890304.8 与 840302.6 直接相除，得出 2019 年 GDP 比 2018 年实际增长 6.0%，反映了 2019 年我国生产活动成果的实际变动情况，见下图。

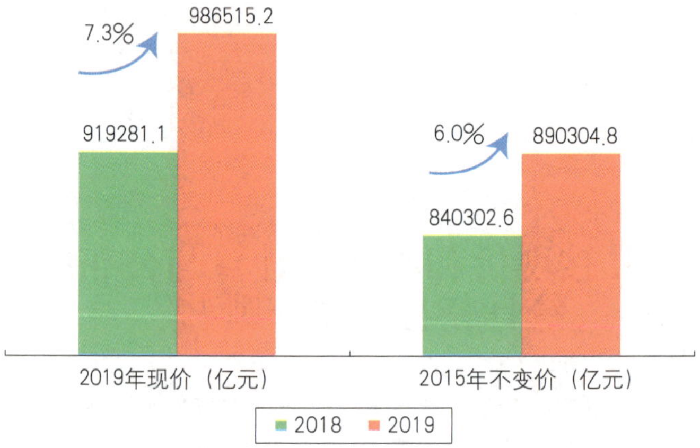

二、如何区分现价和不变价

如下表所示，在使用与价值量相关的各类统计指标时，要注意区分是不变价还是现价指标。一般来说，凡是没有标明按照某年不变价（或可比价）计算的价值量指标都属于现价指标；凡是没有标明扣除价格因素（或可比价）的增长速度也是以现价比较的增长速度。在对现价指标进行历史数据的对比时，由于指标包含了价格变动的因素，使用时应根据需要作扣除价格因素的处理。

指标性质	指标类型	指标含义	指标关系
价值量水平	现价计算的价值量	反映当时价格计算的价值量水平	现价计算的价值量为不变价计算的价值量与价格指数的乘积
	不变价计算的价值量	反映按基期价格计算的价值量水平，消除了各时期价格变化的影响，保证前后时期指标之间的可比性	
价值量变动幅度	现价计算的增长速度（名义增长速度）	价值量变动由实物量变化和价格变化共同引起	现价计算的增长速度为不变价增长速度与价格指数的乘积
	不变价计算的增长速度（实际增长速度）	价值量变动只由实物量变化所引起，消除各时期价格变化的影响，保证前后时期指标之间的可比性	

三、现价和不变价统计指标有哪些

政府部门公布的现价统计指标主要有：一是总量指标，包括固定资产投资完成额、社会消费品零售总额、商品房销售额、规模以上工业企业利润等效益指标、建筑业总产值、财政收入和支出额、税收收入、货物（或服务）进出口额等；二是增速指标，包括固定资产投资增速、规模以上工业企业利润增速、财政收支增速、进出口增速等。

不变价统计指标多为速度指标：GDP 及其分项（分三次产业、分行业门类增加值等）实际增长速度、规模以上工业增加值及其分项实际增长速度、城镇单位就业人员平均实际工资指数等。其他以不变价名义公布的统计指标更多是与 GDP 有关的不变价复合指标：如万元国内生产总值能源消费量、万元国内生产总值煤炭消费量等。

既有现价又有不变价的统计指标有季度（年度）GDP、全国（分城乡）居民收入增长速度、社会消费品零售总额增长速度等。

（撰稿：付凌晖　俞炳彬）

39. 常住人口城镇化率如何测算？

伴随工业化的发展，非农产业在城镇集聚、农村人口不断向城镇迁移，城镇数量增加、规模扩大，城镇化水平随之提高。城镇化率是在城镇化发展过程中产生的，反映城镇化发展水平高低的一个重要指标，其中最常用的是基于人口计算的常住人口城镇化率。

一、基本概念

常住人口城镇化率是指一个地区城镇地域上的常住人口占该地区全部常住人口的比重，反映常住人口的城乡分布情况。当前，世界城镇化水平已超过 50%，有一半以上的人口居住在城镇。

二、主要作用

城镇化是人口、地域、社会经济组织形式和生产生活方式由传统落后的乡村型社会向现代城市社会转化的过程，是人类社会发展的客观趋势，是国家现代化的重要标志。

城镇化率是衡量城镇化发展水平的重要指标，常住人口城镇化率主要反映人口在城镇的聚集程度，是指人口的城镇化程度。受户籍制度影响，当前我国常住人口城镇化率不能很好地客观反映产业结构、公共服务和基础设施等情况，仅这一指标不能全面衡量新型城镇化进程。

三、计算方式

在人口普查年份，按照国家统计局《统计上划分城乡的规定》，判断出每个村（居）委会的城乡属性，代入普查的常住人口数据，可以直接计算得出常住人口城镇化率。

在非普查年份，通过开展人口抽样调查，对影响城镇常住人口变化的因素进行分解，分别估算各因素对城镇化率变化的贡献。影响城镇常住人口的因素包括城镇区域扩张、城镇人口自然增长和城乡人口迁移。具体推算时，一是结合国家统计局城乡划分地域库城乡属性的变化，估算城镇地域扩张对城镇化率变化的贡献。二是通过人口抽样调查，分别估算城镇常住人口自然增长和城乡人口迁移对城镇化率变化的贡献。以此获得当年城镇化率的变化幅度，在上一年城镇化率的基础上，计算出当年的城镇化率。

四、示例

改革开放以来，我国城镇化发展快速推进。1978 年，我国城镇人口为 17245 万人，城镇化率仅为 17.92%；2019 年，我国城镇常住人口为 84843 万人，常住人口城镇化率为 60.60%，四十年来，我国城镇化率提高近 43 个百分点，城镇人口增加了 6 亿多人。

分地区看，各省（区、市）常住人口城镇化率存在明显差异。目前，上海、北京、天津三个直辖市的城镇化率都超过 80%，而西藏的城镇化率还不到 32%，城镇化率的地区差异主要受经济发展、地域特征等因素影响。党的十八大以来，随着城镇化布局的不断优化，区域间城镇化水平差异逐渐缩小，中西部地区城镇化加速发展，与东部和东北地区的城镇化水平差异趋于缩小。

五、常住人口城镇化率与户籍人口城镇化率的区别

当前，我国的城镇化率除了常住人口城镇化率，还有户籍人口城镇化率，两

者既有联系又有区别，户籍人口城镇化率主要反映人口户籍的城乡分布情况。

随着城乡人口流动的不断增加，常住人口城镇化率稳步提高，由于户籍的乡城迁移力度小于人口的乡城流动，户籍人口城镇化率低于常住人口城镇化率，两者存在较大差距。大量在城镇工作生活的农民工等农村户籍人口，常住地在城镇地域，属于城镇常住人口，而户籍统计上则仍为农村人口，这是造成两个城镇化率较大差距的主要原因。

党的十八大以来，党和国家高度重视城镇化建设，提出实施以人的城镇化为核心，以提高城镇化质量为导向的新型城镇化战略。随着户籍制度改革，以及土地、财政、教育、就业、医疗、养老、住房保障等领域配套改革不断推进，农业转移人口市民化的进程进一步加快，越来越多的农业转移人口通过落户城镇和办理居住证享受城镇居民待遇。2019 年，我国户籍人口城镇化率为 44.38%，与户籍制度改革之初的 2015 年相比，提高了 4.48 个百分点，常住人口城镇化率与户籍人口城镇化率差距略有缩小。

（撰稿：崔红艳 李桂芝）

40. 什么是平均工资？

平均工资是一个重要的民生指标，与百姓的生活密切相关，受到广泛关注。无论是诉讼申领赔偿，还是灵活就业人员缴纳社会保险，都要以平均工资作为计算基数。同时，平均工资数据可以反映地区间和行业间工资分配差距，是研究和调整收入分配政策的基础依据。

一、基本概念

平均工资是指平均每一个工资劳动者在一定时期内的工资水平。由于目前工资统计以城镇法人单位为统计对象，因此，平均工资一般指城镇单位从业人员在一定时期内平均每人所得的工资额。

二、主要作用

工资是工资劳动者收入的主要来源，是企业生产成本的重要组成部分，也是研究劳动者之间收入差距的重要内容。工资数据历来受到政府和社会各界的高度重视。首先，工资数据可以用于劳动力用工成本核算和市场竞争力的比较。工资反映的是劳动力价格，是重要的劳动力市场指标之一，是各地区、各行业制定工资标准和进行劳动力成本核算的依据，也是进行国际比较、评估国际竞争力的重要资料。其次，工资数据反映国民收入初次分配的基本状况和变化，可以反映不同行业、不同岗位之间的工资分配关系和工资差异变化趋势，对国民经济核算、研究制定收入分配政策至关重要。第三，工资数据还是征缴和支付各项社会保险的重要依据和作为赔偿制度的基础数据。

总之，平均工资的用途十分广泛。比如一些企业在进行投资设厂布局时，为了最大程度地节约人工成本，会参考地区间平均工资数据进行劳动力价格比较。灵活就业人员缴纳养老保险时，会根据当地在岗职工平均工资作为缴费基数。公民在申请国家赔偿时，法院会依据当地平均工资水平制订赔付标准。平均工资最基础的作用是反映工资分配状况及差距，相关部门会依此进行收入分配政策调整。

三、计算方法

平均工资是劳动工资统计的一个重要指标。就某一单位来说，单位从业人员平均工资是用单位从业人员工资总额除以从业人员平均人数计算得到的。同样，计算一个地区、行业的平均工资，则用该地区或该行业所有统计单位的工资总额除以相应统计单位的平均人数。计算公式为：

$$\text{从业人员平均工资} = \frac{\text{从业人员工资总额}}{\text{从业人员平均人数}}$$

其中，从业人员工资总额是指单位在报告期内（季度或年度）直接支付给本单位全部从业人员的劳动报酬总额。包括计时工资、计件工资、奖金、津贴和补贴、加班加点工资、特殊情况下支付的工资。工资总额是税前工资，包括单位从个人工资中直接为其代扣或代缴的个人所得税、住房公积金以及社会保险基金个人缴纳部分等。在工资统计中，不论是计入成本的还是不计入成本的，不论是以货币形式支付的还是以实物形式支付的，只要是具有劳动报酬性质的支出，均应列入工资总额的计算范围。

从业人员平均人数是指报告期内（年度、季度、月度）平均拥有的从业人员数。月平均人数是以报告月内每天实有的全部人数之和，除以报告月的日历日数。计算公式为：

$$月平均人数=\frac{报告月内每天实有的全部人数之和}{报告月的日历日数}$$

对新建立不满整月的单位（月中或月末建立），在计算报告月的平均人数时，以其建立后各天实有人数之和，除以报告期日历日数求得，而不能除以该单位建立的天数。

季度或年度平均人数按单位实际月平均人数计算得到。如年平均人数是以12个月的平均人数之和除以12求得，或以4个季度的平均人数之和除以4求得。计算公式为：

$$年平均人数=\frac{报告年内12个月平均人数之和}{12}$$

或：

$$年平均人数=\frac{报告年内4个季度平均人数之和}{4}$$

四、如何看待和使用平均工资数据

（一）平均工资是否只统计规模以上单位。

有人认为，统计部门发布的平均工资数据只统计了规模以上单位，数据偏高，这是对工资统计范围的误解。2019年及以前，工资统计对象是城镇范围所有法人单位。其中，对城镇非私营单位采取全面调查的方式，调查除私营单位以外的国有单位、集体单位、联营单位、有限责任公司、股份有限公司、港澳台商投资和外商投资等所有类型单位的工资情况，既包括规模以上单位，也包括规模以下单位。对城镇私营单位的工资情况采取抽样调查的方式进行调查。2020年以后，工资统计调查范围从原来仅覆盖城镇地域单位，拓展到乡村地域的单位，以全面反映我国法人单位的工资水平。其中，规模以上单位进行全面调查，其余单位进行抽样调查。目前每年五月仍然分别发布上年城镇非私营单位和私营单位就业人员平均工资数据，详细数据发布在《中国统计年鉴》和《中国劳动统计年鉴》上。

（二）平均工资数据为何与个人感受不同。

国家统计局公布平均工资数据之后，经常有人表示自己“拖后腿”了，认为自己拿到手的工资没有那么高。为何一些人会有这样的感受？

首先，平均工资反映的是税前工资。公众对工资收入的感觉往往是依据拿到手的实发工资，但统计部门统计的工资是税前工资。根据国务院批准发布的《关于工资总额组成的规定》和国际工资统计的通常做法，工资包括了用人单位代扣、代缴的个人所得税、公积金以及养老、医疗、失业保险基金个人缴纳部分。所以，统计部门公布的平均工资比个人实际拿到的工资要高。

其次，平均工资不等于个人工资，不能简单拿个人工资与总体平均工资进行直接比较。平均工资是反映工资总体情况的指标，是由统计部门根据每个单位上报的数据汇总计算得出的平均概念。由于各单位所处行业、所在地区和经济效益的不同，各单位的工资水平有高有低，高于总体平均工资的单位觉得数据偏低，低于总体平均数的单位觉得数据偏高。实际上，工资和收入一般呈现正偏态分布，平均值往往偏离并高于一般水平，即大多数个体数据低于平均值。在这样的情况下，为何还要计算平均工资？主要是因为进行地区间、行业间工资差距比较时，不可能用个体数据进行一一比较，需要有一个反映总体水平的指标。因此，平均工资指标主要用于宏观政策研究，而不适合与个人工资进行比较。此外，要更加准确地了解工资差距及其变动情况，不仅要看总体平均数，还要结合更详细的分地区、行业、登记注册类型工资数据进行具体分析。

（撰稿：孟灿文 夏萍）

41. 什么是居民人均可支配收入？

党的十九大报告指出：“坚持在经济增长的同时实现居民收入同步增长”，把提高人民收入水平放在十分突出的地位。居民人均可支配收入是用来衡量百姓收入水平，进而反映居民生活水平、福祉状况的主要指标，为制定保障和改善民生的政策提供重要参考依据，受到社会各界广泛关注。

一、基本概念

居民人均可支配收入，是居民可支配收入除以常住人口数后得到的平均数。居民可支配收入，顾名思义，就是居民能够自由支配的收入，是居民可用于最终消费支出和储蓄的总和。这是参照国际上通用的可支配收入概念制定的，既包括现金收入，也包括实物收入。按照收入来源，可支配收入包含四项，分别为工资性收入、经营净收入、财产净收入和转移净收入。

工资性收入指就业人员通过各种途径得到的全部劳动报酬和各种福利，包括受雇于单位或个人、从事各种自由职业、兼职和零星劳动得到的全部劳动报酬和福利。经营净收入指住户或住户成员从事生产经营活动所获得的净收入，是全部经营收入中扣除经营费用、生产性固定资产折旧和生产税之后得到的净收入。财产净收入指住户或住户成员将其所拥有的金融资产、住房等非金融资产和自然资源交由其他机构单位、住户或个人支配而获得的回报并扣除相关的费用之后得到的净收入。转移净收入是转移性收入扣除转移性支出后得到的净值。其中，转移性收入指国家、单位、社会团体对住户的各种经常性转移支付和住户之间的经常性收入转移。转移性支出指住户对国家、单位、其他住户或个人的经常性或义务性转移支付。

这些概念听起来似乎跟我们的日常生活离得很远，但换几个名称可能大家就熟悉了：工资奖金津补贴、经营利润、利息红利、离退休金……

如果住户是上班族或者打工者。可支配收入大部分可能来源于工资、奖金、津补贴。如果是个体经营户，比如开个小卖铺，那么每天拿到手的营业额，扣除进货成本、房租水电等税费之后的净利润就成了可支配收入。如果是种粮大户，那么可支配收入的主要来源就是卖粮收入，当然还要扣掉相应的种子、化肥、雇工等生产成本、中间投入以及其他经营费用；同时，该住户领取到的各项政策性生产补贴也是收入的重要来源。如果一个人没有工作，但是有一大笔银行存款或者有笔资金入股某公司，那么利息或红利就是可支配收入的一个来源。如果是离退休人员，那么离退休金就是可支配收入的一个来源。如果是低保户，最低生活保障金是可支配收入的来源之一。如果是享受各种扶贫补助的贫困户，各项到户扶贫补助补贴也构成了可支配收入的一部分。

二、主要作用

居民人均可支配收入可以用来衡量人民的生活水平和购买力，为制定保障和改善民生的政策提供重要参考。衡量收入翻番、收入增长与经济增长是否同步等目标的实现程度，反映各地真抓实干、推动经济社会发展的实绩，都需要真实准确的居民人均可支配收入数据。

居民人均可支配收入还为计算一些反映收入分配状况的指标提供数据基础，为制定收入分配相关政策，解决不平衡、不充分发展问题提供数据支撑。如计算城乡居民收入差距、基尼系数等数据都需要在居民人均可支配收入的基础上进行衍生计算。

三、调查方法

居民可支配收入数据来源于国家统计局开展的全国住户收支与生活状况调查。该调查是一项抽样调查，首先采用分层、多阶段、与人口规模大小成比例和随机等距抽样相结合的科学方法抽选调查户，然后请调查户把家庭日常收支逐笔进行登记，最后根据分户基础数据加权汇总生成全国居民的人均可支配收入。该调查在全国 31 个省（区、市）抽选了 1800 多个调查县（市、区）、16 万调查户。

四、示例

党的十八大以来，在以习近平同志为核心的党中央坚强领导下，各地区各部门坚持以人民为中心的发展思想，认真贯彻落实全面建成小康社会的战略目标和方针政策，居民收入持续较快增长，为到 2020 年全面建成小康社会的宏伟目标奠定了坚实的基础。按现价看，2019 年全国居民人均可支配收入为 30733 元，是 2010 年的 2.45 倍；按可比价看，2011—2019 年全国居民人均可支配收入九年累计实际增长 96.6%，全体居民收入比 2010 年翻一番的目标接近完成。

分城乡来看，2019 年城镇居民人均可支配收入 42359 元，农村居民人均可支配收入 16021 元，城乡居民人均可支配收入之比为 2.64，比上年下降 0.05，比 2010 年下降 0.35，收入差距进一步缩小。

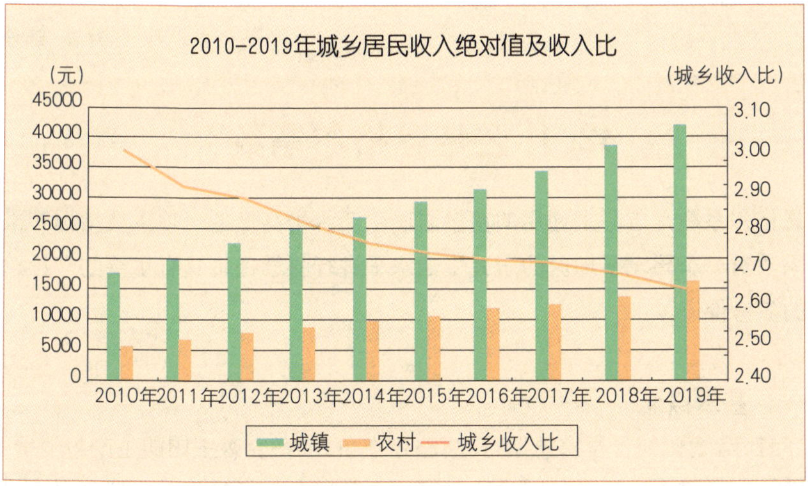

五、可支配收入统计中的常见问题

（一）可支配收入是否就是现金收入。

居民得到的实物产品和服务同样也是收入。有些实物产品和服务是居民自己付出劳动或者资本之后获得的。比如农民自家种植的粮食蔬菜水果，尽管没有卖，自己吃了，这些实物也算农民的收入。有些实物产品和服务是居民所在的单位、雇主，或者是政府、其他非政府组织直接发给居民的。比如政府给低保户过节发的米面油菜、单位为职工代缴的水电煤气费、单位提供的免费工作餐或免费班车等，这些都属于居民没交费或少交费而获得的实物性质的福利。这些实物收入也纳入居民收入统计范围。

（二）哪些钱在统计上不计入可支配收入。

因为收入在一段时间内要具有连续性和相对稳定性，它才能为居民提供持续和稳定的消费能力。那些偶然发生的、一次性的款项没法成为我们日常消费的稳定来源和保障。像居民得到的遗产，婚丧嫁娶拿到的大笔礼金，因受到财产损失、人身伤害、精神损失而得到的一次性赔偿，打牌赢来的钱，彩票中奖等，都具有偶发性、非持续性的特征，因而不能统计为居民的收入。

除此之外，居民获得的收入还得保证不会减少居民家庭的净资产或者增加居民的负债。也就是说，居民家庭通过出售自家的金融或非金融资产，或者通过向他人借贷、增加负债得到的钱都不是收入。比如，政府在老城区搞拆迁，给了每个拆迁户100万元补偿，这些钱是收入吗？不是。居民实际上是放弃了房产，才换来了现金补偿。

（撰稿：方晓丹 邸建亮 连佳佳）

42. 什么是恩格尔系数？

恩格尔系数是国际上通用的衡量居民生活水平高低的一项重要指标。采用恩格尔系数对一个国家或地区的居民生活水平进行科学评价具有重要的理论意义和一定的参考价值。

一、基本概念

1857年，德国统计学家恩斯特•恩格尔在研究“萨克森王国的生产与消费关系”时发现：在家庭人口构成相同的情况下，食品消费份额与收入或消费水平成反向相关关系，即收入或总消费支出越高，食品消费份额越低，反之亦然。这个规律被称为恩格尔定律，食品消费份额即食品消费支出占总消费支出的比重被称为恩格尔系数，常作为居民生活水平的衡量指标。

二、调查与计算方法

恩格尔系数主要结果来源于国家统计局开展的全国住户收支与生活状况调查。该调查是在全国范围内对16万城乡居民家庭开展的一项抽样调查，主要收集居民的收入与支出、劳动力从业情况、住房和耐用消费品拥有情况、家庭经营和生产投资情况、社区基本情况以及其他民生状况等。通过对调查户每天发生的各类消费数据的收集、审核和上报，加权汇总得到全国居民的消费支出和食品消费支出数据，据此计算恩格尔系数。

三、示例

改革开放以来，随着我国经济社会不断发展，居民收入持续较快增长，居民消费水平不断提高，消费质量稳步提升，居民恩格尔系数持续下降。城镇居民恩格尔系数1978年为57.5%，2013年下降到30.1%，2019年进一步下降到27.6%。

农村居民恩格尔系数 1978 年为 67.7%，2013 年下降到 34.1%，2019 年进一步下降到 30.0%。

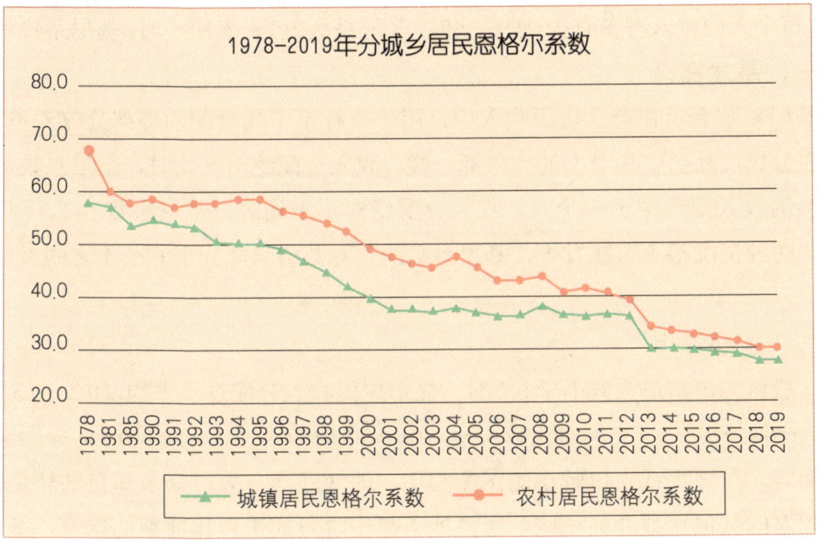

四、使用恩格尔系数应注意的问题

（一）可以用恩格尔系数衡量和反映同一地域居民生活水平发展的历史趋势。某一地域居民的消费行为具有连续性和趋同性，因此对同一地域的居民生活水平进行较大时间跨度的历史比较时，恩格尔系数是比较合适的衡量指标。

（二）要谨慎使用恩格尔系数衡量和比较地区之间居民生活水平。我国地域辽阔，不同地区气候条件、居民生活习惯不同，造成基本生活消费包含内容相差很大，这从很大程度上干扰了收入对恩格尔系数的影响，会造成对地区之间居民生活水平高低的判断失衡。尤其是在涉及到地区之间民生发展、全面建成小康社会进程的监测、评价和比较时，应谨慎使用恩格尔系数。

（撰稿：方晓丹 冯怡琳）

43. 什么是基尼系数?

基尼系数是国际上用来综合考察居民内部收入分配差异状况的一个重要分析指标。每个人的收入有多有少，差距大时，基尼系数就高；差距小时，基尼系数就低。

一、基本概念

基尼系数表示在全部居民收入中，用于进行不平均分配的那部分收入占总收入的百分比。社会中每个人的收入都一样、收入分配绝对平均时，基尼系数是0；全社会的收入都集中于一个人、收入分配绝对不平均时，基尼系数是1。现实生活中，两种情况都不可能发生，基尼系数的实际数值只能介于0～1之间。

二、主要作用

一般认为，基尼系数小于0.2时，显示居民收入分配过于平均，0.2—0.3之间时较为平均，0.3—0.4之间时比较合理，0.4—0.5时差距过大，大于0.5时差距悬殊。通常而言，与面积或人口较小的国家相比，地域辽阔、人口众多和自然环境差异较大国家的基尼系数会高一些。经济处于起步阶段或工业化前期的国家，基尼系数要大一些，而发达经济体特别是实施高福利政策国家的基尼系数要小一些。

三、计算方法

基尼系数是根据洛伦茨曲线，即收入分布曲线计算的。在下图中，横轴是累计人口百分比，纵轴是累计收入百分比。对角线上的斜线是绝对平均的收入分布线，垂直纵线是绝对不平均的收入分布线，斜线和垂直纵线之间的曲线是通常见到的实际收入分布曲线。斜线和曲线之间的面积A，相当于用于不平均分配的那部分收入。基尼系数等于A/（A+B），经济学含义是用于不平均分配的那部分收入占全部收入的比例。

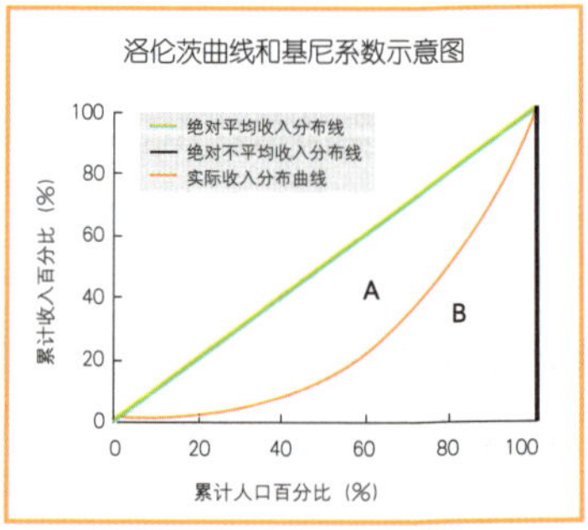

基尼系数需要使用分户或分组的居民收入数据来计算。具体计算公式如下：

$$G=1-\sum_{i=1}^{n}P_i\times(2Q_i-W_i)$$

其中：$Q_i=\sum_{k=1}^{i}W_k$

或 $G=1-\sum_{i=1}^{n}P_i\times(2\sum_{k=1}^{i}W_k-W_i)$

这里 W_i 和 P_i 是指将调查户按收入由低到高进行排序，计算第 i 户代表的人口的收入占总收入比重（W_i）和第 i 户所代表的人口占总人口比重 (P_i)。

四、使用基尼系数应注意的几个问题

基尼系数给出了反映居民之间贫富差异程度的数量界线，较全面客观地反映居民之间的贫富差距，能预报、预警居民之间出现贫富两极分化，但基尼系数这个反映差距的指标也有局限性，在使用时需要注意：

（一）基尼系数衡量的是收入相对差距。假如每个家庭的收入都比基期年翻一番，虽然高收入户增收的绝对额要大得多，但因为所有家庭收入增加的比例是一样的，相对差距仍一样，计算得到的基尼系数也是一样的。

（二）基尼系数反映的是收入总体差距。基尼系数的变化取决于所有居民的收入相对变化，其中某一群体相对于另一个群体的收入差距的变化有可能与基尼系数的变化趋势不一致。

（三）基尼系数衡量了收入差距，却不能衡量在哪里存在分配不公。有些差距是公平合理的，比如，劳动者付出的劳动数量及质量不同，得到的收入有所不同是合理的。而有些差距是不公平的，需要进一步做深入的制度研究，找出差距原因并消除不公平分配现象。

（四）使用不同来源、不同口径的收入基础数据会得到不同的基尼系数。比如：收入指标是否规范、用总收入指标还是可支配收入指标、收入中是否包括政府的实物福利、是否扣除年度物价因素、是否扣除地区差价等等，都对基尼系数及变化趋势有影响。在对基尼系数进行国际比较或时序比较时，需要注意到基础数据的可比性。

2019 年我国居民人均可支配收入基尼系数为 0.465，比 2012 年的 0.474 下降 0.009，居民收入差距总体在缩小。

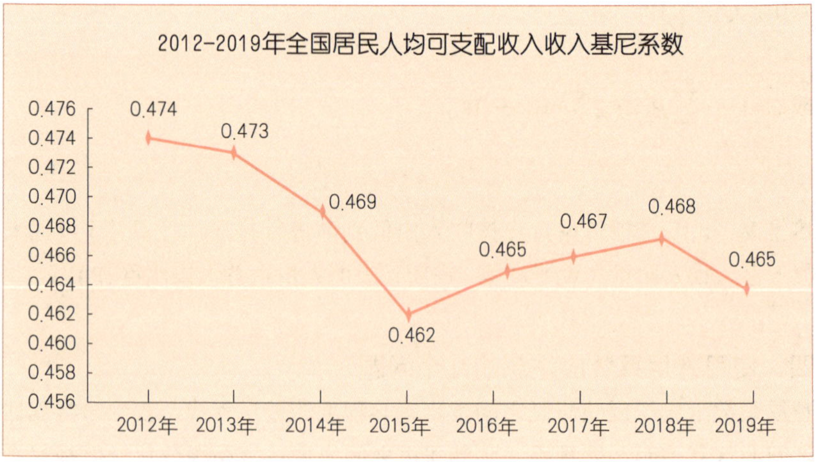

（撰稿：方晓丹　王冉　余秋梅）

44. 什么是贫困标准和贫困发生率？

党的十九大将精准脱贫作为全面建成小康社会决胜期三大攻坚战之一。习近平总书记强调打好精准脱贫攻坚战要坚持目标标准，确保到 2020 年现行标准下农村贫困人口全部脱贫。准确理解“贫困标准”，做到“既不降低标准，也不吊高胃口”，并据此计算贫困发生率，对于监测、提高脱贫质量，实现“扶真贫、真扶贫”具有重要意义。

一、基本概念

贫困标准也称贫困线，界定了要摆脱贫困所需要达到的最低生活水准。现行贫困标准是指农村居民每人每年生活水平在2300元以下（2010年不变价）。这与“两不愁三保障”要求是一致的。

贫困人口指生活在贫困标准以下的人口。其中，当年减贫人口规模为当年末贫困人口减去上年末贫困人口。

贫困发生率也称贫困人口比重指数，指生活在贫困标准以下的人口占全部人口的比重，通常以百分比表示。

二、主要作用

贫困标准是测量贫困人口规模和贫困程度的基础。贫困标准的确定有助于政府和社会瞄准真正的穷人，是制定扶贫政策、评估扶贫成效、开展监测的重要基础性指标。在打好脱贫攻坚战的过程中，准确理解贫困标准的定义，把握其内涵，是做好“扶真贫”“真扶贫”的前提，是精确瞄准“扶持谁”的关键。

三、计算方法

（一）贫困标准的测算。在测算贫困标准时，需要分别测算基本食物需求和非食物需求。以现行贫困标准为例，基本食物需求包括每人每天 1 斤大米或面粉、1 斤蔬菜、1 两肉或 1 个鸡蛋，用以提供维持人体健康生存所需要的每天 2100 大卡热量和 60 克左右的蛋白质；非食物需求包括必要吃穿住支出，也包括必要的教育、健康、交通通信等支出。

同一贫困标准的年度更新。由于物价水平变化，同一标准在不同年份需要进行年度调整，以确保其代表的生活水平不变。按相应年份的价格水平，现行贫困标准在 2010 年是每人每年 2300 元，2011 年是 2536 元、2012 年是 2625 元、2013 年是 2736 元、2014 年是 2800 元、2015 年是 2855 元、2016 年是 2952 元、2017 年是 2952 元、2018 年是 2995 元、2019 年是 3218 元。同一条标准在不同年份虽然数值不同，但都代表了同一生活水平，年度间是可比的。

贫困标准的提高。改革开放以来，随着国力的增强，我国两度提高贫困标准，共使用过三条农村贫困线，分别是 1978 年标准、2008 年标准和 2010 年标准，三条贫困标准代表了不同的生活水平。其中 1978 年标准代表低水平的生存标准，2008 年标准代表基本温饱标准，2010 年标准（即现行贫困标准）属于稳定温饱标准。

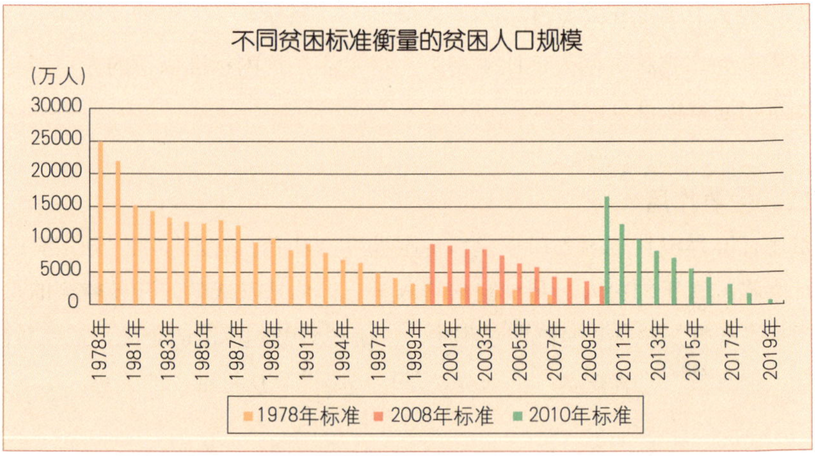

注：橙色立柱代表以 1978 年标准衡量的贫困人口，从 1978 年的 2.5 亿下降到 2007 年的 1479 万人。红色立柱代表以 2008 年标准衡量的贫困人口，从 2000 年的 9422 万人下降到 2010 年的 2688 万人。绿色立柱代表的是以 2010 年标准衡量的贫困人口，2019 年还有 551 万人。

（二）贫困人口规模和贫困发生率的计算。按照国际上通行的方法，使用农村住户收支抽样调查分户数据，首先计算出各省份生活在贫困标准之下的人口比重，即农村贫困发生率，再用各省农村贫困发生率乘以相应的乡村人口，得到分地区农村贫困人口规模。各省份农村贫困人口规模加总即得到全国农村贫困人口规模。

计算公式如下：

$$P_0=\frac{N_P}{N}$$

$$N_P=\sum_{i=1}^{N} I(y_i<Z)$$

其中，P_0 为农村贫困发生率；

N_P 为农村贫困人口规模；

N 为乡村总人口；

Z 为农村贫困标准；

$I(*)$ 为识别贫困户的函数，如生活水平低于贫困标准则为贫困户；

y_i 为农户生活水平。

全国农村贫困人口计算的数据来源为国家统计局组织开展的住户收支与生活状况调查。该调查以省（区、市）为总体，综合采用分层、多阶段、与人口规模大小成比例 (PPS 方法) 和随机等距抽样相结合的方法抽取调查户，收集生产收入消费等基础数据。调查由国家统计局各调查总队负责组织实施，采取调查户记账和调查员访问相结合的方式采集住户收入和消费等基础数据。分户数据和贫困标准是计算贫困人口和贫困发生率的基础。同时，国家统计局在全国贫困地区开展贫困监测专项调查，全面反映贫困地区贫困状况和扶贫成效。

四、使用贫困数据应注意的问题

每年《中华人民共和国国民经济和社会发展统计公报》发布当年贫困人口规模及减贫人口数量，该数据是衡量扶贫成效的重要指标。按现行农村贫困标准测量，2019 年年末全国农村贫困人口 551 万人，比上年末减少 1109 万人，贫困发生率为 0.6%。使用农村贫困标准和贫困人口数据时要注意以下几点：

一是贫困不是单一经济问题，而是多维度问题。在扶贫工作中，为保证扶贫效果，既不能随意提高标准，也不能降低扶贫标准。仅是收入达到相应水平并不代表实现脱贫，需要综合衡量“两不愁、三保障”多个指标，考虑住房安全、义务教育、基本医疗等是否达标。

二是在实施扶贫工作时，由于各地经济发展水平、收入分布状况、居民消费生活方式不尽相同，不同类型的扶贫工作有不同的工作标准。但在确定脱贫对象、衡量扶贫成效时，要把握相对统一的标准尺度，并将贫困标准每年按照物价水平相应调整。

（撰稿：吴伟 马倩）

45. 反映工业发展质量与效益的主要指标有哪些？

我国经济已由高速增长阶段转向高质量发展阶段，这是新时代我国经济发展的基本特征。推动高质量发展，是保持经济持续健康发展的必然要求，是适应我国社会主要矛盾变化和全面建成小康社会、全面建设社会主义现代化国家的必然要求，是遵循经济规律发展的必然要求。必须坚持质量第一、效益优先，坚持新发展理念，以供给侧结构性改革为主线，以改革开放为动力，推动经济发展质量变革、效率变革、动力变革，提高全要素生产率，推动我国经济在实现高质量发展上不断取得新进展。在这种形势下，工业企业效益状况指标作为判断经济形势、制定宏观调控政策、评价工业发展质量效益的重要依据，受关注程度不断提高，发挥作用越来越大。工业企业效益状况指标主要包括营业收入、利润总额、营业收入利润率、每百元营业收入中的成本费用、资产负债率等。

一、营业收入

（一）基本概念。

营业收入，有时也称销售收入，是指企业在从事销售商品、提供劳务和让渡资产使用权等日常生产经营活动中形成的经济利益流入。营业收入包含主营业务收入和其他业务收入，常用来反映企业生产经营规模。

（二）主要作用。

营业收入是企业重要财务指标之一，在企业经营管理中发挥重要作用。营业收入的取得，意味着商品价值得到实现，对于企业自身经营发展意义重大。营业收入是补偿生产经营耗费的资金来源，关系到企业再生产活动的正常进行；营业收入是企业主要经营成果之一，是企业取得利润的重要保障；营业收入是企业现金流入的重要组成部分。营业收入的取得，也表明商品成功实现销售，从宏观经济运行看，对于实现供需平衡、畅通经济循环、防止库存积压、促进工业生产持续增长具有重要意义。营业收入增长情况是反映经济运行速度和质量的重要指标之一。

此外，营业收入也用于反映企业生产经营规模。例如，规模以上工业企业为年主营业务收入2000万元及以上的工业法人单位，统计上通过综合运用主营业务收入、从业人数进行大中小微型工业企业划分。

（三）数据来源。

1. 综合数据。《中国统计年鉴》《中国工业统计年鉴》等统计出版物，国家统计局网站定期发布的工业经济效益月度报告，以及国家统计数据库均包含规模以上工业企业“营业收入”数据。

2. 企业数据。企业会计《利润表》列示“营业收入”数据，可参考上市公司等企业定期公布的财务报告。

（四）示例。

1. 国家统计局新闻发言人在2019年9月16日国务院新闻办发布会上介绍经济运行情况时指出：“1—7月份，全国规模以上工业企业实现营业收入同比增长4.9%，比1—6月份提高0.2个百分点，规模以上工业企业营业收入利润率为5.87%，提高0.01个百分点。”

2. 第四次全国经济普查公报（第三号）显示，2018年末，工业企业法人单位资产总计 1392923.0 亿元，比 2013 年末增长 32.4%。负债合计 783365.8 亿元。全年实现营业收入 1185269.9 亿元。

二、利润总额

（一）基本概念。

利润总额，是指企业生产经营过程中各种收入扣除各种耗费后的盈余，反映企业在一定时期内实现的盈亏总额，是企业在一定会计期间的经营成果。利润总额可以总括地反映企业盈利情况，也称税前利润，缴纳所得税后成为净利润。

（二）主要作用。

利润作为生产经营的最终成果，是企业经营的根本目的，也是衡量企业业绩的核心指标。

企业投入大量资金、人力、物力，经过复杂的生产销售过程后，是盈利还是亏损，需要通过利润指标最终检验。利润是企业生存的基本要求，为企业持续发展提供重要保障。

一般来说，实现利润是企业所有者创建企业的根本目的，企业经营以利润最大化为重要目标，利润也是企业利益相关方进行分配的基础。

利润指标直接反映企业效益，关乎经济发展质量，在当前供给侧结构性改革不断深化、提质增效持续推进的背景下，受到全社会越来越广泛的关注。利润增长率是反映经济发展速度及质量的重要指标之一。

（三）数据来源。

1. 综合数据。《中国统计年鉴》《中国工业统计年鉴》等统计出版物，国家统计局网站定期发布的工业经济效益月度报告，以及国家统计数据库均包含规模以上工业企业“利润总额”数据。

2. 企业数据。企业会计《利润表》列示“利润总额”数据，可参考上市公司等企业定期公布的财务报告。

（四）示例。

1. 李克强总理在第十三届全国人民代表大会第一次会议上的 2018 年《政府工作报告》中指出，“刚刚过去的 2017 年，经济社会发展主要目标任务全面完成并好于预期。国内生产总值增长 6.9%，居民收入增长 7.3%，增速均比上年有所加快；城镇新增就业 1351 万人，失业率为多年来最低；工业增速回升，企业利润增长 21%”“国有企业效益明显好转，去年利润增长 23.5%”。

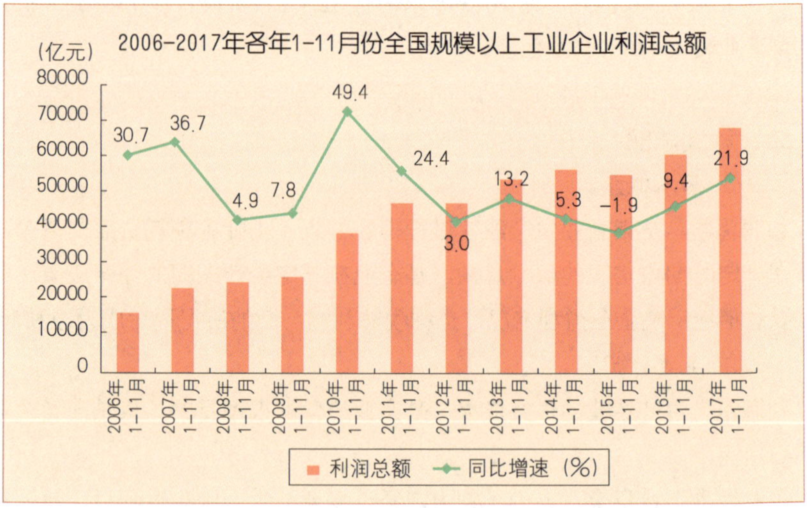

2.2020 年 8 月 6 日《人民日报》刊登的《乘势而上，巩固扩大经济恢复成果（权威访谈）》一文中，国家发展改革委副主任兼国家统计局局长宁吉喆分析二季度经济形势时指出，“反映市场主体效益的规模以上工业企业利润二季度同比增长 4.8%。”

三、营业收入利润率

（一）基本概念。

营业收入利润率，是指企业利润总额占营业收入的百分比，计算公式为：

营业收入利润率 = 利润总额 / 营业收入 ×100%。

（二）主要作用。

营业收入利润率属于盈利能力指标，可用于评估企业经营效率，比较各企业之间以及同一企业不同时期的经营管理水平。

该指标越高，表明在营业收入相同条件下，企业实现的利润越多，盈利能力越强，效率越高；反之，该指标越低，表明企业盈利能力越弱，过低的利润率将增大企业经营风险。

（三）数据来源。

国家统计局网站定期发布的工业经济效益月度报告包含规模以上工业企业“营业收入利润率”指标。

（四）示例。

1. 国家统计局在解读2019年3月份工业企业利润数据时认为，工业企业效益状况改善的特点之一是盈利能力有所回升，具体看，3月份，规模以上工业企业营业收入利润率为6.13%，同比提高0.01个百分点，扭转了1—2月份同比大幅回落的态势。

2.2020年7月20日《经济日报》刊登的《工业生产明显回升 重点行业持续发力》一文指出，“5月份，在成本压力缓解、价格变动等有利因素作用下，工业企业利润实现今年首次正增长，同比增长6.0%；营业收入利润率为6.82%，为今年首次同比提高。”

四、每百元营业收入中的成本费用

（一）基本概念。

每百元营业收入中的成本费用，用来反映企业成本费用总额占营业收入的比重，计算公式为：

每百元营业收入中的成本费用＝成本费用 / 营业收入 ×100元，其中，成本费用＝营业成本＋销售费用＋管理费用＋研发费用＋财务费用。该指标可分解为两个指标：每百元营业收入中的成本、每百元营业收入中的费用。

（二）主要作用。

每百元营业收入中的成本费用指标用于衡量企业成本费用水平，该指标越低，表明企业控制成本费用支出的能力越强，经营效率越高。一般来说，该指标和营业收入利润率呈相反关系，该指标越低，营业收入利润率越高。

每百元营业收入中的成本费用指标与供给侧结构性改革中的降成本任务关系密切，监测分析行业及企业该指标变化情况有助于掌握降成本成效、推进降成本工作。

（三）数据来源。

国家统计局网站定期发布的工业经济效益月度报告包含规模以上工业企业“每百元营业收入中的成本”“每百元营业收入中的费用”指标。

（四）示例。

国家统计局在解读2020年7月份工业企业利润数据时指出：“今年以来，为缓解企业经营压力，‘降成本’成为政策主要发力点，大规模减税降费、降低企业用电、用地及租金成本等惠企政策陆续落地，有效降低了企业成本费用。7

月份，规模以上工业企业每百元营业收入中的成本同比减少 0.67 元，已连续 2 个月同比下降，且降幅进一步加大；每百元营业收入中的费用同比下降 0.02 元，企业经营压力得到明显缓解。”

五、资产负债率

（一）基本概念。

资产负债率，是指企业负债合计占资产总计的百分比，计算公式为：资产负债率 = 负债合计 / 资产总计 ×100%。

（二）主要作用。

资产负债率能够揭示企业资产中有多少是通过负债筹集的，是衡量企业负债水平及风险程度的重要标志，也反映债权人向企业提供资金的风险程度。资产负债率越高，则企业债务水平越高，如果资产负债率超过 100%，说明企业已经资不抵债。

在有利且风险可控的前提下，企业一般倾向于提高资产负债率，从而扩大生产规模，开拓市场，获取更多利润。但企业资产负债率过高可能导致债务风险，如果企业普遍存在资产负债率过高问题，可能引发系统性金融风险。

资产负债率也用于反映企业杠杆水平，与供给侧结构性改革的去杠杆任务关系密切，监测分析行业及企业资产负债率变化情况有助于推进去杠杆工作。

（三）数据来源。

国家统计局网站定期发布的工业经济效益月度报告包含规模以上工业企业“资产负债率”指标。

（四）示例。

1. 李克强总理在第十三届全国人民代表大会第一次会议上的 2018 年《政府工作报告》中指出，“扎实推进‘三去一降一补’……积极稳妥去杠杆，控制债务规模，增加股权融资，工业企业资产负债率连续下降，宏观杠杆率涨幅明显收窄、总体趋于稳定。”

2.《中华人民共和国 2019 年国民经济和社会发展统计公报》显示，供给侧结构性改革继续深化，2019 年末规模以上工业企业资产负债率为 56.6%，比上年末下降 0.2 个百分点。

前面介绍了营业收入、利润总额、营业收入利润率等指标，这些指标之间具有密切联系。

收入是利润的基础，营业收入增速加快一般会带动利润总额增速加快。需要注意的是，利润的总量相对较小，一般仅为收入的 6% 左右，由于计算基数较小，增速易发生较大波动。从历史统计数据来看，营业收入增速较小幅度变动也可能导致利润总额增速较大变化。

会计中存在“利润 = 收入－成本费用”的数量关系，在收入一定的情况下，利润和成本费用此消彼长，营业收入利润率和每百元营业收入中的成本费用之间也是此种关系。继续深入推进降成本工作将为提高工业企业利润率，进而提高经济发展的质量和效益发挥显著的促进作用。

资产负债率反映企业的债务水平，过多的有息负债将增大企业的财务费用，进而侵蚀利润。

（撰稿：董咏梅 徐涛）

46. 什么是产能利用率?

随着供给侧结构性改革深入推进，传统产业改造升级，产能结构得到调整，经济结构逐步优化。为监测重点行业的产能利用状况，国家统计局于 2017 年四季度开始公布工业产能利用率。产能利用率数据能够反映市场供求关系和经济景气程度，对形势判断、政策制定有重要的支撑作用。

一、概念内涵

产能利用率是指实际产出与生产能力的比值。其中，企业的实际产出是指报告期内生产的产品产量或产值；企业的生产能力是指在报告期内，在劳动力、原材料、燃料、运输等保证供给的情况下，生产设备（机械）保持正常运行，企业可能实现的、并能长期维持的产品产出。

产能利用率计算公式为： $产能利用率=\frac{实际产出}{生产能力}\times 100\%$

实际产出和生产能力既可以是价值量指标也可以是物量指标，计算时分子分母保持一致即可。我国采用价值量指标。

二、计算方法

产能利用率指标可以采用统计调查法直接测算，也可以采用成本函数法、峰值法、协整方法等间接测算。统计调查法反映的是工程性质的产能概念，数据直观、可比、连续，结果较为可靠，因此在实践中被广泛使用，世界上具有一定规模的国家和经济体，均由政府机构组织实施，用该方法测算产能利用率并定期公布。

我国国家统计局也采用直接的统计调查法测算工业产能利用率数据，对工业企业进行抽样调查，并推算总体，测算全国工业和主要行业产能利用率。

在抽样中，对于规模以上大中型企业采取全部抽取，规模以上小微企业采取分层抽取的方式（抽样率为 10%），一共抽取 9 万多家企业（2019 年数据）进行调查。调查的所有样本企业总产值占规模以上工业总产值 60% 以上。

该调查每季度实施一次。调查中，收集企业的生产经营状态、产能利用率、总产值、产能利用率较上季度提高和下降的原因等资料。

汇总测算时，首先根据产能利用率公式推算每个调查企业的生产能力，即生产能力 = 实际产出 / 产能利用率。其中实际产出为该企业在报告期内的产值，产能利用率为该企业填写的产能利用率数据。在得到每个企业的生产能力后，结合产值数据（即实际产出）、权重（在抽样时赋予企业），可汇总得出全国以及分行业的产能利用率数据。

例如，某规模以上小微工业企业在抽样时权重为 5，填写报告期内产能利用率为 85%，产值为 3000 万元。则可以推算出该企业的产能为 3000 万元 ÷85% = 3529 万元。在进行汇总时，该企业的汇总产值和产能都需要乘以权重 5 再与其他企业汇总计算。

此外，国家统计局每年还单独进行主要产品生产能力调查，统计的品种在 40 个左右。

三、数据发布

2017 年四季度开始，国家统计局定期公布工业产能利用率数据，包括全国工业、三大门类以及主要工业行业的季度数据，数据未经季节调整。同时公布了 2006 年有调查以来的年度产能利用率历史数据。

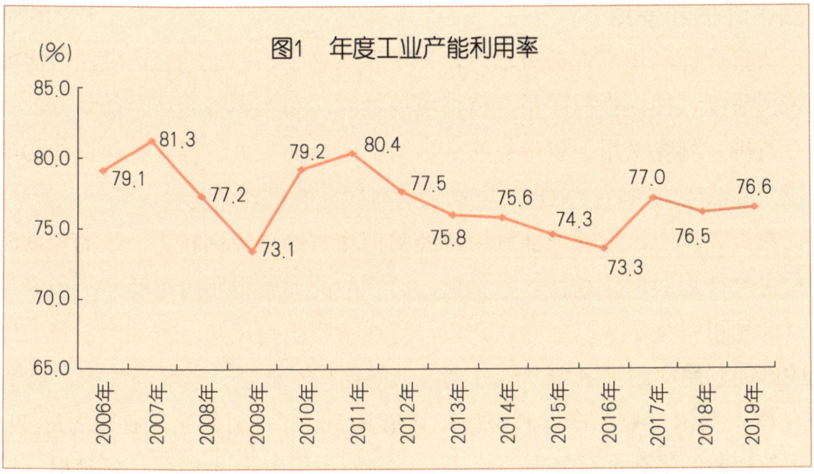

供给侧结构性改革中的淘汰落后产能、去过剩产能等措施切实改善了工业产能利用状况，全国工业产能利用率从 2015 年 74.3%、2016 年 73.3% 的低位提高至 2017 年的 77%，2018 和 2019 年产能利用率也保持在合理水平。产能利用率的回升反映出，随着供给侧结构性改革深入推进，低端供给和无效供给减少，产能过剩行业市场加速出清，市场供求关系明显改善。

从所发布的季度数据看，2017 年 1 季度至 2019 年 4 季度，全国工业产能利用率总体平稳。2020 年初新冠肺炎疫情爆发以来，一季度全国工业产能利用率降至 67.3% 的低位，而随着统筹推进疫情防控与经济社会发展各项政策措施的落实，工业企业逐步复工复产，工业产能利用率于二季度显著回升至 74.4%，三季度进一步回升至 76.7% 的较高水平，呈现逐季回升态势，反映了企业复工复产成效和产能利用状况的改善。

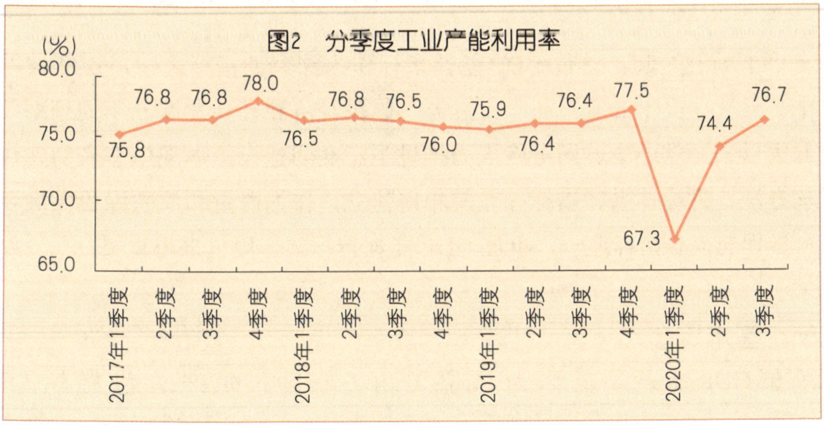

四、评估和使用

在研究产能利用率调查方法时，参考和借鉴了国际上通行的做法，比如调查频率采用季度，抽样指标采用产值，应用抽样法和大中型企业全面调查的组合确定调查范围，测算采用加权计算法等，与美国、加拿大等国家和经济体的产能利用率调查方法较为接近。数据从方法上具有较完备的理论基础。

在数据表现上，行业产能利用率经常出现与经济周期较为一致的短期波动，原因是生产计划的调整往往非常频繁，而产能的调整则相对迟缓。一般来说，过高的产能利用率预示着产能存在缺口，有通货膨胀的风险，需加大投资力度，而过低的产能利用率则预示着产能过剩或产能结构不合理。以美国为例，在1972—2009年间，美国工业总产能利用率平均值是80.6%，制造业行业平均是79.2%，其几十年间的经济数据曾经充分验证，当产能利用率超过82%的阀值时，通货膨胀开始加快。因此通常认为，78%—82%是美国工业的长期均衡产能利用率。我国2006—2019年的产能利用率十二年平均值为77%左右。

判断产能利用率的高低，除了与长期均衡值或平均值相比，还应注意：首先，分季度的产能利用率具有季节性，呈现一季度偏低，四季度偏高的特点；第二，不同行业因生产特点不同，均衡利用率的范围也不同，不宜将不同行业的产能利用率进行直接对比；第三，产能利用率高低与当地的发展水平、经济结构有关，因此将不同国家的产能利用率高低进行对比时，推断结论应该谨慎。

（撰稿：董咏梅 陈颖婷）

47. 单位GDP能耗如何测算？

自“十一五”起，单位GDP能耗指标作为约束性指标之一，连续被纳入我国“十一五”、“十二五”和“十三五”国民经济和社会发展五年规划纲要。党的十八大以来，党中央、国务院大力推进生态文明建设，体现生态文明建设要求的考核办法、目标体系、指标体系等相继建立，作为衡量和反映绿色发展以及能源革命进程的核心指标之一，单位GDP能耗指标的作用越来越重要。

一、基本概念

单位GDP能耗，全称为单位国内（地区）生产总值能耗（Energy

Consumption per Unit of GDP），是指一定时期内，一个国家（地区）每生产一个单位的国内(地区)生产总值所消费的能源。当国内(地区)生产总值单位为万元时，单位 GDP 能耗也称为万元国内（地区）生产总值能耗；当具体描述到某个产业或行业时，则称为单位增加值能耗，如规模以上工业单位增加值能耗。

二、主要作用

单位 GDP 能耗是反映一个国家（地区）经济发展状况的重要指标，其作用概括起来主要有以下几个方面：

（一）直接反映经济发展对能源的依赖程度。单位 GDP 能耗是将能源消费总量除以 GDP，反映了一个国家（地区）经济发展与能源消费之间的强度关系，即每创造一个单位的社会财富需要消费的能源数量。单位 GDP 能耗越大，说明经济发展对能源的依赖程度越高。

（二）间接反映产业结构状况、设备技术装备水平、能源消费构成和利用效率等多方面内容。影响单位 GDP 能耗的因素众多，概括起来主要包括产业结构状况、设备技术装备水平、能源消费构成和利用效率等。

（三）间接计算出社会节能量或能源超耗量。将上年单位 GDP 能耗与本年单位 GDP 能耗的差与本年 GDP（可比价）相乘，可以算出本年的社会节能量或能源超耗量。当结果为正数时，表示本年比上年节能；结果为负数时，表示本年比上年多用了能源。

（四）间接反映各项节能降耗政策措施所取得的效果。将本年单位 GDP 能耗与上年单位 GDP 能耗相除后，再乘以 100，减去 100，可以计算出单位 GDP 能耗本年比上年上升或下降程度（即单位 GDP 能耗降低率）。当结果为正数时，表示单位 GDP 能耗本年比上年上升；结果为负数时，表示单位 GDP 能耗本年比上年下降。

不同国家（地区）由于经济发展阶段不同，能源消费结构不同以及自然条件差异，加上汇率等因素影响，使得不同国家（地区）之间单位 GDP 能耗存在不可比性。因此，要审慎比较和正确看待不同国家（地区）间的单位 GDP 能耗差异。

三、计算方法

单位 GDP 能耗由能源消费总量和国内（地区）生产总值这两个指标计算而得。计算公式为：

$$\text{单位 GDP 能耗（吨标准煤 / 万元）} = \frac{\text{能源消费总量（吨标准煤）}}{\text{国内（地区）生产总值（万元）}}$$

能源消费总量是指一定地域内，国民经济各行业和居民家庭在一定时期内消费的各种能源的总和。能源包括：一次能源，一次能源通过加工转换产生的二次能源和同时产生的其他产品（见下图）。

常用能源分类

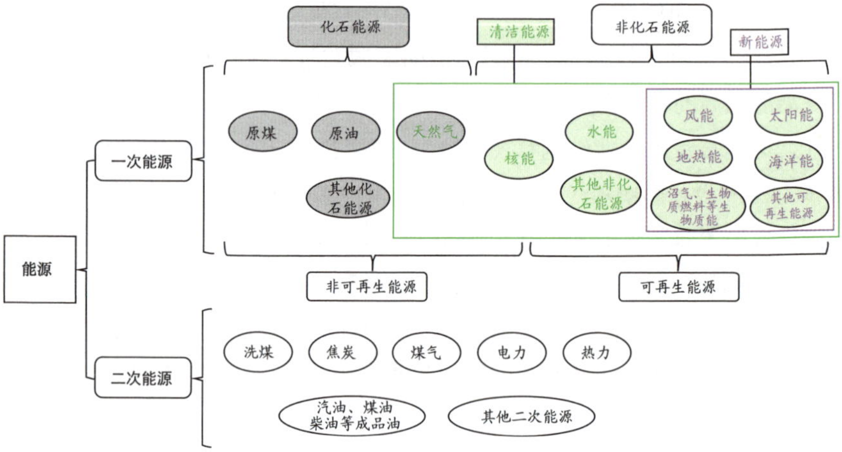

其中，一次能源是指自然界中以天然形式存在，不经任何改变或转换的天然能源资源，包括原煤、原油、天然气、水能、核能、风能、太阳能、地热能、海洋能、生物质能等。二次能源是指为了满足生产工艺或生活的特定需要以及合理利用能源，将一次能源直接或间接加工转换产生的其他种类和形式的人工能源，如由原煤加工转换产出的洗煤、焦炭、煤气等，由原油加工产出的汽油、煤油、柴油、燃料油、液化石油气等，由原煤或石油或天然气转换产出的电力、热力等。在核算能源消费总量过程中，一次能源、二次能源不能重复计算。

化石能源是指由上古时期遗留下来的动植物遗骸在地层下经过上万年的地质变化演变形成的能源，如原煤（由植物体转化）、原油和天然气（由动物体转化）等。非化石能源是指非原煤、原油、天然气等经长时间地质变化演变形成，只供一次性使用的能源类型以外的能源，如水能、核能、风能、太阳能、地热能、海洋能、生物质能等。

可再生能源是指自然环境为人类持续不断提供的有用能量的物质，其产生和使用具有持续不断或循环往复的自然特征，如水能、风能、太阳能、地热能、海洋能、生物质能等非化石能源。非可再生能源是指不可再生的化石能源等，如原煤、原油、天然气等。

清洁能源是指在消费过程对人类环境影响程度较小的能源，如天然气、水能、核能、风能、太阳能、地热能、海洋能、生物质能等。非清洁能源是指在消费过程中排放大量温室气体、有害气体和有损环境的液体、固体废弃物等，对人类环境影响程度较大的能源，如煤炭、石油等。

常规能源，也称传统能源，是指目前在技术上成熟、经济上合理、已经多年被人类大规模开采和广泛使用的能源，如原煤、原油、天然气、水能、核能等。新能源，也称非常规能源，是指常规能源以外的，近年来开发利用或正在积极研究、有待推广使用的其他各种形式的能源，如风能、太阳能、地热能、海洋能、部分生物质能等。常规能源和新能源是两个相对的概念，一些新能源随着利用技术的成熟和开采成本的降低而多年被广泛使用，即应视为常规能源。

能源消费总量主要分为终端能源消费量、能源加工转换损失量和能源损失量三部分。其中，终端能源消费量是指一定时期内，用于消费（而非用于加工转换产出其他能源）的各种能源之和；能源加工转换损失量是指一定时期内，国家（地区）投入加工转换的各种能源数量之和与产出各种能源产品数量之和的差额；能源损失量是指一定时期内，能源在输送、分配、储存过程中发生的损失和由客观原因造成的各种损失量，不包括各种气体能源放空、放散量。

国内（地区）生产总值，即 GDP，是指一个国家（地区）所有常住单位在一定时期内生产活动的最终成果（具体内容参照 GDP 相关指标解释）。为便于比较，在计算单位 GDP 能耗时，要使用不变价计算的 GDP。

四、示例

下表数据显示，2005 年以来我国单位 GDP 能耗逐年下降，反映了十多年来我国产业行业结构、能源消费结构逐步调整和优化，能源技术、管理水平不断进步等经济发展特点，充分彰显了我国节能降耗各项政策措施取得了巨大成效。

2005—2018 年我国单位 GDP 能耗及其降低率

年份	单位 GDP 能耗（吨标准煤 / 万元）	单位 GDP 能耗上升或下降（±%）
	国内生产总值按 2005 年可比价格计算	
2005	1.40	
2006	1.36	-2.8
2007	1.29	-4.8
2008	1.21	-6.2
2009	1.16	-4.2
2010	1.13	-3.0
	国内生产总值按 2010 年可比价格计算	
2010	0.88	
2011	0.86	-2.1
2012	0.83	-3.7
2013	0.79	-3.8
2014	0.76	-4.4
2015	0.72	-5.3
	国内生产总值按 2015 年可比价格计算	
2015	0.63	
2016	0.60	-4.8
2017	0.58	-3.5
2018	0.56	-3.0

注：数据来源于《中国能源统计年鉴 2019》。

（撰稿：刘文华 张展）

48. 什么是研究与试验发展（R&D）经费及投入强度？

研究与试验发展（R&D）经费及其投入强度，是国际上广泛使用的、衡量一个国家或地区自主创新投入规模及水平的重要指标。随着创新驱动发展战略深入实施，R&D 经费及其投入强度已成为监测我国科技创新能力的核心指标，在宏观决策管理中发挥着越来越重要的作用。

一、基本概念

（一）关于 R&D

R&D 是英文 Research and Experimental Development 的缩写，中文译为“研究与试验发展”，简称“研发”。

目前世界各国 R&D 统计均以经济合作与发展组织（OECD）制定的《弗拉斯卡蒂手册》为标准。国家统计局以该手册为遵循并结合中国实际，研究制定了《研究与试验发展（R&D）投入统计规范（试行）》（以下简称规范），并于 2019 年 4 月颁布实施，用于指导和规范我国 R&D 统计工作。按照《规范》中的定义，R&D 是指为增加知识存量（也包括有关人类、文化和社会的知识）以及设计已有知识的新应用而进行的创造性、系统性工作，包括基础研究、应用研究和试验发展三种类型。其中，基础研究是一种不预设任何特定应用或使用目的实验性或理论性工作，其主要目的是为获得（已发生）现象和可观察事实的基本原理、规律和新知识，其活动规模体现了面向科学前沿的原始创新能力，更能反映一个国家的科技实力。

R&D 活动应当满足五个条件：新颖性、创造性、不确定性、系统性、可转移性（可复制性）。在我国，R&D 活动主要分布在工业，建筑业，交通运输、仓储和邮政业，信息传输软件和信息技术服务业，科学研究和技术服务业，水利环境和公共设施管理业，教育，卫生和社会工作，文化、体育和娱乐业等行业；各类企业、科研机构和高等学校等是实施 R&D 活动的主体。

（二）关于 R&D 经费

R&D 经费是指报告期为实施 R&D 活动而实际发生的全部经费支出。R&D 经费按使用主体分为内部支出和外部支出。内部支出是指报告期调查单位内部为实施 R&D 活动而实际发生的全部经费，外部支出是指报告期调查单位委托其他单位或与其他单位合作开展 R&D 活动而转拨给其他单位的全部经费。为避免重复计算，全社会 R&D 经费为调查单位 R&D 经费内部支出的合计。

（三）关于 R&D 经费投入强度

全国 R&D 经费投入强度是指全社会 R&D 经费投入总量与国内生产总值之比；地区 R&D 经费投入强度是指地区 R&D 经费与地区生产总值之比；企业 R&D 经费投入强度是指企业 R&D 经费与营业收入之比。

二、R&D 经费及其投入强度指标的主要作用

（一）反映科技创新投入水平

全社会 R&D 经费及其投入强度分别从总量和比值两个角度反映我国科技创新投入的总规模和发展水平。R&D 经费中基础研究占比，可以体现一国在前瞻性科学研究和原始创新方面所作的努力。我国 R&D 统计遵循国际统计标准，R&D 经费及投入强度可以进行国际比较。通过比较，可以反映出我国科技投入在国际社会中的地位，以及与世界科技强国的差距。

（二）反映科技资源分布情况

R&D 经费及其构成指标，可以清晰反映科技资源的布局及配置情况，同时可以反映在科技投入方面的薄弱环节和不足之处。如 R&D 经费中政府资金、企业资金所占比重，可以分别反映政府和企业等社会力量在加大科技创新投入方面所作的努力；R&D 经费分行业数据，可以反映各行业科技创新资源配置情况；地区 R&D 经费及其投入强度，可以反映我国 R&D 资源在区域间的分布和发展状况。

（三）实施创新战略规划的重要监测指标

世界各国普遍将R&D经费投入强度作为制定创新发展战略规划的核心指标。我国制定的《国家中长期科学和技术发展规划纲要（2006—2020 年）》，将全社会 R&D 经费投入强度作为监测创新型国家建设进程的重要指标，并提出到 2020 年将全社会 R&D 经费投入强度提高至 2.5%。在《中国制造 2025》中，提出到 2020 年将规模以上工业企业 R&D 经费投入强度提高至 1.26%。

三、R&D 经费指标的调查方法

R&D 经费的调查采用全面调查、抽样调查和重点调查相结合的方式进行，规模以上工业企业，特、一级建筑业企业，规模以上服务业企业，政府属研究机构、高等学校采用全面调查；规模以下企业采用抽样调查；其他企事业单位采用重点调查。

四、R&D 经费投入强度指标的计算方法

对全国来讲：

$$\text{全国 R\&D 经费投入强度} = \frac{\text{全社会 R\&D 经费}}{\text{国内生产总值}} \times 100\%$$

例：2019 年，我国国内生产总值数据为 990865 亿元，R&D 经费为 22143.6 亿元，则全国 R&D 经费投入强度为（22143.6/990865）×100%=2.23%。

对地区来讲：

$$\text{地区 R\&D 经费投入强度} = \frac{\text{地区 R\&D 经费}}{\text{地区生产总值}} \times 100\%$$

例：2019 年，北京地区生产总值数据为 35371 亿元，R&D 经费为 2233.6 亿元，则北京 R&D 经费投入强度为（2233.6/35371）×100%=6.31%。

对企业来讲：

$$\text{企业 R\&D 经费投入强度} = \frac{\text{企业 R\&D 经费}}{\text{主营业务收入}} \times 100\%$$

例：2019 年，我国规模以上工业企业营业务收入为 1067397 亿元，R&D 经费为 13971.1 亿元，则我国规模以上工业企业 R&D 经费投入强度为（13971.1/1067391）×100%=1.31%。

五、示例

近年来，随着创新驱动发展战略的深入实施，我国 R&D 经费规模不断扩大，投入强度稳步提升，为我国科技创新实现更多“并跑”和“领跑”创造了有利条件。

2019 年，我国 R&D 经费投入总量为 22143.6 亿元，比 2012 年增长 115%，2013—2019 年年均增长 11.6%；按汇率折算，我国 R&D 经费总量在 2013 年超过日本，成为仅次于美国的世界第二大 R&D 经费投入国家。在我国，企业是 R&D 经费的投入主体，2019 年各类企业投入 R&D 经费 16921.8 亿元，占全社会 R&D 经费中的比重为 76.4%。

2019 年我国 R&D 经费投入强度为 2.23%，比 2012 年提高 0.32 个百分点，与欧盟 15 国平均水平大体相当。但也要清醒认识到，我国 R&D 经费投入仍显不足，投入强度尚未达到 OECD 国家（2.40%）的平均水平，与美国（2.83%）、日本（3.26%）等顶尖科技强国相比还有较大差距。从投入结构看，2019 年我国基础研究经费占比首次突破 6.0%，达到 6.03%，但相比发达国家普遍 15% 以上的水平仍然差距很大。

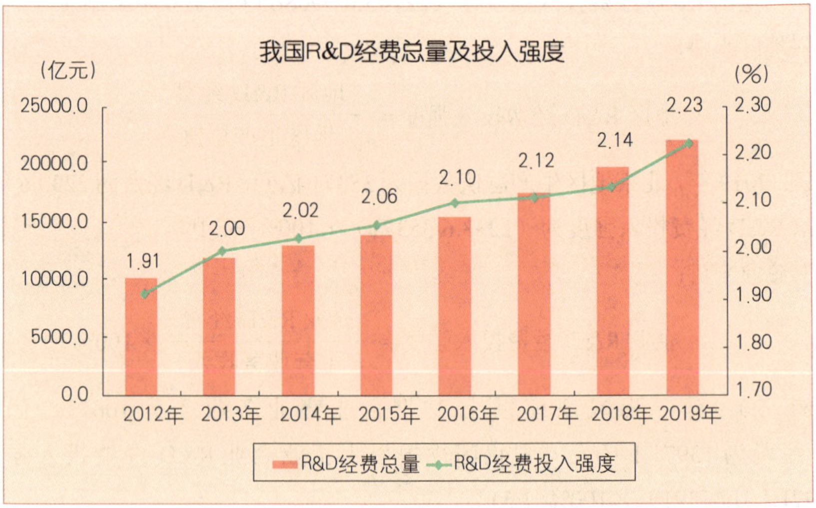

（撰稿：关晓静 张启龙）

49. 什么是宏观经济的先行指标、同步指标与滞后指标？

宏观经济波动是一种周期性的繁荣、衰退、萧条、复苏循环变化过程，在这种变动中，不同经济指标的变动并非总与宏观经济运行步调一致。按统计指标变动轨迹与宏观经济变动轨迹的时间关系，可以将其划分为先行指标、同步指标和滞后指标。

一、概念和作用

先行指标总是比宏观经济更早地发生转折，提前于经济周期到达高峰或低谷，利用先行指标可以预判短期经济总体景气状况，从而进行预警、监测并制定应对措施。同步指标与经济周期到达高峰或低谷的时间大致相同，主要用于反映国民经济正在发生的情况。滞后指标比总体经济更晚发生转折，落后于经济周期到达高峰或低谷，主要用于检验对宏观经济发展状况的判断是否准确。宏观经济分析常用的先行、同步和滞后指标如下表所示。

主要先行、同步与滞后指标

指标类别	指标特征	指标作用	指标举例
先行指标	先于宏观经济形势发生变化	预判宏观经济走势	PMI 指数、消费者信心指数、新开工项目计划总投资等。
同步指标	与宏观经济形势同步变化	考察宏观经济形势	国内生产总值、规模以上工业增加值、工业用电量、铁路货运量等。
滞后指标	晚于宏观经济形势发生变化	确认宏观经济走势	居民消费价格指数（CPI）、企业利润、失业率等。

二、示例

通过研判各类指标的变动情况，可以对宏观经济的运行态势进行分析。例如，图 1 和图 2 反映某经济体 2017—2019 年的制造业采购经理指数（PMI）、国内生产总值（GDP）增速和失业率变化。

首先，通过分析先行指标（PMI）可以对同步指标（GDP 增长率）反映的宏观经济发展状况进行分析预测。从图 1 可以看到，PMI 指数变化先于 GDP 增速变化，由于 2019 年二季度以后 PMI 呈持续上升趋势，据此可以预判 2020 年一季度该国经济增速可能延续回升态势。

图1　先行与同步指标的关系与经济含义

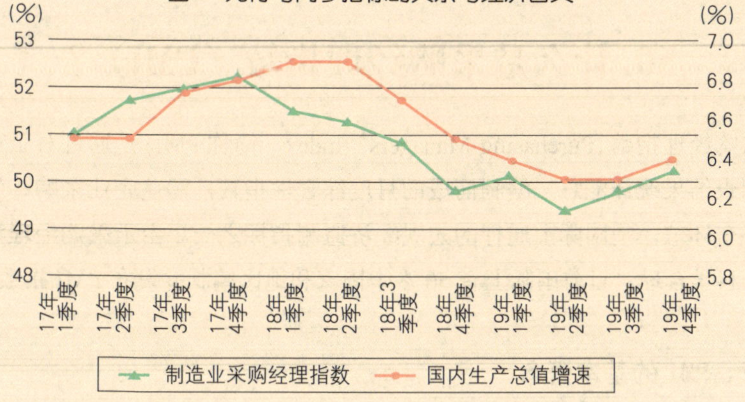

其次，通过观察滞后指标可以检验同步指标对宏观经济发展状况的指示是否准确。观察图 2 可以发现，失业率的波峰和波谷分别对应 GDP 增速的波谷和波峰（经济增长会带动就业，因此 GDP 增速与失业率呈反向变动），但出现的时间滞后于 GDP 增速。这种特性可以帮助我们检验对经济运行状况的判断，如图 2 显示，2018 年下半年 GDP 增速开始放缓，而失业率在 2018 年四季度也开始上升，表明宏观经济状况有所恶化。

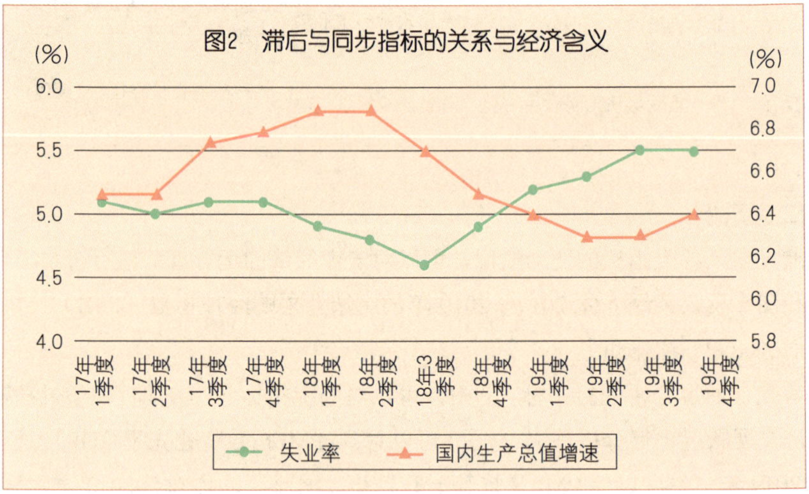

（撰稿：付凌晖　李拓）

50. 什么是采购经理指数（PMI）？

采购经理指数 (Purchasing Managers' Index，简称 PMI) 是通过对企业采购经理的调查结果统计汇总、编制而成的月度综合性指数，涵盖企业采购、生产、流通等各个环节，是国际上通行的宏观经济监测指标之一。由于采购经理调查简单易行，科学合理，目前国际上有 50 多个国家和地区编制并发布 PMI 指数。

一、PMI 的基本概念

PMI 是宏观经济变化的晴雨表，对国家经济活动的监测、预测和预警具有重要作用。PMI 指标体系包括制造业和非制造业领域，分别反映制造业和非制造业经济总体变化趋势，及企业经营活动多个侧面的运行情况。PMI 具有先行指数的特性，可以方便、及时地显示经济变化的趋势和范围，预测经济拐点。PMI 取值范围在 0 至 100% 之间，50% 为扩张与收缩的临界点；高于 50%，表示经济活动比上月有所扩张；低于 50%，表示经济活动比上月有所收缩。PMI 与临界点的距离，表示扩张和收缩的程度。在实际应用中，可以通过 PMI 运行走势监测宏观经济变化情况：

（一）扩张加速。

PMI 从 50% 上升到 100%，表明经济运行中的扩张成分多于收缩成分，扩张成分在增加，收缩成分在减少，经济处于扩张区间。

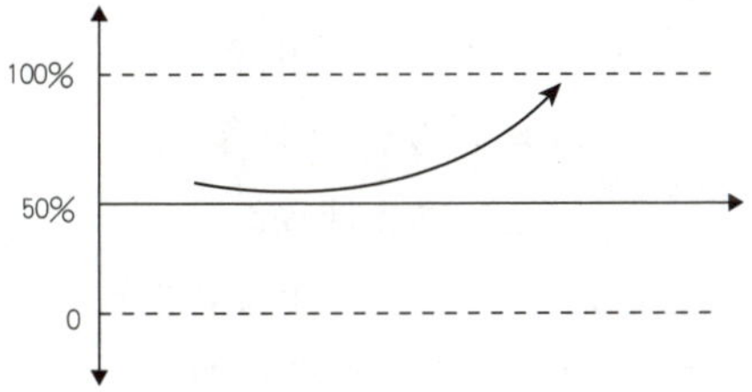

（二）扩张减速。

PMI 从 100% 下降到 50%，表明经济运行中的扩张成分多于收缩成分，但扩张成分在减少，收缩成分在增加，经济仍处于扩张区间。

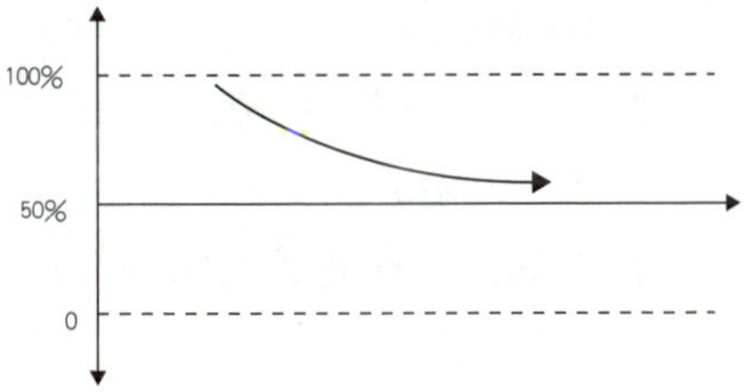

（三）收缩加速。

PMI 从 50% 下降到 0，表明经济运行中的收缩成分多于扩张成分，扩张成分在减少，收缩成分在增加，经济处于收缩区间。

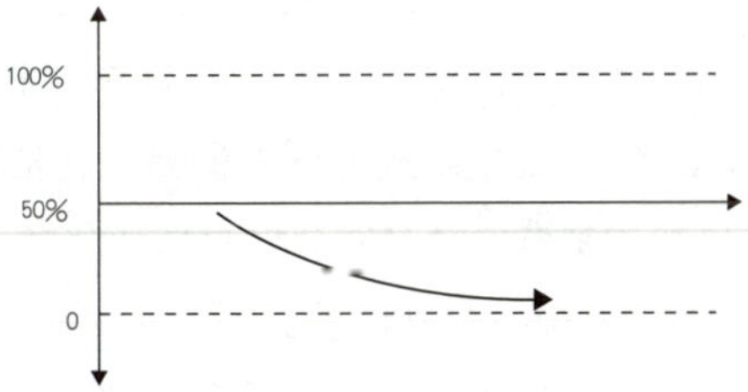

（四）收缩减速。

PMI 从 0 上升到 50%，表明经济运行中的收缩成分多于扩张成分，但扩张成分在增加，收缩成分在减少，经济仍处于收缩区间。

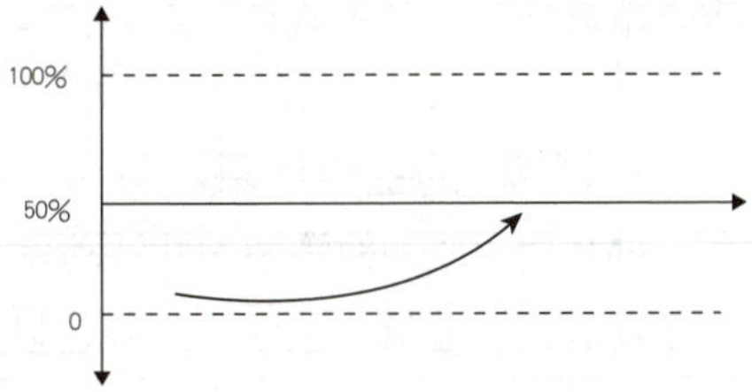

二、PMI 的编制方法

采购经理指数的编制方法，采用国际通行做法，即分类指数采用扩散指数法，综合指数采用加权合成指数法。PMI 编制大致分为三个流程：计算分类指数、合成 PMI 综合指数、季节调整。

（一）分类指数计算。

制造业和非制造业 PMI 指数体系中的各分类指数均采用扩散指数方法计算，即正向回答的企业个数百分比加上回答不变的百分比的一半。计算公式如下：

DI=“增加”选项的百分比 ×1+“持平”选项的百分比 ×0.5

（二）综合指数计算。

1. 制造业 PMI 计算。

制造业 PMI 是一个综合指数，由新订单、生产、从业人员、供应商配送时间、原材料库存 5 个分类指数加权计算而成。其中供应商配送时间指数为逆指数，在合成制造业 PMI 综合指数时进行逆向运算。计算公式如下：

PMI= 新订单 ×30%＋生产 ×25%＋从业人员 ×20%

+(100 －供应商配送时间)×15%＋原材料库存 ×10%

2. 综合 PMI 产出指数计算。

综合 PMI 产出指数由制造业生产指数和非制造业商务活动指数加权求和而成，权数分别为制造业和非制造业占两者增加值之和的比重。计算公式如下：

综合 PMI 产出指数＝制造业生产指数 × 制造业权重

＋非制造业商务活动指数 × 非制造业权重

由于非制造业采购经理调查开展时间较短，目前尚没有国际通行的非制造业 PMI 综合指数编制方法，世界上包括我国在内的大多数国家均使用商务活动指数反映非制造业经济发展的总体变化情况。

（三）季节调整。

采购经理调查是一项月度调查，受季节因素影响，数据波动较大。为了消除季节因素的影响，保证月度数据之间的可比性，国家统计局按照国际通行方法对所有指数进行了季节调整。

三、PMI 的主要作用

PMI 用于监测经济周期性波动以及预测未来经济走势，为宏观经济政策制定、行业发展状况分析、企业生产经营以及金融投资活动等方面提供参考依据。主要体现在以下三个方面：一是预测未来经济走势，分析研判经济拐点。PMI 是一个先行指数，通过对当前和历史数据的比较，为研判宏观经济运行的方向提供重要的参考信息。二是监测经济内部结构变化。PMI 的细分指标可以从行业、规模和生产经营环节等不同侧面反映经济变化情况。三是辅助企业经营决策。企业可以通过 PMI 了解整体经济和行业发展的运行态势，及时调整生产计划，制定符合企业长期发展要求的战略。

四、示例

2019 年，制造业 PMI 年均值为 49.7%，低于 2018 年 1.2 个百分点。四个季度的均值分别为 49.7%、49.6%、49.7% 和 49.9%，均位于临界点之下。受宏观政策逆周期调节持续发力等因素影响，第四季度景气度好于前三个季度，11—12 月指数重返荣枯线以上，连续两个月均为 50.2%，且分别高于 2018 年同期 0.2 和 0.8 个百分点，制造业景气年末稳中有升。

2019 年，非制造业商务活动指数年均值为 54.0%，虽低于 2018 年 0.4 个百分点，但已连续三年保持在 54.0% 及以上的扩张区间。四个季度的均值分别为 54.6%、54.3%、53.7% 和 53.6%，虽然走势有所放缓，但 1—12 月持续位于荣枯线以上，非制造业总体保持平稳较快发展。

2019 年，综合 PMI 产出指数年均值为 53.1%，虽低于 2018 年 0.6 个百分点，但指数波幅较小。四个季度的均值分别为 53.2%、53.2%、53.1% 和 53.0%，表明我国企业生产经营稳定扩张。

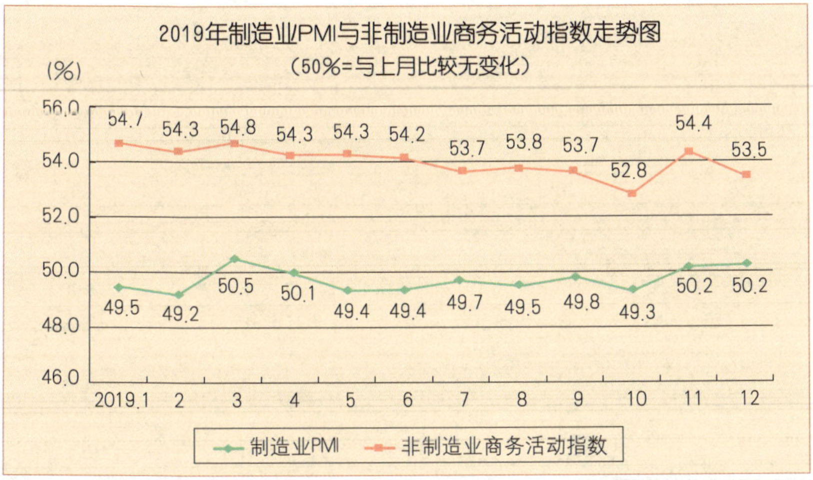

（撰稿：赵庆河 刘华辰）

领导干部统计知识问答（第二版）

LINGDAO GANBU TONGJI ZHISHI WENDA

第三部分

统计标准

51. 最新的《中国国民经济核算体系（2016）》作了哪些修订？

与《中国国民经济核算体系 (2002)》相比，《中国国民经济核算体系 (2016)》主要做了以下几方面的修订。

一是引入了若干新的基本概念。引入知识产权产品概念，把研究与开发作为固定资产，把研发支出从中间投入调整为固定资本形成计入 GDP；引入经济所有权概念，把农村土地经营权作为经济所有权处理，把相应的流转收入作为农民的财产性收入处理；引入雇员股票期权概念，将其计入劳动者报酬；引入实物社会转移和实际最终消费概念。

二是修订了基本核算范围。扩展了生产范围，明确将生产者（不包括住户部门）为了自身最终消费或固定资本形成而进行的知识载体产品的自给性生产纳入生产范围；扩展了资产范围，将知识产权产品和非生产非金融资产等纳入非金融资产的核算范围，将金融衍生品和雇员股票期权等纳入金融资产的核算范围；修订了消费范围，由于上述生产范围和资产范围的变化，从而引起消费范围相应变化。

三是修订了基本分类。修订了机构部门分类，将“为住户服务的非营利机构”部门从广义政府部门划分出来，单独设置了“为住户服务的非营利机构”部门。修订了产业部门分类，根据国家统计局新的国民经济行业分类标准，产业部门分类也采用了新的标准。增加了产品分类，将《统计用产品分类目录》作为国民经济核算的基本分类。修订了交易项目分类，主要是修订了最终消费分类、资本转移分类和资本形成总额分类。修订了资产负债分类，增加了生产资产和非生产资产分类，把生产资产划分为固定资产、存货和贵重物品三个类别，将固定资产划分为住宅、其他建筑和构筑物、机器和设备、培育性生物资源、知识产权产品和其他等 6 个类别；取消了国内金融资产与负债和国外金融资产与负债的划分，统一按金融工具类型进行分类；引入了金融衍生产品和雇员股票期权类别，分别用股权和投资基金份额、债务性证券、保险准备金和社会保险基金权益，代替了股票及其他股权、证券（不含股票）、保险准备金。

四是修订了基本核算框架。原标准的基本核算框架由基本核算表、国民经济账户和附属表三大部分组成，新标准由基本核算和扩展核算两部分组成，为了避免与基本核算表的内容相重复，不再单独设置国民经济账户部分；在基本核算框架中，主要是在资产负债核算中增加了资产负债交易变化表和资产负债其他变化表两张流量表；在扩展核算中，将自然资源实物量核算拓展为资源环境核算，将人口资源与人力资本实物量核算调整为人口和劳动力核算，增加了卫生核算、旅游核算和新经济核算，更好地体现了我国国民经济核算体系的开放性和前瞻性。

五是修订了若干基本指标。包括对总产出、中间投入、增加值、劳动者报酬、固定资产折旧、营业盈余、政府消费支出、资本形成总额、财产收入、所得税财产税等经常税、非金融非生产资产的获得减处置、固定资产等基本指标的定义和口径范围的修订。同时，新标准还引入了一些新的基本指标，包括调整可支配收入、投资基金份额、金融衍生产品、生产资产、非生产资产、贵重物品等。

六是改进了一些指标的核算方法。改进了居民自有住房服务产出的核算方法，采用市场租金法计算城镇居民自有住房服务产出；改进了间接计算的金融中介服务 (FISIM) 产出的核算方法，用“参考利率法”计算 FISIM 产出；改进了中央银行产出的核算方法，将中央银行作为货币金融服务业的组成部分，与其他法人单位一起核算产出，并且区分市场服务和非市场服务分别核算；改进了非寿险服务产出的核算方法，按照 2008 年 SNA 推荐的“期望法”或“会计法”等方法调整巨灾后的已生索赔来计算非寿险服务产出；调整了研发支出的核算方法，把能为所有者带来经济利益的研发支出不再作为中间投入，而是计入增加值和固定资本形成总额。

《中国国民经济核算体系 (2016)》的这些修订内容，将在未来的核算实践中逐步实施。

（撰稿：赵同录 刘敏之）

52. 国民经济行业分类包括哪些类别?

国民经济行业分类是中华人民共和国国家标准，规定了全社会经济活动的分类与代码。1984 年，由国家统计局、原国家标准局、原国家计委、财政部联合制定的《国民经济行业分类与代码》（GB 4754—84）是国民经济行业分类国家标准的最初版本。1994 年、2002 年、2011 年和 2017 年，国民经济行业分类国家标准历经四次修订，并更名为《国民经济行业分类》。

现行《国民经济行业分类》（GB/T 4754—2017）于2017年6月30日由原国家质检总局和国家标准委联合发布，并于2017年10月1日起实施。考虑到2018年《中华人民共和国宪法修正案》在“国家机构”中增设了监察委员会，为满足标准的时效性，国家标准委于2019年3月发布并实施了国民经济行业分类第1号修改单。

分类采用经济活动的同质性原则划分，每一个行业类别按照同一种经济活动的性质划分。分类共分为门类、大类、中类和小类四个层次，共包含门类20个，大类97个，中类473个和小类1382个。每个类别都按层次编制了代码。门类用一个英文大写字母表示（如A、B、C、…）；大类用2位阿拉伯数字表示，中类用3位阿拉伯数字表示，前2位为大类代码，第3位为中类的本体码；小类用4位阿拉伯数字表示，前3位为中类代码，第4位为小类的本体码。

国民经济行业分类代码举例

代码				类别名称
门类	大类	中类	小类	
A				农、林、牧、渔业
	01			农业
		011		谷物种植
			0111	稻谷种植
			0112	小麦种植
			0113	玉米种植
			0119	其他谷物种植
……				……
B				采矿业
C				制造业
D				电力、热力、燃气及水生产和供应业
E				建筑业
F				批发和零售业
G				交通运输、仓储和邮政业
H				住宿和餐饮业
I				信息传输、软件和信息技术服务业
J				金融业
K				房地产业
L				租赁和商务服务业
M				科学研究和技术服务业
N				水利、环境和公共设施管理业
O				居民服务、修理和其他服务业
P				教育
Q				卫生和社会工作
R				文化、体育和娱乐业
S				公共管理、社会保障和社会组织
T				国际组织

新国民经济行业分类标准，为健全国家统计标准体系，观察新经济活动提供了最新分类标准，使得各项普查、常规统计调查、专项统计调查的调查范围和对象更加规范、准确。

新版《国民经济行业分类》新增了体现新经济发展特征的新行业活动，为及时、准确地反映我国经济新常态和产业结构转型升级涌现出来的新产业、新业态、新商业模式，监测经济增长动能转换进程，反映“中国制造 2025”战略和国家“互联网 +”行动计划实施情况等奠定了标准基础，并为派生性产业分类提供了可操作的基础行业分类。

（撰稿：魏然 曾俊林）

53. 三次产业是怎样划分的?

我国对三次产业的划分始于 1985 年。为适应建立国民生产总值统计的需要，国务院办公厅转发了国家统计局《关于建立第三产业统计的报告》，首次规定了我国三次产业的划分范围。2002 年修订《国民经济行业分类》后，对原三次产业的划分范围进行了调整，制定了第二版《三次产业划分规定》。2011 年，国家统计局在修订《国民经济行业分类》（GB/T 4754—2011）的基础上，制定了第三版《三次产业划分规定》。2018 年，国家统计局又根据新颁布的《国民经济行业分类》（GB/T 4754—2017），对第三版《三次产业划分规定》进行了修订。

第一产业是指农、林、牧、渔业（不含农、林、牧、渔专业及辅助性活动）。第二产业是指采矿业（不含开采专业及辅助性活动），制造业（不含金属制品、机械和设备修理业），电力、热力、燃气及水生产和供应业，建筑业。第三产业即服务业，是指除第一产业、第二产业以外的其他行业。第三产业包括：批发和零售业，交通运输、仓储和邮政业，住宿和餐饮业，信息传输、软件和信息技术服务业，金融业，房地产业，租赁和商务服务业，科学研究和技术服务业，水利、环境和公共设施管理业，居民服务、修理和其他服务业，教育，卫生和社会工作，文化、体育和娱乐业，公共管理、社会保障和社会组织，国际组织，以及农、林、牧、渔业中的农、林、牧、渔专业及辅助性活动，采矿业中的开采专业及辅助性活动，制造业中的金属制品、机械和设备修理业。

三次产业的划分大致按照国民经济行业分类门类的顺序依次归类，其中，比较特殊的是，将 A 门类“农、林、牧、渔业”中的大类“05 农、林、牧、渔专业及辅助性活动”，B 门类“采矿业”中的大类“11 开采专业及辅助性活动”，C 门类“制造业”中的大类“43 金属制品、机械和设备修理业”等三个大类界定为第三产业。

（撰稿：王萍 王卓）

54. 法人单位和产业活动单位有什么区别和联系？

法人单位和产业活动单位都属于统计调查的基本单位，按法人单位统计和按产业活动单位统计是两种不同的统计原则，正确认识法人单位和产业活动单位有什么区别和联系，是科学有效开展统计调查的前提。

一、法人单位和产业活动单位的区别

法人单位是指有权拥有资产、承担负债，并独立从事社会经济活动（或与其他单位进行交易）的组织。法人单位应同时具备以下条件：一是依法成立，有自己的名称、组织机构和场所，能够独立承担民事责任。二是独立拥有（或受权使用）资产或者经费，承担负债，有权与其他单位签订合同。三是具有包括资产负债表在内的账户，或者能够根据需要编制账户。在统计实践中，法人单位包括五种类型：企业法人，事业单位法人，机关法人，社会团体及其他成员组织法人，其他法人。

产业活动单位是指位于一个地点，从事一种或主要从事一种社会经济活动的组织或组织的一部分。产业活动单位应同时具备以下条件：一是在一个场所从事一种或主要从事一种社会经济活动。二是相对独立地组织生产活动或经营活动。三是能提供收入、支出等相关资料。

二、法人单位与产业活动单位的联系

（一）法人单位与产业活动单位都属于统计调查的基本单位。基本单位是指我国境内除住户以外拥有一定活动场所并从事一定生产活动的社会经济单位。

（二）产业活动单位是法人单位的组成部分。一个法人单位由一个或一个以上的产业活动单位组成。

（三）单产业法人单位本身就是产业活动单位。如果一个法人单位仅有一个经营场所，从事一种或主要从事一种经济活动，则该法人单位本身就是产业活动单位。这种仅包含一个产业活动单位的法人单位，称为单产业法人单位。

（四）多产业法人单位管理和控制其所属的多个产业活动单位。如果一个法人单位内部活动涉及多个行业小类或位于一个以上的活动场所，应根据产业活动单位的条件并结合具体情况将其认定为多个产业活动单位。这种由两个及以上产业活动单位组成的法人单位，称为多产业法人单位，这些产业活动单位接受法人单位的管理和控制。

三、区分法人单位和产业活动单位的意义

长期以来，除普查外我国常规统计调查以法人单位统计为基本原则。但随着市场经济的发展，企业组织形式日趋复杂，跨行业、跨地区经营日益增多，按法人单位统计已无法客观反映经济发展和产业结构的真实情况。实现由法人单位统计转变为法人单位和产业活动单位统计并重，是一场重大改革，这需要我们科学地区分法人单位和产业活动单位。明确法人单位和产业活动单位的含义及相互关系，有利于统一和规范普查、常规调查和专项调查的基本单位；有利于科学地进行统计资料的采集、加工、整理和分析；有利于科学有效地开展统计调查，避免统计单位的重复和遗漏，提高统计数据质量。

（撰稿：王萍　孙洪娟）

55. 大中小微型企业划分标准是什么？

促进中小企业发展，是《中小企业促进法》对各级人民政府提出的职责要求。必须准确划分企业的规模类型，从而精准识别中小企业。

一、主要历史沿革

2002年6月，第九届全国人大常委会第二十八次会议通过《中小企业促进法》，规定“中小企业的划分标准由国务院负责企业工作的部门根据企业职工人数、销售额、资产总额等指标，结合行业特点制定，报国务院批准”。随后，原国家经贸委、原国家计委、财政部和国家统计局于2003年颁布《中小企业标准暂行规定》

（国经贸中小企〔2003〕143号，以下简称2003年《规定》），并指出“中小企业标准上限即为大企业标准的下限，国家统计部门据此制订大中小型企业的统计分类，并提供相应的统计数据”。据此，国家统计局随后印发《统计上大中小型企业划分办法（暂行）》（国统字〔2003〕17号）。

2011年6月，工业和信息化部、国家统计局、发展改革委、财政部研究制定了《中小企业划型标准规定》（工信部联企业〔2011〕300号，以下简称2011年《规定》），2003年《规定》相应废止。随后，国家统计局根据2011年《规定》出台《统计上大中小微型企业划分办法》（国统字〔2011〕75号，以下简称2011年《办法》）。2017年12月，国家统计局根据新国家标准《国民经济行业分类》（GB/T 4754—2017），在延续2011年《办法》的分类原则、方法、结构框架和适用范围的前提下，修订出台了《统计上大中小微型企业划分办法（2017）》（国统字〔2017〕213号，以下简称现行办法）。

二、划分方法简介

（一）主要方法。

现行办法选取从业人员、营业收入、资产总额等指标或替代指标，并结合行业特点制定具体划分标准，将在我国境内依法设立的各种组织形式的法人企业或单位的规模划分为大型、中型、小型和微型。个体工商户参照该办法进行划分。

（二）行业范围。

现行办法适用的行业范围[3]包括：农、林、牧、渔业，采矿业，制造业，电力、热力、燃气及水生产和供应业，建筑业，批发和零售业，交通运输、仓储和邮政业，住宿和餐饮业，信息传输、软件和信息技术服务业，房地产业，租赁和商务服务业，科学研究和技术服务业，水利、环境和公共设施管理业，居民服务、修理和其他服务业，文化、体育和娱乐业等15个行业门类以及社会工作行业大类。

（三）应用领域。

相较于国家统计局2003年制定的暂行办法，现行办法不仅设置了“微型企业”，使得层次划分更细致，而且行业范围更全面、指标选取更合理、阈值设置更符合当前实际。现行办法的出台，为按企业规模统计以及对中小企业（特别是微型企业）

注：3. 对于从事金融业的企业，根据《国务院办公厅关于金融支持小微企业发展的实施意见》（国办发〔2013〕87号），人民银行、银监会、证监会、保监会与国家统计局于2015年联合印发《金融业企业划型标准规定》（银发〔2015〕309号），形成了对《中小企业划型标准规定》和《统计上大中小微型企业划分办法》的有益补充。

在财税支持、融资促进、创业扶持、创新支持、市场开拓、服务措施、权益保护等全方面促进奠定了基础。

（四）注意事项。

在实际判断企业（单位）的规模时，需注意两点：

1. 企业划分指标以现行统计制度为准。其中：（1）从业人员，是指期末从业人员数，没有期末从业人员数的，采用全年平均人员数代替。（2）营业收入，工业、建筑业、限额以上批发和零售业、限额以上住宿和餐饮业以及其他设置主营业务收入指标的行业，采用主营业务收入；限额以下批发与零售业企业采用商品销售额代替；限额以下住宿与餐饮业企业采用营业额代替；农、林、牧、渔业企业采用营业总收入代替；其他未设置主营业务收入的行业，采用营业收入指标。（3）资产总额，采用资产总计代替。

2. 指标条件的满足情况略有不同。其中：大型、中型和小型企业，须同时满足所列指标的下限，否则下划一档；微型企业只须满足所列指标中的一项即可。

三、示例

以工业为例，现行办法划定标准如下：

行业名称	指标名称	计量单位	大型	中型	小型	微型
工业 *	从业人员 (X)	人	$X \geqslant 1000$	$300 \leqslant X < 1000$	$20 \leqslant X < 300$	$X < 20$
	营业收入 (Y)	万元	$Y \geqslant 40000$	$2000 \leqslant Y < 40000$	$300 \leqslant Y < 2000$	$Y < 300$

（撰稿：干萍　曾飞）

56.“三新”统计分类包括哪些内容？

根据党中央、国务院关于加快发展“三新”经济的要求，为科学界定“三新”经济活动范围，满足统计上监测“三新”经济活动规模、结构和质量等需要，国家统计局于2018年研究制定了《新产业新业态新商业模式统计分类（2018）》（简称：“三新”统计分类）。

一、什么是“三新”统计分类

“三新”统计分类包括9个大类：现代农林牧渔业、先进制造业、新型能源活动、节能环保活动、互联网与现代信息技术服务、现代技术服务与创新创业服务、现代生产性服务活动、新型生活性服务活动、现代综合管理活动。

二、“三新”统计分类的应用

国家统计局以“三新”统计分类为基础，开展对“三新”经济活动的监测，制定了“三新”统计监测制度（试行）。该制度对“三新”经济综合情况和新兴现代农业、战略性新兴产业、新产品、新服务、高技术产业、科技企业孵化器、众创空间、企业创新、电子商务、互联网平台、金融科技平台、城市商业综合体、开发园区等14个重点领域进行监测。初步实现了对我国“三新”经济活动规模、结构和质量相关情况的了解和掌握，为国家进一步推动发展“三新”经济提供了数据支撑。

三、“三新”统计分类是如何编制的

（一）以党中央、国务院关于加快发展“三新”的有关要求为指导。“三新”统计分类以《中华人民共和国国民经济和社会发展第十三个五年规划纲要》、《国务院关于印发〈中国制造2025〉的通知》（国发〔2015〕28号）、《国务院关于积极推进“互联网+”行动的指导意见》（国发〔2015〕40号）和《国务院关于大力推进大众创业万众创新若干政策措施的意见》（国发〔2015〕32号）等文件中有关“三新”活动的阐述为依据，确定“三新”活动的范围和分类。

（二）以相关统计分类为参考。“三新”统计分类参照《战略性新兴产业分类（2017）》（试行）、《高技术产业（制造业）分类（2017）》、《高技术产业（服务业）分类（2018）》、《国家科技服务业统计分类（2015）》等相关统计分类标准，重点体现先进制造业、互联网+、创新创业、跨界综合管理等“三新”活动。

（三）以《国民经济行业分类》（GB/T 4754—2017）为基础。“三新”统计分类是在国民经济行业分类基础上，对其中符合“三新”特征的有关活动进行再分类。

（四）注重实际可操作性，立足现行统计制度和方法，充分考虑数据的可获得性，以保证统计部门能够采集到“三新”活动的数据。

四、编码和示例

（一）分类编码

“三新”统计分类将“三新”活动划分为三层，分别用阿拉伯数字编码表示。第一层为大类，用2位数字表示，共有9个大类；第二层为中类，用4位数字表示，共有63个中类；第三层为小类，用6位数字表示，共有353个小类。

（二）分类表示例

以“三新”统计分类第二大类“先进制造业”中的“节能环保设备和产品制造”为示例，直观感受一下“三新”统计分类表[4]。

表中“02”是“三新”统计分类第二大类代码，“先进制造业”是第二大类名称；“0214”是中类代码，“节能环保设备和产品制造”是中类名称，它是“先进制造业”大类中的第十四个中类；“021401”是小类代码，“高效节能通用设备制造”是小类名称，它是“节能环保设备和产品制造”中类中的第一个小类；说明“指用于制造和维修所需物质技术装备的各种高效节能生产设备的制造，仅包括高效节能锅炉及辅机制造、节能泵节能压缩机制造、节能空调产品制造等制造”是“高效节能通用设备制造”的定义和范围说明；“3411*、3413*、3441*、3442*、3444*、3446*、3461*、3462*、3463*、3464*、3472*、3473*、3475*、3499*”是指“高效节能通用设备制造”活动对应国民经济行业分类“3411 锅炉及辅助设备制造”小类中的一部分活动，“3413 汽轮机及辅机制造”小类中的一部分活动，“3441 泵及真空设备制造”小类中的一部分活动，“3442 气体压缩机械制造”小类中的一部分活动，“3444 液压动力机械及元件制造”小类中的一部分活动，“3446 气压动力机械及元件制造”小类中的一部分活动，“3461 烘炉、熔炉及电炉制造”小类中的一部分活动，“3462 风机、风扇制造”小类中的一部分活动，“3463 气体、液体分离及纯净设备制造”小类中的一部分活动，“3464 制冷、空调设备制造”小类中的一部分活动，“3472 幻灯及投影设备制造”小类中的一部分活动，“3473 照相机及器材制造”小类中的一部分活动，“3475 计算器及货币专用设备制造”小类中的一部分活动，以及“3499 其他未列明通用设备制造业”小类中的一部分活动。

注：4.“三新”统计分类建立了与《国民经济行业分类》的对应关系，在国民经济行业类别中仅部分活动属于“三新”统计分类的，行业分类代码用“*”做标记。

大类	中类	小类	名称	说明	国民经济行业代码（2017）	国民经济行业名称
01			现代农林牧渔业			
…	…	…	…	…		…
02			先进制造业			
	0214		节能环保设备与产品制造			
		021401	高效节能通用设备制造	指用于制造和维修所需物质技术装备的各种高效节能生产 设备的制造，仅包括高效节能锅炉及辅机制造、节能泵节能压缩机制造、节能空调产品制造等制造	3411*	锅炉及辅助设备制造
					3413*	汽轮机及辅机制造
					3441*	泵及真空设备制造
					3442*	气体压缩机械制造
					3444*	液压动力机械及元件制造
						气压动力机械及元件制造
					3446*	烘炉、熔炉及电炉制造
					3461*	
					3462*	风机、风扇制造
					3463*	气体、液体分离及纯净设备制造
					3464*	制冷、空调设备制造
					3472*	幻灯及投影设备制造
					3473*	照相机及器材制造
					3475*	计算器及货币专用设备制造
					3499*	其他未列明通用设备制造业
…	…	…	…	…		…
03			新型能源活动			
…	…	…	…	…	…	
04			节能环保活动			
…	…	…	…	…	…	
05			互联网与现代信息技术服务			
…	…	…	…	…	…	
06			现代技术服务与创新创业服务			…
…	…	…	…	…	…	
07			现代生产性服务活动			…
…	…	…	…	…	…	
08			新型生活性服务活动			…
…	…	…	…	…	…	
09			现代综合管理活动			
…	…	…	…	…	…	

（撰稿：张儒　曾俊林）

57. 怎样界定和统计战略性新兴产业？

2010年，国务院颁布了《关于加快培育和发展战略性新兴产业的决定》(国发〔2010〕32号)，指出加快培育和发展战略性新兴产业对推进我国现代化建设具有重要战略意义。

为促进战略性新兴产业的发展，国务院于2012年和2016年分别发布了《“十二五”国家战略性新兴产业发展规划》和《“十三五”国家战略性新兴产业发展规划》。当前，随着我国经济进入高质量发展阶段，加快发展战略性新兴产业的现实意义更为重要。

一、基本概念

战略性新兴产业是以重大技术突破和重大发展需求为基础，对经济社会全局和长远发展具有引领带动作用，知识技术密集、物质资源消耗少、成长潜力大、综合效益好的先进产业。它代表新一轮科技革命和产业变革的方向，是培育发展新动能、获取未来竞争新优势的关键领域。

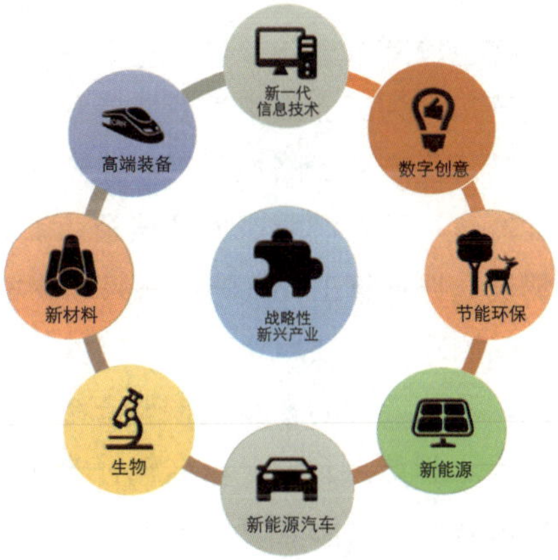

“十二五”国家战略性新兴产业发展规划将战略性新兴产业划分为节能环保、新一代信息技术、生物、高端装备制造、新能源、新材料和新能源汽车七个大类。随着我国进入全面建成小康社会的决胜阶段，战略性新兴产业的内涵也在不断拓展，“十三五”国家战略性新兴产业发展规划进一步将战略性新兴产业划分为五大领域（网络经济、高端制造、生物经济、绿色低碳和数字创意）、八大产业（新一代信息技术、高端装备、新材料、生物、新能源汽车、新能源、节能环保和数字创意）。十九届五中全会审议通过的《中共中央关于制定国民经济和社会发展第十四个五年规划和二〇三五年远景目标的建议》中提出，“加快壮大新一代信息技术、生物技术、新能源、新材料、高端装备、新能源汽车、绿色环保以及航空航天、海洋装备等产业。”战略性新兴产业的内涵外延将再次发生改变。

二、战略性新兴产业统计方法

为满足统计监测战略性新兴产业发展情况的需要，国家统计局于2012年制定了《战略性新兴产业分类（2012）》（试行），2018年又根据“十三五”国家战略性新兴产业发展规划发布了《战略性新兴产业分类（2018）》，该分类涵盖488个国民经济行业，4455种战略性新兴产业产品和服务。在此基础上，国家统计局开展了对战略性新兴产业的统计调查和监测工作，其中工业战略性新兴产业统计监测主要采用直接调查法和间接测算法，服务业战略性新兴产业统计监测方法较为复杂，在此不做详述。

直接调查法主要应用于工业战略性新兴产业年度监测。2014年起，国家统计局建立并实施了工业企业战略性新兴产业总产值年报调查制度，该调查每年开展一次，调查范围为经认定从事战略性新兴产业产品生产的规模以上工业企业，调查指标为工业战略性新兴产业产值。调查范围内的企业通过联网直报平台选择其所生产的战略性新兴产业产品，填写产值，平台自动汇总生成产品所在行业产值、所在产业产值及该企业工业战略性新兴产业总产值。国家统计局根据调查数据核算工业战略性新兴产业增加值。

间接测算法主要用于工业战略性新兴产业进度监测，目的在于减轻企业统计负担，具体方法为根据年报调查结果，筛选出其中战略性新兴产业比重较大的重点行业和重点企业，以这些行业和企业的进度数据为基础，测算进度工业战略性新兴产业增加值增长速度。

三、战略性新兴产业统计的主要作用

战略性新兴产业统计是监测战略性新兴产业发展状况的重要手段，统计测算结果为国家战略性新兴产业发展规划等相关政策的制定提供了重要依据。

战略性新兴产业统计也是我国“三新”统计体系的重要组成部分，为真实客观反映新经济的加快发展、新旧动能的加快转换、经济发展由高速增长阶段转向高质量发展阶段提供了重要的数据支撑。《2019年国民经济和社会发展统计公报》显示，全年规模以上工业中，战略性新兴产业增加值比上年增长8.4%；全年规模以上服务业中，战略性新兴服务业企业营业收入比上年增长12.7%。

四、战略性新兴产业统计面临的问题

战略性新兴产业统计的难点，一方面是部分产品的定义较为模糊，如现行战略性新兴产业相关政策性文件和分类目录中，定义战略性新兴产业产品往往是在传统产品名称前冠以“新型”“高效”“节能型”“高性能”“高品质”等修饰性词汇，如“高性能复合材料”“节能型锅炉”“新型功能涂料”等，但对何为“新型”“高效”“节能型”和“高性能”没有明确的标准。企业难于将其对应到所生产的产品，填报时存在一定困难。另一方面，战略性新兴产业的分类建立在产品和服务项目层面上，与现行国民经济行业分类从行业层面进行划分有较大区别，难以利用现有统计数据进行加工，且难以统计战略性新兴产业的利润、资产等财务指标，原因在于财务指标是将企业作为一个整体统计的，难以细化到每个产品和服务项目。这些问题需要进一步研究解决。

（撰稿：隋秀芹 刘畅）

58. 高技术产业如何界定和统计？

党的十九大报告指出，要坚定不移实施创新驱动发展战略，促进我国科技实力不断跃升，跻身创新型国家前列。目前，我国改革已进入深水区、攻坚期，国民经济处于转变发展方式、优化经济结构、转换增长动力的攻关期，只有通过高质量发展，才能推动经济再上台阶。作为国民经济先导产业，高技术产业（本文中高技术产业指高技术制造业，下同）不仅是用来调结构、惠民生的重要抓手，也是培育发展新动能、获取未来技术新优势的关键领域。只有坚定不移推进供给侧结构性改革，大力发展高技术产业，才能实现更好效率、更加持续的发展。

一、高技术产业的基本概念和分类

高技术产业分类是《国民经济行业分类》的派生分类。高技术产业是指研发投入大、产品附加值高、国际市场前景良好的技术密集型产业，具备智力性、创新性、战略性和资源消耗少等特点。在统计上，高技术产业是指国民经济行业中研发经费投入强度相对高的制造业行业。

为准确反映我国高技术产业发展状况，准确界定高技术产业统计范围，健全高技术产业统计体系，国家统计局于 2002 年首次颁布实施《高技术产业统计分类目录》。该目录以《国民经济行业分类》为基础，参照OECD（经济合作与发展组织）关于高技术产业的划分标准，利用我国制造业行业研发经费投入强度测算结果，将高技术行业进行归集整理并按产业类别进行重新组合。为适应经济社会发展形势需要，国家统计局先后于2013年和2017年对《高技术产业统计分类目录》进行了两次修订。

按照《高技术产业（制造业）分类（2017）》，高技术产业包括：医药制造，航空、航天器及设备制造，电子及通信设备制造，计算机及办公设备制造，医疗仪器设备及仪器仪表制造，信息化学品制造等6大类（详见下表）。

表1　高技术产业分类（2017）

行业大类	主要内容
医药制造业	化学药品制造，中药饮片加工，中成药生产，生物药品制造，卫生材料及药用辅料制造等
航空、航天器及设备制造业	飞机制造，航天器及运载火箭制造，航空航天相关设备制造，其他航空航天器制造，航空航天器修理等
电子及通信设备制造业	电子工业专业设备制造，光纤光缆锂电池制造，广播电视设备制造，电子器件元件及专用材料制造，智能消费设备制造等
计算机及办公设备制造业	计算机整机、零部件、外围设备制造，工业控制计算机及系统制造，信息安全设备制造，办公设备制造等
医疗仪器设备及仪器仪表制造业	医疗仪器设备及器械制造，仪器仪表制造，光学仪器制造，其他仪器仪表制造等
信息化学品制造业	文化用、医学生产用信息化学品制造等

二、高技术产业分类的作用

（一）是开展高技术产业统计的基础。高技术产业分类以《国民经济行业分类》为基础，对其中符合高技术产业特征的有关活动进行再分类，便于统计资料的获取、整理和再加工，为全国及各地区开展高技术产业统计工作提供了统计标准。

（二）反映我国高技术产业状况。高技术产业分类目录立足本国实际，涵盖了我国研发实力强、投入强度高的行业，高技术产业增加值、营业收入、利润和研发投入等统计指标，可以全面反映我国高技术产业发展规模及水平。

（三）满足国际比较需要。我国高技术产业借鉴了国际相关分类标准，其中，第一类至第五类内容与 OECD 关于高技术产业分类基本衔接，主要统计指标具有国际可比性。

三、高技术产业发展基本情况

高技术产业作为产业价值链的中高端部分，已逐步成为培育经济发展新动能的重要着力点和支撑平台。2019 年我国高技术产业增加值增长 8.8%，比规模以上工业增加值增速高 3.1 个百分点；党的十八大以来各年高技术产业增加值增速均高于规模以上工业水平。

近年来，我国高技术产业已呈现规模与效益同步提升，创新与发展同步推进的态势，为供给侧结构性改革向前推进、创新领域引领动能转换提供了坚实助力。

一是产业规模不断扩大。2019 年高技术产业实现营业收入 15.9 万亿元，比 2012 年增长 55.3%，年均增长 6.5%。2012 年至 2019 年，高技术产业对规模以上工业营业收入增量的贡献率超过四成。

二是经营效益快速增长。2019 年，高技术产业实现利润总额 10503.5 亿元，比 2012 年增长 69.8%，年均增长 7.9%。营收利润率为 6.61%，比 2012 年提高 0.56 个百分点。

三是创新能力进一步增强。2019 年高技术产业研发经费为 3804 亿元，是 2012 年的 2.2 倍，年均增长 11.9%；2012 年至 2019 年高技术产业研发经费投入强度（与营业收入之比）逐年提高，2019 年达到 2.39%，比 2012 年提高 0.69 个百分点，比规模以上工业企业平均水平高 1.08 个百分点（详见表 2）。

表 2　2012—2019 年高技术产业研发经费投入强度

单位：%

分行业	2012	2013	2014	2015	2016	2017	2018	2019
高技术产业	1.70	1.75	1.79	1.88	1.90	2.00	2.27	2.39
规上工业	0.77	0.80	0.84	0.90	0.94	1.06	1.25	1.31

（撰稿：关晓静　焦智康）

59. 文化及相关产业如何界定和统计?

党的十九大报告指出，满足人民过上美好生活的新期待，必须提供丰富的精神食粮。发展社会主义先进文化、广泛凝聚人民精神力量，要深化文化体制改革，健全现代文化产业体系和市场体系，创新生产经营机制，培育新型文化业态，推进国际传播能力建设，讲好中国故事，提高国家文化软实力。近年来，为全面、及时、准确反映我国文化产业发展成果，国家统计局逐步建立健全了文化及相关产业[5]的统计标准和指标体系。

一、文化产业的基本概念和分类

根据国家统计局颁布的《文化及相关产业分类（2018）》，文化产业是指“为社会公众提供文化产品和文化相关产品的生产活动的集合”。其中，以文化为核心内容，为直接满足人们的精神需要而进行的创作、制造、传播、展示等文化产品（包括货物和服务）的生产活动，称为文化核心领域，是文化产业的主体部分；为实现文化产品生产所需的文化辅助生产和中介服务、文化装备生产、文化消费终端生产 (包括制造和销售) 活动，称为文化相关领域，是文化产业的补充部分。

文化产业分类以《国民经济行业分类》为基础，根据文化生产活动的特点，将行业分类中相关的类别重新组合，是《国民经济行业分类》的派生分类。国家统计局于 2004 年首次颁布实施《文化及相关产业分类》，并于 2012 年、2018 年两次对分类进行修订调整，目前执行的分类标准是《文化及相关产业分类(2018)》。

根据《文化及相关产业分类（2018）》，文化产业具体包括新闻信息服务、内容创作生产、创意设计服务、文化传播渠道、文化投资运营、文化娱乐休闲服务、文化辅助生产和中介服务、文化装备生产、文化消费终端生产等 9 个大类。2018 年分类标准除了将传统文化业态如新闻出版、广播电影电视、娱乐休闲等行业活动悉数涵盖之外，还将互联网文化娱乐平台、数字动漫游戏、智能文化设备制造等文化新业态纳入统计范围，为全面、及时反映我国文化产业发展新模式、新亮点提供统计依据。

注：5. 本文中所指文化及相关产业均简称为“文化产业”。

文化产业统计范围

领域	大类	具体内容
文化核心领域	新闻信息服务	包括新闻业、报纸、广播电视、互联网信息等。
	内容创作生产	包括各类图书、期刊、电子出版物的出版，广播影视节目制作，文艺创作表演，动漫、游戏数字内容服务，图书馆、档案馆、博物馆、文化遗产保护，工艺美术品和艺术陶瓷制造等。
	创意设计服务	包括广告服务、建筑设计和其他专业设计等。
	文化传播渠道	包括图书、报刊、音像制品批发零售出租，广播电视节目传输，电影发行放映，艺术表演，互联网文化娱乐平台，工艺美术品销售等。
	文化投资运营	包括文化投资与资产管理、文化企业总部和文化园区管理等。
	文化娱乐休闲服务	包括歌舞厅、游戏厅、网吧、游乐园等室内娱乐活动，公园、动物园、植物园、风景名胜区、农家乐观光游览，直升机、热气球飞行游览等。
文化相关领域	文化辅助生产和中介服务	包括文化用纸、油墨、颜料制造，书报印刷、包装装潢、摄影扩印，文化版权、会展服务，艺术品拍卖及代理，票务代理，文化娱乐经纪，婚庆典礼服务，文化用品设备出租，文化艺术培训，社会人文科学研究等。
	文化装备生产	包括印刷复印、广播影视、摄录演艺、游乐游艺等设备，乐器制造及销售等。
	文化消费终端生产	包括文具、笔墨、玩具、节庆用品、电视机等家用视听设备、智能文化设备制造及销售等。

注：本表内容来自《文化及相关产业分类（2018）》。

二、文化产业的统计背景

党中央历来重视文化建设，党的十六大以来历次代表大会都把发展文化产业作为国家发展战略大力推进。党的十九大报告指出，我国经济已由高速增长阶段转向高质量发展阶段，高质量发展不仅体现在经济硬实力上，更体现在文化软实力上。面对新形势新任务，党中央国务院也对文化产业统计工作提出新的要求。

经过十余年的探索，国家统计局已逐步建立健全文化产业统计标准和统计指标体系，为文化强国建设提供统计支持，也为社会各界了解文化产业发展提供基础信息。

三、文化产业的统计指标

近年来，我国文化产业实现较快发展，总体规模稳步提升。我国反映文化产业发展的主要统计指标包括文化产业增加值、营业收入、资产总计等。2004 年起，国家统计局利用经济普查和年报资料每年测算文化产业增加值等主要经济指标，以此反映我国文化产业发展的总体规模。2016 年起，国家统计局按季度对规模以上文化企业生产经营情况进行统计，并对外发布规模以上文化企业营业收入等数据，提高了文化产业统计数据的时效性，为各级政府和社会各界及时掌握我国文化产业发展状况提供了有效工具。

四、文化产业发展基本情况

2019 年，全国文化产业增加值为 44363 亿元，比上年增长 7.8%（未扣除价格因素；占 GDP 的比重为 4.50%，比上年提高 0.02 个百分点。2020 年，受疫情影响，全国规模以上文化企业营业收入有所下降，1 季度和上半年分别比上年同期下降 13.9% 和 6.2%。随着疫情防控和经济社会发展各项工作统筹推进，文化消费需求将回补释放，文化市场将回暖向好，文化企业生产经营有望逐步改善。

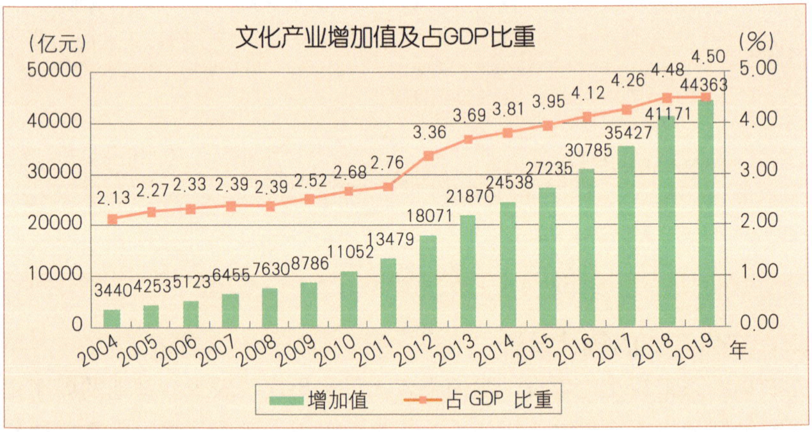

（撰稿：万东华　陈伊丽）

60. 生产性服务业与生活性服务业如何区分?

服务业的兴旺发达是现代经济的显著特征，是经济社会发展的必然趋势，是衡量经济发展现代化、国际化、高端化的重要标志。生产性服务业和生活性服务业是服务业的重要组成部分，是当前中国经济最具活力的产业，也是未来经济发展最具潜力的产业。

一、概念

生产性服务业和生活性服务业是从服务功能角度对服务业进行的一种分类。两个概念的内涵和外延，至今国际上仍未形成统一认识。生产性服务业可以理解为一种中间服务部门，主要为各类市场主体的生产活动提供服务；而生活性服务业提供的服务主要用于居民最终消费。

2014年和2015年，国务院先后出台了《国务院关于加快发展生产性服务业促进产业结构调整升级的指导意见》（国发〔2014〕26号）和《国务院办公厅关于加快发展生活性服务业促进消费结构升级的指导意见》（国办发〔2015〕85号），明确了今后一段时期，我国生产性服务业、生活性服务业的重点发展领域，为正确理解生产性服务业和生活性服务业的概念和内涵提供了国家视角。

以国家文件为基础，国家统计局制定了《生产性服务业统计分类》《生活性服务业统计分类》，为开展相关产业统计工作提供了依据。目前，生产性服务业涉及16个国民经济行业门类，348个行业小类，主要包括：批发业，交通运输、仓储和邮政业，信息传输、软件和信息技术服务业，金融业，租赁和商务服务业，科学研究和技术服务业，生态环保和环境治理业等。生活性服务业涉及13个行业门类，288个行业小类，主要包括：零售业，住宿和餐饮业，房地产业，旅游业，居民服务，修理和其他服务业，教育，卫生和社会工作，文化、体育和娱乐业等。

分类标准中，有76个行业小类既属于生产性服务业，又属于生活性服务业，29个行业小类部分活动属于生产性服务业，59个行业小类部分活动属于生活性服务业，这些行业是开展统计监测工作的重点难点。主要分为两类，第一类是带有公共服务性质的行业，如：气象、地震、海洋、测绘等专业技术服务，环保监测服务，水污染、大气污染、固定废物、危险废物、放射性废物治理服务，教育、卫生和社会工作等。第二类具有同时为生产、生活提供服务的特点。如：铁路、公路、水上、民航的旅客运输；快递服务及其上下游的包装服务、装卸搬运；信息传输、软件和信息技术服务业中的固定电信、移动电信服务、互联网接入及相关服务；金融业中的货币银行服务、保险服务；商务服务业中的法律服务、咨询服务、安全服务等；住宿和餐饮业中的旅游饭店、一般旅馆、正餐服务、小吃服务、餐饮配送服务；居民服务、修理和其他服务业中的汽车、计算机和办公设备的修理和维护，建筑物清洁服务；教育中的职业教育培训服务等。

二、作用

生产性服务业涉及农业、工业、服务业等产业的多个环节，具有专业性强、创新活跃、产业融合度高、带动作用显著等特点。加快发展生产性服务业，可以有效激发内需潜力、带动扩大社会就业、持续改善人民生活，有利于引导企业打破“大而全”、“小而全”的格局，进一步分离和外包非核心业务，加快实体经济向价值链中高端延伸，促进我国产业逐步由生产制造型向生产服务型转变。

生活性服务业领域宽、范围广，涉及人民群众生活的方方面面，与人民群众生活质量密切相关。加快发展生活性服务业，增加服务有效供给，扩大服务消费需求，提升服务质量水平，可以进一步巩固消费对经济发展的基础性作用，提高人民生活的获得感和幸福感，进而推动人民生活消费方式由生存型、传统型、物质型向发展型、现代型、服务型转变。

三、统计方法

目前，国家统计局正在研究制定生产性服务业、生活性服务业统计监测方法。未来，普查年度，将以普查数据为基础，确定生产性服务业、生活性服务业名录库，开展全产业统计监测；常规年度，以国家统计局“一套表”调查数据为依托，对重点生产性服务业、生活性服务业企业开展监测。从世界范围看，西方发达国家服务业增加值一般占 GDP 总量的 70% 以上，生产性服务业增加值占到 GDP 比重的 40%—50%。2019 年，我国服务业增加值占 GDP 的比重仅 53.9%，生产性服务业、生活性服务业发展空间十分巨大。

四、相互关系

生产性服务业和生活性服务业相互联系、相互交叉，一定条件下还可以相互转化。一个行业属于生产性服务业还是生活性服务业并不是一成不变的，会随着服务形式、服务对象改变而发生变化。比如邮政业，改革开放前及改革开放后很长一段时间，以为企业提供服务的传统邮政业务为主。电子商务兴起后，个人快递业务收入占邮政业务总量比重快速上升，并超过 50%，现今邮政业主要为居民生活提供服务。所以要科学、理性、辩证地看待相关统计数据资料。

（撰稿：赵庆河 展国殿）

61. 在统计上城乡是如何划分的？

城乡二元结构，是长期以来我国经济社会发展的显著特点之一，党和政府高度重视统筹城乡发展，缩小城乡差距。为了对城乡发展予以准确反映和动态监测，提高在统计上划分城乡工作的一致性，国家统计局开展了统一的统计用区划代码和城乡分类代码编制工作（以下简称城乡划分工作），每年一次为全国60余万个村（居）委会进行统计上编码，并判定全部村（居）委会的城乡分类。

一、主要历史沿革

第一阶段（1955—1998年）。1955年，国务院颁布《关于城乡划分标准的规定》，采取人口规模和非农业人口比例指标，以居民区为基本单元进行划分。随后若干年，国家统计局和国务院各部门一直沿用该规定和其他相关文件。

第二阶段（1999—2007年）。改革开放后，我国加快了城镇化建设步伐，特别是20世纪80年代后期和90年代中期，各地陆续开始撤县设市、撤乡建镇和撤县改区，使得市辖区、不设区的市和建制镇管辖了大量的农村地区，导致依据1955年《规定》和行政区划难以划分城乡地域。有鉴于此，1999年初，国务院同意由国家统计局、民政部、原建设部、原农业部、公安部、财政部等六部门共同研制城乡划分统计标准，最终由国家统计局制定《关于统计上划分城乡的规定（试行）》，并在第五次全国人口普查中试用。

第五次全国人口普查按照1999年《规定》取得的分城乡人口数据，得到国务院有关部门和社会各界的认可。针对普查和试点发现的一些问题，国家统计局在随后几年中开展大量调查研究，于2006年3月制定了《关于统计上划分城乡的暂行规定》和《国家统计局统计上划分城乡工作管理办法》。

第三阶段（2008至今）。2008年7月，国务院批复同意国家统计局与民政部、住建部、公安部、财政部、原国土部、原农业部共同制定的《关于统计上划分城乡的规定》（国函〔2008〕60号），正式奠定了统计上划分城乡的依据和方法基础。随后，国家统计局印发《统计用区划代码和城乡划分代码编制规则》（国统字〔2009〕91号）。

二、现行方法简介

（一）主要方法。

《统计上划分城乡的规定》（国函〔2008〕60号）明确“以我国的行政区划为基础，以民政部门确认的居民委员会和村民委员会辖区为划分对象，以实际建设[6]为划分依据，将我国的地域划分为城镇和乡村”。其中，“城镇包括城区和镇区。城区是指在市辖区和不设区的市，区、市政府驻地的实际建设连接到的居民委员会和其他区域。镇区是指在城区以外的县人民政府驻地和其他镇，政府驻地的实际建设连接到的居民委员会和其他区域”；而“乡村是指本规定划定的城镇以外的区域”。

因此，城乡划分工作以村（居）委会等村级单位为划分对象，通过判断村（居）委会驻地、乡（镇、街道）政府驻地、县（市、区、旗）政府驻地之间的实际建设连接情况，将我国的地域划分为城镇和乡村。图示如下：

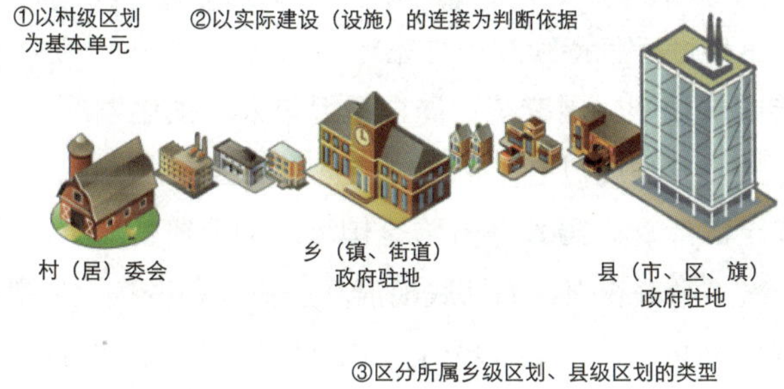

（二）主要内容。

城乡划分工作主要包括编制统计用区划代码（第1—12位）、城乡属性代码（第13—14位），以及转换生成城乡分类代码（第15—17位）三部分。图示如下：

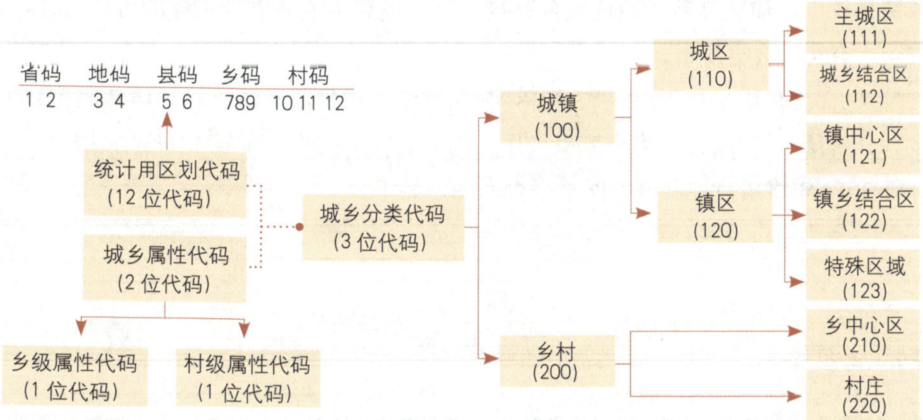

注：6. 实际建设是指已建成或在建的公共设施、居住设施和其他设施。

（三）主要作用。

科学划分城乡是准确评价我国城镇化水平、合理规划城乡布局、统筹城乡发展的一项基础性工作，也是规范我国统计工作的基础。统一城乡划分工作的目的在于保证各部门、各专业有关城乡分类统计数据的一致性，提高政府部门的工作效率和统计工作水平，为真实反映我国城镇化的发展进程提供科学的依据[7]。

自2008年以来，城乡划分数据结果日益被更多公共部门和社会各界采用。例如，全部国家和地方统计调查、部分部门统计调查，计算常住人口城镇化率和户籍人口城镇化率，区分城乡居民住户，以及其他需要区分城乡的统计调查、部门行政管理和商业经营等领域。

三、近年改革进展

为及时准确反映城镇化发展变化，有效回应社会各界的关注，近年来国家统计局对城乡划分工作进行了持续改革与完善。

（一）完善方法规则。国家统计局根据近年来城镇化发展中出现的新情况、新特点，不断对具体方法规则进行完善、补充和规范。

（二）开展全国清查。2009年开展全国城乡划分质量清查，覆盖面广、参与人员多，近乎一次“小普查”，为彻底摸清基层情况和夯实数据奠定了坚实基础。

（三）实现联网报送。从2009年起由单机报送改为联网报送，并于2013年进行了网报平台升级，2014年后逐年进行平台完善。

（四）利用卫星影像。2014年，国家统计局基于第三次全国经济普查取得的政府驻地位置信息和区划边界信息，结合天地图等，建设了“统计用城乡划分影像图系统”，辅助判断和验证城乡连接，极大提高了城乡划分工作的可核查性，进一步夯实了数据质量。

（五）强化质量控制。积极贯彻落实《国家统计质量保证框架》，2014年制定《城乡划分质量控制办法》，将全流程工作分为8个阶段、20个环节和44个关键节点，并于2015年将质量控制嵌入网报平台。图示如下：

注：7. 需要注意的是，2008年《规定》指出“本规定作为统计上划分城乡的依据，不改变现有的行政区划、隶属关系、管理权限和机构编制，以及土地规划、城乡规划等有关规定。”

城乡划分业务流程图

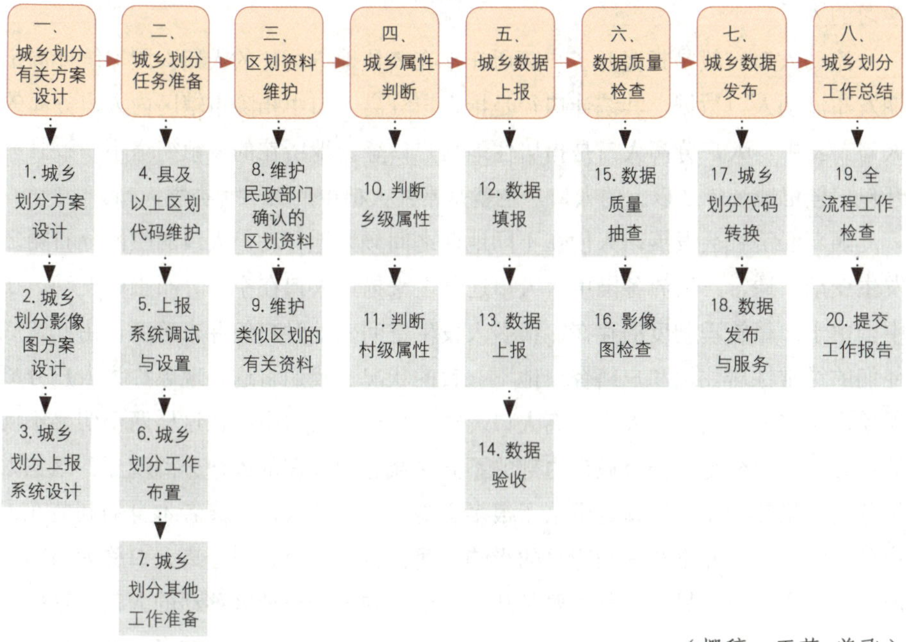

（撰稿：王萍　曾飞）

62. 常住人口和流动人口如何区分？

人口状况是一个国家最基本的国情。我国是世界第一人口大国，当前我国人口发展正处于重要转折期，正确理解和认识人口数据对于了解国情国力，把握新时代的人口变化趋势性特征，制定人口发展规划和经济社会发展规划，进行人口科学研究，都有十分重要的意义。人口统计数据常用的统计指标是常住人口、流动人口等。

一、基本概念和计算方法

常住人口是国际上进行人口统计、发布人口数据时通用的总人口指标口径，指经常居住在某一地区的人口。在我国，常住人口是指实际经常居住在某地区半年以上的人口。主要包括三种类型的人口：一是居住在本乡镇街道且户口在本乡镇街道或户口待定的人。二是居住在本乡镇街道且离开户口登记地所在的乡镇街道半年以上的人。三是户口在本乡镇街道且外出不满半年或在境外工作学习的人。

流动人口一般是指离开了户籍所在地在其他地方居住的人口。国家统计局定期发布流动人口数据，其统计口径是指人户分离人口中扣除市辖区内人户分离的人口。其中，人户分离人口是指居住地与户口登记地所在的乡镇街道不一致且离开户口登记地半年及以上的人口，也就是常住人口中的第二种类型人口。

随着经济社会发展，人们在不同地区之间频繁地移动，人口的空间分布随之发生变动。通常，世界各国用“人口迁移”来描述人口在空间分布上的变动。在中国由于户籍管理制度的存在，很多人发生空间变动时户籍并未改变，由此造成他们的经常性居住地和户籍登记地不一致的状况。我们将这种现象称为人户分离现象，这些人则被称为人户分离人口。在人户分离人口中存在这样两个明显不同的部分：一部分是在一个城市内部的不同区域之间存在的人户分离现象。这些人户分离者虽然给城市管理等带来了很多影响，但这些人户分离者本身的利益在人户分离的过程中并不会受到明显的影响。我们将这部分人户分离人口称为市辖区内人户分离人口。另一部分主要是从一个地区向另一个地区移动的人口。这些人户分离人口就是日常生活中人们早已熟悉的流动人口，他们中的多数是外出务工经商的农业转移人口。

二、常住人口和流动人口的关系

从两个指标的统计范围看，流动人口界定的人群包含在常住人口的第二种类型人口中，可以说流动人口是常住人口的一部分。按流动方向划分，流动人口可以分为流入人口和流出人口。流入人口通常是指来到本地区的非户籍人口，流出人口是指离开本地区到其他地方居住的户籍人口。一个地区的常住人口包括流入人口，不包括流出人口。

例如，根据2010年人口普查数据，安徽省流出到其他地区的人口为962万人，其中流出到北京市的人口为43万人，安徽省的常住人口不包括这外出的962万人，北京市的常住人口包括从安徽来的43万流入人口。

三、主要作用

由于城乡之间、城市与城市之间人口流动规模不断扩大，相对于户籍人口，常住人口更能真实反映一个地区的人口状况。当前，我国各级政府主要依据常住人口来规划经济社会发展，人均国内生产总值、居民人均可支配收入、入学率、平均受教育年限等指标都是基于常住人口计算的。

进入21世纪以来，我国流动人口迅猛增长。从2000—2015年，流动人口从1.21亿人增加到2.47亿人，在短短15年的时间增加了一倍多。流动人口已随处可见，平均每六个人中就有一人是流动人口，这是我国当前人口发展变化最显著的特征之一。

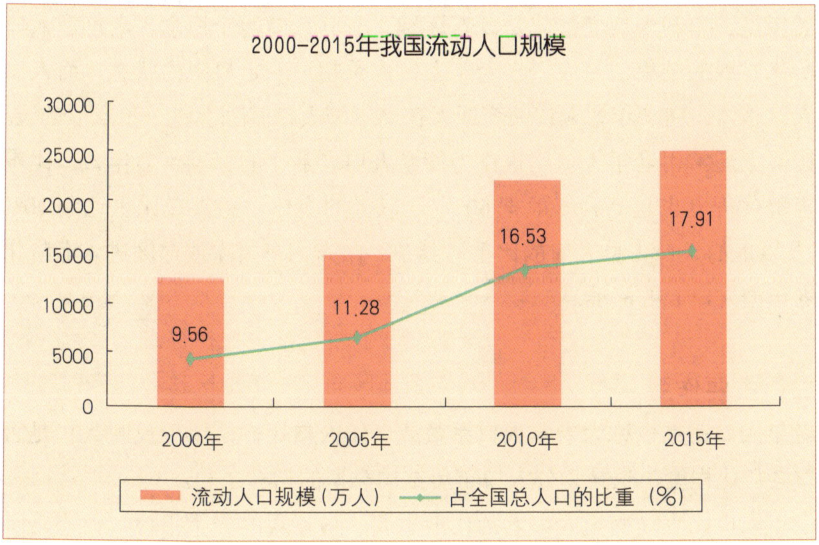

（撰稿：李希如 李睿）

63. 人口老龄化及其衡量标准是什么？

随着经济和社会的进步，人民生活条件不断改善，医疗卫生水平不断提高，人口预期寿命不断延长，再加上生育意愿变化等因素导致的生育率下降，使人口年龄构成中老年人口的比重持续上升，人口老龄化成为当前与今后很长一段时期我国社会的一个重要特征。人口老龄化将对经济和社会运行产生深刻的影响，如何有效加以应对是国家制定各种经济与社会政策时必须认真考虑的重要因素。

一、基本概念

《人口学词典》中对人口老龄化的定义是：人口老龄化是指人口中老年人比重日益上升的现象，尤其是指在已经达到老年状态的人口中，老年人口比重继续提高的过程。

定义有两层含义：一是人口老龄化是一个老年人口比重不断提高的动态过程，二是特指人口年龄结构已经进入老年型人口状态。

老年型人口和人口老龄化是既有区别又有联系的两个概念，老年型人口是人口老龄化发展的结果，是人口中老年人口比重超过一定界限的状态。而人口老龄化是人口总体在向老年型人口演变或者在老年型人口基础上进一步发展的过程。

国际上通常用老年人口比重作为衡量人口老龄化的标准，老年人口比重越高人口老龄化程度也越高。一般把 60 岁及以上的人口占总人口比重达到 10%，或 65 岁及以上的人口占总人口的比重达到 7% 作为一个国家或地区进入老龄化社会（或老年型人口）的标准。

二、主要作用

老年人口比重也称为老年人口系数或老年人口比例，用于反映人口是否老化及人口老龄化程度，也是划分人口年龄结构类型的指标之一。

老年人口比重是衡量人口老龄化最重要、最直观的一个指标，但不是唯一的指标，老化指数、少儿人口比例、老少比、年龄中位数等指标都可以在一定程度上反映人口老龄化的状况。因此，准确衡量一个国家或地区的人口老龄化，应该将这些指标综合起来进行评价。

三、计算方法

根据联合国的标准，老年人的年龄起点一般定为 60 岁或 65 岁。因此，老年人口比重的计算公式为：

$$\text{老年人口比重}=\frac{\text{60（或 65）岁及以上人口数}}{\text{总人口数}}\times 100\%$$

四、示例

人口老龄化是一个不依人们意志为转移的客观规律，是社会进步的表现。促使人口老龄化的直接原因是生育率和死亡率的降低，但根本原因是社会生产力的发展。随着科学技术进步，医疗水平提高，先是死亡率下降，人的寿命延长，然后是生育率的下降。二者从相对高的水平降到相对低的过程称为人口转变，人口转变的结果既可以表现为人口年轻化，也可表现为人口老龄化。但在人类历史的发展中，人口年轻化只是很短的一个阶段，而人口老龄化则是一个漫长的发展过程。当今世界，发达国家都已经进入老龄化社会，有些国家的老龄化程度还很高；没有进入老龄化社会的都是发展中国家。

新中国成立以来，我国人口发展先是经历了一段时期的年轻化过程，从 1953 年的第一次全国人口普查到 1964 年的第二次全国人口普查，老年人口比重是下降的。从 1964 年开始，老年人口比重上升，到 2000 年进入老龄化社会，之后的 20 年老年人口比重增速明显加快，人口老龄化程度持续加深。

我国人口老龄化的发展具有人口规模大、发展速度快、发展不平衡、未富先老等特点。

目前，我国是世界上老年人口数量最多的国家，2019 年 65 岁及以上老年人口达到 1.76 亿，占世界 65 岁及以上人口的比例超过五分之一，这意味着世界上每五个老年人中，至少有一个是中国人。如此庞大和快速发展的老年人口，必然给我国的经济社会发展带来巨大压力和严峻挑战。为此，习近平总书记在十九大报告中指出，实施健康中国战略，积极应对人口老龄化，构建养老、孝老、敬老政策体系和社会环境，推进医养结合，加快老龄事业和产业发展。

（撰稿：崔红艳 武超）

64. 国际货币基金组织的数据公布特殊标准（SDDS）是什么？

随着世界经济一体化进程的加快，各国间的交流与合作越来越频繁，为减少摩擦与矛盾，促进融合与规范，也为加强国际组织对各国经济运行状况的监督，国际社会在各领域纷纷建立了国际通行标准。其中，国际货币基金组织（IMF）制定的数据公布特殊标准 SDDS 就是统计数据公布的国际标准之一。

一、SDDS 的起源及发展现状

数据公布特殊标准（Special Data Dissemination Standard，简称 SDDS）是

IMF 为提高成员国数据的透明度，推动成员国建立完善的统计制度而提出的数据标准倡议之一。

SDDS 起源于 20 世纪 90 年代中期墨西哥金融危机等区域性金融经济危机的爆发。当时 IMF 认为导致这些危机爆发的因素之一是缺乏统计信息。为了指导成员国公布关键统计数据，更好地评估各国经济金融形势，IMF 于 1996 年推动建立了 SDDS。

SDDS 是数据公布标准的一种倡议，由 IMF 成员国自愿决定是否接受 SDDS，截至 2020 年底，接受 SDDS 的国家已达 77 个。

二、SDDS 对接受国统计数据发布的具体要求

SDDS 明确了数据公布四个方面的最佳做法——数据覆盖范围，频率和时效，公众可得性，真实性和质量。SDDS 要求接受国公布涵盖实体、财政、金融和对外等四个部门的主要指标数据，同时也要求公布相关的数据诠释（统计制度方法）和数据发布时间。

实体部门	国民经济帐户、生产指数、劳动力市场（包括就业率、失业率、工资／收入）、消费者价格指数以及工业生产者价格指数
财政部门	广义政府运营或公共部门运营、中央政府运营以及中央政府债务
金融部门	存款类公司概览、中央银行概览、利率以及股票市场的股票价格指数
对外部门	国际收支、官方储备资产、国际储备和外币流动性（储备模版）、商品贸易、国际投资头寸、外债以及汇率

由于各国经济结构和制度安排上的差异，SDDS 对各国数据发布的频率和时效方面作了灵活性规定，允许接受国至多对两类指标使用灵活性选项。SDDS 将某些数据类别指定为“可相关”做法（指可采用适用于特定国家经济结构、因国家而异的数据类别），此外还规定少数数据分项或数据类别不是必须公布的。随着不断增长的数据新需求，IMF 也持续对数据标准倡议进行审查并相应更新 SDDS。

成员国成为 SDDS 接受国后，必须承诺遵循该标准的各项规定，并接受 IMF 对其遵守情况的监督。当前，IMF 官方网站的“数据公布标准布告栏”（英文

简称 DSBB，网址为 http://dsbb.imf.org）按国别设立了各 SDDS 接受国的信息发布网页，包括由接受国负责更新的数据诠释、发布日程以及国家主要数据页面（National Summary Data Page，简称 NSDP，一般由接受国根据 IMF 规定的标准格式在该国统计机构网站上展示）。下图是国家统计局英文网站的 NSDP 页面，该页面除了提供最近两期的统计数据外，还提供了相关指标历史数据的链接。

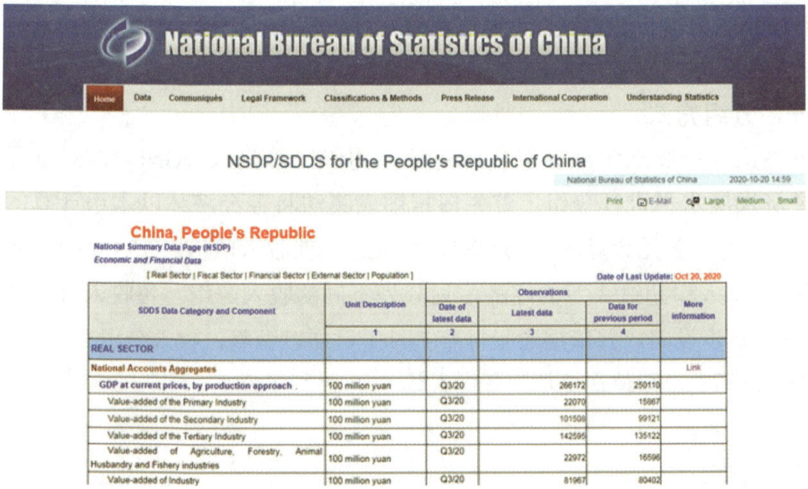
National Bureau of Statistics of China

Home | Data | Communiqués | Legal Framework | Classifications & Methods | Press Release | International Cooperation | Understanding Statistics

NSDP/SDDS for the People's Republic of China

National Bureau of Statistics of China 2020-10-20 14:59

Print E-Mail Large Medium Small

China, People's Republic

National Summary Data Page (NSDP)

Economic and Financial Data

[Real Sector | Fiscal Sector | Financial Sector | External Sector | Population]

Date of Last Update: Oct 20, 2020

SDDS Data Category and Component	Unit Description	Observations			More information
		Date of latest data	Latest data	Data for previous period	
	1	2	3	4	
REAL SECTOR					
National Accounts Aggregates					Link
GDP at current prices, by production approach	100 million yuan	Q3/20	266172	250110	
Value-added of the Primary Industry	100 million yuan	Q3/20	22070	15867	
Value-added of the Secondary Industry	100 million yuan	Q3/20	101508	99121	
Value-added of the Tertiary Industry	100 million yuan	Q3/20	142595	135122	
Value-added of Agriculture, Forestry, Animal Husbandry and Fishery industries	100 million yuan	Q3/20	22972	16596	
Value-added of Industry	100 million yuan	Q3/20	81967	80402	

三、我国于 2015 年正式采纳 SDDS

2013 年 6 月，由中国人民银行协调国家统计局、财政部、国家外汇管理局和海关总署正式启动采纳 SDDS 进程。经过两年多努力，我国相关部门推动了 GDP 的分季核算和发布，推出了广义政府运营（年度）、中央政府运营（月度）和中央政府债务（季度）、月度官方储备资产数据和国际储备和外币流动性（储备模版）等数据。2015 年 10 月我国正式采纳 SDDS，成为 SDDS 接受国，但在劳动力市场和广义政府运营这两类指标暂且选择了灵活性选项。

我国采纳 SDDS 后，国家统计局作为各部门执行 SDDS 的牵头单位，负责按照提前 4 个月公示的数据发布日程更新 NSDP，并及时更新数据统计制度方法。

（撰稿：付凌晖 俞炳彬）

65. 世界银行如何划分各经济体收入水平？

为划分世界各经济体收入水平，世界银行于1978年在世界发展报告中首次发布了国家收入分类标准以及人均国民总收入（GNI）指标的国家排序数据。世界银行国家收入分类标准，是国际社会分析研究世界各经济体经济社会发展状况、发展趋势、发展水平和发展差距的重要工具，也是世界各经济体开展全球合作治理、做出行政决策和制定发展战略的重要统计依据。

一、分组方式

世界银行按图表集法计算各经济体人均国民总收入（GNI），对世界各经济体经济发展水平进行分组。首先依据图表集法将各经济体以本币计算的人均GNI，换算为以美元计算的人均GNI，再依据当前收入阈值将189个世界银行成员国和28个人口超过3万的经济体划分为不同的收入分组。各收入分组的阈值在1989年初步设定，并依据通胀每年7月1日加以调整，收入分组在次年7月1日前仍保持不变，即使在此期间各国人均GNI进行了修正。

二、示例

按照这一方法，世界银行把世界各经济体分成四组，即低收入、中等偏下收入、中等偏上收入和高收入。通常，中、低收入国家被称为发展中国家，高收入国家被称为发达国家。

世界银行经济体收入分组标准（2019年）

经济体分组	划分标准（人均国民总收入）
低收入经济体	1035美元以下
中等偏下收入经济体	1036—4045美元
中等偏上收入经济体	4046—12535美元
高收入经济体	12536美元以上

资料来源：世界银行。

按世界银行最新公布的数据，2019 年的人均国民总收入低于 1035 美元为低收入，在 1036—4045 美元之间为中等偏下收入，在 4046—12535 美元之间为中等偏上收入，高于 12536 美元为高收入。

如美国 2019 年人均 GNI 是 65760 美元，属于高收入国家；中国 10410 美元，属于中等偏上收入国家；印度 2130 美元，属于中等偏下收入国家；阿富汗 540 美元，属于低收入国家。

（撰稿：石庆焱 郭义民）

领导干部统计知识问答（第二版）

LINGDAO GANBU TONGJI ZHISHI WENDA

第四部分

统计调查

66. 什么是全面调查、重点调查？

统计调查是根据调查的目的与要求，运用科学的调查方法，有计划、有组织地搜集统计资料的工作。在实际工作中，统计调查的组织者不只使用一种调查方法，而是根据调查对象的特点和调查机构的条件，灵活地选用不同调查方法搜集统计资料。

一、全面调查

（一）基本概念。

全面调查是指统计调查机构为了取得系统、全面的基本统计资料，对调查对象的所有单位逐一进行调查的一种统计调查方法。目前国家统计局实施的全面调查，主要有人口普查、经济普查、农业普查和全面统计报表制度。其中，全面统计报表制度是依照国家有关法律法规，自上而下地统一布置，按照统一的表式、指标、统计标准、报送时间和数据处理程序，逐级定期搜集统计资料的一种调查方式。全面统计报表的实施范围，是已确定的统计总体内的全部单位。

（二）优、劣势分析。

与其他调查方法相比，全面调查的优势是通过这种方法所得的资料较为系统、全面、稳定、可靠，有利于积累资料，并进行动态对比分析。由于全面调查的报表资料是逐级上报和汇总的，报表资料的来源建立在基层单位各种原始记录的基础上，因此，不仅可满足国家宏观管理的需要，各级政府部门也能获得管辖范围内的报表资料，了解本地区、本部门的经济社会发展情况，基层单位也可利用统计资料对生产、经营活动进行监督管理。全面调查的劣势主要是调查涉及面广、工作量大，需要花费大量的人、财、物力，基层负担重。而且由于中间环节多，统计数据易受干扰。

（三）示例。

全面调查在计划经济时代应用比较普遍。改革开放以来，随着社会主义市场经济的发展，各种经济成份多元化，调查单位大量增加，全面调查应用范围有所缩小，目前在国家统计调查中全面调查主要是在各类规模以上的企业调查中运用。

如国家统计局组织实施的2017年《工业统计报表制度》，主要是对年主营业务收入2000万元及以上的工业法人单位进行全面调查；2017年《规模以上服务业统计报表制度》，主要是对年营业收入1000万元及以上、或年末从业人员50人及以上服务业法人单位进行的全面调查。

二、重点调查

（一）基本概念。

重点调查是一种非全面调查，它是在全部单位中选择一部分重点单位进行调查，以取得统计数据的一种非全面调查方法。重点调查的对象可以是一些企业、行业，也可以是一些地区、城市。根据研究问题的不同需要，重点调查可以采取一次性调查，也可以进行定期调查。重点调查的基本特点是调查单位数虽小，但它们在所研究现象的总量中却占有绝大比重，因而对这部分重点单位进行调查所取得的统计数据能够反映经济社会发展变化的基本趋势。一般来讲，在调查任务只要求掌握基本情况，而部分单位又能比较集中反映研究项目和指标时，通常采用重点调查方法。

（二）优、劣势分析。

和其他调查方法相比，重点调查的优势是投入的人力物力少、调查速度快，所反映的主要情况或基本趋势比较准确。由于重点调查选择的单位较少，因此调查项目设立可以相对多一些，所了解的情况可以详细一些。重点调查的劣势是取得的数据只能反映调查对象总体的基本发展趋势，不能用以推断总体，因而只是一种补充性的调查方法。

（三）示例。

开展重点调查，准确选取重点单位非常重要。重点单位的选取应遵循两个原则：一是要根据调查任务的要求和调查对象的基本情况而确定选取的重点单位及数量，一般来讲，要求选取的重点单位数量尽可能少，但其标志值在所研究现象的标志总体中所占比重却尽可能大，在总体中具有举足轻重的作用，以保证足够的代表性。二是要注意选取那些管理比较健全、业务力量较强、统计工作基础较好的单位作为重点单位，以保证调查数据质量。

重点调查方法目前主要是在针对部分行业、企业的统计调查中使用。如国家统计局组织开展的网上零售交易平台调查，预先确定了40多家重点网上零售交易平台名单，针对这40多家重点网上零售交易平台开展调查，从而掌握网上零售交易的基本情况。

（撰稿：程子林 栗瑞梅）

67. 什么是普查?

普查是指一个国家（或地区）为全面准确地了解某项重大国情国力状况，针对某类统计总体的全体单位，按照统一的普查方案和工作流程，在统一的标准时点，组织开展的大规模、一次性的全面调查。按照普查的组织实施主体，我国普查的种类既包括政府统计的周期性普查，也包括部门根据需要定期或不定期开展的专项普查，如原环境保护部开展的全国污染源普查，原文化部开展的全国文物普查等。本文主要阐述我国政府统计的周期性普查。

我国的三项重大国情国力周期性普查分别是经济普查、农业普查和人口普查。三大普查都是在国务院统一领导下，按照“全国统一领导、部门分工协作、地方分级负责、各方共同参与”的原则组织实施。

一、普查的作用

我国的三大普查主要用于搜集重大国情国力资料，为国家及地区制定长期规划、重大决策提供翔实的统计资料。普查为各类常规统计调查提供基准数据、基本抽样框和单位字典库，是我国政府统计调查体系的基础。如通过经济普查取得的单位名录库资料是统计部门开展抽样调查的基础。相比其他调查形式，普查更能掌握大量、详细、全面的统计资料。

二、普查的特点

普查是一种全面调查。通过这种方法所得的资料较为系统、全面、稳定、可靠，有利于积累资料，并进行动态对比分析。由于普查资料的来源建立在普查对象各种原始记录的基础上，因此，不仅可满足国家宏观管理的需要，各级政府部门也能获得管辖范围内的相关资料，了解本地区、本部门的经济社会发展情况，基层单位也可利用普查资料对生产、经营活动进行监督管理。但普查涉及面广、工作量大、时间较长，且由于中间环节多，易受干扰，对统计数据质量控制的要求较高。此外，普查需要投入大量的人力、物力、财力，组织工作繁琐，操作流程繁杂，承担任务繁重。

三、周期性普查的形成

1993 年前，我国的普查工作尚处于摸索和经验积累时期，普查范围不统一，普查内容不配套，资料没有连续性和可比性。其间，政府统计部门开展了两次工业普查（1950、1985）、四次人口普查（1953、1964、1982、1990）和一次第三产业普查（1993）。

1994 年 7 月 20 日，国务院正式批转了国家统计局《关于建立国家普查制度改革统计调查体系的请示》（国发〔1994〕42 号），要求实行周期性普查制度。普查项目包括：人口、工业、农业、第三产业和基本统计单位等。其中，人口普查、第三产业普查、工业普查、农业普查每 10 年进行一次，分别在逢 0、3、5、7 的年份实施。基本统计单位普查，每 5 年进行一次，逢 1、6 的年份实施。

2003 年 8 月 11 日，经国务院批准，国家统计局、国家发展改革委、财政部联合下发了《关于调整国家普查项目和周期安排的通知》（国统字〔2003〕44 号）。将全国第三产业普查、全国工业普查和全国基本单位普查合并为经济普查，并将建筑业纳入普查内容，在 2004 年开展第一次全国经济普查。此后的经济普查每 10 年进行两次，分别在逢 3、逢 8 的年份实施。同时，明确农业普查每 10 年进行一次，改在逢 6 的年份实施；人口普查每 10 年进行一次，仍在逢 0 的年份实施。此后，国务院陆续颁布了《全国经济普查条例》、《全国农业普查条例》和《全国人口普查条例》，至此我国的周期性普查走上了法治化、规范化的轨道。

四、三大普查基本情况

我国现行周期性普查包括全国经济普查、全国农业普查和全国人口普查。

全国经济普查，每 10 年进行两次（逢 3、逢 8 年份实施，2003 年由于“非典”的特殊原因，第一次全国经济普查延至 2004 年实施）。经济普查的对象是在中华人民共和国境内从事第二产业、第三产业活动的全部法人单位、产业活动单位和个体经营户。经济普查主要调查第二产业、第三产业的发展规模、结构和效益的情况，普查内容包括：单位基本属性、从业人员、财务状况、生产经营情况、生产能力、能源消费情况、科技活动情况等。

全国农业普查，每 10 年进行一次（逢 6 年份实施）。农业普查的对象包括：中华人民共和国境内的农村住户、农业生产经营户、农业生产经营单位、村民委员会、乡镇人民政府。农业普查主要调查农业、农村、农民的基本情况。普查内容包括：农业生产条件、农业生产经营活动、农业土地利用、农村劳动力及就业、农村基础设施、农村社会服务、农民生活，以及乡镇、村民委员会和社区环境等情况。在第三次全国农业普查（2016 年）中，普查对象的农村住户调整为居住在农村且有确权（承包）土地的住户。

全国人口普查，每10年进行一次（逢0年份实施）。人口普查的对象是在中华人民共和国境内的自然人以及在中华人民共和国境外但未定居的中国公民，不包括在中华人民共和国境内短期停留的境外人员。人口普查主要调查人口和住户的基本情况，普查内容包括：姓名、公民身份号码、性别、年龄、民族、受教育程度、行业、职业、迁移流动、婚姻生育、死亡、住房情况等。

五、普查的法律法规

《中华人民共和国统计法》第16条确定了周期性普查在我国统计调查方法体系中的基础性地位。该条规定：搜集、整理统计资料，应当以周期性普查为基础，以经常性抽样调查为主体，综合运用全面调查、重点调查等方法，并充分利用行政记录等资料。

为科学、有效地组织开展周期性普查，保障普查数据的准确性和及时性，我国依次颁布了《全国经济普查条例》、《全国农业普查条例》和《全国人口普查条例》。

六、普查的组织领导

我国三大普查均由国务院统一领导，国务院和地方各级人民政府统计机构和有关部门共同组织实施。每次普查，国务院都专门印发关于开展普查的通知，设立普查领导小组及其办公室。国务院普查领导小组负责对全国普查工作进行统一领导。国务院普查领导小组办公室设在国家统计局，具体负责普查的日常组织和协调。地方各级人民政府设立普查领导小组及其办公室，按照国务院普查领导小组及其办公室的统一要求和规定，具体组织实施本行政区域的普查工作。

七、普查的工作流程

普查是一项庞大的系统工程，也是一次重大的社会动员，一般前后耗时两至三年左右。包括机构组建、宣传动员、方案研制、普查试点、人员培训、小区划分、单位清查（入户摸底）、现场采集数据、数据集中审核、事后质量抽查、汇总评估、数据发布、资料开发应用等环节。

在普查主要工作完成后，普查机构要充分开发应用普查数据和资料，包括以公报的形式及时向社会发布普查主要成果，公布普查指标解释等信息；建立和完善相关普查数据库；回应各级党委政府和社会各界所关心的热点问题，进行专题分析研究；开展普查研究课题招标、定标和具体研究、评审工作，编印普查年鉴等普查资料。

（撰稿：王宝滨 李涛）

68. 什么是经济普查?

一、概念与历史

经济普查是一项重大的国情国力调查，与人口普查、农业普查组成三大周期性全国普查项目。经济普查是对我国境内从事第二产业和第三产业的全部法人单位、产业活动单位和个体经营户进行的一项全面调查，主要了解第二产业和第三产业的经营状况和发展变化情况。

我国经济普查的历史可以追溯到1950年的全国工矿企业普查。国家先后完成了三次工业普查（含工矿企业普查）、一次第三产业普查、两次基本单位普查。70年来，我国的经济普查制度经历了一个从无到有、从单项到多项、从不定期到实施周期性普查的演变与发展过程。2004年，根据形势发展的需要，国务院决定将工业普查、第三产业普查和基本单位普查合并，将建筑业纳入普查内容，统称为经济普查，并于同年开展了第一次全国经济普查。经济普查每10年进行两次，分别在逢3、逢8的年份实施，标准时点为普查年份的12月31日，普查时期资料为普查年份的年度资料。

目前，我国已在2004年、2008年、2013年和2018年分别开展了四次全国经济普查。

二、目的与意义

第四次全国经济普查的目的，是全面调查我国第二产业和第三产业的发展规模、布局和效益，了解产业组织、产业结构、产业技术、产业形态的现状以及各生产要素的构成，摸清全部法人单位资产负债状况和新兴产业发展情况，进一步查实各类单位的基本情况和主要产品产量、服务活动，全面准确反映供给侧结构性改革、新动能培育壮大、经济结构优化升级等方面的新进展。

通过普查，完善覆盖国民经济各行业的基本单位名录库以及部门共建共享、持续维护更新的机制，进一步夯实统计基础，推进国民经济核算改革，推动加快构建现代统计调查体系，为加强和改善宏观调控、深化供给侧结构性改革、科学制定中长期发展规划、推进国家治理体系和治理能力现代化提供科学准确的统计信息支持。

在我国，经济普查是为全面了解全国第二产业和第三产业发展状况而统一组织的一项重大国情国力调查，是国家为掌握国情国力而采取的重要手段和有效方法，对新时代中国特色社会主义建设具有重要的意义和作用。

（一）为宏观调控提供可靠依据。

经济普查进一步摸清了我国第二产业和第三产业的“家底”，全面掌握了反映我国社会经济发展全貌的大量基础信息，能够为国家科学制定国民经济和社会发展中长期规划以及年度计划提供全面的参考依据。

（二）为常规统计提供必要条件。

通过经济普查，可以摸清我国各类单位的基本情况，完善覆盖国民经济各行业的基本单位名录库、基础信息数据库和统计电子地理信息系统，为开展常规统计调查、其他大型调查、统计基层基础工作以及统计数据分析和解读工作提供不可或缺的基础条件。

（三）为国民经济核算提供全面翔实的基础数据。

经济普查是涉及经济活动最广泛的统计调查，调查范围包括从事第二产业和第三产业的所有经济活动，全面系统的法人单位、产业活动单位和个体经营户数据，为全国和地区 GDP 核算提供了非常翔实的资料。

（四）为地区、企业和个人生产经营提供参考。

经济普查除了可以为地方政府履行经济调节和市场监管等各项职责、进行科学决策提供基础统计数据资料外，还能为企业提供行业发展信息，为社会公众了解社会经济发展情况，积极参与国家事务提供信息服务。

三、对象与范围

经济普查的对象是在我国境内从事第二产业和第三产业的全部法人单位、产业活动单位和个体经营户。

根据《国民经济行业分类》（GB/T4754—2017），经济普查具体行业范围包括：采矿业，制造业，电力、热力、燃气及水生产和供应业，建筑业，批发和零售业，交通运输、仓储和邮政业，住宿和餐饮业，信息传输、软件和信息技术服务业，金融业，房地产业，租赁和商务服务业，科学研究和技术服务业，水利、环境和公共设施管理业，居民服务、修理和其他服务业，教育，卫生和社会工作，文化、体育和娱乐业，公共管理、社会保障和社会组织等。

法人单位、产业活动单位和个体经营户按照《统计单位划分及具体处理办法》和普查规定的单位划分及具体处理规定进行界定。

四、方法与流程

经济普查针对一套表单位、非一套表单位、个体经营户和部门分别设置普查内容和普查表，采用全面登记、联网直报和手持电子终端设备等手段相结合、普查与抽样调查相结合的方式进行数据采集。

我国经济普查的业务流程主要包括普查区划分与绘图，单位比对，单位清查，普查告知，普查登记，数据审核、检查和验收，数据汇总，事后质量抽查和数据评估，主要数据发布和普查成果的开发与应用等阶段。

普查工作流程（第四次全国经济普查）

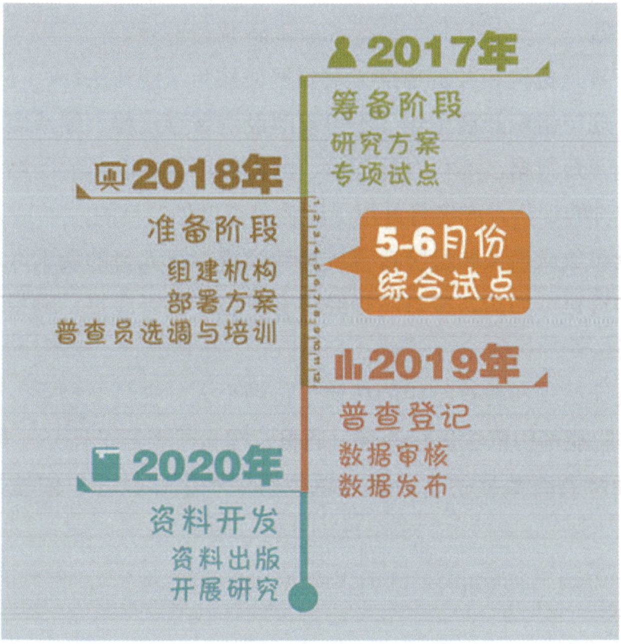

五、组织与实施

根据2018年修订的《全国经济普查条例》（国务院令第702号），经济普查按照“全国统一领导、部门分工协作、地方分级负责、各方共同参与”的原则组织实施。

国务院成立全国经济普查领导小组及其办公室，全国经济普查领导小组负责普查组织和实施中重大问题的研究和决策，普查领导小组办公室负责普查的具体组织实施和协调。地方各级人民政府设立相应的普查领导小组及其办公室，按照国务院经济普查领导小组及其办公室的统一规定和要求，具体组织实施当地的普查工作。

经济普查所需经费，由中央和地方各级人民政府共同负担，并列入相应年度的财政预算，按时拨付、确保到位。

六、依法普查

各地方、各部门、各单位负责人不得干涉经济普查机构和经济普查人员依法独立行使调查、报告、监督的职权，不得自行修改经济普查资料，不得强令或者授意经济普查机构、经济普查人员或者其他机构、人员篡改经济普查资料或者编造虚假普查数据。

各级经济普查机构和经济普查人员要严格按照《统计法》、《全国经济普查条例》及相关规定组织开展工作，不得篡改经济普查资料、编造虚假数据、不得擅自发布经济普查数据，不得对外提供、泄露经济普查取得的能够识别或者推断单位或个人身份的资料，或者将其用于经济普查以外的目的。

经济普查对象应当按照经济普查机构和经济普查人员的要求，及时提供与经济普查有关的资料，如实、按时填报经济普查表，不得虚报、瞒报、拒报、迟报经济普查数据。

对违反统计法规和普查纪律的任何单位和个人，视情节轻重，由县级以上人民政府或相关职能部门依法进行约谈、通报、曝光或者给予处分，对拒报、虚报、瞒报和迟报经济普查数据的企业事业单位组织和个体经营户依法给予警告和罚款。

七、示例

以北京市海淀区一家批发业法人单位为例，该法人有一家下属分公司。按照第四次全国经济普查的要求，如果这家企业的经营规模达到了联网直报企业标准，在经济普查中将采取联网直报方式报送统计资料；如果该企业的经营规模未达到联网直报企业标准，该企业将按照属地管理的原则，由所属的街道办事处经济普查机构组织参加普查，由普查人员手持电子终端设备上门收集数据，该企业统计人员必须如实提供普查所需资料。该企业在报送经济普查报表时，应该包括下属分公司的经济数据，在报送法人单位基本情况表时，应如实填写法人单位及其下属的产业活动单位（分公司）的信息。

（撰稿：王宝滨 朱娜）

69. 什么是农业普查？

农业普查是一个国际性的统计调查项目。联合国粮食和农业组织（FAO）自1950年起，每10年制定一个世界农业普查指导性方案，目前全世界有110多个国家和地区参照该方案进行了农业普查，提交了农业普查成果。中国是一个人口众多的农业大国，是一个走向现代化的发展中国家，也当仁不让成为世界上实施农业普查动员力量最多，规模最大的国家。

一、概念与历史

农业普查顾名思义是和“农业”有关，我国农业普查中的农业是包括农林牧渔业及农林牧渔专业及辅助性活动的“大”农业；同时，还有一个鲜明的中国特色，就是不仅包括了农业，还涵盖了农村和农民。可以说我国的农业普查是一项全面了解农业、农村、农民的重大国情、国力调查。

“三农”特色体现在普查内容上，农业普查的主要内容包括农业从业者情况、土地利用与流转情况、生产与结构情况、产业化发展情况、农村建设情况、农村人居环境与农民生活方式情况等。

“三农”特色体现在普查对象上，第三次全国农业普查的对象包括：登记访问对象为农业经营户和农业经营单位，以及有确权（承包）土地（延伸为耕地、林地、畜禽养殖地、鱼塘、渔船等）的农村住户；统计调查对象为农村范围内的乡（镇）、村级行政单位；遥感及实地测量对象为农作物种植地块。

我国在1996年开展了第一次全国农业普查，随后按照国家《农业普查条例》

的规定，每 10 年为一轮，在逢 6 的年份，分别于 2006 年、2016 年实施了第二次、第三次全国农业普查。第三次全国农业普查的标准时间：普查时点为 2016 年 12 月 31 日 24 时；普查时期为 2016 年 1 月 1 日至 12 月 31 日。

二、主要作用

“农业普查，福到农家”。农业普查是利国利民的大事，作用意义重大。通过普查，查清我国农业、农村、农民基本情况，反映农村发展新面貌和农民生活新变化，为科学制定“三农”政策、保障国家粮食安全、促进我国实现农业现代化、推进新型城镇化、实施乡村振兴战略、全面建成小康社会提供准确的统计信息支持。通过普查，建立完备的普查对象信息库，为常规统计调查提供基础，确保“三农”统计在普查之后能持续提供全面、及时、准确的统计数据服务。

三、方式

农业普查采取普查人员直接到户、到单位访问登记的方法填报农户和农业经营单位类普查表；乡（镇）普查办公室、村普查小组直接组织统计填报乡（镇）和村级行政单位普查表。普查完全依照准备阶段、摸底阶段、登记阶段、验收阶段、上报阶段、审核阶段、处理阶段、评估阶段、整理阶段、发布阶段、咨询服务阶段进行，每个阶段和环节都建立了质量控制流程，确保农业普查数据质量。

在第三次全国农业普查中，首次应用遥感技术测量主要农作物播种面积，调查人员到设计好的地面样本上用无人机和手持移动终端采集农作物种植信息；全面应用手持移动终端进行入户、入单位访问；有条件的行政村、乡镇在网络平台

直接报送村、乡级普查表。通过充分利用现代信息技术，创新调查手段，提升了普查的工作效率、数据质量和服务水平。

四、示例

示例说明如何在农业普查中“找好对象，填对表”。

张三海住在张家村，他家有 8 亩确权的土地，其中 5 亩地转包给了张三喜，使其成为经营 100 亩地的种植大户。他们两家和其他几家成立了一个草莓合作社，还经营了一个村里的“小超市”。

根据第三次全国农业普查的要求，张三海家有确权土地，是普查对象，应该登记农户普查表；张三喜是种植大户，种植面积符合规模户要求，应该登记规模农业经营户普查表；草莓合作社是农业经营单位，应该登记农业经营单位普查表。他们经营的“小超市”不是农业，不属于农业普查的登记访问的“农业”范围，不能进行登记；但这个超市在行政村范围内，如果经营面积 50 平方米以上，则属于农业普查的“农村”范围，要统计填报在行政村普查表中。

（撰稿：韦革）

70. 什么是人口普查？

一、概念与历史

根据联合国统计司《人口和住房普查原则与建议》的定义，人口普查是在某一个特定时间对一国或一国内某一明确划定地区的所有人口进行调查，从而收集、汇总、评估、分析、公布或以其他方式发布相关人口、经济和社会数据的整个过程。

人口普查是当今世界各国广泛采用的搜集人口资料的一种最基本的科学方法，是提供全国基本人口数据的主要来源。通过人口普查，可以查清全国人口的数量、结构和分布等基本情况，还可以查清人口的社会特征、家庭特征、教育特征、经济特征、居住状况以及普查标准时点前一年人口的出生死亡状况等。

新中国成立以来，我国已经分别在 1953 年、1964 年、1982 年、1990 年、2000 年和 2010 年成功进行过六次全国人口普查，目前正在进行第七次全国人口普查。 前六次全国人口普查的历程，是我国人口普查逐步提高和完善的过程，通过不断自我探索和学习借鉴国际上的成功经验，我国人口普查工作逐步提高到了一个新的水平。

根据《全国人口普查条例》，人口普查每 10 年进行一次，尾数逢 0 的年份为普查年度，标准时点为普查年度的 11 月 1 日零时。

二、主要作用

世界各国都把掌握准确的人口数量、人口素质、人口结构和人口分布等情况，作为科学治国和宏观决策的基础。通过人口普查，可以全面了解一个国家人口的性别、年龄、民族、国籍、受教育程度、行业、职业、迁移流动、婚姻、生育、死亡、居住等方面的基本信息，掌握人口在数量、结构、分布等方面的变化情况。人口普查数据不仅可以对个人和住户的情况进行描述和分析，还可以对不同级别的地理单位进行描述和分析，大至整个国家，小至某个街区，是国家制定完善政治经济政策体系和人口发展战略的重要基础依据。

同时，人口普查获取的各类信息最终还会使每个参与普查的人受益。比如，分年龄的人口数告诉我们在一个地区有多少孩子需要上学，有多少老人需要照顾，政府可以根据这些数据规划学校和老年人服务设施；人口就业的数据告诉我们哪一类人群就业有困难，政府可以有针对性地制定促进就业的政策。我国各级财政每年都会划拨大量资金，用于修建学校、医院、图书馆和其他公共设施，完善公共交通系统，确定警察和消防部门的地点等，都要以人口分布的数据资料作为重要参考依据。当遭遇地震、洪水、重大疫情等灾害时，人口普查信息可以帮助确定需要救助的人员和物资数量。人口普查信息在修建商业服务设施上也发挥着重要作用，比如建造购物中心、电影院、银行、餐饮设施等。

三、方法与流程

以第七次全国人口普查为例，对人口普查方法与流程做简单介绍。

（一）人口普查的标准时点、对象、登记原则、方式和内容。

1. 人口普查的标准时点是 2020 年 11 月 1 日零时。

2. 人口普查对象是指普查标准时点在中华人民共和国境内的自然人以及在中华人民共和国境外但未定居的中国公民，不包括在中华人民共和国境内短期停留的境外人员。

3. 人口普查采用按现住地登记的原则，每个人必须在现住地进行登记。普查对象不在户口登记地居住的，户口登记地要登记相应信息。人口普查以户为单位进行登记，户分为家庭户和集体户。

4. 人口普查登记采用普查员入户询问、使用电子采集设备（PAD或智能手机）当场填报，或由普查对象通过互联网自主填报等方式进行。

5. 人口普查登记的主要内容包括：姓名、公民身份号码、性别、年龄、民族、受教育程度、行业、职业、迁移流动、婚姻生育、死亡、住房情况等。

根据不同的普查对象分为四种普查表，《第七次全国人口普查短表》《第七次全国人口普查长表》《第七次全国人口普查港澳台居民和外籍人员普查表》《第七次全国人口普查死亡人口调查表》，不同的普查表，普查内容有所不同。

（二）人口普查的组织实施。

第七次全国人口普查按照“全国统一领导、部门分工协作、地方分级负责、各方共同参与”的原则组织实施。国务院和地方各级人民政府设立第七次全国人口普查领导小组及其办公室，领导和组织实施全国和本地区的人口普查工作。村民委员会和居民委员会设立人口普查小组，协助街道办事处、乡镇政府动员和组织社会力量，做好本区域内的普查工作。领导小组各成员单位要按照职能分工，各负其责、通力协作、密切配合，共同做好普查工作。

第七次全国人口普查工作主要分为三个阶段进行。

1. 普查准备阶段。从2019年10月至2020年10月，这一阶段的主要工作是组建各级普查机构，制定普查方案和工作计划，进行普查试点，落实普查经费和物资，准备数据采集处理环境，开展普查宣传，选聘培训普查指导员和普查员，普查区域划分及绘图，进行户口整顿，开展摸底等。

2. 普查登记阶段。从2020年11月至12月，这一阶段的主要工作是普查员入户登记，进行比对复查，开展事后质量抽查等。

3. 数据汇总和发布阶段。从2020年12月至2022年12月，这一阶段的主要工作是数据处理、汇总、评估，发布主要数据公报，普查资料开发利用等。

（撰稿：崔红艳 武超）

71. 什么是国家脱贫攻坚普查?

国家脱贫攻坚普查是《中共中央 国务院关于打赢脱贫攻坚战三年行动的指导意见》中部署的一项重要工作。经国务院同意，定于2020年至2021年年初开展国家脱贫攻坚普查。国家脱贫攻坚普查是精准扶贫精准脱贫的重要基础性工作，是对各地脱贫攻坚成效的一次全面检验。普查重点围绕脱贫结果的真实性和准确性，全面了解贫困人口脱贫实现情况，为分析判断脱贫攻坚成效、总结发布脱贫攻坚成果提供真实准确的统计信息，为党中央适时宣布打赢脱贫攻坚战、全面建成小康社会提供数据支撑，确保经得起历史和人民检验。

国家脱贫攻坚普查范围是 832 个国家扶贫开发工作重点县和集中连片特困地区县，享受片区政策的新疆维吾尔自治区阿克苏地区 7 个市县，以及在中西部 22 个省（区、市）抽取的部分其他县。普查对象为普查范围内的全部行政村（包括有建档立卡户的居委会、社区）和全部建档立卡户。普查内容包括建档立卡户基本情况、“两不愁三保障”实现情况、主要收入来源、获得帮扶和参与脱贫攻坚项目情况，以及县和行政村基本公共服务情况等。普查分两批进行：2020 年 7 月—8 月，对 2019 年及以前脱贫摘帽的约 780 个国家贫困县、享受片区政策的新疆维吾尔自治区阿克苏地区 7 个市县和抽中的 100 个非国家贫困县实施普查；2020 年 12 月—2021 年 1 月，对剩余的国家贫困县实施普查。

为加强组织领导，国务院成立了国家脱贫攻坚普查领导小组（《国务院办公厅关于成立国家脱贫攻坚普查领导小组的通知》国办函〔2019〕103 号），负责国家脱贫攻坚普查组织和实施，协调解决普查中的重大问题。领导小组办公室设在国家统计局，具体负责普查的组织和实施。

（撰稿：方晓丹　王琦）

72. 什么是抽样调查？

抽样调查是政府统计工作和市场调查中普遍采用的方法，我国《统计法》中明确规定：搜集、整理统计资料，应当以周期性普查为基础，以经常性抽样调查为主体，综合运用全面调查、重点调查等方法，并充分利用行政记录等资料。

一、基本概念

抽样调查是从由全部调查对象构成的抽样总体中，随机抽取一部分调查对象作为个体样本进行调查，由个体样本的调查观测结果，对总体所关心的指标或特征做出统计推断。抽样调查包含以下几个要素：

（一）抽样总体。

是指包含全部抽样研究目标个体对象的集合，这个集合通常与目标总体是一致的。个体对象的一个或多个构成划分抽样总体的个体单位，也就是抽样单元；包含所有抽样单元的“名单”或“清册”就叫做抽样框。抽样研究的目标，既可以是单一指标，如人口数、住户可支配收入、住户消费支出、某品种农作物的播种面积、某个产品的产量等；也可以是多个指标，如同时考虑住户的可支配收入与消费支出、多个主要品种农作物的播种面积等；还可以是复合指标，如人口数和与之相关的性别、年龄、就业类别等交叉分组的指标。

（二）个体样本。

是指总体中包含研究目标个体信息的抽中调查对象。就调查对象而言，通常分为两类，一个是关于“人”的对象，如个人、企业、住户等；另一个是关于“物”的对象，如土地、圈舍、厂房、船只等。

（三）抽样方法。

可以分为概率抽样和非概率抽样两类。概率抽样是指按照特定的随机抽样方法的具体规则，完全随机地抽选样本，在抽样框中的每个个体都有相等或者不相等的抽中概率。常用的概率抽样方法有简单随机抽样（SRS）、系统抽样（等距抽样）、与规模成比例的概率抽样（PPS）等。为了便于抽样的组织实施和提高抽样效率，还经常采用分层抽样、多阶段抽样、二相抽样等抽样方法。非概率抽样指调查者根据自己的主观判断或意愿抽取样本的方法，通常没有抽样框，抽样概率也没有分布到全部调查对象，有的个体有可能被抽到，有的个体则没有被抽到的可能。在政府统计工作和社会经济统计调查中，概率抽样是经常使用的方法。

（四）统计推断。

是以样本中得到的有关抽样总体的个体信息为依据，对总体的总量、均值或比率等做出估计。对于来自概率抽样的样本，由于样本抽选过程具有随机性，按照概率抽样的原理，可以计算得到样本被抽中的入样概率，由此对总体的总量或均值指标做出统计推断，并且能够得到对应的统计估计量的方差，用以衡量估计结果的精度。对于非概率抽样的样本，由于不遵循随机原则，因而样本不能直接用于统计推断。虽然根据样本调查结果在一定程度上也能说明总体的统计特征，但由于无法确定抽样误差，因此难以衡量对总体总量或均值的估计精度。

（五）总误差。

包括抽样误差和非抽样误差两部分。抽样误差来自于抽样方法的运用，是由样本估计总体而产生的误差。在抽样方案既定的前提下，样本量与估计量的抽样误差相关。通常在给定抽样方法和置信度情况下，抽样设计所允许的估计量的绝对误差限或变异系数（C.V）越小，则所需抽选的样本量越大。非抽样误差是抽样以外的因素造成的误差，包括由抽样框的不准确或不完整引起的抽样框误差，以及调查过程中的无回答误差、测量误差和调查误差（回答或记录差错等）。

二、主要作用

抽样调查方法起源于十九世纪的欧洲，在二十世纪中期逐步形成了较完整的理论体系。抽样调查在社会经济生活和科学研究中都有着广泛应用，也是各国政府统计部门经常采用的一种调查方式。其作用主要有以下三方面：

一是研究社会经济现象和统计科研的有力工具。对于不易或不能进行全面调查的总体或事物，从总体中抽取部分样本，依据概率对总体总量或均值做出可靠估计；对于一些具有一定破坏程度的试验或产品检验，抽样调查是得到总体参数必须采用的方法。

例如，我国市场监管部门对于食品安全的检查就是典型的抽样调查，也可以叫做抽样检验。监管部门对某乳品企业生产的一批盒装鲜奶产品，采用简单随机抽样方法抽取一部分鲜奶产品样本（样本的数量必须满足预设的抽样估计精度）。抽选出样本后，用特定仪器和方法对鲜奶产品样本中的脂肪、蛋白质、总固体、菌落总数、大肠菌群等进行检验，从样本中得到的各指标的平均水平就代表了该批次整体水平的估计值。如果估计结果符合国家相关标准，就说明整个该批次的鲜奶产品检验合格，可以进入市场销售。

二是取得调查对象第一手资料，及时、准确地反映社会经济变化的有效方法。国内外通常采用由政府主导的周期性普查方式，取得一定时点或时期社会经济发展的基础信息和结构性基准数据，同时用来构建满足抽样设计的抽样框。在普查的间隔年份，常规统计工作主要采用抽样调查的方法，通过对调查对象第一手信息的收集，在有质量保证的前提下，对总体的情况做出精确推断。

三是进行普查、常规统计调查数据质量评估的必要手段。通常在普查的数据采集结束后要进行事后质量抽查，据此对普查数据质量（漏报、多报情况等）做出评价。在常规统计调查活动中，也可以采用事后质量抽样调查的方法，再次抽取一定数量的样本对统计调查的数据质量进行评价。

三、示例

我国政府统计工作中，广泛采用了抽样调查的技术方法，国家统计局在人口变动、劳动力、城乡居民收支、农产量、畜禽监测、居民消费价格等调查，以及规模以下的工业、限额以下批发和零售业、规模以下服务业等调查中都采用了抽样调查方法。此外，人口普查、经济普查和农业普查中也都采用事后质量抽样调查的方式进行数据质量评估。统计调查实际工作中，通常要先对抽样调查的总体单元进行分析，掌握总体单元中目标变量的分布情况，将目标变量特别大的那部分作为“规模以上”单独拿出来进行普查，然后再对余下的总体单元构建抽样框，进行有效的抽样设计。

以国家统计局现行农产量抽样调查为例，整个抽样调查的工作流程如下。

（一）构建地域抽样框。通常抽样框的构建以行政村为样本单元，依据第三次全国农业普查农作物遥感测量取得的农作物种植区的地块面积及主要品种农作物种植面积等辅助信息得到村一级数据，用于初级抽样单元（行政村）抽样框的构建。

（二）抽选调查样本。农产量调查常采用分层两阶段抽样方法抽选农作物播种面积调查样本及单产调查样本。农作物播种面积调查样本，通常按照农作物种植的区域特点或种植强度对抽样框中的行政村按地域（如各县）进行分层，第一阶段采用与耕地面积的规模成比例的概率抽样方法抽选样本村，第二阶段在抽选出的样本村中采用简单随机抽样方法抽取耕地单位区（按一定面积组合的耕地地块）。主要农作物品种的单产调查，则是在播种面积调查样本中再通过二相抽样方法，在已确定有种植某种作物的耕地单位区中抽取部分的耕地单位区及自然地块，布放若干实割实测的小样本，用于单产的实割实测调查。既满足了抽样设计的要求又适当减少了调查样本量。

（三）实地调查取得样本调查数据。农作物播种面积实地调查在已抽选出的样本耕地单位区内进行分品种播种面积的数据采集；主要品种的单产调查则是在抽选出的单产调查样本中开展实割实测调查，取得样本地块的单产数据及测定含水率和杂质率，并测算割、拉、打过程的损失量。

（四）播种面积和单产推算。在取得对抽中耕地单位区分品种农作物面积的基础上，原则上按照每个样本对应的总权数（两阶段入样概率倒数的乘积）进行加权求和，对总体分品种的农作物播种面积做出估计。在实际统计调查过程中，往往会遇到无法取得调查数据，即调查对象无回答的情况，这就需要对无回答情况做出权数调整，然后再用于推算总体的农作物播种面积。另外，在有可靠外部信息的情况下，如具有抽样总体的农业普查数据，这时可以用外部辅助信息进一步校准权数，进而采用校准权数对农作物播种面积做出估计。对主要品种农作物单产的计算，由于实割实测用的样本通常采用自加权的抽样设计，因而单产采用对所有实测样本进行简单平均的方式进行计算。

（五）给出估计量的方差估计。对于统计推断的估计结果，还需要给出估计量即农作物播种面积和单产的方差估计用于衡量估计结果的精度。

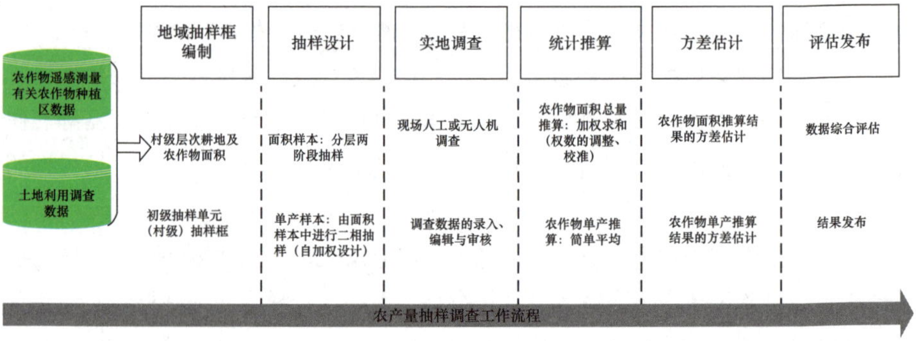

农产量抽样调查工作流程

（撰稿：周巍　韦革）

73. 行政记录数据是如何应用于统计工作的?

行政记录数据是大数据的特殊类型。从国际统计发展趋势来看，电子化的行政记录数据在政府统计中利用程度不断提高，基于行政记录信息生成官方统计数据在欧美等发达国家已经非常普遍，对节约统计调查成本、提高数据真实准确性具有重要意义。在现代信息社会，行政记录数据以其电子化、权威性、准确性等优势，越来越成为政府统计重要的基础数据来源。

一、什么是行政记录数据

行政记录数据是政府部门在行使其行政管理职能过程中，通过审批、注册登记等记录的大量信息数据。具体包括：

1. 个人信息记录数据。包括户籍、卫生医疗保障、教育、就业方面的登记等。上述数据记录主要由公安、卫生、教育、人力资源和社会保障等部门在其行使管理职能过程中产生并管理。

2. 单位信息记录数据。包括对企业、事业和机关等单位的注册登记记录。主要由市场监督、税务、民政和编办等管理部门产生并管理。

3. 自然和资源记录数据。包括气象、地震、土地、矿产资源、环境资源等信息。主要由自然资源、生态环境、气象、地震、海洋等部门产生并管理。

4. 其他管理记录数据。包括知识产权申报、进出口报关登记、出入境登记记录、资质评定、传感器记录等，由相关的知识产权、海关及资质评定等部门产生并管理。

二、行政记录数据用于政府统计的前提条件

行政记录数据被广泛应用于政府统计。一般而言，适合政府统计使用的行政记录数据必须满足两点要求：一是计算机可处理。二是登记对象必须清晰可识别，拥有编码系统，例如身份证号、住址编码等。在没有编码系统的情况下，若登记对象的信息足够多，通过数据整合，仍可准确识别到登记对象，但技术难度、工作负担和识别结果的不确定性增大。

三、行政记录数据在政府统计中的用途

（一）直接应用。

一是统计产品直接取自同一行政记录数据源，不需要链接其他行政记录数据，这种方法从技术上讲简单直接，但需要进行必要的逻辑检查，以修正明显的错误。实践中，直接使用行政记录数据进行统计的指标包括人口性别、年龄结构、人口数量、建筑物与居住地等。二是利用行政记录数据生产新的数据。例如，利用居住地编码即可生产住户单位的数据，即在没有家庭信息登记记录的情况下，一个住户单位可以定义为拥有相同住址编码的人群，不论其是否有血缘关系。三是更新基本单位名录库。比如，利用省级统计机构定期获取的“五证合一”部门共享的企业（农民专业合作社）新增、变更登记信息，企业年报信息，以及异常名录和失信企业信息，维护更新国家统计系统中的基本单位名录库。

（二）统计估算。

仅利用一种行政记录数据源，很多时候无法统计所需的指标数据，这些情形

就需要利用多个行政记录数据源进行估算。例如，在统计个人的主要经济活动时，单个数据源往往不全面，需要同时访问多个行政记录数据源，做到互相补充。同一个人的信息可以从不同数据源中取得，应该选取最可靠的数据源。在统计建模时，可以利用多个行政记录数据库推算出最优参数值，从而更好地对统计指标进行估算。目前，住户统计中尝试利用税务部门掌握的年收入额 12 万元以上人群数量、平均申报收入额等数据，评估校验住户调查中高收入人群比例及其收入水平，为准确测算基尼系数提供校准依据。季度和年度 GDP 核算中使用包括金融机构本外币存贷款余额、交通运输周转量、邮电业务总量、财政决算资料等部门行政管理和财务资料数据，不断提高 GDP 核算结果与相关指标的协调性。

（三）抽样调查。

利用行政记录数据库可以进行抽样调查、选择抽样框以及样本更新。以人口行政记录数据系统为例，可以利用其年龄、性别、民族、婚姻状况、居住地址、子女数量等大量人口特征信息，来定义总体和选择样本框。选择抽样框，既可将总体分层，也可对个体数据进行聚类。人口行政记录数据库中有详细的地址信息，方便对抽取的样本进行调查访问。利用行政记录数据，还可以对抽样调查数据的质量进行检验：首先，通过比较行政记录数据库与抽样数据，可以检验发现抽样调查中数据录入等错误；其次，利用行政记录数据可以对在调查中没有反馈以及缺失的调查数据进行较好补充。

（四）统计加工。

在加工统计数据产品时，行政记录数据具有多种用途，可以分别用于结构性统计、变动性统计和密度统计等。结构性统计是对系统中各组成部分所占比例的统计。变动性统计既包括数量变动统计也包括属性变动统计。将结构性统计与变动性统计结合可进行密度统计，如不同年龄群体的生育率统计。有的统计数据是通过链接不同行政记录数据加工整理而得，如链接“建筑存量、居住存量统计”“居住者统计”，可以进行“住房条件统计”，用以描述每个家庭单位的居住条件。

四、行政记录数据应用于政府统计的难点

目前，行政记录数据应用政府统计工作的主要难点在于部门间行政记录共享的难度较大，不同来源的行政记录有时存在统计标准和口径不一致问题，有些部门向统计部门提供的行政记录数据的频率不能满足统计要求，或者存在不规范、不稳定、不完整、时效性差等现象。因此，要充分利用“五证合一”改革成果，

健全部门联动的统计单位名录库持续维护更新机制，全面提升信息化水平，建立部门信息标准化机制，推进部门行政记录信息互联互通，完善信息安全保障和隐私保护机制，为行政记录在政府统计工作的广泛应用奠定良好基础。

（撰稿：闫海琪 何强）

74. 什么是统计基本单位名录库?

统计基本单位名录库，是法人单位和产业活动单位的“户籍”档案库，是国家政府统计工作重要的基础，统一完整、信息真实、更新及时的统计基本单位名录库，是提高统计数据质量、科学开展统计调查的基础。

一、基本概念

基本单位包括法人单位和产业活动单位。法人单位是指有权拥有资产、承担负债，并独立从事社会经济活动（或与其他单位进行交易）的组织；产业活动单位是法人单位的组成部分，是指位于一个地点，从事一种或主要从事一种社会经济活动的组织或组织的一部分。基本单位与个体经营户共同构成经济社会活动的细胞和载体，成为政府宏观调控体系中最基本的单元。

图 1　统计基本单位名录库的内容

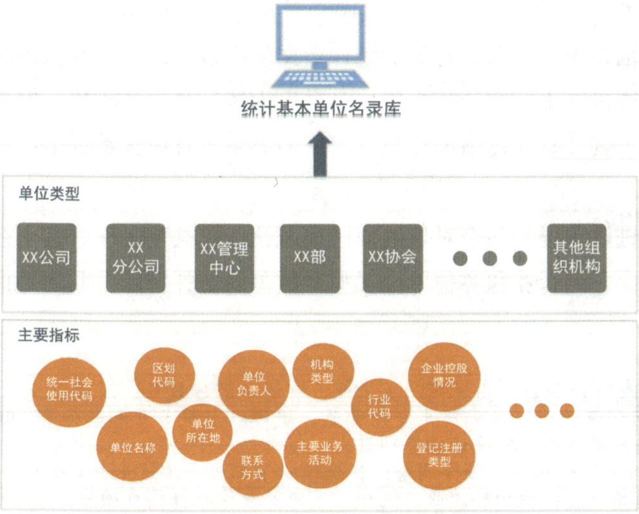

统计基本单位名录库是指在我国境内从事经济和社会活动的所有法人单位、产业活动单位基本信息的数据库。主要内容包括统一社会信用代码、单位名称等基本身份信息，所在地址和行政区划、联系电话等主要联络信息，行业类别、运营状态、机构类型、登记注册类型、控股情况等基本属性信息。

二、主要作用

统计基本单位名录库自 1996 年开始建设，经过 20 多年的发展完善，在统计工作中发挥着越来越重要的基础作用。2014 年，《国务院办公厅转发国家统计局关于加强和完善部门统计工作意见的通知》（国办发〔2014〕60 号）明确提出，国家统计局要会同有关部门建立国家统计基本单位名录库，为各类以单位为对象的普查和调查提供调查单位名录和抽样框。

统计基本单位名录库作为法人单位和产业活动单位的“户籍”档案库，反映全社会各类单位的基本情况，是统计调查体系的基础信息库，是国内生产总值（GDP）核算的基础依据。通过统计基本单位名录库建设，可以准确界定调查对象，避免调查对象的重复或遗漏，提高调查对象的可核实性，提升统计调查工作的效率和质量。其作用主要包括：

一是为以单位为调查对象的统计调查提供调查单位名录和抽样框。按照“先进库，再出数”的原则，不在统计基本单位名录库中的单位不得纳入专业统计调查范围，统计基本单位名录库为一套表统计调查[8]提供调查单位名录，为“非四上”样本单位抽样调查[9]提供抽样框。还为全国经济普查、全国海洋经济调查、全国污染源普查等重大国情国力调查提供调查对象总体或抽样框。

二是规范以单位为调查对象的统计数据生产过程。从加强基础统计工作、提高源头数据质量入手，统计基本单位名录库为统计数据的收集、整合、处理和发布提供基础工具，有效提高统计数据生产的效率，对统计数据生产的全过程进行规范和管理。

三是促进以单位为共享对象的部门间统计信息共享工作。基于统计基本单位名录库的全国、全行业和各种单位类型全覆盖的统计特点，利用地区、行业、单

注：8. 一套表统计调查：指规模以上工业、有资质的建筑业、限额以上批发和零售业、限额以上住宿和餐饮业、房地产开发经营业、规模以上服务业和其他有 5000 万元及以上在建项目的法人单位等常规统计调查项目。

9. “非四上”样本单位抽样调查：指规模以下工业、建筑业小微企业、限额以下批发和零售业、限额以下住宿和餐饮业、规模以下服务业等抽样调查项目。

位类型等多种分类标识，转换形成各种口径范围的单位名录，为政府统计机构和其他政府部门之间共享、整合单位基本信息、价值量统计信息、实物量统计信息等提供基础平台。

三、维护更新方式

统计基本单位名录库主要利用全国经济普查、部门行政登记资料和各项统计调查结果全面或部分维护更新。

图 2　统计基本单位名录库的维护更新方式

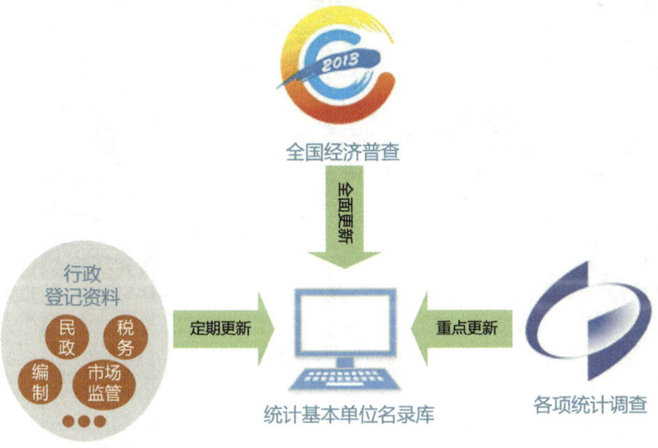

（一）是利用经济普查进行全面更新。《全国经济普查条例》规定，经济普查的重要目的之一是建立健全统计基本单位名录库。经济普查每 5 年开展一次，普查对象是我国境内从事第二产业和第三产业的全部法人、产业活动单位和个体经营户。普查结束后，统计机构将利用普查结果对统计基本单位名录库进行全面更新。

（二）是利用行政登记资料进行定期更新。基层统计机构以市场监管部门每日提供，编制、民政、税务等部门定期提供的新增、变更和注销登记资料为线索，实地核实查找单位，对具有统计意义的新增单位发表调查，对变更单位进行核实，利用调查核实结果更新统计基本单位名录库，同时将注销的单位及时从统计基本单位名录库中剔除。

（三）是利用各项统计调查进行重点更新。各级统计机构每年利用规模以上统计调查结果，及时利用部门统计调查结果，对统计基本单位名录库中的相关单位信息进行核实更新。

四、日常管理示例

下文以某工业企业为例，简要介绍统计基本单位名录库的日常管理、维护更新与实际应用[10]。

图 3　某公司发展变化对应的统计基本单位名录库管理

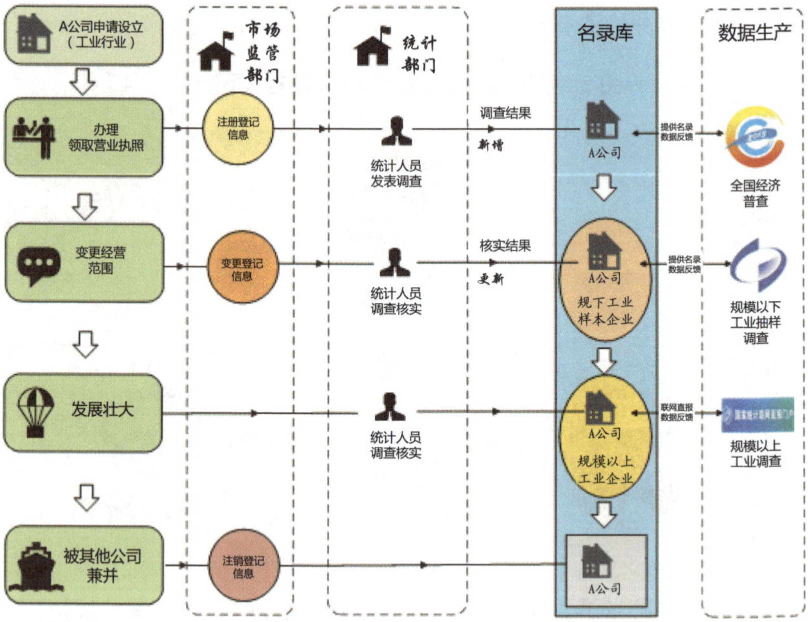

A 公司设立。A 公司在市场监管部门办理注册登记并领取营业执照，市场监管部门根据“五证合一、一照一码”改革有关规定，向统计机构推送该公司的登记信息。统计人员据此上门核实调查，如公司已开展经营，且符合统计单位界定标准，将组织 A 公司填写《法人单位基本情况》表，正式纳入统计基本单位名录库管理。

A 公司变更经营范围。该公司赴市场监管部门进行变更登记，市场监管部门将其变更登记信息推送至统计机构。统计人员赴公司调查了解实际情况，重新划分 A 公司的行业分类。统计机构开展规模以下工业企业抽样调查，按照一定的抽

注：10. 实际工作中，统计部门通常会应用更多行政部门的信息对单位进行维护更新，且单位的变化更加复杂，此案例进行了大量简化。

样规则，A 公司被选作样本单位。

A 公司发展壮大。该公司经营状况良好，年主营业务收入达到 2000 万元以上，在统计基本单位名录库中确定为规模以上工业企业进行管理。

在相应调查结束后，统计机构及时利用经济普查、规模以下抽样调查、规模以上统计调查结果更新名录库中 A 公司的信息。

A 公司被其他公司兼并。A 公司被兼并后按照相关规定到市场监管部门办理注销登记，市场监管部门将其注销登记信息推送至统计机构。统计人员在统计基本单位名录库中将 A 公司做剔除处理。

（撰稿：张卫华 周乐章）

75. 什么是统计“四大工程”？

改革开放以来，我国统计工作快速发展、不断完善，初步形成了以国民经济核算为核心，以国民经济行业统计和经济社会发展重点领域统计为支撑的国家统计体系。但由于各统计项目建立的时间和背景不同，侧重点也不一样，客观上导致各项统计之间互补性不强，统计制度方法不统一，标准化程度不高，调查工作的组织模式和分工存在不合理因素，制约了现代信息技术在统计中的应用，也造成了一些主要统计数据之间存在矛盾。为此，2009 年国家统计局在认真研究、分析、总结一套表历史经验和教训的基础上，决定推行统计“四大工程”建设。2012 年，全面建成并实施统计“四大工程”。

一、“四大工程”简介

统计“四大工程”包括基本单位名录库、企业一套表制度、数据采集处理软件和联网直报系统等四方面的内容。

（一）建设真实完整、及时更新的基本单位名录库。坚持“全国统一管理、专业分工协作、地方分级负责、各方共同参与、信息资料共享”的原则，按照“统一标准、一库在线、分级维护、及时更新”的模式，以经济普查资料为基础，充分利用部门行政记录和专业统计信息，把作为统计调查对象的各类单位，包括国家机关、社会团体、企事业组织等整合在一起，为各类以基本单位为对象的常规统计调查提供科学完备的调查单位库和抽样框，并根据企业的变化情况及时更新名录。

（二）建立统一规范、方便填报的企业（单位）一套表制度。按照“统一设计、统一标准、统一调查单位、统一布置”的原则，将对企业分散实施的各项调查整合统一到一起，统一布置报表，统一采集原生性指标数据，统一不同专业报表中相同指标的涵义、计算方法、分类标准和统计编码，建立既能有效满足各级党委政府、各类经济体和社会公众统计需求，又能满足专业统计和国民经济核算需要，便于企业填报、减轻企业和基层统计机构负担的统一规范的企业一套表制度。

（三）建设功能完善、统一兼容的数据采集处理软件系统。按照“功能完善、方便使用、标准统一、友好兼容”的总体要求，以规范的统计业务流程为依托，以解决现有数据采集处理软件多乱为重点，以满足各项统计调查数据采集处理、实现不同专业数据共享为目标，建设能够对统计调查制度进行统一电子化设计和布置，具备数据统一管理、录入、审核、编辑、报送、汇总等功能，性能优良、便于操作的数据采集处理软件系统。

（四）建设安全畅通、便捷高效的联网直报系统。在信息化硬件设施、数据采集处理软件系统和原始数据库建设的基础上，实现调查对象和调查人员通过互联网直接向全国数据管理中心报送原始数据、各级统计机构在线共享的工作模式，转变基层统计队伍工作重点，从过去繁重的数据收集汇总、报表填报转向对原始数据的核查和企业基础统计工作的督导，有效消除可能存在的中间环节对统计数据的干扰，提高数据汇总效率和生产过程的透明度与可控性。

简单地说，统计“四大工程”就是统一的基本单位名录库中的法定调查单位，按照企业一套表制度规定的调查内容，采用统一的数据采集处理软件，将原始数据通过互联网直接报送全国统一的数据中心，实现各级统计机构在线同步接收、审核和共享原始数据，确保数据的真实准确、完整及时。“四大工程”是一个有机整体，基本单位名录库是基础，企业一套表制度是核心，统一的数据采集处理软件系统是平台，联网直报系统是手段。

二、“四大工程”的意义

“四大工程”建设是统计理念的重大革新，是统计调查流程的系统再造，是统计数据生产方式的深刻变革，是在现有体制条件下破解统计工作难题，提高统计能力，提高统计数据质量，提高政府统计公信力最直接、最有效、最根本的举措，具有重大意义。一是减轻企业负担。过去各专业分散地给企业布置报表和调查任务，企业分散地填写纸介质报表。联网直报推行后，企业通过网络直接上报数据，各级、各专业同时在线共享原始数据，既不再重复给企业布置任务，也不再让企业重复报送报表，有效减轻企业负担。二是提高统计工作效率。过去企业填报纸介质报表，先报送县（乡）级统计机构进行录入，再通过逐级汇总上报，费时费力，效率低。联网直报模式下，企业网上填报并提交电子报表，数据直接报送到国家数据中心或国家认可的分中心，各级统计机构实时共享原始数据，同时在线查询和审核，提高了效率，缩短了数据报送和生产的时间。三是推进统计工作规范化水平。过去，调查单位名录库是由各个专业单独建立，报表由各个专业单独设计，数据生产过程虽然大同小异，但各个专业之间仍存在差异，规范化水平不高。四大工程推行后，通过统一的名录库、规范的业务流程、统一的一套表制度和软件，大大提高了统计工作的规范性和统一性。四是提高统计数据质量。通过建立统一的名录库能够部分解决虚假企业和跨专业、跨地区重复问题；企业数据直接“裸奔”到国家数据中心和国家认可的分中心，有效消除可能存在的中间环节对统计数据的干扰，提高数据生产过程的透明度与可控性。

按照整合资源、统筹规划、协同运作的一体化理念，改革统计生产方式，实现由各专业独立设计转变为统一设计，由各专业分散布置转变为统一布置，由各专业自行确定调查单位转变为统一确定调查单位，由间接采集转变为直接采集，由层层上报转变为同步共享。一是统一设计调查制度。研究制定一套表统计调查核心指标体系以及与之相配套的元数据标准，规范统一以企业（单位）为对象的统计调查指标名称、涵义、计算方法、分类标准、统计编码和使用要求。在此基础上，统一设计企业（单位）调查表式、统计范围、调查方法、调查频率和报送时间，形成体系完整、方便填报的统计调查制度。二是统一规范业务流程。对现行各专业统计业务工作流程进行再设计，由以往全过程的分专业实施转变为依托信息化技术及现代管理手段，实现统计制度设计、数据采集、数据处理、统计分析等环节的统筹管理，规范统计业务流程和操作规程，确保各业务环节有效对接、相关数据自动流转，工作流程环环相扣。三是统一认定调查单位。按照“先进库、再报数”的要求，以基本单位名录库为基础，确定一套表的统计调查单位。由国家统计局统一组织各省级统计部门定期认定年、定报统计调查单位，保证各行业（专业）统计数据的一致性和可比性。四是统一实施联网直报。利用安全畅通、便捷高效的联网直报系统，统一组织采集企业数据，实现企业通过互联网直接向统计机构报送原始数据，强化对源头统计数据的集中管理。五是统一编制处理软件。以规范的统计业务流程为依托，以解决数据处理软件多乱为重点，以实现各级统计机构数据共享为目标，开发建设一套表数据处理软件系统，统一规范数据加工过程，提高统计数据的准确性、及时性和共享性。

三、“四大工程”的成效

通过改革，国家统计局建成了真实完整、及时更新的基本单位名录库，建立了统一规范的一套表制度，开发了较为方便适用的数据采集处理软件，建立了较为安全高效的联网直报系统。目前，联网直报的实施范围已经扩展到工业、建筑业、批发和零售业、住宿和餐饮业、房地产开发和服务业等行业统计和调查单位、劳动工资、能源、投资、科技、价格、信息化和电子商务、劳动力、人口变动、农村、住户、交通运输邮电业等专业统计，涵盖 100 多万家规模以上全面调查企业、280 多万家抽样调查企业、60 多万个村、300 多万个住户和 11 万多个消费价格采价点。推行联网直报后，基层统计队伍工作重点发生重大转变，从过去繁重的数据搜集汇总、报表填报转向对原始数据的核查和企业基础统计工作的督导，对提高统计数据的真实性，提升统计工作整体效能起到了非常重要积极的推动作用。

（撰稿：何平　高婷）

76. 什么是电子商务统计？

随着互联网和移动互联网等新一代信息技术的发展和广泛应用，基于互联网的社会和经济活动蓬勃兴起，电子商务是其中影响最广、发展最快、规模最大的一种新的商业模式。所谓电子商务是指买卖双方通过互联网平台形成订单，进而完成交易的商务活动，买卖双方的交易额是电子商务重要的统计指标。

一、电子商务统计的重要性

电子商务是互联网与传统产业融合发展的最典型代表。随着我国通信网络基础设施建设的高速发展，互联网应用日益普及，电子商务作为一种新兴商业模式实现了高速发展，在服务民生、促进消费、推动经济转型升级等方面发挥了非常重要的作用，为大众创业、万众创新提供了广阔的空间，成为带动我国经济和社会转型发展的新动力、新引擎。电子商务的广泛应用，已经显著改变了人们的工作和生活方式。现在人们可以通过阿里巴巴、京东、淘宝、天猫这些综合性平台以及滴滴、饿了么、贝壳网等专业性电商平台，不受时间和空间的限制，随时随地在网上交易。交易的商品和服务从图书、服装、家电、家具、建材、生鲜，到汽车、房屋、出行、医疗、教育无所不包。电子商务交易额作为电商统计的重要指标反映了一个国家和地区电子商务的发展规模和发展趋势，同时也在一定程度上反映了一个国家和地区的整体经济发展和创新能力。做好电子商务统计工作对国家制定相关产业政策、促进经济高质量发展具有非常重要的意义。

二、电子商务统计的内涵

电子商务统计的关键是电商平台，目前电子商务交易额是通过电商平台采集的。电商平台可分为自营平台和非自营平台。自营平台是指企业为销售自身经营的产品或采购原材料而建立的网络平台，如小米商城、凡客网、东方钢铁在线交易平台等，其交易额是平台上的销售额和采购额之和；非自营平台是指为其他单位或个人开展电子商务交易活动提供服务的平台，如淘宝、天猫、携程、去哪儿、猪八戒网等，其交易额为平台上的销售额。实际上目前有很多电商平台既有自营平台的功能又有非自营平台的功能，属于混合型平台也称混营平台，其交易额是自营部分和非自营部分交易额之和。

三、电子商务统计的调查对象和范围

根据现行统计制度，电商统计对象为电子商务交易平台；统计范围是规模以上工业、有资质的建筑业、限额以上批发和零售业、限额以上住宿和餐饮业、房地产开发经营业、规模以上服务业法人单位拥有的电商平台，以及其他企业拥有的年交易额1000万元及以上的电商交易平台；调查频率为季度；数据采集方式是通过国家统计局联网直报系统由电商平台企业直接填报；填报内容是电商平台总交易额及其相关分组指标，包括商品类交易额、服务类交易额、对个人的交易额（B2C）、对单位的交易额（B2B）以及分地区的交易额。

四、电子商务发展状况解读

截至2019年底，国家统计局针对电商平台的调查已经开展了五年，有4000多家平台纳入了统计范围。五年间国家统计局根据实际情况，不断改进完善调查制度，不断充实更新调查名录库，电商调查数据质量稳步提高。调查结果显示，2015—2019 年全国电子商务交易额及比上年增速分别为 21.79 万亿元， 33.0%；26.10 万亿元，19.8%；29.16 万亿元，11.7%；31.63 万亿元，8.5%；34.81 万亿元，6.7%。近年来，电子商务作为最具活力的经济活动保持了稳定增长的态势。

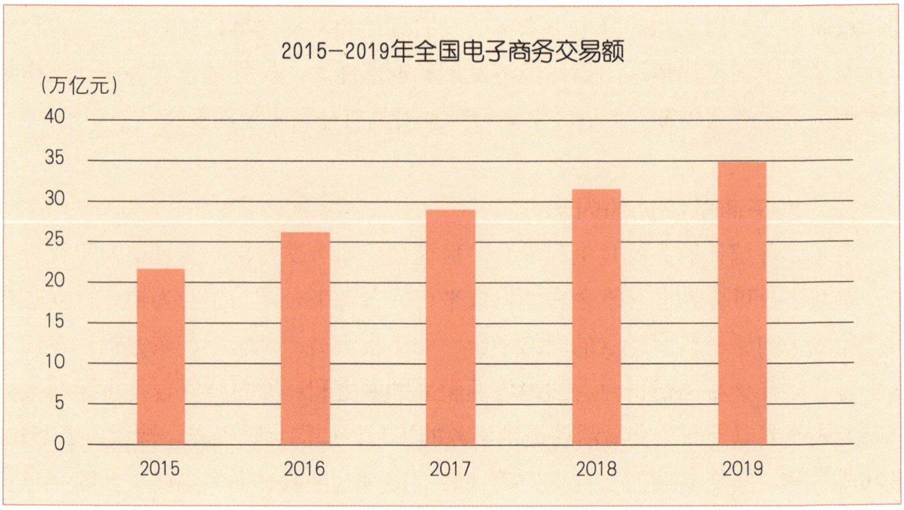

（撰稿：王萍　黄作鹏）

77. 什么是城市基本情况统计？

城市基本情况统计是国家统计局组织实施的以地级及以上城市为统计调查对象，通过定期报表按年度搜集整理城市经济、政治、文化、社会和生态文明等方面资料的一种统计调查方法。城市基本情况统计是研究和做好城市工作的重要基础。以城市为单位系统搜集、整理的城市基本情况资料，可以及时、准确地反映我国新型城镇化进程，全方位、多视角地呈现城市发展变化情况，为政府部门研究制定城市发展战略、促进区域协调发展、监测政策贯彻执行、提高城市综合管理水平等提供科学依据；为社会各界在分析研究城市发展情况时提供翔实资料；为企业投资决策提供信息咨询。

城市基本情况统计是全国唯一一个以城市作为统计单位的方法制度。统计内容包括行政区划、人口规模、资源环境、经济发展、科技创新、人民生活、公共服务和基础设施等八大类262个指标。统计范围涵盖全国所有地级以上城市，按属地原则统计，包括城市辖区内全部法人和产业活动单位的相关统计内容，即城市辖区内的所有企业、事业单位和机关团体，不论其行政关系属哪一级均应统计在该城市范围内。统计口径分为“全市”、“市辖区”两部分，“全市”指城市的全部行政区域，包括城区和所辖县（市）；“市辖区”指城区，不包括市辖县（市）。

每个城市统计资料不直接从企业或住户采集数据，它是从现有统计数据的基础上提取加工而成。城市基本情况统计资料的来源主要来自：（1）政府统计部门的统计资料。城市基本情况统计几乎涉及到统计局和调查队各个专业的统计制度，如国民经济核算、工业统计、运输邮电软件业统计、批发和零售业统计、住宿和餐饮业统计、房地产开发统计、能源和环境统计、固定资产投资统计、劳动工资统计、人口和劳动力调查、住户调查和价格统计等。（2）各政府部门的统计资料。一些部门统计制度的数据是城市基本情况统计资料的重要来源，涉及到的部门包括法院、教育部、科技部、工信部、公安部、民政部、财政部、人社部、自然资源部、生态环境部、住建部、交通部、水利部、商务部、文化和旅游部、人民银行、海关总署、体育总局、林业和草原局、知识产权局、民航局、邮政局等。

城市基本情况统计采取联网直报方式报送数据，通过分级审核、验收和汇总的方式进行数据处理，分三级组织实施。

第一级是国家统计局内设的城市统计部门（城市司）。负责统计报表制度和相关文件的制定及报批，协调编制数据处理程序，培训指导各地相关专业人员，整理、审核、汇总、发布全国城市统计资料和分析研究等工作。第二级是31个省（区、市）统计局内设的城市统计部门。负责培训、指导本地区各城市统计机构贯彻落实国家制度，帮助各城市搜集跨区域的行业统计资料，审核各城市统计资料的准确性，发布本地区城市统计资料。第三级是地级以上城市统计局内设的城市统计部门。负责按照国家制度要求以及上级机构的指导建议，组织人员收集有关资料，整理、编辑、审核、录入数据，将各城市数据传输上报国家统计局。

城市基本情况统计数据按年度通过国家统计局外网、统计年鉴或其他统计资料等形式对公众发布。《中国城市统计年鉴》是全面反映中国城市经济和社会发展情况的资料性年刊，是城市基本情况统计的主要产品之一，该年鉴收录了全国全部建制城市（含地级及以上城市和县级城市）年度社会经济发展和城市建设等各方面的统计数据，已成为各级政府管理部门、城市规划设计部门、城市社会经济研究机构、市政建设及房地产机构、各种中介服务及信息咨询机构等单位的工作者及各大专院校师生的重要研究参考资料，也是境外投资者、工商界人士及关心中国城市发展人士的重要参考资料。

利用城市基本情况统计资料，可以开展监测评价、分析研究等重要工作，如：编写中国城市年度发展报告和专题报告、城镇化进程监测评价工作、城市综合实力比较研究、投资环境比较研究、城市竞争力比较研究、区域经济协调发展、城市群发展研究等专题分析、编写中国城市发展相关书籍、国际城市比较研究等。

（撰稿：汪传敬 陈小龙）

78. 什么是住户调查?

住户调查以住户及其家庭成员为调查对象，以家庭和个人的生产、生活活动为主要调查内容，因调查对象群体庞大，一般采用抽样调查方式组织实施。住户调查作为人口、经济社会资料收集的一种手段，《联合国住户调查手册》将其定义为“数据收集最灵活的方法之一”，由于调查方法灵活、调查内容丰富、调查结果用途广泛，现在已有上百个国家开展了住户调查。

一、住户调查的主要作用

党的十八大以来，以习近平同志为核心的党中央始终坚持以人民为中心的发展思想，着力推进全面建成小康社会，把民生工作作为社会建设的重大任务。住户调查是与人民群众生活最紧密的一项调查，调查对象覆盖千家万户，调查内容反映民生民情，调查结果是宏观政策制定、小康进程监测的重要基础。

（一）客观反映民生改善效果。住户调查涉及城乡居民生产生活现状和收入消费变化等方方面面，通过住户调查，可以了解国家和地方出台的一系列惠民政策在改善民生方面的效果；还可为最低工资标准、扶贫标准、低保标准等调整提供统计支持。

（二）监测全面小康进程。通过住户调查，可以监测我国居民收入水平是否在持续提高，收入增长速度是否与经济发展同步；可以监测城乡间、地区间和居民内部的收入差距变化，收入分配状况是否在改善；可以监测贫困人口的规模和分布、贫困发生率、贫困深度等状况，以及精准扶贫、精准脱贫的成效，为反映全面小康社会进程提供重要参考依据。

（三）服务宏观调控决策。住户调查作为重要的民生统计，调查的收入和支出数据是支出法核算国内生产总值的重要基础资料；消费支出结构数据决定着居民消费价格指数的权数，直接影响着居民消费价格指数的变化；贫困监测数据是反映我国贫困状况和扶贫成效的重要基础数据；农民工调查数据是洞悉农村劳动力就业状况，测量农民工市民化进程的重要参考依据。

二、住户调查的实施过程

新中国的住户调查始于1954年的“家计调查”，距今已有60多年的历史。国家统计局目前开展的住户调查除住户收支与生活状况调查外，还包括农村贫困监测调查、农民工监测调查、农民工市民化监测调查、退耕还林（草）监测调查和农户固定资产投资调查。

下面，以住户收支与生活状况调查为例简要说明住户调查实施过程。

（一）调查户是如何抽选的。

国家统计局根据全国人口普查资料，将所有人口按常住地纳入调查范围，采用分层多阶段随机抽样方法抽选调查户，调查户抽选分4个阶段（见图）。

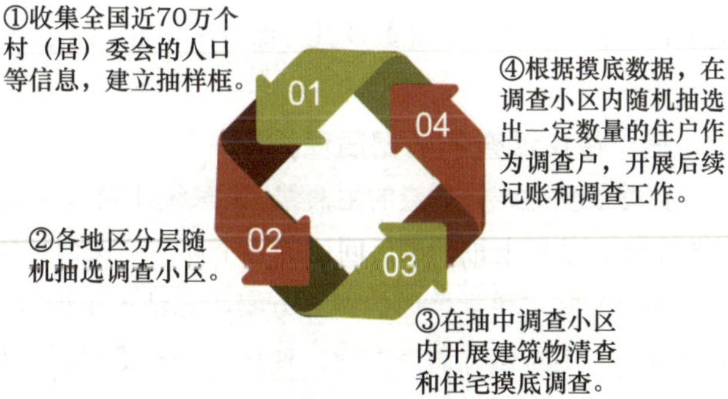

按照上述方法，2017年样本轮换中，在全国31个省（区、市）抽选确定了1800多个调查县（市、区）、16万调查户，这个调查规模可以使全国居民及分城乡居民人均可支配收入和消费支出在95%的置信度下，抽样误差控制在1%以内。为了防止样本老化，抽中的调查小区每五年轮换一次，抽中调查户定期进行轮换。

（二）数据是如何采集的。

住户收支与生活状况调查基础数据来源于调查户记账和调查人员入户访问。调查户要将每天发生的现金和实物收支情况，比如工资、奖金、福利、津贴、出售农产品、购买商品、自产自用等信息，逐项登记。记账时，调查户要一项一项分开记清所有收支项目的数量、单位、金额。对于实物收入和消费，要按规定方法折算成现金收入和支出。住户成员及劳动力从业情况、住房和耐用消费品拥有情况、家庭经营和生产投资情况、社区基本情况及其他民生状况等资料由调查人员入户访问，使用问卷调查方式采集。

调查人员经常入户或通过电话了解记账情况、解答有关问题、辅导帮助调查户记账；按月度收集数据，对记账情况进行检查询问；按季度上门访问填答问卷。每季度末，调查人员对调查户的信息、记账数据和问卷调查数据进行编码、录入、审核，并直接上报国家统计局，由国家统计局直接汇总计算出全国居民的主要收支数据。

（三）调查结果是如何使用的。

住户收支与生活状况调查按时汇总发布居民可支配收入、消费支出、农村贫困人口、贫困发生率、基尼系数、恩格尔系数等重要民生数据。

全国 16 万户的样本量可使全国和分省住户调查结果数据达到抽样精度要求，国家统计局按季度发布全国和分省居民收支相关数据，包括主要收入项和消费项数据；年度增加发布收入分配和贫困数据。分市县住户调查由各调查总队在分省样本基础上，补充抽选调查所需扩充样本，样本量一般在 100—300 户左右，较难达到规定的抽样精度。因此，在发布分市县居民收支数据时，一般只发布居民可支配收入和消费支出合计数及其一级分类指标，对于其他细项指标，应审慎使用。

三、住户调查的数据质量控制

数据质量是统计调查的生命线。国家统计局从方案制定、组织实施、现场采集、数据审核、数据上报、事后回访等各个环节确保调查数据的真实性和准确性。

（一）制定科学严谨的调查方案。总结多年调查实践经验，借鉴国际先进的调查方式，不断修订调查方案，使样本分布更广泛，指标设置更合理，问卷设计更易于理解。如为得到准确的居民家庭收支信息，方案设计中并未直接询问家庭的可支配收入和消费支出，而是通过采集就业信息、工资福利、金融资产、生产经营情况等细节数据、统一编码录入后由数据处理程序统一汇总得出。再比如，要得到农民的经营净收入，需要了解有多少地、种了什么农产品、卖了多少钱、种子化肥投入多少等，而不是简单地问农民当年的收入有多少。

（二）由专业调查人员统一组织实施。分布在各地的国家统计局直属调查队根据统一方案和保密要求，按照工作流程组织调查户进行记账。各调查队工作人员经过专业培训，具有多年现场调查经验，比较了解基层与调查户的基本情况，有助于打消调查户的顾虑、鼓励调查户如实填报相关收支信息。调查队工作人员还会定期对调查户进行回访和问卷调查，加强与调查户的沟通和联系。

（三）加强对基础数据的审核管理。为了确保数据的真实性和准确性，各地调查队使用统一的方法和数据处理程序对调查户的记账和访问调查基础数据进行审核、录入并直接上报国家统计局，由国家统计局直接汇总全国居民人均可支配收入等数据。国家统计局定期在全国随机抽选6000个调查户直接进行电话回访，核实重要收支数据的真实性和准确性。国家统计局对全国31个省（区、市）进行基础工作和数据质量现场抽查，加强对调查过程各个环节的监督、检查。

（四）采用新技术提高调查配合度。记账户可以利用国家统计局提供的统一数据采集平台，使用手机、平板电脑、台式电脑等各类电子数据采集设备，填报本人或家庭的收支信息，实现“随时记账、即时传输、个人账户、保护隐私”的数据采集目标，它不仅实现了数据搜集方式的无纸化、便利化与信息化，提高了收支调查的工作效率，还能很好地保护记账户的隐私，显著提升了调查对象特别是青年和生活节奏较快人群的配合度。

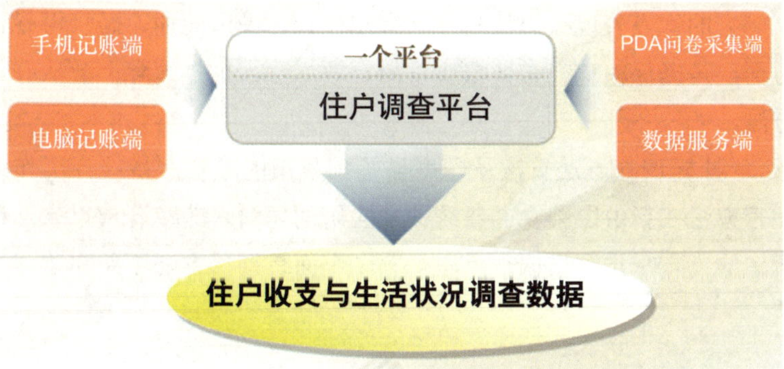

（撰稿：方晓丹 张嘉佩）

79. 粮食产量实割实测是如何做的?

如何通过测量方法搞清楚一亩地的粮食产量有多少？可以用“查颗数粒”估计法、“全收全测”法等; 但要准确、及时地搞清楚全省、全国平均每亩产多少粮食，那就要采用抽样调查的方法，通过对样本的调查来推算全省、全国的粮食产量，“实割实测”就是一种调查手段。

一、基本情况

粮食产量实割实测是在粮食作物产量抽样调查中，对粮食作物单位面积产量进行现场调查、推算总体过程的通称。实割实测“割取”的是样本，“测量”是样本数据，“推算”的是总体，这是它区别与其他测产方法的主要特征。

目前，全国除西藏等少数地区外，其他地区都开展了粮食产量实割实测工作。测产作物一般由各地根据本地实际情况自主确定并报国家核准。各地的测产粮食作物主要有稻谷、小麦、玉米等。

二、主要作用

在粮食产量抽样调查中，“实割实测”起到的是基础性、关键性作用，具有决定意义。它的优点表现在方法科学、客观性强、操作简便、经济可行、全流程可控等方面，是确保粮食产量数据质量的有效方法，也是国际上公认并普遍使用的测产方法。

1962 年抽样调查方法首次从印度借鉴到我国的粮食产量统计工作中，开启了抽样调查方法在新中国粮食产量统计中应用的先河。改革开放以来，粮食产量抽样调查中的“实割实测”调查手段得到了全面贯彻，方法不断完善，操作过程更加规范。

三、示例

以某省应用小麦产量实割实测方法为例。

某省主要农作物播种面积抽样调查样本村共有 20 个，其中有小麦播种面积的村 10 个，这些村就是实测小麦单位面积产量的抽样框。在得到每个村小麦单产水平预计后，实施小麦产量实割实测的村样本、地块样本抽选及现场调查工作，并推算全省的小麦单位面积产量。步骤如下：

（一）抽选样本村。采用二相系统抽样的方法，从该省有小麦播种面积的调查样本村中抽选实割实测样本村。

播种面积调查样本村是采用概率与耕地规模成比例方法抽选的（PPS），在抽样设计时已经确定了每个样本村的面积扩展因子（入样概率的倒数）。本例中，村的耕地面积、扩展因子、小麦播种面积、小麦扩展播种面积，小麦单产预计分别在下表中列出，排列顺序按小麦预计单产。

本例中，需要抽取 3 个小麦实割实测样本村。抽样距离 =（54.9447+78.3207+…）/3=457.6771/3=152.6；即小麦扩展播种面积之和 /3。从一个随机起点开始，本例从第 2 个村开始，每间隔 152.6 亩抽一个村，抽的结果用“√”表示。

实割实测样本村的抽选

序号	耕地面积	扩展因子	播种面积	单产预计	扩展面积	扩展面积累计	抽中样本
2	36	2.3889	23	510	54.9447	54.9447	
4	56	1.5357	51	530	78.3207	133.2654	√
5	71	1.2113	20	620	24.2260	157.4914	
8	85	1.0118	52	640	52.6136	210.1050	
9	63	1.3651	21	680	28.6671	238.7721	√
10	91	0.9451	13	720	12.2863	251.0584	
12	48	1.7971	31	760	55.7101	306.7685	
13	57	1.5088	41	780	61.8608	368.6293	√
15	73	1.1781	63	810	74.2203	442.8496	
16	87	0.9885	15	820	14.8275	457.6771	

（二）抽选样本地块。采用系统抽样的方法，抽取实割实测地块样本。在小麦收获季节，在样本村内进行“踏田估产”，估计每个小麦种植自然地块的单产。按预计单产排队，从自然地块中抽选 3—5 个测产样本地块。

（三）放置小样本。在实割实测地块样本内，按斜线、“品”字形等，随机起点，等距放置 3—5 个实割实测小样本。小样本面积为 10 平方市尺，用量规确定位置和范围。

（四）计算样本地块单产。对确定范围的实割实测小样本内的小麦进行割取、装袋、标记，然后进行脱粒、烘干、测水、称重并扣损，按照计算公式得到地块样本的小麦亩产。

$$\text{小麦地块亩产}=\frac{\text{地块样本小麦毛重}}{\text{小样本个数}}\times\frac{6000}{\text{小样本面积}}\times\text{水杂折算系数}-\text{平均每亩扣损量}$$

$$\left(\text{水杂折算系数}=\frac{1-\text{实际化验的含水杂质率}}{1-\text{国家水杂标准率}}\times 100\right)$$

（五）推算实测作物单产。将全部地块样本小麦亩产进行简单平均计算，推算出全省的小麦亩产量。公式如下：

$$\text{全省小麦平均亩产}=\frac{\text{全省样本地块小麦亩产之和}}{\text{全省样本地块数}}$$

为了确保数据质量，在实割实测村样本抽选时，采用系统抽样的计算公式计算抽样误差，只有在相对误差系数低于 2% 时，才能完成样本的抽选。在抽样调查实施过程中，对调查员进行培训，并按规范的操作流程，对实割实测进行全过程的监督、检查、评估，严密控制非抽样误差。

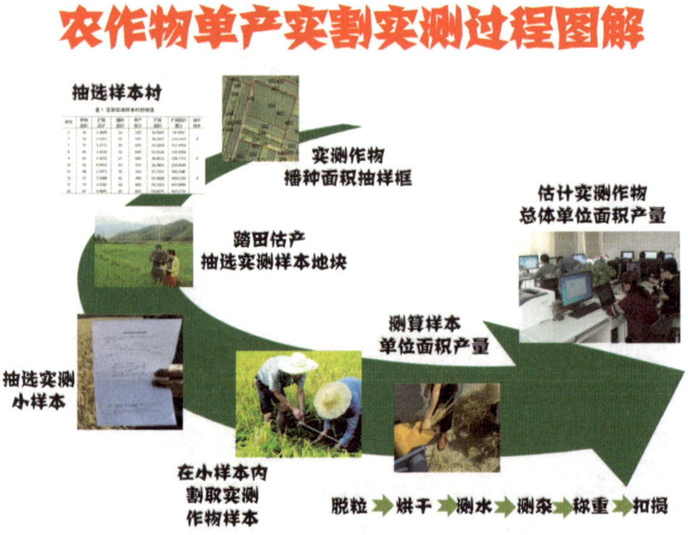

五、调查手段的改革

在粮食产量实割实测的调查手段上，部分地区依然使用杆秤、弹簧秤等传统工具。随着农业机械化水平的提高，农作物收获时间快速缩短，调查的时效性、适应性面临严峻挑战，调查手段的改革势在必行。主要的方向是应用地面农学传感器与空间信息技术结合方法区域测产，以及应用物联网、大数据等方法精确测产。

（撰稿：宋勇军 韦革）

80. 什么是遥感测量?

“遥感测量”，在航海、农业、气象、国土、资源、环境、测绘等领域已得到广泛应用，2016 年以来逐渐成为统计工作词典中的热门词汇，其在改造农业统计调查方式、提升统计调查的信息化水平、实现统计数据服务升级等方面的作用逐渐被社会广泛认知。

一、基本概念

遥感技术，广义上是指不直接接触目标而获得目标物状态信息的方法。一般是指通过搭载在人造卫星、飞机、无人机等不同高度平台上的传感器，记录地物反射的电磁波，从而采集地物信息的技术方法（图 1）。遥感相关产品一般是以记载着地物信息的遥感影像图形式呈现（图 2）。根据遥感影像图上的每一个像素点代表的地面实际面积（即影像分辨率）分为亚米级、米级、中分辨率和低分辨率等几个等级，随着影像分辨率的降低，对地物的直观辨识能力也随之降低。

图 1 遥感过程示意图

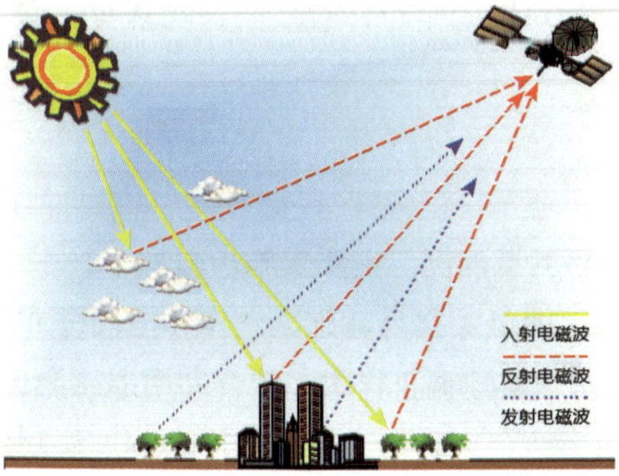

图 2 遥感影像图及地块图斑

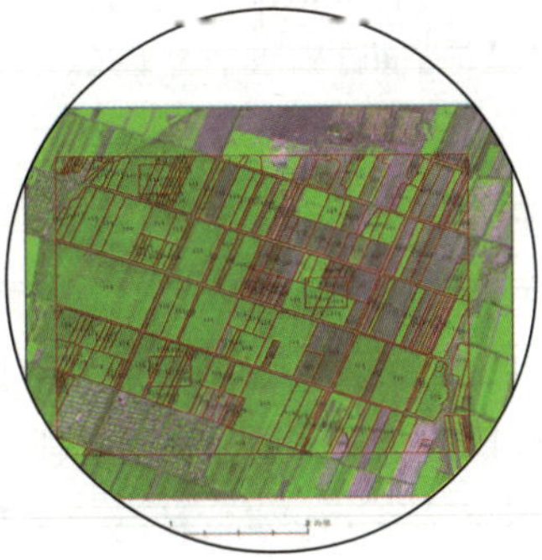

遥感测量，是指以卫星遥感影像等图像数据为基础，综合应用遥感技术、地理信息系统、全球定位技术和其它辅助数据，通过样本采集、计算机自动分类、人机交互测量等方法获得目标要素信息的过程。

近十几年来，遥感测量在我国政府统计领域诸如农作物面积测量、固定资产投资统计等方面的应用取得了长足进步。

二、主要作用

遥感测量具备覆盖范围广、重复覆盖周期短、采集信息丰富、测量结果直观等特点，以农作物面积遥感测量应用为例，其作用主要体现在以下方面：

（一）更加客观的测量。遥感影像客观记录地表情况，通过自动化、半自动化的方法测量取得地物的相关信息。

（二）可全覆盖测量。以中分辨率遥感影像为例，仅单幅影像就可实现几万平方公里土地的覆盖，可快速完成省级尺度的遥感测量，获取农作物全覆盖时空分布。

（三）调查对象稳定。由流动的人变为不可移动的地块。

（四）调查手段先进。由对人的访问调查转变为基于影像底图、地块矢量数据（可自动计算面积、定位）、摄影拍照相结合的新型 PDA 现场调查方式，调查过程可监控、调查结果可追溯。

（五）调查能力增强。基于卫星遥感影像底图，由无人机采集影像，结合 PDA 开展实地调查，破解了部分地区交通不便、存在自然阻隔而无法调查的问题。

（六）提升农作物产量调查水平。遥感测量能够监测作物生长过程，实现产量趋势预判；在采用实割实测方法对农作物进行产量调查中，利用 PDA 系统抽选地块，可有效避免人为选择；实现调查地块准确定位，有效监督实割实测调查全过程，为调查数据质量提供了有力保障。

三、示例

以第三次全国农业普查农作物面积遥感测量为例，主要实施步骤如下：

（一）采集实地调查样本数据。以耕地图斑数据为基础、农作物空间分布数据为辅助信息，采用分层两阶段抽样方法抽选实地调查样本。综合利用遥感影像、地块图斑，使用高定位精度手持移动终端，结合摄影技术，人工现场逐地块采集样本数据。

（二）全覆盖测量作物种植范围。基于米级遥感影像，勾画并测量取得种植农作物的图斑分布和面积，作为抽选实地调查样方的基础数据。

（三）基于地块的作物品种精确测量。基于亚米级遥感影像，测量取得抽中村种植的各主要农作物的地块级精确面积。

（四）测量取得主要农作物种植空间分布。基于多时相（多个时间段）的中分辨率遥感影像，测量取得主要农作物的种植空间分布范围。

（五）测算主要农作物面积。在主要农作物空间分布测量、农作物种植范围测量、作物品种精确地块测量和实地调查数据基础上，按照设计的抽样推算方法，推算出目标总体主要农作物面积数据。

（撰稿：施开分 郭航）

81. 社情民意调查是如何开展的?

社情民意调查是党和国家与人民群众沟通的重要桥梁，是人民群众实现利益表达与政治参与的有效途径，是党和国家准确了解和掌握人民群众利益关切、有效汇集和汲取人民群众智慧、提高决策科学性、增强执政能力、防范和化解风险的重要手段。中国特色社会主义进入新时代，世界面临百年未有之大变局，我国经济社会正发生着深刻复杂的变化，给社情民意调查提供了更加广阔的发展空间，也提出了更高的要求。

一、概念与历史

社情民意调查是通过面访、电话和网络调查等方式了解社会舆论和民意动向的一种调查。社情民意调查在国外通常被称为民意调查，起源于美国，现在一般以 1935 年美国人乔治•盖洛普等人合伙成立美国民意研究所，采用科学的抽样方法开展调查为现代民意调查的起点。我国社情民意调查始于 20 世纪 20 年代，但真正系统科学的社情民意调查是 20 世纪 70 年代末 80 年代初改革开放之后逐步发展起来的，经过多年的发展，尤其是党的十八大以来党和政府对民生领域的关注度不断提升以及科学决策、民主决策的力度持续加大，我国社情民意调查进入一个相对成熟的发展阶段，对调查的科学性、规范性要求越来越高。

二、作用与意义

受历史和国情等因素影响，社情民意调查在世界各国的发展状况和发挥的作用不尽相同，但它在反映民意、引导舆论、检验政策实施成效方面的作用却是公认的，也越来越受到关注和重视。美国卡潘 / 盖洛普教育民意调查，1969 年开始至今每年开展一次，是民调在检验政策实施成效方面发挥作用的典范。在美国、英国、法国等西方国家普遍开展的竞选活动民调，则把民调反映民意、引导舆论的作用发挥得淋漓尽致。

在我国，社情民意调查对新时代中国特色社会主义建设具有重要的意义和作用。一是满足党和政府科学决策、民主决策，建立服务型政府的需求。社情民意调查根据党和政府工作需要，系统了解不同社会群体的想法和态度，能够为决策提供坚实的民意基础。二是发展社会主义民主政治的客观需要。社情民意调查有利于保障人民群众对政策制定的知情权、对公共议题的表达权、对公共事务的参与权和对公权力的监督权，丰富了社会主义民主形式，拓宽了社会主义民主渠道，有利于人民群众有序进行政治参与，依法参与国家和社会事务的管理。三是在正确引导舆论，保障国家安全方面大有可为。社情民意调查一诞生就与社会舆论密不可分，英语中民意（Public Opinion）本义就是公共舆论。在开放的社会主义市场经济条件下，坚持正确政治方向和舆论导向的社情民意调查，对保障党和国家在意识形态方面的安全具有不可替代的作用。四是统计工作的重要组成部分，在完善统计职能、拓展统计内容、健全指标体系、提高统计能力等方面，能够为构建现代化统计调查体系作出重要贡献。

三、内容、方法与流程

社情民意调查在我国经济社会生活中得到了广泛应用，相对集中的领域包括公共事务、新闻传播和社会科学研究。其中，公共事务领域的社情民意调查主要服务于党中央、国务院和地方各级党委政府，调查内容主要集中于政治、社会等宏观领域，主要包括绩效考核、政风行风评价、民生问题满意度调查等几种类型。我国社情民意调查在问卷设计方面，主要采用同时列出问题与选项的封闭式设计方式；在样本抽取方面，主要采用随机抽样调查的方法；数据采集方式主要是计算机辅助电话调查（CATI）和面访调查，网络调查等新兴调查方式所占的比重也在不断增加。

社情民意调查的工作流程主要包括设计、执行、汇总分析等三个大的环节。

具体如图所示：

社情民意调查工作流程图

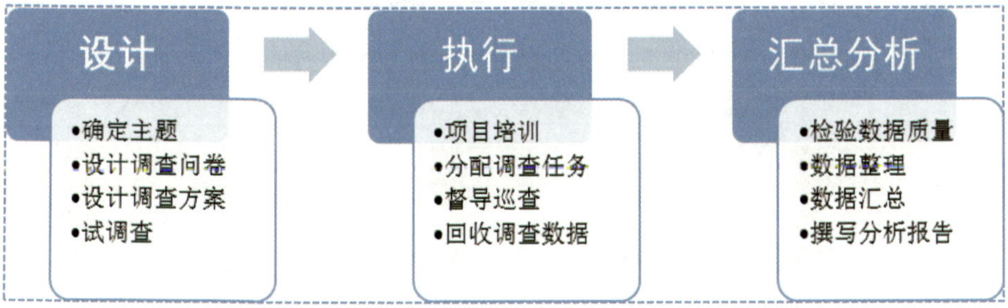

四、调查结果的计算方式

社情民意调查的调查结果主要包括百分比和计分两种计算方式。百分比方式就是直接对调查题目中不同选项被选择的频率进行统计，以相关的百分比高低来确定被访者对有关问题的评价。计分方式是对调查题目中不同选项被选择的频率与其对应的分值进行加权计算，以综合得分情况确定被访者的态度。

五、组织方式、调查机构

社情民意调查主要采取自行开展和委托开展两种组织方式，其中大多数是委托专业调查机构开展的。目前，我国有资质的专业调查机构主要包括政府性调查机构、新闻媒体调查机构、高校和科研院所的学术性调查机构、民间市场调查机构。统计系统社情民意调查机构是政府性社情民意调查机构的代表，也是我国社情民意调查的主要力量，拥有覆盖全国的计算机辅助电话调查（CATI）系统，开通了全国统一的社情民意调查热线 12340。

六、示例

以 2018 年全国民生问题满意度电话调查为例进行说明。调查由国务院发展研究中心“中国民生调查”课题组设计并组织实施。调查主题是民生，具体涵盖了就业、政府部门服务、交通、社会治安、住房、教育、医疗服务、（生态）环境、社会保障、社区公共服务、食品安全、司法公正等 12 个方面。调查采用多阶段、分层抽样的方法和计算机辅助电话调查（CATI）方式，在全国 31 个省、自治区、直辖市完成了 51606 个有效样本，调查对象为 18—74 周岁的城乡居民。如图所示，2018 年的调查充分显示了我国居民对各项民生工作的满意程度。

（撰稿：范宝虹　翟宏伟）

82．计算机辅助电话调查是如何开展的？

计算机辅助电话调查（CATI）是访问员通过计算机辅助电话调查系统向受访者了解和记录有关信息的统计调查方式，它是现代信息技术与抽样调查方法有机结合的产物。计算机辅助电话调查（CATI）具有调查效率高、覆盖范围广、质量控制方便、调查成本较低等优势，在抽样调查中被广泛采用，也是我国统计系统开展社情民意调查的主要调查方式。

一、概念与历史

计算机辅助电话调查，英文全称为 Computer-Assisted Telephone Interview，缩写为 CATI，是访问员通过由电话和计算机组成的调查系统，就导入计算机的问卷，用电话向受访者进行调查的调查方式。CATI 调查系统由计算机硬件系统和软件系统组成，其中软件系统包括调查问卷设计生成系统、统计分析系统和访谈监控系统。CATI 具体操作方法是，访问员面对计算机终端（与总控计算机相连的带屏幕和键盘的终端设备），头戴小型耳机式电话，计算机自动拨打由计算机程序按照抽样方案要求所抽取的电话号码，电话接通后，访问员读出计算机终端屏幕上显示的调查问卷题目并直接将受访者的回答用键盘录入计算机（封闭题选项用数字编码记录，开放题用文字记录受访者回答内容），调查结束后可直接导出调查数据。在计算机辅助电话调查中，调查问卷的使用、管理和整个抽样过程都在计算机工作站的控制中，督导员能够同时在其他特定计算机上对整个调查过程进行全程监控和指导。

计算机辅助电话调查（CATI）最早发源于美国，随着现代信息技术的发展而兴起。20 世纪 70 年代初期，美国的个别市场调查机构开始探索使用计算机辅助电话调查；20 世纪 70 年代中期，一些大学和研究机构开始使用计算机辅助电话调查；20 世纪 80 年代中期，计算机辅助电话调查在美国逐渐普及。在中国，直到 1987 年，电话调查才开始被一些专业调查机构使用，主要用于民意测验和媒体收视率研究。21 世纪初，我国统计系统开始引入和大规模应用计算机辅助电话调查（CATI），随着统计系统社情民意调查机构的成立和 12340 社情民意调查热线的开通，目前计算机辅助电话调查（CATI）已成为我国统计系统开展社情民意调查的主要调查方式。

二、优势与局限

与面访等传统调查方式相较而言，计算机辅助电话调查（CATI）有着许多优点：

调查速度快、效率高。省去传统调查所必须的问卷印刷、问卷邮寄或入户调查等环节，在短时间内即可完成调查；计算机自动抽选、拨打电话号码，节省人工拨号时间；计算机自动校验答案，保证答案的完整性、一致性、合规性；调查数据实时保存在计算机中，不需要人工对调查问卷编码、录入和校验；调查结束后计算机可立即生成调查数据库并进行初步的数据分析，极大提高了调查效率。

调查成本较低。与入户调查相比，CATI 调查不需要支出问卷印刷费、访问员差旅交通费、问卷人工编码和录入费用等，调查成本较低。但是，也要看到 CATI 调查系统在前期软硬件等方面的一次性投资较大，此外随着我国劳动力、房租等成本的提高，调查成本也在逐步上升。

调查质量可控性高。计算机可以控制整个访问流程和问卷逻辑，很大程度上避免了人为操作失误，减少非抽样误差，取得高质量数据。在计算机辅助电话调查过程中，计算机程序是预先设定好的，计算机根据问卷逻辑、已回答题目的答案、受访者（样本）情况及其他环境参数，自动控制提问过程，比如哪个问题该显示，哪个问题该跳过，问题中哪些选项该隐藏，问题、选项出现的顺序等，访问员可以依据计算机设置的问题程序进行访问，可有效避免在传统面访和传统电话访问中容易出现的漏题、跳题等错误。

易对调查质量监督复核。访问员集中在访问室里统一开展调查，便于督导人员在现场直接管理。CATI 系统具有实时监听功能，督导人员能够随时监听访问过程，及时发现问题并提供现场指导。CATI 系统具有录音功能，能够将调查过程完整录音，便于检查和复核。

调查覆盖地理范围广。只要是使用固定电话或手机的地区、单位、个人，都可以进行调查，不受地理因素的限制。

计算机辅助电话调查（CATI）也有一定的局限性：

调查时长和深度受局限。CATI 调查受时间长度和调查内容的复杂程度制约较大，在调查过程中，受访者随时可能由于种种原因挂断电话，从而导致访问失败。因此不太适合问卷题目较多、内容复杂且必须通过周密思考方可回答的深度调查。通常，一份 CATI 问卷调查时长不宜超过 20 分钟。

不适用于需出示辅助器具或进行复杂的概念说明的调查。由于无法直接与受访者面对面接触，因此 CATI 调查无法使用答题卡、图片、实物等调查辅助器具，因此不适合需要涉及到实物展示或辅助器具使用的调查或对抽象概念的测试。

对访问员计算机操作素质和沟通技巧要求较高。在 CATI 调查中，访问员必须借助计算机方可完成调查任务，计算机操作技能必须十分熟练，才能顺利配合受访者完成回答。同时，为避免受访者拒访或中止访问，访问员必须具备较高的沟通交流技巧。

三、适用范围

基于上述优势和不足，计算机辅助电话调查（CATI）具有其独特的适用范围，适用于具有以下特点的调查项目：一是问卷题目较少、选项数量较少、问题明确、内容相对简单、逻辑清晰、无需出具辅助器具、以封闭式问题为主的调查。二是适用于收集人们对某些话题和事件的观点和态度的调查，而不适用于涉及太多个人信息和隐私的调查。

除计算机辅助电话调查（CATI）外，在我国统计系统社情民意调查中常用的调查方式还有入户面访、网络调查、拦截访问等。

四、CATI 与互联网、人工智能技术的融合

随着互联网、人工智能技术发展，CATI 系统与互联网、人工智能技术融合成为社情民意调查新方式。

在互联网技术运用方面，一是省级民调电话访问系统与市级民调电话访问系统实时联网，实现省市两端同步在线监听访问过程，便于提高监督审核效率；二是在 CATI 基础上采用云调查平台，推动云端计算机辅助电话调查系统、移动端调查等方式深度融合和远程监控方式实施；三是“云平台”调查通过随机抽选的手机号码定向发送调查短信，采用网页链接答题，避免转发、刷票和重复回答，调查对象答题的私密性更强、反映的意见建议更为充分。

在人工智能技术应用方面，搭建了智能外呼机器人系统，与 CATI 系统对接，其外呼项目的样本数据可通过接口方式与智能外呼机器人访问系统实现共享；智能外呼机器人访问系统将外呼生成的答卷、录音等信息同步到 CATI 系统，由 CATI 系统进行后续的录音核验和质量控制。上述技术无人工调查员、质控标准统一，一定程度上解决了调查时间、空间、人员受限等问题。

（撰稿：翟宏伟　陈曦）

83. 什么是网络数据抓取?

大数据是政府统计数据的重要补充来源，在政府统计中的应用越来越广泛。大数据的特点是数据来源丰富且数据类型多样，传统的数据采集方法难以应对，需要通过新技术来采集数据。网络数据抓取是获取大数据的重要技术之一。

一、什么是网络数据抓取

网络数据抓取（Web Scraping）是指采用技术手段从大量网页中提取结构化和非结构化信息，按照一定规则和筛选标准进行数据处理，并保存到结构化数据库中的过程。目前网络数据抓取采用的技术主要是对垂直搜索引擎（指针对某一个行业的专业搜索引擎）的网络爬虫（或数据采集机器人）、分词系统、任务与索引系统等技术的综合运用。

二、网络数据抓取有什么作用

科学研究离不开详实可靠的数据，互联网的发展提供了新的获取数据的手段。面对海量的互联网数据，网络数据抓取技术被视为一种行之有效的技术手段。相比于传统的数据采集方法，网络抓取数据无论时效性，还是灵活性均有一定的优势。利用网络数据抓取技术，可以在短时间内快速地抓取目标信息，构建大数据集以满足分析研究需要。

三、网络数据抓取流程

图 1　网络数据抓取流程示意图

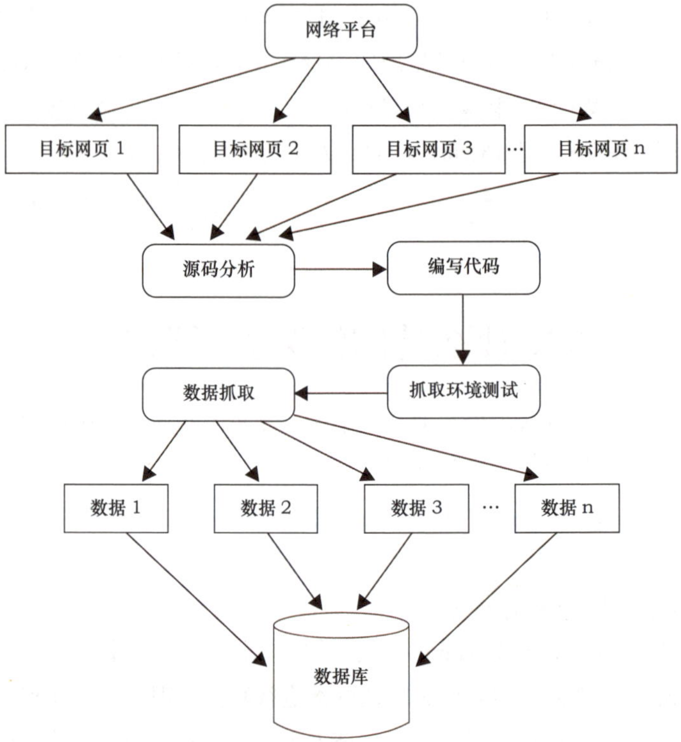

如上图所示，网络数据抓取的一般步骤包括：

（一）确定数据抓取的目标网站。

根据研究需求确定所需信息的来源网站。

（二）网站的源代码分析。

逐个分析各来源网站的数据信息组织形式，包括信息的展示方式以及返回方式，比如在线校验格式化的工具（JSON），在线格式化美化工具（XML）等，根据研究需求确定抓取字段。

（三）编写代码。

分析时尽量找出各来源网站信息组织的共性，这样更便于编写服务器端和数据抓取端的代码。

（四）抓取环境测试。

对抓取端进行代码测试，根据测试情况对代码进行修改和调整。

（五）数据抓取。

将测试好的代码在目标网站进行正式数据抓取。

（六）数据存储。

将抓取的数据以一定格式存储，比如将文本数据内容进行过滤和整理后，以 excel、csv 等格式存储，如果数据量较大也可以存储在关系型数据库（如 MySQL，Oracle 等），或非关系型数据库（如 MongoDB）中来辅助随后的信息抽取和分析。若抓取积累的数据量大到一定程度，即达到大数据的级别，为了将来分析的效率性和方便性，可以将其直接存储于各类分布式大数据框架(如 Hadoop 和 Spark 等)提供的分布式文件系统中。数据存储完成后，基于整理好格式的数据，可以根据分析目标执行各类数据挖掘和机器学习算法，如分类、建模、预测等等。

四、应用案例

目前世界上将网络抓取数据用于研究分析编制指数的成功案例有麻省理工学院的“10 亿价格项目”（The Billion Prices Project, BPP），在经济学家阿尔伯托•卡瓦洛（Alberto Cavallo）和罗伯托•瑞格本（Roberto Rigobon）带领下，项目研究团队利用网上商品价格数据计算“每日网上价格指数”（Daily Online Price Index），以反映日常通货膨胀程度。通过网络抓取技术，研究人员每天在网上抓取多于 50 万条商品价格信息，其数据量是美国政府价格统计收集数据的 5 倍，抓取的数据包括世界 70 个国家、300 个零售商、共 500 万种在线商品的价格。由于价格信息不是通过访问实体商店的传统方法获得，网络抓取数据的成本相对较低。相比传统 CPI 的月发布机制，“10 亿价格项目”仅有 3 天的滞后期，几乎实现了通货膨胀的实时预测，网上价格指数与传统 CPI 在趋势上高度吻合（如图 2），在官方统计数据发布之前就能够大致了解通货膨胀的走势。

图2 美国每日网上价格指数（2008年7月为基期）与居民消费价格指数对比

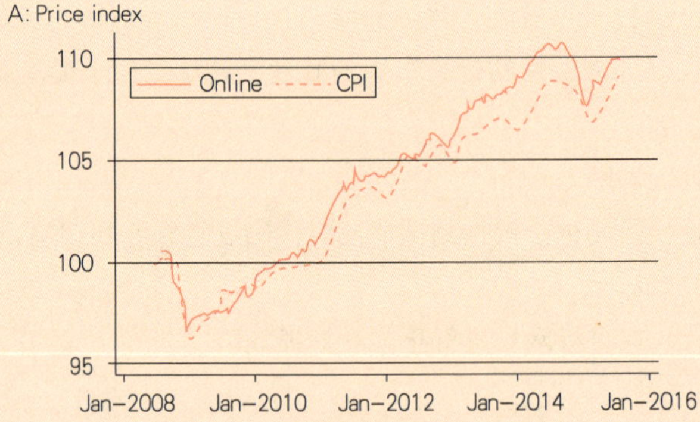

来源：BPP-Price Stats-state Street

此外，通过网络数据抓取技术，所获得的搜索数据被广泛应用于舆情调查分析。据人民日报报道，在百度搜索指数平台中“就业”“高考”“公务员”是全国网友普遍关注的词汇，北京最热搜索词是“房价”，河北网友最关注“雾霾”。基于网络搜索的关键词在一定程度上反映了社情民意，可以发挥网络搜索数据在制定公共政策方面的参考价值。

（撰稿：赵军利 董倩）

第五部分

统计监测

84. 如何对全面建成小康社会进程进行统计监测？

全面建成小康社会是我们党作出的重大战略部署，是党对全国人民作出的庄严承诺，是实现中华民族伟大复兴中国梦的重要组成部分。加强对全面建成小康社会进程统计监测，及时掌握和了解全面小康进展情况，发现在推进过程中出现的新情况和新问题，对各级党委和政府科学决策、分类指导，确保到二〇二〇年如期实现全面小康具有重要意义。

一、概念

从现在到二〇二〇年，是全面建成小康社会决胜期。要按照党的十六大、十七大、十八大、十九大提出的全面建成小康社会各项要求，紧扣我国社会主要矛盾变化，统筹推进经济建设、政治建设、文化建设、社会建设、生态文明建设，坚定实施科教兴国战略、人才强国战略、创新驱动发展战略、乡村振兴战略、区域协调发展战略、可持续发展战略、军民融合发展战略，突出抓重点、补短板、强弱项，特别是要坚决打好防范化解重大风险、精准脱贫、污染防治的攻坚战，使全面建成小康社会得到人民认可、经得起历史检验。

二、方法

全面建成小康社会进程统计监测是一个系统工程，既有对与全面小康社会建设关系密切的部分指标进行统计监测的定量方法，也有人民群众对全面小康社会建设各方面满意不满意、认可不认可的主观感受问卷调查。目前，国家统计局采取定量追踪监测和定性主观感受调查双重办法。

（一）定量监测方法。

首先，构建全面建成小康社会指标体系。

全面建成小康社会是一个涵盖经济、政治、文化、社会、生态文明领域的“五位一体”总目标，涉及多个方面，对于这样一个复杂系统工程，用一个或几个指标来监测是不够的，常用的方法是构建一套指标体系，对总体情况进行客观描述和定量评价。

全面建成小康社会指标体系包括体系框架、监测指标、指标目标值和指标权重。体系框架以“五位一体”总体布局为基础，包括经济发展、民主法治、文化建设、人民生活、资源环境，以及三大攻坚等六个方面。在具体指标的选取中，纳入了包括“十三五”规划中约束性指标在内的52个指标，其中：经济发展方面，包括人均GDP、服务业增加值占GDP比重、城镇化率、互联网普及率、科技进步贡献率等指标；民主法治方面，包括基层民主参选率、每万人口拥有律师数等指标；文化建设方面，包括文化及相关产业增加值占GDP比重、行政村（社区）综合性文化服务中心覆盖率等指标；人民生活方面，包括居民人均可支配收入、恩格尔系数、城乡居民收入比、平均预期寿命、基本社会保险参保率等指标；资源环境方面，包括单位GDP建设用地使用面积、单位GDP能源消耗、森林覆盖率、地级及以上城市空气质量优良天数比率、地表水达到或好于Ⅲ类水体比例等指标；三大攻坚方面，包括广义货币供应量与国内生产总值之比（M2/GDP）、政府负债率、企业资产负债率、农村贫困人口数、主要污染物排放等指标。监测指标主要来自全国“十三五”规划纲要及相关部门规划；主要指标2020年目标值根据全国“十三五”规划纲要及相关部门规划等确定；指标权重突出民生福祉。

其次，计算全面小康指数。

全面小康进程统计监测采取年度监测方式，监测方法使用多指标综合指数方法，通过综合指数即全面小康指数反映全面小康目标的实现情况。这种综合指数方法为多个国家和国际组织所采用，如联合国的人类发展指数等。

全面小康指数由全面建成小康社会指标体系中单项指标指数加权获得；各单项指标指数由该指标实际值与目标值对比获得。所有指数值介于0到100之间，越接近100，表明越接近目标。具体计算方法如下：

1．单项指标指数。

单项指标分为正向指标、逆向指标和适度指标。

正向指标是代表向上或向前发展、增长的指标，指标值越大评价就越好，其指数计算公式为：

$$Z_i=\begin{cases}\dfrac{X_i}{X_{i1}}\times 100\%，若\dfrac{X_i}{X_{i1}}<1\\[2ex] 100\%，若\dfrac{X_i}{X_{i1}}\geq 1\end{cases}$$

逆向指标与正向指标相反，其指标值越小越好，或者越大越不好。逆向指标可转换成正向指标，如取倒数等。若取倒数，其指数计算公式为：

$$z_i=\begin{cases}\frac{x_{i1}}{x_i}\times 100\%，若\frac{x_{i1}}{x_i}<1\\100\%，若\frac{x_{i1}}{x_i}\geq 1\end{cases}$$

适度指标是数值既不应过大，也不应过小，而应趋于一个适度点的指标。因而它可以看作是正向指标和逆向指标的组合。也就是说，在某个区间上，它是正向指标，在另外的区间上，它是逆向指标，根据不同区间，计算相应指数。

2．全面小康指数。

全面小康指数计算公式为：$F=\sum w_i z_i$

其中 x_i 为实际值，x_{i1} 为目标值，z_i 为 x_i 的评价值，w_i 为指标 x_i 的权数。

最后，根据指数进行监测分析。

（二）定性主观调查。

全面小康定性主观调查主要通过问卷调查进行，调查方式为计算机辅助电话调查（CATI）。调查范围涵盖全国 31 省（区、市），受访人数近 5 万人。问卷的内容包括 22 项问题，经过加工整理，计算出受访者的全面小康建设总体满意度、经济建设领域满意度、政治建设领域满意度、文化建设领域满意度、社会建设领域满意度和生态文明建设领域满意度等。全面小康定性主观调查基于年龄、收入、教育程度等对受访者进行分层，以具体分析不同群体的满意度情况。

二、局限性

全面建成小康社会目标是一个定量与定性兼备的目标，内涵十分丰富，完全用全面小康指数来衡量与判定有一定的局限性。全面小康社会有些目标可以量化，如经济、社会方面的一些目标；有些目标难以量化，如政治、文化方面的一些目标以及人的主观感受等。通过全面建成小康社会指标体系的统计监测，力图尽可能反映全面小康各方面的进展情况及薄弱环节，为决策提供统计数量依据。

（撰稿：赵军利 姜澍）

85. 开展高质量发展统计监测与评价的重要意义是什么?

党的十九大作出我国经济已由高速增长阶段转向高质量发展阶段的重大判断，随后2018年中央经济工作会议提出要加快形成推动高质量发展的指标体系、政策体系、标准体系、统计体系、绩效评价、政绩考核。这是经济发展一般规律与我国统计改革实践探索相结合的科学部署，是做好新时代统计工作的根本遵循。开展高质量发展统计监测与评价工作，建立充分反映经济社会发展综合质量效益和新发展理念的统计指标体系，对客观衡量各地区高质量发展情况，推动我国高质量发展不断取得新进展，引导各级领导干部牢固树立正确政绩观，具有十分重要的意义。

一、开展高质量发展统计监测与评价工作是统计部门贯彻落实党中央决策部署的重要任务

2017年底召开的中央经济工作会议强调，推动高质量发展是当前和今后一个时期确定发展思路、制定经济政策、实施宏观调控的根本要求。当前，我国正处在转变发展方式、优化经济结构、转换增长动力的攻关期，我们必须坚定贯彻新发展理念，不断推动高质量发展，整体构建新发展格局。这对统计工作提出了新的更高要求，需要统计部门加快建立推动高质量发展的统计体系，更加努力反映五大发展理念的新成就，动态监测国家重大战略实施的新进展，科学评估质量变革、效率变革、动力变革的新变化，为推动高质量发展，建设现代化经济体系做好统计保障。

二、开展高质量发展统计监测与评价工作是完善统计体制的重要抓手

高质量发展是建设现代化经济体系的必由之路，高质量发展的统计体系也是构建新时代现代化统计调查体系的重要组成部分。近年来，统计部门认真按照党的十九大报告中关于“完善统计体制”的要求，坚定不移推动统计改革创新，持续推进地区生产总值统一核算等一系列统计改革，逐步提升了统计能力，切实增强了政府统计监测评价功能的前瞻性、科学性和有效性。

三、开展高质量发展统计监测与评价工作是推动各级领导干部牢固树立正确政绩观的重要手段

一段时期以来，我国经济发展单纯追求 GDP 总量增长，GDP 作为反映经济总体状况的宏观性指标受到各方青睐，成为评价考核地方发展的重要指标。但是片面追求 GDP 增长也带来了资源短缺、环境恶化、发展失衡等系列问题，粗放式经济增长已不符合我国经济已由高速增长阶段转向高质量发展阶段的国情实际。开展高质量发展统计监测与评价，统筹兼顾创新、协调、绿色、开放、共享的各个维度，将科技、环境、民生等重要目标纳入综合考量，全面科学客观反映经济社会的总体发展，充分发挥统计指标的“风向标”“导航仪”作用，引导各方面全面落实科学发展观，牢固树立正确政绩观，进而推动各地把高质量发展落到实处，取得实效。

四、开展高质量发展统计监测与评价工作是我国为国际统计界探索研究更为科学客观的综合性宏观统计指标作出的重要贡献

近年来，随着我国经济社会发展和统计工作进步，我国统计工作的国际地位进一步提高。国家统计局积极参与可持续发展目标全球指标框架等国际统计标准制定，为国际官方统计的发展贡献中国智慧和中国方案。高质量发展统计监测与评价是一项基于中国国情、顺应世界潮流，立足当前、着眼长远的开拓性、独创性统计工作。这项工作对其他发展中国家改变传统的“粗放型”发展模式，转变到高质量、可持续发展的方向具有重要的参考意义，在经济可持续发展等统计领域发出了中国声音。

（撰稿：付刚　曾俊林）

86. 中国创新指数如何编制？

党的十八大提出了实施创新驱动发展战略，党的十九大进一步明确指出“创新是引领发展的第一动力，是建设现代化经济体系的战略支撑”。中国创新指数的编制，既是贯彻落实党中央、国务院决策部署，反映新形势下我国创新发展情况的需要，也是监测国家科技发展规划纲要和创新型国家建设进程的需要。

一、中国创新指数的基本概念

中国创新指数（China Innovation Index，简称 CII），是由国家统计局研究编制，旨在反映我国科技创新总体水平和发展状况的综合性指数。国家统计局于 2013 年 4 月首次发布 2005—2011 年中国创新指数，之后每年第 4 季度发布上一年的指数，截至 2020 年 10 月已连续发布 9 年。从数据结果看，中国创新指数一直保持着稳步增长的态势。

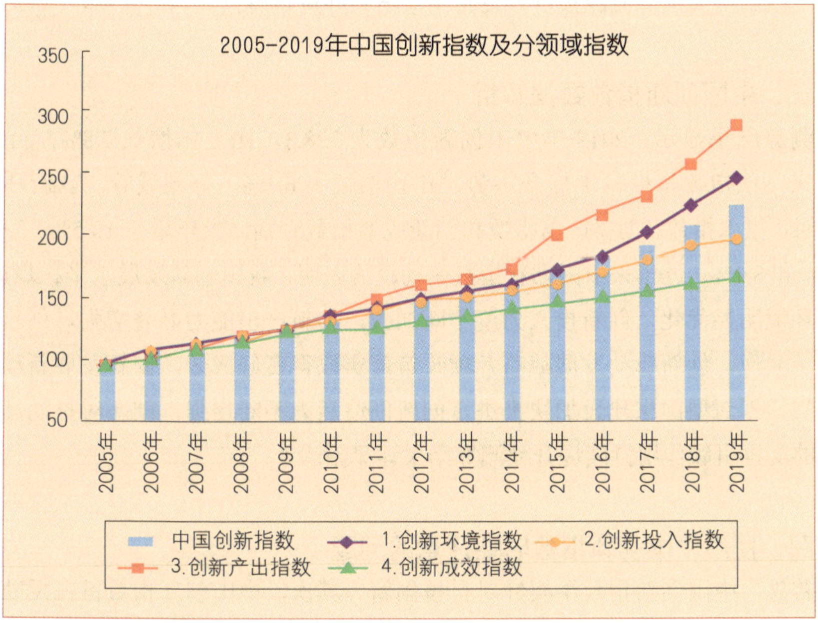

二、中国创新指数的编制方法

中国创新指数的编制分三个步骤。

（一）构建中国创新评价指标体系。将反映科技创新情况的多项指标组合，形成一个有机整体。该指标体系本着科学性、导向性、可操作性和开放性原则进行设计，分为三个层次。一级指标是总指数，反映我国创新发展总体情况；二级指标是分领域指数，反映我国创新环境、创新投入、创新产出和创新成效 4 方面情况；三级指标是评价指标指数，通过上述 4 个领域选取的 21 项具体指标反映我国创新各个方面具体发展情况（指标体系详见附表）。

（二）确定指数测算方法。通过一系列指标赋权、无量纲化、计算合成等加工方法，把指标数据构造成指数。测算方法分三步进行。第一步是确定指标权重，包括分领域的权数和评价指标的权数；第二步是计算指标增速，以基期年份[11]指标值为基础，计算指标相邻年份增长速度；第三步是合成分领域指数和总指数，在计算各领域评价指标加权增速的基础上，计算各领域分指数，最后计算总指数。

（三）测算指数实际结果。使用各个指标实际数据进行测算，得到年度总指数和分指数各项数据。实际测算主要有三项工作。首先对评价指标体系中各项指标的原始数据进行采集和整理；其次根据上述测算方法加工计算出指数结果；最后按照数据结果撰写监测报告，发布指数结果并进行解读。

三、中国创新指数数据解析

测算结果显示，2019 年中国创新指数为 228.3，比上年增长 7.8%；自 2005 年以来，该指数呈现稳步提升态势，年均增幅为 6.1%。分领域看，创新环境指数、创新投入指数、创新产出指数和创新成效指数分别比上年增长 10.5%、3.0%、11.8% 和 3.1%。近年来中国创新指数变动趋势表明，我国创新发展水平稳步提高，创新环境明显优化，创新投入力度不断加大，创新产出能力显著增强，创新成效进一步显现。创新驱动发展战略各项政策落实取得良好成效，创新发展新动能加速聚集，创新型国家建设加快推进，创新创造活力不断增强，创新对推动高质量发展的支撑引领作用持续提升（测算结果详见附表）。

四、使用中国创新指数时要注意的问题

首先，中国创新指数主要针对科技创新。其次，中国创新指数旨在反映我国创新发展进程，与其他一些旨在对不同国家和地区创新情况进行横向对比的创新指数，如全球创新指数[12]、国家创新指数[13]等相比，在评价目的、评价内容和评价方法上都有所不同，不具有可比性。第三，不同地区在测算本地的相关指数时，需要考虑数据来源、指标权重等因素差异，不宜简单照搬同一套方法。

注：11. 综合考虑数据的可获得性、一致性和连续性，确定以 2005 年为基期年。
12. 由世界知识产权组织和康奈尔大学等机构发布。
13. 由中国科学技术发展战略研究院发布。

中国创新指数测算结果（2005—2019 主要年份）

	2005 年	2010 年	2015 年	2018 年	2019 年
中国创新指数	100.0	133.0	174.0	211.8	228.3
一、创新环境指数	100.0	135.7	174.9	226.2	249.9
1. 劳动力中大专及以上学历人数指数	100.0	161.7	244.9	260.0	269.5
2. 人均 GDP 指数	100.0	166.6	239.2	288.2	304.8
3. 信息化指数	100.0	142.8	183.9	211.8	220.5
4. 科技拨款占财政拨款的比重指数	100.0	116.4	101.2	109.6	114.0
5. 享受加计扣除减免税企业所占比重指数	100.0	103.0	150.3	343.1	476.7
二、创新投入指数	100.0	132.3	164.2	193.4	199.1
1. 每万人 R&D 人员全时当量指数	100.0	182.5	262.0	300.8	328.5
2.R&D 经费占 GDP 比重指数	100.0	130.7	157.5	163.6	170.5
3. 基础研究人员人均经费指数	100.0	163.5	248.0	313.4	298.6
4. 企业 R&D 经费占主营业务收入比重指数	100.0	112.8	125.5	136.7	142.1
5. 有研发机构的企业所占比重指数	100.0	117.6	143.8	192.3	195.4
6. 开展产学研合作的企业所占比重指数	100.0	103.7	106.6	129.2	134.6
三、创新产出指数	100.0	137.2	208.3	264.1	295.3
1. 每万人科技论文数指数	100.0	152.8	165.4	182.8	193.0
2. 每万名 R&D 人员专利授权数指数	100.0	230.6	337.9	423.9	429.3
3. 发明专利授权数占专利授权数的比重指数	100.0	89.3	136.7	122.8	144.8
4. 每百家企业商标拥有量指数	100.0	100.1	180.0	325.3	386.4
5. 每万名科技活动人员技术市场成交额指数	100.0	155.3	287.7	419.3	489.1
四、创新成效指数	100.0	126.8	148.7	163.7	168.8
1. 新产品销售收入占主营业务收入的比重指数	100.0	115.2	127.3	161.5	170.8
2. 高新技术产品出口额占货物出口额的比重指数	100.0	109.0	100.7	104.9	102.1
3. 单位 GDP 能耗指数	100.0	123.8	151.7	169.1	173.8
4. 劳动生产率指数	100.0	179.0	292.5	302.3	328.4
5. 科技进步贡献率指数	100.0	117.8	128.0	135.9	137.7

（撰稿：关晓静 林梅）

87. 什么是经济发展新动能指数?

2015年以来，国家陆续出台加快实施《促进大数据发展行动纲要》《关于积极推进“互联网+”行动的指导意见》《国家创新驱动发展战略纲要》等重大政策措施，激发创新活力，加快培育经济发展新动能，主动适应和引领经济发展新常态，实现我国经济提质增效和转型升级。创新驱动，培育新动能，发展壮大新产业、新业态、新商业模式（简称“三新”），是新常态下经济发展的空间和潜力，也是推动新旧动能转换的动力源泉。

一、经济发展新动能指数的基本概念

经济发展新动能指数是指以新产业、新业态、新商业模式为主要内容的统计指标体系，利用“三新”调查基础数据，采用线性加权的综合评价方法构建而成的复合指数，用来反映经济新动能发展趋势和进程。

二、测算经济发展新动能指数的作用

党的十八大以来，我国经济发展进入新常态，党中央、国务院加快实施创新驱动发展战略，大力倡导大众创业、万众创新，积极推进“互联网+”行动计划，深化供给侧结构性改革，新产业、新业态、新商业模式如雨后春笋般快速发展，新动能不断集聚并加快成长，成为引领经济新发展、推动经济转型升级的动力源泉。党的十九大报告进一步提出，要建立现代化经济体系，培育新增长点，形成新动能。为更好地服务国家发展战略和宏观决策，有必要研究制定经济发展新动能统计指标体系，测算新动能指数，定量监测和度量以“三新”为代表的新动能发展趋势和进程。

三、如何构建经济发展新动能统计指标体系

经济发展新动能统计指标体系分为两个层次：第一层次为经济发展新动能的6个构成要素，即知识能力、经济活力、创新驱动、网络经济、转型升级和发展成效；第二层次为在每个一级指标下设置若干个二级指标，共40个指标（指标体系见下表）。

经济发展新动能统计指标体系

分类指数	序号	指标名称	计量单位
知识能力	1	经济活动人口中硕士及以上学历人数比例	%
	2	四上企业从业人员中专业技术人员占比	%
	3	非信息部门信息人员比重	%
	4	R&D 人员全时当量	万人年
	5	高技能人才占技能劳动者比例	%
经济活力	6	新登记注册市场主体数量	万户
	7	科技企业孵化器数量	家
	8	国家高新技术开发区企业单位数	个
	9	采用四众模式企业单位数	个
	10	创业板、新三板挂牌公司数量	个
	11	实际利用外金额	亿美元
	12	对外直接投资额	亿美元
	13	快递业务量	亿件
创新驱动	14	R&D 经费支出与 GDP 之比	%
	15	企业 R&D 经费	亿元
	16	科技企业孵化器内累计毕业企业数	个
	17	每万名 R&D 人员专利授权数	件
	18	技术市场成交合同金额	亿元
	19	风险投资额	亿元
网络经济	20	固定互联网宽带接入用户数	万户
	21	移动互联网用户数	万户
	22	固定宽带平均接入速率	KB/S
	23	移动互联网接入流量	亿 GB
	24	电子政务服务企业营业收入	亿元
	25	电子商务平台交易额	万亿元
	26	跨境电子商务交易额	万亿元
	27	实物商品网上零售额占社会消费品零售总额的比重	%
	28	网购替代率	%
	29	农业信息化率	%
转型升级	30	互联网支付交易金额	万亿元
	31	战略性新兴产业增加值占 GDP 比重	%
	32	高技术制造业增加值占规模以上工业增加值比重	%
	33	新服务企业营业收入	亿元
	34	农业产业化经营组织数量	万个
	35	通过电子商务交易平台销售商品或服务的四上企业占比	%
	36	高技术产品出口额占出口总额的比重	%
	37	单位 GDP 能耗降低率	%
	38	主要污染物排放总量降低率	%
发展成效	39	科技进步贡献率	%
	40	新产业、新业态、新商业模式增加值占 GDP 比重	%

注：实际参与 2019 年指数计算的一级指标有 5 个，二级指标有 29 个。

四、经济发展新动能指数的编制方法

采用简单线性加权的方法，对每个具体指标的标准化数据进行加权，得出各个分类指数，然后对各个分类指数加权计算总指数。在权重方面，该指标体系中的一级指标权重为均等赋权，二级指标权重则为非均等赋权。对具体指标的赋权，主要依据各类指标之间的相对重要性以及专家打分法确定。经济发展新动能指数的计算公式为：

$$NEI=\sum_{j=1}^{n} w_j F_j$$

$$F_j=\sum_{i=m_j}^{n_j} w_i z_i / \sum_{i=m_j}^{n_j} w_i \times 100\%$$

$$z_i=\frac{x_i}{x_0}\times 100\%$$

其中，z_i 为 x_i 的指数，x_i 为报告期值，x_0 为基期值。w_i 为 x_i 的权数，F_j 为第 j 个类别指数，m_j 为第 j 个类别中第 1 个评价指标在整个评价指标体系中的序数，n_j 为第 j 个类别中最后 1 个评价指标在整个评价指标体系中的序数。NEI 为经济发展新动能指数，W_j 为分类指数 F_j 的权数，n 为一级指标数量。

五、如何解读经济发展新动能指数

为动态监测我国经济发展新动能变动情况，国家统计局从 2016 年开始在《新产业新业态新商业模式统计监测制度》和经济发展新动能统计指标体系的基础上，每年测算我国的经济发展新动能指数。根据测算结果，2019 年我国经济发展新动能指数为 332.0（以 2014 年为基期），比上年增长 23.4%，表明我国经济发展新动能继续壮大，新产业、新业态、新商业模式快速成长，经济活力进一步增强，有力推动经济迈向高质量发展。

从分类指数看，一是网络经济指数比上年增长 42.0%， 表明“互联网 +”深入推进、网络基础设施支撑能力持续提升，数字经济优势凸显，网络消费旺盛，消费升级步伐加快，推动新动能进一步发展壮大。二是创新驱动指数比上年增长 15.6%，表明我国坚持创新引领发展，深入实施创新驱动发展战略，着力培育壮大新动能，使得科技创新能力不断提升，创新型国家建设迈出新步伐。三是知识能力指数比上年增长 8.3%，表明人力人才资源优势进一步发挥，创新发展人才支撑得以强化，知识能力建设取得新进展。四是经济活力指数比上年增长 7.4%，表明进一步深化“放管服”改革，大众创业万众创新深入开展，微观主体活力不断增强。五是转型升级指数比上年增长 1.0%，表明数字经济发展战略规划和配套政策出台实施，战略性新型产业集群发展工程深入实施，互联网、大数据、人工智能与实体经济融合向纵深发展，有力推动产业改造升级，促进新兴产业发展。

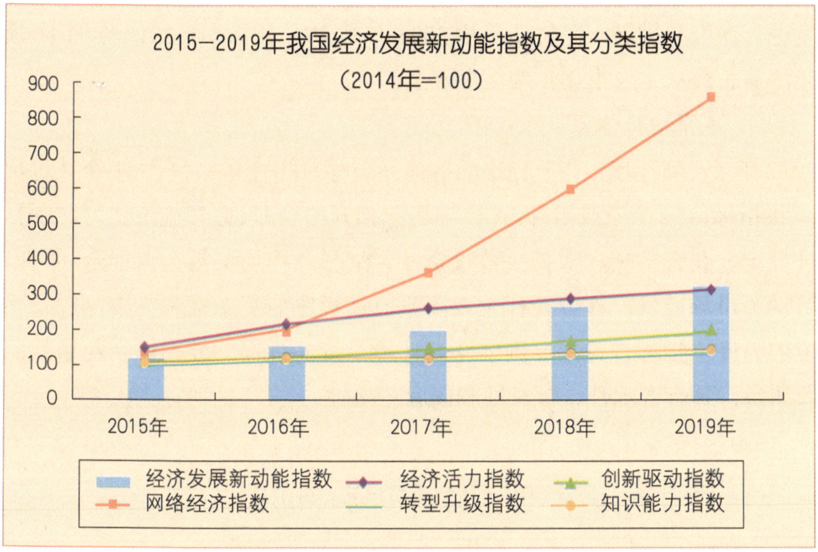

（撰稿：闫海琪　汤志华）

88. 对营商环境如何进行综合评价？

营商环境指企业从开办、运营到注销整个生命周期中各种外部环境的总和。换句话说，营商环境是企业发展的土壤，直接影响一个国家或地区的经济繁荣程度，最终反映在经济增长、财税收入、社会就业等各个方面。营商环境的优劣直接决定了一个国家或地区经济发展的速度和质量，是经济软实力和综合竞争力的重要体现。

一、全球营商环境评价

从2003年起，世界银行每年发布《营商环境报告》，至2017年已出版15期，成为世界银行的旗舰报告，可以说是目前国际上最为成熟、具有广泛影响力的营商环境评价报告，为开展全球主要经济体的营商环境综合评价提供了科学的评价方法和可信的评价结果。

报告重点关注政府政策对企业日常经营的影响，鼓励各国政府推行高效、公开且易执行的监管政策，有效合理设计经营活动规则，提高规则的质量，推动经济发展。报告通过收集分析营商环境评价指标相关数据，对世界各经济体的营商便利度进行评价和排名。评价项目从2003年的5项逐步增至2017年的11项，评价的经济体总数从133个逐步增至190个。

（一）评价指标体系。

2017年《营商环境报告》提出的营商环境评价指标体系包含11个评价项目、46个二级指标、122个三级指标。评价项目包括开办企业、办理施工许可、获得电力、不动产登记、获得信贷、保护少数投资者、纳税、跨境贸易、执行合同、办理破产和劳动力市场监管。评价指标主要衡量监管程序的复杂性和成本，以及相关法律制度的力度，指标设置主要围绕营商环境监管的过程、效率、企业服从监管的成本及质量，具有客观性、针对性和国际可比性。

世界银行《营商环境报告》评价项目

（二）评价方法。

主要采用前沿距离得分评价方法，前沿距离即各经济体与“前沿”经济体之间的距离，得分用 0—100 表示。每个指标的“前沿”（最高值）和最差值每 5 年确定一次，其数值分别为起始年份的各经济体最高水平和最低水平，并在 5 年时间内保持不变。

具体步骤为先对每个指标进行标准化线性转换获得单项指标前沿距离得分，再通过加权平均得到各经济体每个评价项目和整体得分，并据此进行各经济体的营商便利度排名。

（三）数据采集。

数据采集范围为各经济体的最大商业城市或前两大商业城市，数据来源由以下三部分组成，即报告的受访者、相关法律法规、各经济体的政府部门和世界银行地区代表处。

二、我国营商环境评价

我国政府高度重视优化营商环境工作。习近平总书记在中央财经领导小组第十六次会议上强调，要营造稳定公平透明、可预期的营商环境，加快建设开放型经济新体制，推动我国经济持续健康发展。李克强总理指出，营商环境就是生产力，在国务院会议上多次提出要进一步深化“放管服”改革，持续优化我国的营商环境。各部门也持续出台了一系列优化营商环境的改革政策措施。

按照党中央、国务院优化营商环境、推进“放管服”改革的决策部署和相关文件要求，借鉴世界银行营商环境评价体系，国家统计局在深入调研和广泛征求意见的基础上，基于我国具体国情，研究构建了营商环境评价指标体系框架，力求全面准确、客观公正地评价营商环境，反映“放管服”改革和优化营商环境的成效，揭示存在的短板和问题，为制定更有针对性、更加有效的改革政策措施提供数据支撑和决策依据。

（一）指标体系框架。

指标体系框架分为评价项目与具体指标两个层级。评价项目反映当前营商环境优化改善的重点领域，包括企业开办、施工许可、电力供应、缴纳税费、不动产登记、获得信贷等项目。具体指标主要由办理时间、办理程序、办理成本以及各评价项目的特色评价指标构成。

（二）营商环境调查和评价。

在指标体系框架基础上，国家统计局进一步细化梳理了评价项目行政审批的具体流程环节和主要指标，明确了评价指标的涵义、数据来源和计算方法，制定了营商环境评价工作方案和调查方案。2018 年 1 月起，选取企业开办、获得电力、获得信贷、不动产登记、水气报装等能够直接从部门行政记录取得企业数据的项目，在全国范围内开展调查和试评价。

国家统计局将继续深入贯彻落实党中央、国务院关于优化营商环境的决策部署，在前期已开展工作基础上，会同有关部门对标世界银行的营商环境指标体系和评价方法，进一步完善我国的营商环境评价指标体系和调查方案，建立制度化、常态化的营商环境调查和评价机制。

（撰稿：王萍　窦宇）

89. 如何对基本公共服务均等化进行统计监测？

党的十九大指出“履行好政府再分配调节职能，加快推进基本公共服务均等化，缩小收入分配差距”，提出到 2035 年基本公共服务均等化基本实现。国务院相继于 2012 年和 2017 年发布了《国家基本公共服务体系“十二五”规划》和《“十三五”推进基本公共服务均等化规划》。为配合目标制定与规划实施，发挥统计指标的导向作用，国家统计局从 2013 年开始，持续开展基本公共服务均等化统计监测工作，研究制定了基本公共服务统计监测指标体系和统计监测方案，搭建国家基本公共服务统计信息平台，发布国家基本公共服务统计监测年度报告，编辑印刷《国家基本公共服务统计概览》。

一、基本公共服务均等化的含义

基本公共服务是由政府主导、保障全体公民生存和发展基本需要、与经济社会发展水平相适应的公共服务，是公共服务中最基础、最核心的部分，是最基本的民生需求，也是政府公共服务职能的“底线”。基本公共服务均等化是指全体公民都能公平可及地获得大致均等的基本公共服务，其核心是促进机会均等，重点是保障人民群众得到基本公共服务的机会，涵盖教育、就业创业、社会保险、医疗卫生、社会服务、住房保障、文化体育等领域。

二、统计监测方法

基本公共服务均等化统计监测工作由国家统计局组织实施。根据《“十三五”推进基本公共服务均等化规划》（国发〔2017〕9号），国家统计局研究制定了“十三五”基本公共服务均等化统计监测指标体系。国家统计局每年从有关部门收集基础数据，进行加工整理，开展测算分析，形成监测报告，重点阐述分领域、分地区基本公共服务均等化进展情况。

指标体系包括一级指标、二级指标、三级指标三个层次。其中，一级指标8个，对应基本公共服务覆盖的八个领域；二级指标30个，反映基本公共服务均等化的重点任务；三级指标94个，反映基本公共服务中服务项目、服务环境、设备配置等方面的均等化进展情况（详见附表）。

通过计算地区间每个指标的变异系数，可以反映基本公共服务地区间的均等化程度。变异系数是一组数据标准差与其平均数之比，计算公式为：

$$\text{变异系数 Cv}=\frac{\text{标准差}}{\text{平均值}}$$

变异系数为无量纲测度，用于表示变量的离散程度，当变量均值为正数时，变异系数越趋近于0，表明变量离散程度越低，即均等化程度越高；反之，变异系数越大，表明变量离散程度越高，均等化程度越差。通过比较不同年份同一指标的变异系数，可以看出均等化程度的变化趋势。

三、2019年基本公共服务均等化统计监测主要结果

2019年，我国基本公共服务均等化建设取得新进展，均等化发展水平持续提升。

基本公共教育服务体系建设更加健全，义务教育均等化程度不断提高。九年义务教育生师比城镇为15.96，乡村为13.46，均略低于上年，城乡间差距有所缩小。地区间九年义务教育生师比变异系数继续减小，为0.127。

基本就业创业服务体系不断优化，就业规模继续扩大。2019年底，全国县（区）以上政府普遍设立了公共就业服务机构，98.8%的街道和98.7%的乡镇建立了服务窗口。全年城镇新增就业1352万人，546万城镇失业人员实现再就业，179万就业困难人员实现就业，帮助5.1万户零就业家庭实现每户至少一人就业。

基层医疗卫生服务能力提升，地区间基本医疗卫生服务均衡性提高。每千人

口卫生技术人员7.26人，比上年增长6.3%。每千农村人口乡镇卫生院床位数1.48张，比上年增加0.05张。地区间医疗卫生机构每千人口执业（助理）医师变异系数继续减小，为0.178。

养老服务体系建设取得新成效，养老服务能力不断提高。全国每千老年人口养老床位数30.5张，比上年增长4.6%。地区间每千老年人口养老床位数变异系数为0.306，比上年降低0.049，地区间养老服务均衡性明显改善。

基本公共文化体育服务惠及更多人群，多项指标达到《规划》目标。全国共有公共图书馆3196个，比上年增加20个；总流通人次9.0亿人次，增长9.9%，连续两年超过《规划》年流通人次达8亿的目标；全国广播节目和电视节目综合人口覆盖率分别达到99.1%和99.4%，均超过《规划》99%的目标。

基本社会保险参保人数不断增加，参保覆盖面继续扩大。截至2019年末，全国参加基本养老保险人数为9.7亿人，其中城镇职工基本养老保险和城乡居民基本养老保险参保人数分别为4.3亿人和5.3亿人，分别比上年末增加1586.9万人和874.3万人。社会保障卡普及率93.2%，比上年提高5.2个百分点。

基本住房保障服务力度加大，多渠道纾解困难群众基本住房需求压力。全年公共租赁住房实物保障1520.7万户，比上年增长2.7%，公共租赁住房租赁补贴155.6万户。实际开工的各类棚户区改造住房（含货币安置）316.2万套，2016年以来累计改造住房（含货币安置）2235万套，完成《规划》累计达2000万套的目标。农村危房改造竣工户数为132.1万户，2016年以来累计竣工农村危房改造820万户，超过《规划》累计达585万户的目标。

残疾人基本公共服务建设不断完善，残疾人事业得到良好发展。全国共有残疾人康复机构9775个，比上年增加739个。每十万人口拥有康复专业人才14.2人，比上年增长7.6%，变异系数为0.370，比上年降低0.065，均等化水平明显提高。残疾人接受九年义务教育在校生数65.5万人，比上年增长19.3%。

总体来看，“十三五”期间我国基本公共服务均等化程度明显改善，服务能力进一步提高，《规划》中多项目标已提前实现，部分指标完成情况超过《规划》目标水平。但是，基本公共服务资源在城乡和地区之间配置不均衡问题仍然存在，服务水平和质量还需进一步提高。

基本公共服务均等化统计监测指标体系

一级指标	二级指标	序号	三级指标
基本公共教育	九年义务教育	1	生均公共财政教育经费城乡比
		2	义务教育免费住宿学生数
		3	义务教育学生营养改善计划实施学生数
		4	初中毕业生升学率
		5	九年义务教育巩固率
		6	义务教育基本均衡县（市、区）的比例
	高中阶段教育	7	普通高中受资助家庭经济困难学生数
		8	普通高中免学杂费家庭困难学生数
		9	中等职业教育资助学生数
		10	中等职业教育免费学生比重
		11	中等职业教育与普通高中在校学生数之比
	学前教育	12	公办幼儿园在园幼儿数比重
		13	普惠性幼儿园在园幼儿数比重
劳动就业服务	就业服务	14	接受职业指导人数
		15	实现就业的就业困难人数
		16	本年消除的零就业家庭户数
		17	城镇新增就业人数
	创业服务	18	接受创业服务人数
		19	享受小额担保贷款贴息人数
	职业技能培训	20	参加职业技能培训人数
		21	农民工职业技能培训人数
		22	职业技能鉴定考核人数
	权益保护	23	劳动保障监察“两网化”管理地级以上城市覆盖率
		24	劳动保障监察投诉案件结案率
		25	劳动人事争议仲裁结案率
社会保险服务	基本养老保险	26	职工基本养老保险参保人数
		27	城乡居民基本养老保险参保人数
		28	企业退休人员年人均基本养老金
		29	城乡居民基础养老金标准
	基本医疗保险	30	职工基本医疗保险参保人数
		31	城乡居民基本医疗保险参保人数
		32	城乡居民基本医疗保险年人均财政补助水平

续表 1

社会保险服务	失业工伤险	33	失业保险参保人数
		34	工伤保险参保人数
		35	生育保险参保人数
	服务保障	36	社会保障卡持卡人数
基本社会服务	社会救助	37	最低生活保障人数
		38	直接医疗救助补助人数
		39	临时救助户数
	社会福利	40	儿童收养救助服务机构床位数
		41	年末儿童收养人数
		42	农村特困人员救助供养人数
		43	农村特困人员救助供养平均支出与农村居民人均消费支出之比
	基本养老服务	44	每千老年人口（60 岁及以上）养老床位数
		45	老年人福利补贴人数
		46	养老服务机构收养老年人数
	优抚安置	47	享受国家抚恤补助的优抚对象人数
		48	优抚对象年均抚恤水平
	服务保障	49	每千人口社会服务机构床位数
		50	每万人口拥有社会工作专业人才数
基本医疗卫生	公共卫生服务	51	城乡居民电子健康档案建档率
		52	65 岁及以上老年居民健康管理率
		53	7 岁以下儿童健康管理率
		54	孕产妇系统管理率
		55	甲、乙类法定报告传染病发病率
		56	人均基本公共卫生服务补助经费
	医疗服务	57	每万人口全科医生数
		58	每千人口基层医疗卫生机构执业（助理）医师数
		59	基层医疗卫生机构标准化达标率
		60	乡镇卫生院基础设施建设达标率
	中医服务	61	每千人口中医类别执业（助理）医师数
		62	提供中医药服务的基层医疗卫生机构比重
	食品药品安全	63	食品药品检测检验机构县（市、区）级覆盖率
		64	每万人口食品药品监管人员数
	人口和计划生育	65	计划生育家庭特别扶助
		66	农村部分计划生育家庭奖励扶助户数

续表 2

基本住房保障	公共租赁住房	67	公共租赁住房新开工套数
		68	公共租赁住房保障新增户数
		69	住房租赁补贴新增户数
	棚户区改造	70	年度实际开工的各类棚户区改造住房套数（含货币安置户数）
	农村危房改造	71	年末完成农村危房改造户数
公共文化体育服务	公共文化	72	每万人口拥有公共文化设施建筑面积
		73	人均拥有公共图书馆藏量
		74	公共图书馆总流通人次
		75	文化馆（站）服务人次
		76	博物馆参观人次总数
	广播影视	77	农村广播节目综合人口覆盖率
		78	农村电视节目综合人口覆盖率
		79	农村有线广播电视用户数比重
		80	全年农村公益电影放映场次
	新闻出版	81	国民综合阅读率
	群众体育	82	全民健身活动中心数
		83	每千人口社会体育指导员注册人数
		84	全国经常参加体育锻炼人数比率（10 省市抽样调查）
残疾人基本公共服务	社会保障	85	城乡居民基本养老保险重度残疾人参保补贴人数
		86	贫困残疾人生活补贴和重度残疾人护理补贴人数
	残疾人基本服务	87	义务教育阶段特殊教育学校生师比
		88	接受义务教育残疾人在校生数
		89	贫困残疾人家庭无障碍改造户数
		90	残疾人基本康复服务覆盖率
		91	城镇残疾人新增就业人数
		92	公共图书馆盲人阅览室覆盖率
		93	全年出版盲文图书品种数
		94	残疾人群众体育健身活动示范点

（撰稿：韩静 张显）

90．如何进行农民工统计监测？

农民工是我国在经济社会发展过程中出现的特殊社会群体，是我国产业工人的重要组成部分，是推动国家现代化建设的重要力量。党中央、国务院高度重视农民工群体，出台了一系列政策措施保护农民工权益，推进农民工工作。十九大报告进一步指出要“加快农业转移人口市民化”，促进“农民工多渠道就业创业”，为服务农民工、解决农民工问题提出了新的更高要求。农民工统计监测工作是农民工工作的重要组成部分，是国家宏观把握农民工发展变化情况、科学制定农民工政策、全面服务农民工的重要基础性工作。

一、农民工统计标准

按照《国务院关于解决农民工问题的若干意见》（国发〔2006〕5号）文件的要求，在充分考虑各方需求及基本共识的基础上，结合统计工作实际，明确了农民工的统计标准。农民工是户籍在农村，在乡镇以内从事非农产业或在乡镇以外从业6个月及以上的劳动者。主要包括两种情况：

一是“离土不离乡”的本地农民工，即在户籍所在乡镇地域以内从事非农活动（包括本地非农务工和非农自营活动）6个月及以上的农村劳动力。

二是“离乡不离土”和“离乡又离土”的外出农民工，即在户籍所在乡镇地域以外从事农业或非农产业6个月及以上的农村劳动力。

二、农民工统计监测体系

农民工统计监测具体包括两项农民工调查：

一是农民工监测调查，从输出地农村的角度反映农民工的规模、流向和分布。调查主要内容包括：住户成员基本情况，劳动力就业基本情况，外出从业人员及本地非农务工工作条件、收支、权益保障等情况，农村劳动力本地非农自营情况，调查小区人口、劳动力及举家外出情况等。

二是农民工市民化进程动态监测调查（简称农民工市民化调查），从输入地城镇的角度反映新型城镇化进程中农民工现状以及基本公共服务均等化情况。调查主要内容包括：进城农民工及随迁家属基本情况、农民工就业、健康与医疗、居住条件、社会融合状况，未随迁的农民工家庭成员基本情况，农民工子女教育情况，农民工及共同居住家庭成员的收支情况，以及农民工在城镇的定居意愿。

两项农民工调查形成完善的农民工统计监测体系。根据农民工相关政策需求变化，围绕国务院农民工工作重点，国家统计局会及时调整补充丰富农民工统计监测内容，更好地为政策制定服务。

三、调查组织实施

国家统计局负责制定两项农民工调查方案，组织开展调查，监督调查过程，审核处理调查数据，汇总发布调查结果。国家统计局派驻在各地方的直属调查机构负责现场调查、数据录入和初步审核，并将调查完成的数据直接上报国家统计局。

两项农民工调查均使用统一的抽样框，采用分层、多阶段随机抽样方法抽选样本。农民工监测调查在全国31个省（自治区、直辖市）的农村地域随机抽取了8.5万户样本，采用调查员入户访问的形式，按季度进行调查；农民工市民化调查在全国31个省（自治区、直辖市）的城镇地域随机抽取了4万户进城农民工样本，由调查员使用手持电子采集终端（PAD），采用直接入户面访的形式，每年10月开展年度一次性调查。

四、农民工统计监测结果发布

国家统计局根据农民工监测和农民工市民化调查结果，定期公开发布农民工统计数据。作为农民工统计的官方数据，季度和年度数据不仅被国务院农民工工作领导小组及成员单位在制定农民工相关政策时使用，每年定期发布的《农民工监测调查报告》也得到社会各界和媒体的高度关注和认可。

截至2019年，我国农民工总量达到29077万人，其中本地农民工11652万人，外出农民工17425万人。在外出农民工中，年末在城镇居住的进城农民工13500万人。2015年以来，全国农民工总量逐年增加，从27747万人增加到2019年的29077万人，四年累计增加1330万人，增长4.8%，年均增长1.2%。农民工月均收入从2015年的3072元提高到2019年的3962元，四年累计增加890元，增长29%，年均增长6.6%。

2015—2019年农民工总量及增速情况

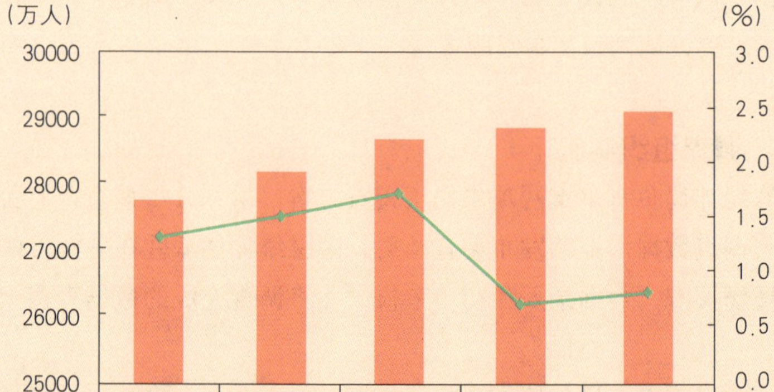

	2015年	2016年	2017年	2018年	2019年
规模	27747	28171	28652	28836	29077
增速	1.3	1.5	1.7	0.6	0.8

（撰稿：吴伟　郝彦宏　肖林）

91. 什么是全国农村贫困监测体系？

为了更全面、客观反映我国反贫困进程，1997 年，经国务院批准，国家统计局、国家计委、国务院扶贫开发领导小组联合下发《关于开展农村贫困监测工作的通知》，在原有农村住户调查基础上，在贫困县开展农村贫困监测专项调查，形成了一套以两项调查为依托，以贫困地区农村为重点，以居民收入、贫困人口数量为核心指标，多维度反映收入、消费、人口就业、生活条件、基础设施和基本公共服务的农村贫困监测体系。2012 年国家统计局联合国家发展改革委等部门印发《关于进一步加强农村贫困监测工作的通知》，将调查范围从 592 个国家扶贫开发工作重点县扩大到包括 14 个连片特困地区；2016 年国家统计局印发《关于贯彻落实〈中共中央国务院关于打赢脱贫攻坚战的决定〉精神进一步做好全国农村贫困监测工作的通知》，进一步加强农村贫困监测工作，不断提高监测能力和数据质量，为打好脱贫攻坚战提供可靠依据。

一、贫困监测调查方法

（一）调查范围。贫困监测包括两项调查：一是全国住户收支与生活状况调查，调查范围覆盖全国，目的是反映全国和分省农村贫困状况，样本分布在所有市区以及三分之一的县。二是国家农村贫困监测（专项）调查，调查范围为贫困地区，目的是反映连片特困地区和国家扶贫开发工作重点县的贫困状况，比较贫困地区农村与全国农村居民收入增长，以及基础设施和基本公共服务改善情况，样本分布在 592 个国家扶贫开发工作重点县以及西藏、四省涉藏州县、南疆四地州的所有地州，和其他片区的所有县。

（二）抽样方法。采用分层、多阶段、与人口规模大小成比例和随机等距相结合的抽样方法，从全国共抽取约 20 万调查户，调查结果对全国、分省、分片区有代表性。具体方法是：以省为单位，先按市区和县域分层，在所有市区和调查县，按照入样概率与人口规模成正比的抽样方法，分别在村委会和乡村抽取村级单位，再按照随机等距的方法抽选出固定数量的住户。

（三）直接调查。各地统计调查机构按照统一的制度方法，组织调查户记账采集家庭收入等数据，由市县级统计调查机构使用统一的方法和数据处理程序，对原始调查资料进行编码、审核、录入，然后将分户基础数据直接传输至国家统计局统一汇总计算。

（四）严格审查。一是国家统计局及直属调查总队对各地上报的微观数据进行认真审核。按照严格的审核程序，对数据的逻辑性、完整性等进行检查，根据各地社会、经济、气候、扶贫的背景资料，对调查资料进行比对分析，既防漏报也防虚报。二是组织开展基层基础工作及数据现场抽查，深入到村到户直接核对原始账页的真实性和准确性。三是委托第三方开展电话回访调查，确保调查质量。

二、贫困测算指标

（一）贫困人口规模。指生活在贫困标准以下的人口总数，一般用人均收入或消费低于贫困标准来衡量。世界银行用人均消费衡量贫困，欧盟用人均收入衡量贫困。我国用基本生活消费支出是否低于国家贫困标准来衡量农村贫困状况。

（二）贫困发生率。贫困发生率也称贫困人口比重指数，指人均收入或消费支出达不到贫困标准的人口占全部人口的比重。

（三）贫困缺口。贫困缺口是使所有贫困人口脱贫需要的收入之和，一般可用于测算保障性扶贫资金需求。

（四）贫困缺口率。贫困缺口率也称贫困深度指数，指贫困人口离贫困线的距离之和占所有人脱贫需要的收入之和的比重。如果贫困发生率一样，贫困缺口率大的地区贫困程度更严重，脱贫难度更大。比如，有两个贫困人口，一个收入只有2500元，一个是3000元，前者更贫困。使用贫困缺口率可以更客观反映扶贫成效。上例中，通过扶贫，两者收入都增加500元，若用贫困发生率衡量，只有脱贫才算反贫成就，扶持后者显然更加容易出成果。但若用贫困缺口率，在两者身上取得的成就都一样。

（五）加权贫困缺口率。又称贫困强度指数，计算方法与缺口率基本一致，只不过给更穷的人以更大的权数。这样，在上例中，如果优先扶持2500元收入的贫困户，反映出来的扶贫成效比扶持3000元收入的贫困户更大。

贫困发生率、贫困缺口率和加权贫困缺口率通称为贫困指数。其通用公式如下：

$$P_\alpha = \frac{1}{N}\sum_{i=1}^{q}\left(\frac{Z_P - Y_i}{Z_P}\right)^\alpha$$

这里，Z_P为贫困线支出，Y_i为第i个穷人的支出或收入，N为总人数，q为个人支出或收入低于贫困线的人数。

如果$\alpha=0$，指数P_α就成为$P_0=q/N$，这就是贫困人口比重指数，P_0是贫困线下人数占总人口的比重。

$\alpha=1$，贫困指数P_α表示“贫困缺口率”，或者表示贫困深度指数。

$\alpha=2$，贫困指数P_α表示“加权贫困缺口率”，或者表示贫困强度指数。

（撰稿：吴伟　尚梦琦　徐鑫）

92. 如何测算全要素生产率？

我国经济已由高速增长阶段转向高质量发展阶段，正处在转变发展方式、优化经济结构、转换增长动力的攻关期。党的“十九大”报告中明确提出“推动经济发展质量变革、效率变革、动力变革，提高全要素生产率”。全要素生产率与实现更高质量、更有效率、更加公平、更可持续发展，以及建立现代化经济体系直接相关。

一、什么是全要素生产率

全要素生产率的概念来自于生产率。生产率是指投入与产出之比，衡量单位投入的产出水平。从投入的角度看，生产率可分为单要素生产率和全要素生产率（简称 TFP）。前者指产出与一种要素投入之比，如劳动生产率为产出与劳动投入之比；后者指产出与综合要素投入之比，综合要素指资本、劳动、能源及其他要素等两种或多种要素的组合。

全要素生产率反映了资源配置状况、生产手段的技术水平、生产对象的变化、生产的组织管理水平、劳动者对生产经营活动的积极性，以及经济制度与各种社会因素对生产活动的影响程度。提高全要素生产率的途径主要有两种：一是通过技术进步实现生产效率的提高，二是通过生产要素的重新组合实现资源配置效率的提高，主要表现为在生产要素投入之外，通过技术进步、体制优化、组织管理改善等无形要素推动经济增长的作用。

二、全要素生产率有什么作用

判断一个国家经济增长的状况，不仅要看增长速度，更要看增长质量。全要素生产率与资本、劳动等要素投入都贡献于经济增长。经济学家认为，全要素生产率不仅是衡量生产要素的质量、生产要素配置效率的指标，也是衡量经济增长质量的核心指标，因此，它是探求经济增长源泉的主要工具，又是判断经济增长质量的重要方法。世界银行、OECD 等国际机构在研究经济时，通常把全要素生产率的变动作为考察经济增长质量的重要内容。

三、全要素生产率是如何测算的

由于全要素生产率的变化对判断经济增长质量的重要性，实际中测算的大多是全要素生产率增长率。全要素生产率增长率测算有多种方法，这里我们介绍最常用的方法——索洛余值法：

全要素生产率增长率被定义为产出增长率扣除各要素投入增长率的产出效益后的“余值”，即：

TFP 增长率 = 产出增长率－α × 资本投入增长率－β × 劳动投入增长率

其中，α 、β 分别为资本产出弹性和劳动产出弹性。资本产出弹性是指当资本投入增加 1% 时，由此带来产出变动的百分比；劳动产出弹性是指当劳动投入增加 1% 时，由此带来产出变动的百分比。

四、数据解读

以 1981—2018 年的某地区经济增长数据为例，计算 TFP 增长率。该地区 GDP 增长率、资本和劳动投入增长率见下表，我们估计出这一时期该经济体资本产出弹性 α=0.476，劳动产出弹性 β=0.524，根据公式，计算出 TFP 增长率年均为 4.40%。

从下表中可以看出，1981—2018 年间，该地区的资本投入增长率最高，年均为 8.82%，其次是全要素生产率增长率，年均为 4.40%，劳动投入增长率最低，年均为 1.99%。反映出这期间，资本投入对经济增长的贡献最大，全要素生产率的提高对经济增长的贡献次之，劳动投入对经济增长的贡献最低。

GDP、要素投入、TFP 增长率（1981—2018）

（%）

	1981—2018
GDP 增长率	9.64
资本投入增长率	8.82
劳动投入增长率	1.99
TFP 增长率	4.40

（撰稿：许亦频　曹麦）

93. 对京津冀协同发展主要从哪些方面进行统计监测？

推动京津冀协同发展是党中央、国务院在新的历史条件下作出的重大战略部署。2014 年以来，为充分发挥统计部门在推进京津冀协同发展中的职能作用，切实做好京津冀协同发展统计监测工作，国家统计局与京津冀统计部门成立了京津冀协同发展统计监测协调领导小组及其办公室，建立了一套科学合理、操作性强的统计监测体系，全面系统地反映京津冀协同发展进程及政策效果，及时发现存在的问题，为党中央、国务院以及三地党委、政府科学决策提供有力的统计信息支持。

一、京津冀协同发展统计监测的主要内容

京津冀协同发展是将京津冀三地作为一个整体协同发展，以疏解非首都核心功能、解决北京“大城市病”为基本出发点，调整优化城市布局和空间结构，构建现代化交通网络系统，扩大环境容量生态空间。着力推进产业升级转移，推动公共服务共建共享，加快市场一体化进程，打造现代化新型首都圈，努力形成京津冀目标同向、措施一体、优势互补、互利共赢协同发展新格局。为科学监测京津冀协同发展进程，国家统计局坚持以习近平总书记的重要讲话精神及《京津冀协同发展规划纲要》为指导思想和政策依据，在准确把握协同发展的本质、内涵和要求基础上，按照突出前瞻性兼顾可获得性、突出整体协同兼顾功能定位等原则，从京津冀协同发展的目标定位、功能疏解、产业升级、环境保护、交通建设、社会发展六个方面进行统计监测，以期全面客观科学反映京津冀协同发展进程。

（一）目标定位。是从发展水平、功能定位和辐射带动三个角度，选用人均地区生产总值、创新驱动指数、地区生产总值占全国比重等多项指标进行统计监测。主要是反映京津冀的总体发展水平、各自的功能定位及对全国的辐射带动情况。

（二）功能疏解。是从疏解转移、承接合作、人口调控三个角度，选用北京累计退出的一般性制造业企业数、北京累计减少的物流企业和商品交易市场数、北京城六区常住人口增速等多项指标进行统计监测。主要反映调整疏解非首都功能、京津冀产业对接与合作及首都人口调控的进展情况。

（三）产业升级。是从结构升级、提质增效、创新驱动三个角度，选用工业战略性新兴产业产出占规模以上工业产出比重、社会劳动生产率、企业研发投入强度等多项指标进行统计监测。主要反映京津冀在产业结构升级、质量效益提升和创新发展等领域的进展情况。

（四）环境保护。是从资源利用、环境建设二个角度，选用单位地区生产总值能耗降低率、细颗粒物（PM2.5）平均浓度下降率、重要水功能区水质达标率等多项指标进行统计监测。主要反映京津冀生态环境保护和治理，促进绿色循环低碳发展取得的进展情况。

（五）交通建设。是从资金投入、交通运输、互联互通三个角度，选用交通运输累计投资额、区域内高速公路里程、交通“一卡通”发放量等多项指标进行统计监测。主要反映京津冀交通领域资金投入、交通运输及互联互通的进展情况。

（六）社会发展。是从收入水平、教育医疗、社会保障三个角度，选用京津

冀居民人均可支配收入之比、京津冀平均受教育年限之比、京津冀每千人口执业（助理）医师数之比、京津冀基本养老金平均水平之比等多项指标进行统计监测。主要反映京津冀三地居民收入、教育、医疗、社会保障的进展情况。

二、京津冀协同发展统计结果解析

2019 年统计监测数据表明，京津冀区域发展稳中有进，功能定位日趋强化。三地地区生产总值 84580 亿元，比上年增长 6.1%。京津冀地区城镇化率为 66.7%，比上年提高 0.8 个百分点。北京规模以上文化产业法人单位实现收入同比增长 8.2%，拥有孵化器机构 500 余家，每万人发明专利拥有量达 132 件，技术合同成交额增长 14.9%。天津技术制造业投资增长 36.5%，规模以上工业中装备制造业增加值占 33.5%，天津港集装箱吞吐量达增长 8.1%。河北物流业增加值占 GDP 比重达到 7.6%，比上年提高 0.5 个百分点，快递服务企业业务收入累计增长 34.1%。疏解转移有序推进，减量发展成效明显。北京全市不予办理工商登记业务累计达 2.28 万件，退出一般制造业企业 399 家，疏解提升市场和物流中心 66 个，拆违腾退土地 5706 公顷，全市常住人口比上年末减少 0.6 万人。天津滨海—中关村科技园新增注册企业 482 家，注册资本金 31 亿元，京津合作示范区完成首批 10 个地块出让，共承接京津基本单位 964 个，京津产业转移项目固定资产投资增长 16.0%。 新兴产业快速发展，创新驱动效果显现。京津冀区域三次产业结构为 4.5:28.7:66.8，第三产业增加值占 GDP 的比重比上年提高 5.5 个百分点。北京规模以上工业中高技术制造业、战略性新兴产业增加值分别增长 9.3% 和 5.5%。天津规模以上工业中，智能制造工业增加值增长 8.2%。河北工业战略性新兴产业增加值比上年增长 10.3%。北京中关村示范区企业研究开发费用增长 16.1%。天津国家高新技术企业、国家科技型中小企业总数均突破 6000 家。河北国家级高新技术企业新增数量超过 2000 家。共享发展取得实效，居民获得感不断增强。北京、天津、河北居民人均可支配收入分别比上年增长 8.7%、7.3% 和 9.5%。天津、河北地表水优良水体比例分别为 50% 和 58.1%。京津冀区域 PM2.5 平均浓度同比下降 9.1%。三地公路里程同比增加 0.4 万公里。持续推动北京与河北廊坊、张家口等五市医疗卫生合作，16 家市属医院已与河北 26 家医院共同开展 31 个合作项目。

三、京津冀协同发展统计监测发挥的重要作用

京津冀协同发展统计监测协调领导小组及其办公室充分发挥三地统计部门的数据资源优势，推动实现三地统计系统数据共享，出台《京津冀协同发展统计监测数据共享方案》，聚焦区域发展和协同发展，及时开展监测与分析研究，为中央和三地党委、政府及相关部门科学制定政策提供咨询建议。一是按照京津冀协同发展统计监测指标体系，对2015年以来京津冀协同发展情况进行了监测分析，撰写了京津冀协同发展统计监测情况的报告。二是依托监测指标体系开展年度监测，结合三地共享数据开展季度分析，编印《京津冀主要指标数据》。三是结合各自特点和需求，开展专题性分析研究，如京津冀区域发展指数研究、区域产业升级布局优化研究、区域大数据产业发展研究、区域装备制造业发展比较研究、京津冀协同发展视角下河北企业创新发展对策研究等，深入分析区域发展中的重要问题。四是大力宣传解读京津冀协同发展统计监测成果，积极向社会公众进行宣传、解读协同发展进展成效。

（撰稿：龙玲 张英花）

94. 对长江经济带发展主要从哪些方面进行统计监测?

为全面贯彻落实习近平总书记关于推动长江经济带发展的一系列重要指示精神和《长江经济带发展规划纲要》，为推动长江经济带发展提供更加优质、高效、可靠的统计服务，从2017年开始，国家统计局将长江经济带发展统计监测工作作为重要战略任务。

一、什么是长江经济带

长江经济带是指沿江附近的经济圈，覆盖上海、江苏、浙江、安徽、江西、湖北、湖南、重庆、四川、云南、贵州等11省市，面积约205万平方公里，占全国的21%，人口和经济总量均超过全国的40%。长江经济带横跨我国东中西三大区域，具有独特优势和巨大发展潜力。改革开放以来，长江经济带已发展成为我国综合实力最强、战略支撑作用最大的区域之一。长江经济带战略作为中国新一轮改革开放转型实施新区域开放开发战略，是具有全球影响力的内河经济带、东中西互动合作的协调发展带、沿海沿江沿边全面推进的对内对外开放带，也是生

态文明建设的先行示范带。习近平总书记十分关注长江经济带发展，多次作出重要指示和批示。《长江经济带发展规划纲要》确立了长江经济带 " 一轴、两翼、三极、多点 " 的发展新格局，明确了长江经济带发展的目标、方向、思路和重点，描绘了长江经济带发展的宏伟蓝图。

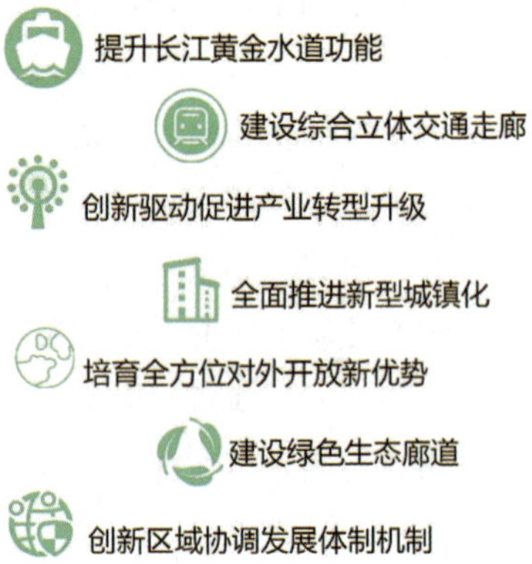

二、从哪些方面进行统计监测

长江经济带统计监测就是要通过一套科学合理、操作性强的统计监测指标体系，全面客观真实地反映长江经济带发展现状及其变化，特别是绿色发展情况，为长江经济带发展提供有力的统计保障和支撑。主要包括以下五个方面：

（一）贯彻落实习近平总书记“共抓大保护、不搞大开发”的重要指示精神，从生态保护、环境改善、环境治理、资源节约 4 个方面选择若干指标，突出生态文明建设先行示范带建设进程的监测。

（二）根据《规划纲要》提出把长江经济带建设成引领全国转型发展的创新驱动带战略定位，从发展水平、辐射带动、转型升级、提质增效、创新驱动 5 个方面重点监测产业转型升级情况。

（三）充分考虑长江通道的重要战略地位，根据《规划纲要》提出的加快交通基础设施互联互通，增强对长江经济带发展的战略支撑力的要求，从基础建设、运输量、邮电业务 3 个方面加强交通运输发展情况的监测。

（四）为更好推动长江经济带“引进来”和“走出去”相结合，构建开放型经济新体制，形成全方位开放新格局，全面掌握长江经济带对外开放情况，从对外投资和贸易 2 个方面选择进出口总额增速、进出口总额占 GDP 比重、引进外资增速、对外投资增速等指标进行统计监测。

（五）坚持以人为本的发展理念，落实《规划纲要》提出的缩小长江经济带东中西部发展差距，不断提高人民群众生活水平的要求，监测沿江各地居民收支水平、教育医疗、社会保障3个方面的发展情况。

同时，充分发挥统计部门的数据资源优势，聚焦长江经济带发展中亟需解决的难点，敏锐捕捉发展中出现的新情况、新问题，开展专题分析，提供有深度、针对性强的统计分析报告，为中央和地方各级党委、政府及相关部门科学决策提供针对性强、参考价值高的咨询建议。

（撰稿：刘勇绪 胡晓微）

95. 对长三角一体化发展主要从哪些方面进行统计监测？

为深入贯彻落实习近平总书记关于长三角一体化发展重要讲话指示批示精神和国家《长江三角洲区域一体化发展规划纲要》，全面客观真实反映长三角一体化发展状况，国家统计局建立了长三角一体化发展统计监测体系。2020年3月国家统计局印发《长三角一体化发展统计监测工作方案》，成立长三角一体化发展统计监测协调领导小组，组织协调沪苏浙皖三省一市统计机构开展长三角一体化发展统计监测工作，为党中央、国务院推进长三角一体化发展提供坚实统计保障。

一、什么是长三角一体化发展

2019年12月，中共中央、国务院正式印发《长江三角洲区域一体化发展规划纲要》。长三角地区包括上海、江苏、浙江、安徽三省一市全域，面积为35.8万平方公里，经济总量约占全国1/4。长三角地区是我国经济发展最活跃、开放程度最高、创新能力最强的区域之一，推动长三角一体化发展，就是增强长三角地区创新能力和竞争能力，提高经济集聚度、区域连接性和政策协同效率。2020年8月20日，习近平总书记在安徽合肥主持召开扎实推进长三角一体化发展座谈会并发表重要讲话，就紧扣一体化和高质量两个关键词抓好重点工作作出新部署，要以一体化的思路和举措打破行政壁垒、提高政策协同，让要素在更大范围畅通流动，有利于发挥各地区比较优势，实现更合理分工，凝聚更强大的合力，促进高质量发展。

二、从哪些方面进行统计监测

开展长三角一体化发展统计监测，可以客观真实反映长三角区域发展现状及变化，深刻揭示长三角区域发展的规律和趋势。长三角一体化发展统计监测体系根据习近平总书记关于长三角一体化发展的重要讲话指示批示精神和《长江三角洲区域一体化发展规划纲要》关于长三角区域“一极三区一高地”的战略定位，紧扣一体化发展和高质量发展两个主题，从以下九方面进行统计监测。

（一）区域整体综合实力。区域整体综合实力的提升是长三角高质量一体化发展的最终目的和结果体现。长三角区域通过高质量一体化发展，最终实现对全国经济发展的影响力和带动力的增强，提升在世界及国际格局中的能级和水平。

（二）城乡区域协调发展。城乡区域协调发展是长三角高质量一体化的内在要求。通过调整区域发展的空间格局，平衡区域间的空间相互作用，增强发达地区对落后地区、城镇地区对乡村地区的辐射和带动作用，缩小经济社会发展的差异，实现城乡区域协调发展。

（三）科创产业融合发展。科创产业融合发展是长三角高质量一体化发展的内生动力。通过加强企业、高校、科研机构、政府等创新主体间的协同互动，组织整合创新资源，构建区域创新共同体，联合提升原始创新能力。同时推动创新链与产业链跨区域协同，共同培育新技术新业态新模式，打造产业链为基础、创新链为引领的产业升级版。

（四）基础设施互联互通。基础设施互联互通是长三角高质量一体化发展的硬软件技术基础。交通基础设施的连通最重要的是要基本建成现代化综合交通运输体系，实现交通基础设施共建共享，形成区内各地区间的互联互通、无缝对接。信息基础设施的联通主要是构建区域信息交互网，完善信息传输机制，使更多的跨地区合作、资源整合、产业链构建等成为现实。

（五）生态环境共保联治。生态环境共保联治是长三角高质量一体化发展的必然要求。坚持绿色发展、建设生态文明，推进社会生产力持续发展和人民生产生活质量不断提高。加强区域环境保护协调，努力促成共同行动纲领和实践措施的落实，推动长三角生态环境一体化。

（六）公共服务便利共享。公共服务便利共享是长三角高质量一体化发展的本质要求。加强行政协调，让长三角三省一市人民平等享受教育、医疗卫生、文化服务和社会保障等权利，使人民群众具有更多的获得感。

（七）开放合作协同推进。开放合作协同推进是长三角高质量一体化发展的重要引擎。长三角区域通过协力办好中国国际进口博览会、打造虹桥国际开放枢纽、共同构建数字化贸易平台、加强国际合作园区建设等高水平开发平台，推动制造业、服务业、农业等重点领域对外开放。

（八）区内市场统一开放。区内市场统一开放是长三角高质量一体化发展的微观基础和强力支撑。通过消除区域内经济和非经济壁垒，平等区内竞争条件，实现产品互相准入、生产要素自由流动、企业跨区经营的基础机制。随着市场统一开放程度的提高，区域内部的货物与服务贸易、人员往来、资金流动日益频繁和深化，区域经济联系日益加深。

（九）体制机制一体化。一体化体制机制是区域一体化发展的基本保障。主要反映各地区制度和政策保障方面的一致性，从根本上解决区域一体化尤其是市场统一开放的问题，推进区域政策制度体系一体化。

（撰稿：龙玲 曹原豪）

96. 联合国可持续发展目标如何进行统计监测？

2015 年 9 月，联合国可持续发展峰会成功举行，习近平主席出席峰会，并同 193 个成员国的领导人一致通过了《变革我们的世界：2030 年可持续发展议程》。议程中的可持续发展目标（Sustainable Development Goals）接替 21 世纪初联合国确立的千年发展目标（Millennium Development Goals），为未来 15 年世界各国发展和国际发展合作指明了方向，勾画了蓝图。

一、可持续发展目标

2030 年可持续发展议程包含了 17 项可持续发展目标和 169 个具体目标，于 2016 年 1 月 1 日正式生效。除了保留千年发展目标中的减贫、卫生保健、教育和粮食安全等发展优先事项外，还包括了更广泛的经济、社会、环境、文化等方方面面的发展目标。详见下图：

17 项可持续发展目标

二、后续落实评估

联合国 2030 年可持续发展议程明确指出，可持续发展目标的后续落实需要通过统计指标具体量化，并从 2016 年起监测全球实现这些目标所取得的进展情况。为此，联合国大会要求联合国统计委员会提出具体的统计监测方案。2015 年，联合国统计委员会第 46 届会议决定成立联合国可持续发展目标指标机构间专家小组（IAEG-SDGs），由来自 28 个成员国的国家统计机构代表组成，负责研究制定用于可持续发展目标全球监测的具体指标框架。国家统计局作为东亚地区代表参与了专家小组全球指标框架的研究制定工作。

三、全球指标框架

专家小组经过 2 年多十余轮次磋商，完成了可持续发展目标全球指标框架的制定，并经联合国统计委员会第 48 届会议和联合国第 71 届大会审议通过，成为跟踪监测全球和地区可持续发展目标落实进展情况的量化依据。

全球指标框架以可持续发展议程确定的 17 项目标、169 个具体目标作为基本框架，在各具体目标下均设置了具体的监测指标，共计 244 个指标，去除重复使用的指标后为 232 个指标。全球指标框架兼顾了需要与可能，不仅包括已有成熟定义、方法和数据基础的指标，同时也设置了可以很好反映具体目标实施进展，但目前尚缺乏方法论和数据基础的指标，旨在引导各国按照可持续发展目标监测指标的要求，规划完善本国的统计体系，加强统计能力建设。

全球指标框架将由专家小组分别于 2020 年和 2025 年根据实施情况进一步讨论修订。

四、指标层级系统

为便于全球指标框架的实施，2016 年 3 月，专家小组第三次会议决定建立全球指标框架层级系统，将全球指标框架中的指标按照其方法的完善程度和整体数据的可得性进行了分级，分为三个级别：

第一级（Tier1）：指标概念明确，采用国际公认的方法和已有标准，各国定期发布的数据涵盖至少 50% 的国家和每个指标相关区域 50% 的人口；

第二级（Tier2）：指标概念明确，采用国际公认的方法和已有标准，但国家不定期发布数据；

第三级（Tier3）：指标尚无国际公认方法或尚无已有标准，但正在（或将）制定或测试方法 / 标准。

第三级指标的负责机构正在研究制定指标的方法和标准，完成后提交专家小组讨论。专家小组根据层级调整请求，通过面对面会议和网络电话会议，不定期讨论更新指标层级。

五、全球指标框架的实施

全球指标框架用于监测全球层面可持续发展目标落实进展情况，分步实施，先行监测已有方法和数据基础的指标。

监测方式与千年发展目标类似，由国际组织按照现有职能和渠道收集各国指标数据，处理、汇总形成全球和区域指标数据，提供联合国统计司。由联合国统计司编制年度监测报告，反映全球可持续发展目标实施进展，报告中列示全球及区域数据，不会体现单个国家数据。数据提供由国家主导，采取自愿而非强制性参与方式。国际机构提供和发布国家一级的编纂、调整、估算数据时，需经国家认可。

全球指标框架虽然对各国制定本国的可持续发展目标监测指标具有指导作用，但在国家层面开展监测，仍将由各国根据国情、发展水平、优先领域和统计能力制定本国的监测指标体系。

（撰稿：王萍 侯立本）

97. 如何编制全球化指数?

随着第三次科技革命以及现代通讯技术的飞速发展，各国在经济、社会和政治等方面的联系日益加强，国与国之间的关系更加紧密，催生了不断发展壮大的全球化浪潮，加快了世界经济一体化进程。基于全球化发展的大背景，瑞士的知名经济智库 KOF 自 2006 年起每年对外公布全球化指数。

一、基本概念

全球化指数由经济、社会和政治三个方面构成。其中，经济全球化是指商品、劳务、资本以及伴随着市场交换所产生的信息和观念的远距离流动；社会全球化是指思想、信息以及人员的流动；政治全球化是指政府政策在世界范围的交流扩散。

二、主要作用

反映世界各国在经济、社会和政治发展方面对全球化的参与程度，即某一国家与世界其他国家在经济、社会和政治方面的联系程度。

三、计算方法

全球化指数是 43 个具体指标标准化后的加权平均值（43 个指标详见下表）。先用主成分分析法确定指标权重，再按确定的权重层层加权得到各级分指数和总指数。指数范围在 1—100 之间，1 为最小值，100 为最大值，指数越大代表全球化程度越高。

四、示例

随着中国经济社会发展水平的不断提高，中国的全球化指数呈现平稳增长态势。数据显示，中国全球化指数从 2000 年的 52.4 上升至 2017 年的 65.1，在 203 个国家和地区中居第 80 位。从分类指数看，中国经济全球化指数从 2000 年的 39.4 上升至 2017 年的 47.9，居世界第 140 位；社会全球化指数从 2000 年的 35.8 上升至 2017 年的 56.8，居世界第 138 位；政治全球化指数从 2000 年的 82.0 上升至 2017 年的 90.6，居世界第 26 位。

全球化指数指标体系（2018 版）

全球化指数，事实上的	权重	全球化指数，依据法律的	权重
经济全球化，事实上的	33.3	经济全球化，依据法律的	33.3
贸易全球化，事实上的	50.0	贸易全球化，依据法律的	50.0
货物贸易	38.8	贸易规则	26.8
服务贸易	44.7	贸易税	24.4
		关税	25.6
贸易伙伴多元化	16.5		
		贸易协定	23.2
金融全球化，事实上的	50.0	金融全球化，依据法律的	50.0
外国直接投资	26.7	投资限制	33.3
间接投资	16.5	资本账户开放	38.5
国际债务	27.6	国际投资协议	28.2
国际储备	2.1		
国际收支	27.1		
社会全球化，事实上的	33.3	社会全球化，依据法律的	33.3
人际交往全球化，事实上的	33.3	人际交往全球化，依据法律的	33.3
国际语音通信量	20.8	电话用户	39.9
传输量	21.9	自由访问	32.7
国际旅游	21.0	国际机场	27.4
国际学生	19.1		
移民	17.2		
信息全球化，事实上的	33.3	信息全球化，依据法律的	33.3
互联网带宽使用量	37.2	电视用户	36.8
国际专利	28.3	网络用户	42.6
高技术出口	34.5	新闻自由	20.6
文化全球化，事实上的	33.3	文化全球化，依据法律的	33.3
文化商品贸易	28.1	性别平等	24.7
个人服务贸易	24.6	人力资本	41.4
国际商标	9.7	民众自由权	33.9
麦当劳餐厅	21.6		
宜家商店	16.0		
政治全球化，事实上的	33.3	政治全球化，依据法律的	33.3
使馆	36.5	国际组织	36.2
联合国维和使团	25.7	国际条约	33.4
国际非政府组织	37.8	条约伙伴多样性	30.4

注：对于单个变量的权数用百分比权数来表示，其为时点数据。每一合计的总指数用按事实上的指数和依据法律的指数平均计算所得。
资料来源：瑞士经济智库。

（撰稿：石庆焱 黄佩佩）

98. 如何编制人类发展指数（HDI）?

通常人们用人均GDP来界定一个国家是否属于发达国家。但单独用人均GDP显然存在很多缺点，首先是人均GDP很不稳定，受汇率、物价等影响而波动很大，其次人均GDP也只代表了经济水平，而不能代表一个国家的全面发展水平。为此，联合国开发计划署编制了人类发展指数（Human Development Index，简称HDI），用以取代单一的人均GDP衡量体系，来界定一个国家是否属于发达国家。

一、基本概念

人类发展指数由联合国开发计划署于1990年起在《人类发展报告》中每年公布，用于衡量各个国家人类发展水平。

人类发展指数由健康长寿、知识的获取和生活水平三部分内容构成。

健康长寿：用出生时预期寿命来衡量，反映健康长寿生活的能力。

知识的获取：用平均受教育年限（一个大于或等于25岁的人在学校接受教育的年数）和预期受教育年限（一个5岁的儿童一生将要接受教育的年数）共同衡量。

生活水平：用购买力平价法计算的人均国民总收入（人均GNI）来衡量。

二、主要作用

人类发展指数涵盖了经济和社会方面的指标，它取代了单一的人均GDP衡量体系，能更全面、科学地反映一个国家的发展水平。

三、计算方法

人类发展指数是预期寿命指数、教育指数和GNI指数的几何平均值。人类发展指数在0—1之间，越接近1，反映人类发展水平越高。四个分组如下：小于0.550为低人类发展水平；介于0.550—0.699之间为中等人类发展水平；介于0.700—0.799之间为高人类发展水平；大于等于0.800为极高人类发展水平。

四、示例

随着经济持续稳定增长，人民生活水平和社会发展水平大幅提高，中国人类发展指数呈现持续上升的态势，居世界的位次不断提高。

2000—2018 年中国人类发展指数及分项指标

指标	2000	2005	2010	2015	2016	2017	2018
人类发展指数	0.59	0.64	0.70	0.74	0.75	0.75	0.76
预期寿命（岁）	71.4	73.0	74.4	75.9	76.2	76.5	76.7
预期受教育年限（年）	9.6	11.0	12.9	13.8	13.9	13.9	13.9
平均受教育年限（年）	6.5	6.9	7.3	7.7	7.8	7.8	7.9
人均 GNI（PPP 美元）	3651	5665	9458	13485	14311	15212	16127

资料来源：联合国开发计划署《人类发展报告》。

中国人类发展指数从 2000 年的 0.59 提升至 2018 年的 0.76，由 2000 年的 108 位上升至 2018 年的 85 位，从中等人类发展水平跨入高人类发展水平。

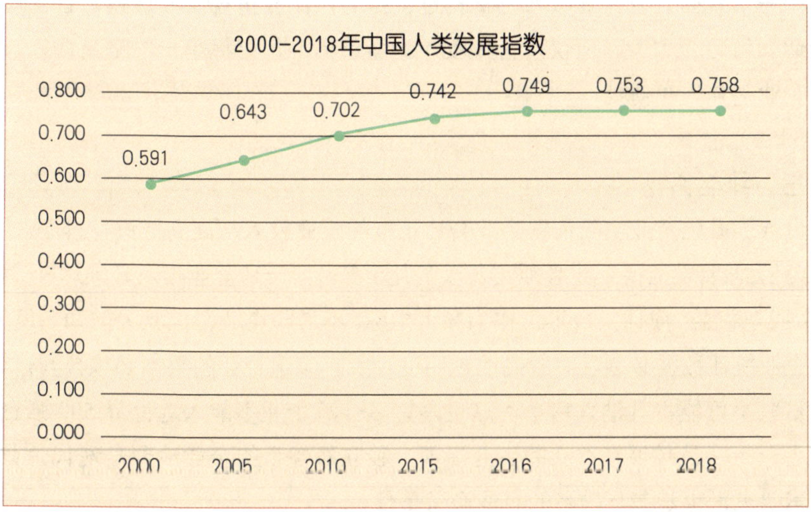

（撰稿：石庆焱 陈虹）

99. 世界 500 强企业是如何排名的?

美国《财富》杂志每年将营业收入作为企业排名的主要依据，发布“全球最大五百家企业”排行榜，同时，也公布利润总额、资产总额及雇佣人数。目前，《财富》的全球最大五百家企业排行榜是衡量和比较全球大型企业的最著名、最权威的榜单之一。

一、基本概念

“世界500强企业”是对美国《财富》杂志每年评选的“全球最大五百家企业”排行榜的一种约定俗成的叫法。

二、主要作用

《财富》杂志1955年开始推出500强企业排行榜。起初上榜的企业仅限于美国企业，后来逐步扩展到全球的企业。世界500强企业排行榜已有25年历史，影响巨大。一方面，该排行榜范围广，面向全球，宜于度量企业状况并进行跨国比较；另一方面，以营业收入为依据进行排名，比较重视企业规模，直观地反映了企业如何之“大”。但仅以营业收入为衡量标准，指标单一，略显偏颇，未反映出企业“强”在何处。

三、排名方法

世界500强企业主要依据企业会计年度的营业收入从高到低进行排序。同时，《财富》杂志要求上榜企业必须具备以下几个条件：一是营业收入必须达标。利润、资产、股东权益、雇佣人数等仅作为参考指标，不考虑企业在世界上的知名度如何。二是企业统计数据必须具有较高的透明度。所有参选企业的数据必须公开，否则，《财富》不可能将其纳入榜单，这也是许多一流企业不能入选世界500强企业的原因之一。三是必须有独立的企业治理。独立而健全的企业治理是现代企业发展的基本要求，也是参与排名的企业必备条件。

四、发布结果

《财富》杂志大约每年8月份根据上年数据发布世界500强企业排行榜。在2020年发布的排行榜中，2019年排名前十位的企业分别为沃尔玛、中国石油化工集团、中国国家电网、中国石油天然气集团、荷兰皇家壳牌石油公司、沙特阿美公司、大众公司、英国石油公司、亚马逊和丰田汽车公司。中国有133家企业上榜，连续17年增加。其中，中国内地和香港企业共124家，首次超过美国（121

家），中国台湾有 9 家企业上榜。

2019 年世界 500 强企业前十位排名

次位		企业名称	国家和地区	营业收入		利润额	
2019	2018			亿美元	比上年增长(%)	亿美元	比上年增长(%)
1	1	沃尔玛	美国	5239.6	1.9	148.8	123.1
2	2	中国石油化工集团	中国	4070.1	-1.8	67.9	16.2
3	5	中国国家电网	中国	3839.1	-0.8	79.7	-2.5
4	4	中国石油天然气集团	中国	3791.3	-3.5	44.4	95.7
5	3	荷兰皇家壳牌石油公司	荷兰	3521.1	-11.2	158.4	-32.2
6	6	沙特阿美公司	沙特	3297.8	-7.3	882.1	-20.5
7	9	大众公司	德国	2827.6	1.6	155.4	8.5
8	7	英国石油公司	英国	2826.2	-7.0	40.3	-57.1
9	13	亚马逊	美国	2805.2	20.5	115.9	15.0
10	10	丰田汽车公司	日本	2752.9	1.0	191.0	12.4

资料来源：《财富》2020 年 8 月。

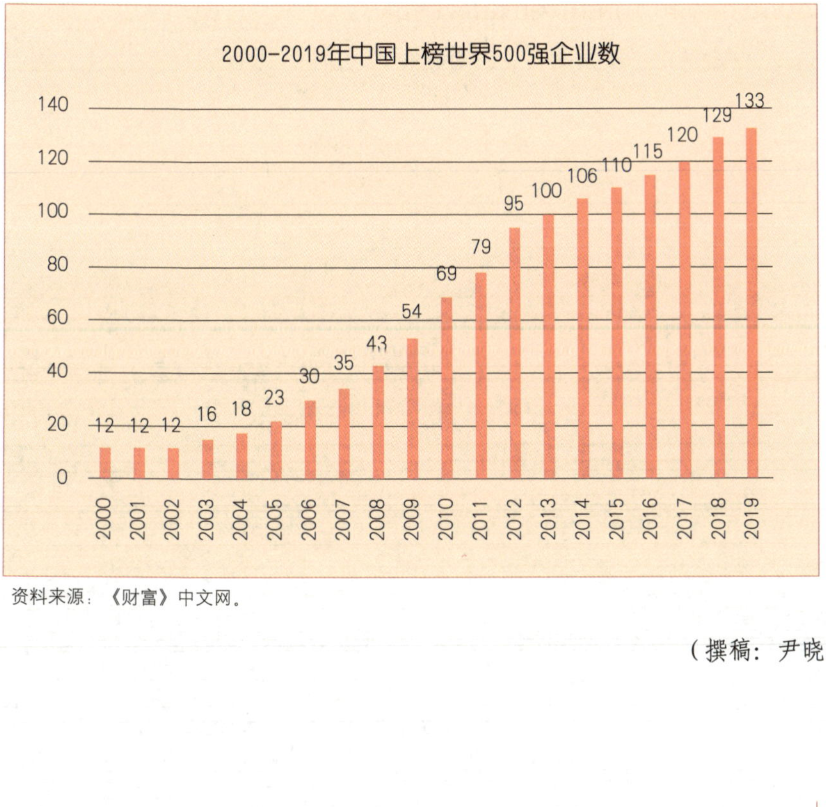

资料来源：《财富》中文网。

（撰稿：尹晓静）

领导干部统计知识问答（第二版）

LINGDAO GANBU TONGJI ZHISHI WENDA

第六部分

统计分析

100. 如何进行宏观经济预测？

理性预期经济学提出了理性预期的概念，强调政府在制定各种宏观经济政策时，要考虑到各行为主体预期对政策实施有效性的影响，积极促成公众理性预期的形成，从而更好地实现宏观调控的目标。政府统计要深入开展统计分析预测研究，将统计监测、统计评价和统计预测三者有机结合，有效引导社会公众理性预期，为提高宏观调控的前瞻性和有效性搞好服务。

一、什么是宏观经济预测

经济预测是在科学的方法手段和掌握一定信息资料的基础上，根据经济发展规律，对未来经济前景进行展望性推测。掌握宏观经济预测是指以国民经济、部门、地区的经济活动为范围进行的各种经济预测。

二、宏观经济预测的作用

宏观经济预测在经济决策中发挥着重要的作用。在政府层面，宏观经济预测是国家制定宏观经济政策、编制经济发展规划、进行宏观经济调控的重要依据；在企业层面，对宏观经济走势的判断是企业制定生产、销售及投资等经营决策的首要前提；在家庭层面，掌握一定的宏观经济预测知识有助于家庭更好地安排其消费、储蓄和投资。

三、宏观经济预测的原则和步骤

宏观经济预测必须遵循以下基本原则：

（一）全面分析和掌握经济社会现象之间的内在联系。

（二）应从实际出发，以准确可靠的资料作为依据。

（三）根据研究对象特点，经过试验，选用科学的预测方法。

预测的一般步骤可以概括为：

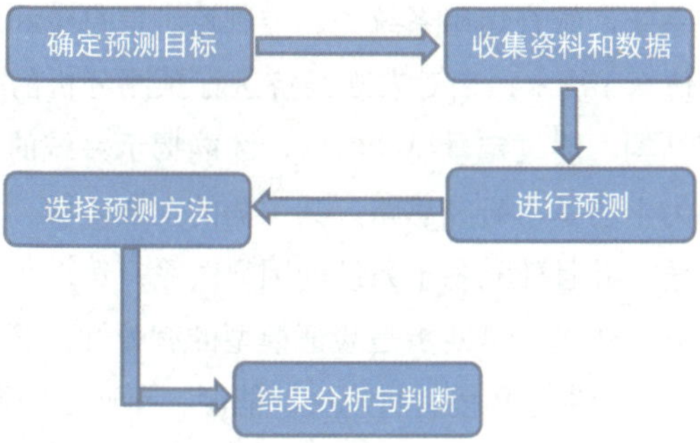

四、宏观经济预测的主要方法

宏观经济预测方法有定性预测和定量预测。定量预测具有指标明晰、可计量等优势，已经成为宏观经济预测的基本方法，定性预测可作为定量预测的补充。定量预测方法包括计量经济模型方法、宏观经济统计分析预测法、系统动力学方法、投入产出分析方法等。

（一）宏观经济计量模型。

经济计量模型是用经济学、数学、统计学相结合的方法建立的经济数学模型，它是根据某种经济理论和某些假设条件，建立单一的或联立的方程，用以描述各经济变量之间的相互关系，并用数理统计的方法加以估计、检验与推测，从而对经济变量的未来数值进行预测。宏观经济计量模型可对国民经济进行经济结构分析、经济预测和经济政策评价。目前，世界银行、国际货币基金组织等一些国际机构，中国人民银行、国家社科院、国家统计局统计科学研究所、中国人民大学、厦门大学等国内高校或研究机构常用的宏观经济预测模型有时间序列模型（ARMA）、向量自回归模型（VAR）、联立方程模型等。

（二）宏观经济统计分析预测法。

该分析方法是以宏观经济理论为指导，从经济指标实际观测数据出发，对宏观经济总量和结构、国民经济运行过程及其整体进行统计分析，通过宏观经济统计指标的统计关系对宏观经济进行预测、分析的数量分析方法体系。传统的统计预测分析法有：对比分析法、平均分析法、因素分析法、相关分析法、抽样分析法和动态分析法等；现代统计预测分析法有：主成分分析、因子分子、聚类分析、典型相关分析和判别分析等。

（三）系统动力学方法。

该方法是将宏观经济系统或其某一子系统作为具有连续变化的非线性的多回

路信息反馈的复杂系统，综合运用系统论、控制论、信息论和组织理论，并采用一套计算机模拟(仿真)技术，来对宏观经济进行预测分析的一种方法。只有研究系统的因果反馈结构，通过定量模拟实验，才能揭示系统的行为模式或动态趋势，这就是系统动力学的基本研究思路。其预测的主要步骤：第一步是把被研究系统划分若干子系统，并且建立各子系统的因果关系；第二步是构造系统的仿真模型；第三步是计算机仿真；第四步是验证模型的有效性；第五步是作出预测。系统动力学方法主要用于生态环境、房地产、能源、交通运输等领域。

（四）投入产出分析法。

这是美国经济学家瓦西里·列昂惕夫于上世纪30年代创立的一种经济数学方法，它运用投入产出分析技术，着重研究整个国民经济各部门间在产品的生产与消耗之间的数量依存关系，也可用于研究各地区、部门、企业内部的各种经济联系。投入产出分析法就是通过投入产出表分析模型来对宏观经济进行预测分析，描述国民经济运行的全过程，揭示国民经济各部门之间的技术经济联系。

（五）定性预测方法。

通过对预测对象过去和现在的发展情况进行调查，结合综合分析和判断来预测事物的未来发展变化的一种方法。它属于非模型预测法，主要预测未来事件的性质、发展趋向和发展的转折点。其预测精度既取决于预测者的业务水平和分析判断能力，也取决于调查的广度和深度。相对于复杂的数学模型，这种预测法简便易行，可以利用有关人员的丰富经验和专门知识，有可能得出比较可靠的结果。

（六）组合预测法。

为了提高预测结果的可靠性，实际中往往采取多种预测方法建立多个预测模型，得出多个预测值，然后对这些预测值进行科学的分析、综合，以提高预测的精确度。它通过建立一个模型，把两个或多个以不同预测方法所得到的不同预测值，组合为一个新的预测值作为最后的预测结果。主要的组合预测方法是加权平均组合法和递推回归系数组合法。

（七）大数据在宏观经济预测中的应用

传统宏观经济预测方法的核心思想，是通过特定的模型与方法发现统计数据的内在规律，并利用这种规律预测未来。传统方法的有效性在很大程度上依赖于所使用统计数据的质量，同时也存在数据相对滞后、数据获取成本高等不足。在大数据时代，大数据已成为宏观经济分析和预测的重要工具和手段。基于大数据进行宏观经济分析和预测具有及时性、精准性、低成本等各种优势，是对传统方法的有益补充和改进，未来应用前景广阔。目前国内外有关部门和研究机构在宏观经济分析领域都已开始运用大数据，在基于大数据构建宏观经济指数、在宏观经济预测模型中纳入大数据等方面做了大量尝试，应用越来越广泛。

（撰稿：赵军利 原鹏飞）

101．如何进行计量经济分析？

计量经济分析是定量分析的常用方法，在经济分析领域有着广泛且重要的应用。计量经济分析以一定的经济理论和统计数据为基础，运用数学、统计学相关方法，通过建立计量模型，并运用软件进行操作，从而实现对经济问题的定量分析。

一、计量经济分析的基本流程

进行计量经济分析，首先把需要分析的经济问题用数学函数进行刻画，然后根据模型的需求搜集分析所需数据，在对数据进行一系列检验的基础上运用模型对数据进行回归运算，进而得到结论，在此基础上形成政策制定的参考依据。基本流程如下图：

二、示例

教育的发展对缩小城乡收入差距非常重要，那么政府在教育层面的投入是否有效缩小了城乡收入差距，又在多大程度上影响了城乡收入差距？使用计量方法分析便可以解决上述问题。为此，首先要将问题模型化，可以构建如下的计量经济学模型：

城乡收入差距 $=\alpha_0+\alpha_1\times$ 教育投入 $+\varepsilon$

其中，α_0 和 α_1 为模型参数，ε 为残差项。这一模型的目的就是分析教育投入水平对城乡收入差距的影响程度。为此搜集代表教育投入水平和城乡收入差距的数据，如采用城镇和农村居民人均收入之比代表城乡收入差距，以国家财政性教育经费和 GDP 之比表示教育投入强度。在得到相关数据之后，还需要对它们的统计特征进行检验，以确保数据符合模型要求。

使用上述指标 2000—2019 年的数据进行回归分析可以得到（在这里还需要经过一系列的统计检验，以提高回归结果的准确性）：

城乡收入比 =3.943—0.217× 教育投入强度

这表明从 2000—2019 年的总体情况看，我国教育投入强度每增加一个百分点，城镇和农村居民收入之比就会下降 0.217，说明我国教育投入增加较好地缩小了城乡收入差距。

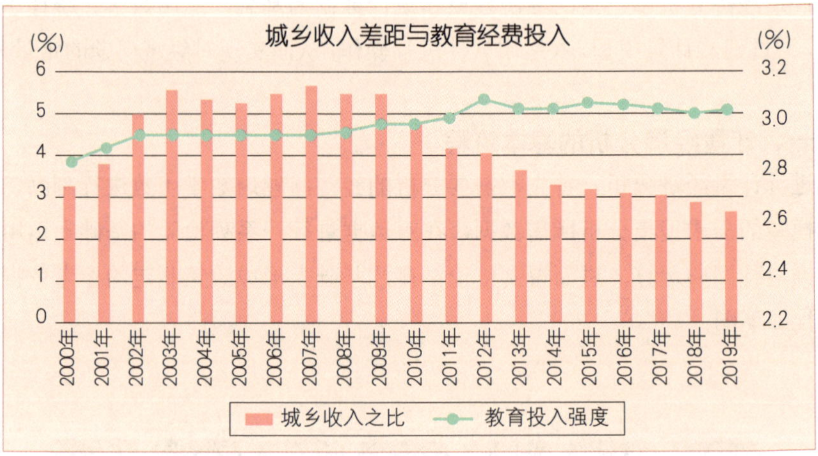

通过上述分析，可以看到政府教育投入对城乡收入差距的影响程度，从而为相关政策的制定提供参考依据。这个例子简要介绍了计量方法的使用，如果进一步进行深入分析，还可以运用更复杂的计量方法。

（撰稿：付凌晖 李拓）

102. 什么是统计综合评价分析方法？

统计综合评价分析方法简称综合评价方法，也称多指标（或多属性）综合评价方法，是根据研究的目的建立一个统计指标体系，对现象发展的多个方面分别给予定量描述，并在此基础上，综合各个指标所提供的信息，得到一个综合评价值，对研究对象作出整体性评判，以此进行横向或纵向的比较。简单地说，就是将多个指标转化为一个能够反映综合情况的指标来进行评价。就统计工作过程而言，综合评价是继统计调查、统计数据整理之后的统计分析中重要环节，是体现统计职能、发挥统计作用、实现统计价值的重要分析方法。

一、主要作用

单项指标往往只能反映客观事物的一个侧面，而不能全面反映事物的整体情况。例如，在考核企业经济效益状况时，人们可以从不同的角度提出各种考核指标，如资金产值率、劳动生产率等，这些指标都是从一个方面而且只能从一个方面反映企业经济效益的优劣。比如，资金产值率只能从资金利用方面反映企业的经济效益水平，资金产值率高（低），并不代表劳动生产率等其他效益指标的数值也高（低）。同样，劳动生产率也只是从劳动力利用角度体现企业效益水平，劳动生产率高（低），并不意味着资金产值率也高（低）。那如何综合考核企业经济效益呢？通常的做法是把反映企业经济效益的多个指标，如资金产值率、劳动生产率、产品销售率、成本利润率、增加值率、资金周转率等指标综合起来，得到一个综合指标，来全面反映企业经济效益。通过综合指标，既解决了评价的整体性问题，又克服了单项指标的片面性。

二、评价步骤

（一）明确评价目标。

首先，要明确评价目标，明确要对什么进行综合评价，只有目标明确，才有针对性。其次，要确定评价的目的，即评价的结果是干什么用的。不同的评价目的，所选用的指标体系也就有所不同。

（二）选取评价指标，构建评价指标体系。

选取评价指标、构建评价指标体系是整个综合评价工作的关键。根据评价目的及评价对象的主要属性，选择合适的统计指标，建立一个能够从不同角度，不同侧面反映评价对象本质特征的评价指标体系。

（三）确定各评价指标的权重。

评价指标的权重是指各个评价指标在整个评价指标体系中相对重要性的数量表现。一般来说，评价对象的各个评价指标在整个评价指标体系中的作用是不一样的，因此各个评价指标的权重也应该有所不同。尽管权数的表现形式多种多样，但就其主要功能和作用来说，权数始终起着权衡轻重的作用。如何根据评价对象的特点，科学合理地确定各个评价指标在整个评价指标体系中的作用，对评价结果的合理与否有着至关重要的影响。

确定评价指标权重的方法有主观赋权法和客观赋权法两类，前者主要包括专家评分法、层次分析法等，后者主要包括变异系数法等。如果评价指标体系是单一层次的，则所有指标权数之和等于100%；如果是多层次的，则每层各部分权数之和等于100%。

（四）对评价指标进行同度量处理。

综合评价需要运用由多个评价指标组成的评价指标体系，而这些评价指标分别反映评价对象的不同侧面，一般具有不同的性质，且计量单位往往也不一样，因而必须解决不同指标的同度量问题，即对其进行无量纲化处理，消除指标量纲的影响，使不同评价指标之间具有可比性，以便对评价对象作出综合评价。

无量纲化处理即对评价指标数值进行标准化、正规化处理。它是通过一定的数学变换来消除原始指标量纲影响的方法，即把性质、量纲各异的评价指标值转化为能够进行相互比较的相对数，即评价值。常用的方法有相对化处理法、功效系数法和标准化处理法等。

（五）选择评价方法，建立评价模型，计算评价结果。

指标权重的确定和指标值的无量纲处理是计算综合评价结果的准备，在经过上述各项工作之后，还必须选择评价方法，建立一个综合评价模型，将经过无量纲化处理过的评价值植入模型，计算出综合评价结果。

综合评价的方法很多，可以根据评价对象的属性特点来选择不同的方法，建立相应的评价模型，如综合评分法、综合指数法、模糊综合评价等。

（六）根据评价结果进行统计分析。

综合评价结果是一个综合性的指数，按评价指标体系的层次结构划分有总目标指数、子目标指数以及子子目标指数等，依据各个指数的计算结果即可进行综合评价结果的分析。比较分析各个评价对象总目标或子目标的评价结果指数，分析各自的优势、劣势、差距或不足，据此查找原因并提出相应的对策措施。

三、示例

OECD 开发的生活质量指数（Your Better Life Index，简称 YBLI）是对成员国的经济发展和社会进步状况进行测算和比较，研究影响人们生活水平提高的相关领域，使公众更加深刻和全面认识财富和其他影响人们生活的因素。

YBLI 在综合评估总指数下分为物质生活条件指数（MLC）和生活品质指数（QL）两个分类指数，其中物质生活条件指数（MLC）包含了住房、收入、工作等 3 个具体分类的 6 个指标，而生活品质指数（QL）包含了社区、教育、环境、政府管理、健康、生活满意度、安全、工作生活平衡度共 8 个具体分类的 14 个指标。

YBLI 的测算方法主要是采用多指标综合评价方法，主要包括以下三个方面：

（一）数据标准化

1. 如果是正向指标 X_i，采用的标准化公式为：

$$x_i = \frac{X_i - X_{min}}{X_{max} - X_{min}}$$

其中，X_{max} 和 X_{min} 分别为指标的最大可能值和最小可能值。

2. 如果是负向指标 X_i，采用的标准化公式为：

$$x_i = 1 - \frac{X_i - X_{min}}{X_{max} - X_{min}}$$

其中，X_{max} 和 X_{min} 分别为指标的最大可能值和最小可能值。

（二）赋权方法

一是在对 YBLI 的 11 个具体分类汇总时，各指标之间的加权采用均等赋权法。

二是在最终测算时，用户可以根据研究的目的对总指数下的 11 个具体分类指标采用多样化的赋权方法。OECD 在其测算网站上为每个指标提供了从 0—5 共六个赋权等级，用户可按研究的目的及其重要程度，将指标赋予不同的权重，测算网站会自动将这些等级转化为 0—100% 之间的权重进行计算。

（三）综合评价结果的数值范围

在计算生活质量指数（YBLI）下的 11 个具体分类指标的相关数值时，原始计算得到的结果为 0—1 之间的正数，但在最终评价时，是将这些测算结果扩大 10 倍，表示为 0—10 之间的数据，且均保留 1 位小数。

四、局限性

综合评价的理论与方法也存在一定的局限性。

（一）综合评价结果具有相对性。

综合评价结果尽管采用了一定的数学模型，其结果用数值来表达，但一般不具有统计指标的独立意义，而只有相对意义，即只能用于性质相同的对象之间的比较和排序。

（二）综合评价的结果不具有唯一性。

综合评价可采用的方法很多，选择不同的评价方法，可能有不同的结果。即使采用同一种方法，也会由于诸如评语等级的拟定、各等级所赋予的分值的拟定、单因素评价方法的评定、评价的相对标准的拟定、单因素评价结果的合成等环节上的不同而出现不同的综合评价结果。

（三）综合评价结果常带有主观性。

在综合评价中，各指标的评价标准以及权数的确定，常常需要依靠有关专家，不同的专家给出的标准和权重会有所差异，因此，综合评价的结果，往往带有一定的主观性。

（四）综合评价结果的可比性存在一定的局限。

如前所述，评价对象的比较和排序只能在同一参照系内进行，评价的结论也只有在同一参照系内才有可比性。对那些非数量评判因素进行评判时，一般要请一些专家对评判进行等级评定及投票。不同的专家进行评判所依据的标准不尽相同，因而，综合评价结果的可比性在范围上有较大的局限性。

由于综合评价分析方法的局限性，它的结论只能作为认识事物、分析问题的参考，而不能作为决策的唯一依据。

（撰稿：赵军利 姜澍）

103．什么是分组分析法？

调查数据显示，2019 年年末中国大陆总人口 140005 万人。从年龄构成看，16 至 59 周岁年末人数为 89640 万，占总人口的比重为 64.0%；60 周岁及以上人口 25388 万人，占总人口的 18.1%，其中 65 周岁及以上人口 17603 万人，占总人口的 12.6%。按照国际通常看法，我国已经步入老龄化社会。这是用分组分析法对全国人口进行分析比较的典型例子。

一、基本概念

统计分组是根据研究目的和客观现象的内在特点，按某种标志（标志指反映事物属性或特征的名称）或几个标志把被研究现象的总体划分为若干个不同性质的组，使组内的差异尽可能小，组间的差异尽可能大。分组分析法是在分组的基础上，将不同性质的现象分开，相同性质的现象归纳在一起，从而反映被研究对象的本质、差异和特征。

二、常用种类

分组分析法分为结构分组分析法和相关关系分组分析法。结构分组分析法又可分为品质标志分组分析法和数量标志分组分析法。品质标志分组分析法，是以反映事物属性差异的标志作为分组标志，将总体分为若干性质不同的组成部分，在分组的基础上，进一步研究各组的数量特征和组与组之间的相互关系。下面例子中，我国国内生产总值由第一产业、第二产业和第三产业构成，第三产业所占比重最大，第二产业次之，第一产业所占比重最小。这种对国内生产总值进行一二三产业的划分，并进一步计算一二三产业增加值比重贡献等的方法就是品质标志分组分析法。

表 1　2019 年我国国内生产总值及三次产业构成表

产　业	增加值（亿元）	比重（%）
第一产业	70467	7.1%
第二产业	386165	39.0%
第三产业	534233	53.9%
合计	**990865**	**100. 0%**

数量标志分组分析法，是以反映事物数量差异的标志（数量标志可以是绝对数也可以是相对数）划分各组，在分组的基础上，研究总体内部结构及其变化的方法。在下面例子中，从某地区全部住户中抽取一定数量的代表性住户，按照户人均月可支配收入的金额对抽中户进行分组，分析不同收入组内的户数，就可以考察该地区不同收入水平户的数量情况，进而分析该地区中等收入水平户的占比。

表 2　每户人均月可支配收入分组表

户人均月可支配收入（元）	户数（户）
400 以下	2050
400 ～ 1600	4350
1600 ～ 1800	4350
1800 以上	1250
合计	**12000**

相关关系分组分析法，是用来分析经济社会现象之间依存关系的一种分组分析法。这种分析法首先对总体按原因标志分组，其次按组计算出被影响因素的平均数或相对数，然后根据数值在各组间的变动规律来确定原因标志与被影响因素之间的依存关系，认识现象之间在数量上的影响作用和程度。在下面例子中，某地区各零售企业按销售额分组观察流通费用率，就是通过分组分析法进行深入分析，找出两者之间的数量相关关系，即随着商业企业销售额的不断提高，流通费用率会相对下降，两者之间是一个负的相关关系。

表 3　某地区各零售企业销售额与流通费用率表

销售额分组 / 万元	流通费用率 /%
50 ~ 100	10.2
100 ~ 150	9.5
150 ~ 200	9.0
200 ~ 250	8.8
250 ~ 300	8.6

三、主要作用

分组分析法在资料整理和统计分析中的作用主要是划分经济社会现象的类型，反映现象的内部结构以及分析现象之间的依存关系。三种分组分析方法中，以品质标志分组分析法为前提条件，通过品质标志分组分析法，可以分析现象的类型特征和规律性；数量标志分组分析法可以分析现象总体内部的结构及其变化；相关关系分组分析法可以分析彼此之间的相关关系。这三种分组分析法在实际中常常结合使用。

四、注意事项

分组分析法在进行分组时必须遵循穷尽原则和互斥原则。所谓穷尽原则，就是使总体中的每一个单位都有组可归，如前述每户人均月可支配收入分组表中，参与调查的 12000 户中的每一户必须归为四个收入组中的某一组，四个组最终要将 12000 户都包括进来；所谓互斥原则，就是在特定的分组标志下，总体中的任何一个单位只能归属某一个组，而不能同时归属几个组，如上述每户人均月可支配收入分组表中，某一户只能归于一个收入组中，不能既归于 400 以下组同时又归于其他三组任一组中。

（撰稿：姜雷光　班成英）

104. 什么是结构分析法?

全面深刻认识经济社会现象，仅仅考察总量及其变化是不够的，还要考察经济社会系统中各构成部分及其对比关系的变动。

一、基本概念

结构分析法是在统计分组的基础上，计算各组成部分所占比重，进而分析某一总体现象的内部结构特征依时间推移而表现出变化规律性的统计方法。结构指标是结构分析法的基础。

结构指标 (%)=(总体中某一部分 / 总体总量)×100%

二、主要的经济结构分析

（一）需求结构分析。

需求结构一般以各部分需求占总需求的比重来反映。总需求通常分为投资、消费、出口三部分，相应的结构特征常使用最终消费支出、资本形成总额、货物和服务净出口占总需求的比重来表征。考察需求结构重点是看国内需求和国外需求、投资与消费的变动是否协调，还可以进一步考察投资结构、消费结构以及进出口结构是否合理。首先，看国内需求与国外需求的关系。如果外需占比过高，则经济容易受外部冲击影响；如果内需占比高，政府宏观调控能力强，则有利于经济稳定。观察国内需求要看最终消费支出和资本形成总额，观察国外需求要看货物和服务净出口或货物出口。

（二）产业结构分析。

产业结构是国民经济各产业部门之间以及各产业部门内部的构成，标志着一国经济发展水平的高低和发展阶段变化。产业发展是相互依存的，相互间存在一定的比例关系，如果比例关系适当，则不同产业相互促进；反之，将相互制约。分析产业结构，一般采用产业增加值占国民经济的比重，行业增加值占部门增加值的比重等。例如，一、二、三产业增加值占国内生产总值的比重。

（三）区域结构分析。

区域结构是国民经济各地区之间的发展关系和结合情况。区域结构受自然资源、交通、科技、管理、市场、发展战略等多种因素的影响，是在长期发展过程中形成的。合理的区域结构是根据不同地区的优势和特点，形成地区间合理分工，实现资源合理利用和优化配置，并在发展过程中逐步缩小地区之间发展差距，实现区域协调发展。如果区域结构不合理、差距过大，会加剧地方保护、市场分割，降低资源配置效率，也会加剧社会矛盾，影响社会稳定。

三、示例

（一）需求结构。

首先，看内外需关系，2013 年以来，我国国内需求占比上升，外需占比下降，内外需结构趋于改善。2019 年我国最终消费支出和资本形成总额之和占国内生产总值的比重为 98.5%，比 2012 年上升 1.2 个百分点；而货物和服务净出口占国内生产总值的比重相应下降 1.2 个百分点。其次，看投资与消费的关系。消费是整个经济循环的起点也是终点，扩大投资归根结底是为了满足消费，不同发展阶段投资与消费比例关系是逐步变化的。从我国投资与消费关系看，最终消费率由 2012 年的 51.1% 上升为 2019 年的 55.4%，而资本形成率由 46.2% 下降至 43.1%，投资占比过高的问题有所改善，投资和消费关系趋向合理。

图1　三大需求占国内生产总值比重

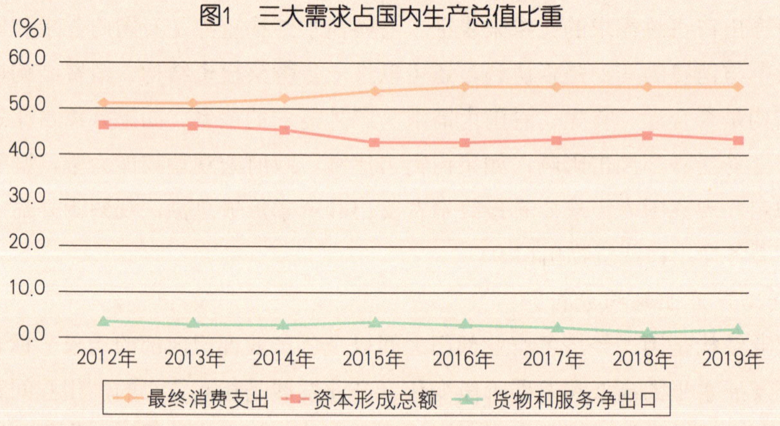

（二）产业结构。

考察产业结构重点是看三次产业发展是否协调，工业与服务业内部结构发展是否协调。从历史上看，我国三次产业结构总体上是按照产业发展一般规律，沿着一产、二产、三产为重心的轨迹变化。但由于过去我国对物质产品生产较为重视，而对服务业发展重视不够，导致第二产业增加值占国内生产总值的比重长期居高不下。近年来，随着市场多样化服务性消费需求持续扩大和鼓励服务业发展政策力度加大，服务业发展势头良好，占比持续提升。2012 年，第三产业增加值比重为 45.5%，首次超过第二产业，成为国民经济第一大产业；2015 年第三产业增加值占国内生产总值比重首次超过 50%，达到 50.8%；2019 年达到 53.9%；服务业增加值在经济中比重快速提高，标志着我国经济正由主要依靠工业主导向服务业主导转变。

图2　三次产业增加值占国内生产总值比重

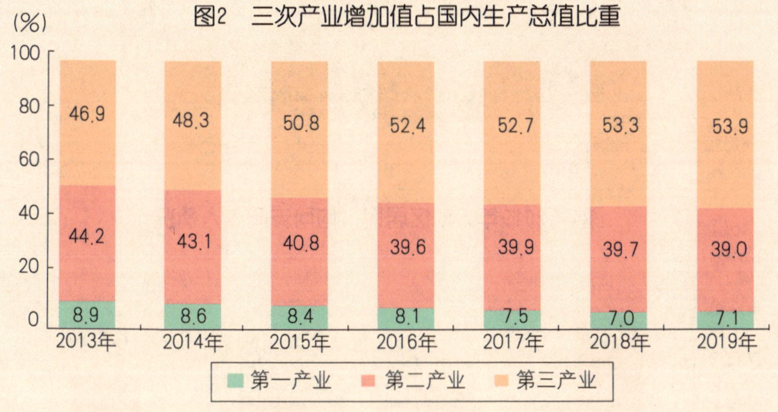

（三）区域结构。

从我国情况看，依据经济发展水平相似度和地理关系，通常将全国划分为东、中、西、东北四大地区。分析区域结构，常常采用不同地区增加值、投资、消费占全国的比重及其发展速度以及不同地区人均指标对比等。一是看区域经济占全国的比重。地区经济总量占比越高，对国民经济的影响越大。从经济总量来看，目前东部地区占比较高。2019 年我国东部地区生产总值占比为 51.9%，比中部、西部、东北地区分别高 29.7、31.1、46.8 个百分点；从社会消费看，东部地区优势明显。2019 年东部地区社会消费品零售总额占比为 50.5%，比中部、西部、东北地区分别高 26.5、29.8、45.7 个百分点。二是看不同地区发展水平对比关系。以某一地区为参照，分析其他地区与其对比关系，有助于了解彼此发展差距。例如，从居民收入看，以东部地区作为参照，2019 年中部、西部、东北地区人均可支配收入分别是东部地区的 66.0%、60.8%、69.4%，说明西部居民收入与东部差距最大，东北地区差距相对较小。三是看不同区域占全国比重的动态变化。后发地区经济占比持续提高，表明我国区域发展更趋均衡、更加协调。2019 年中部、西部地区生产总值占比分别为22.2%、20.8%，比2012年分别提高2.0、1.0个百分点。

图3　2019年分地区国内生产总值比重

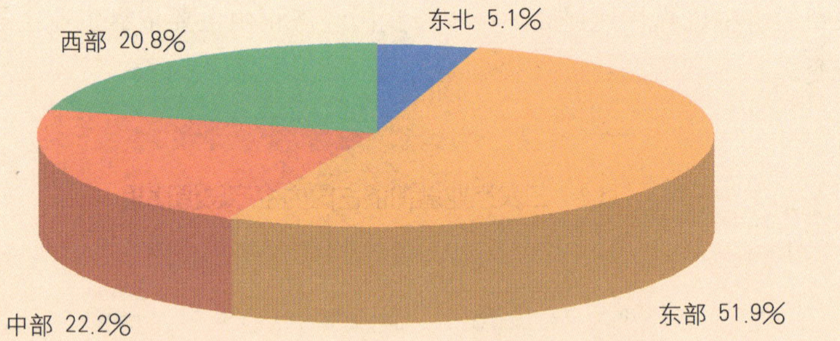

图4　2019年分地区居民人均可支配收入情况

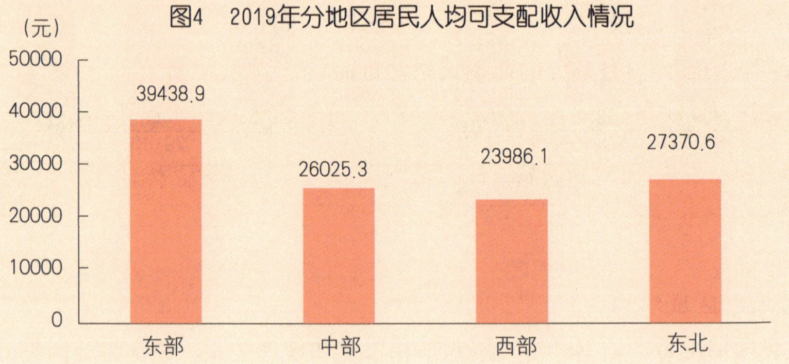

（撰稿：付凌晖　冯朝阳）

105．什么是对比分析法？

在对各地区GDP增速进行分析时，常用到对比分析法，通过横纵对比，既有利于各地区较好地自我定位，也有利于其找出与其他地区的差距。

一、基本概念

对比分析法也称比较分析法，是把客观事物加以比较，从而认识事物的本质和规律并做出正确的评价。对比分析法通常是把两个相互联系的指标数据进行比较，从数量对比的角度展示和说明研究对象规模的大小，水平的高低，速度的快慢，以及各种关系是否协调。

二、常用种类

对比分析法根据分析的需要有绝对数对比分析和相对数对比分析两种形式，其中绝对数对比分析是利用绝对数指标进行对比，从而寻找差异的一种方法。例如，比较一定时期内两个地区的净出口总额，发现两地净出口规模的差别，从而了解两地的对外开放或对外依存情况。

相对数对比分析有以下五种形式：

（一）结构相对数对比分析，指将同一总体内的部分数值与全部数值对比求得结构相对数（如比重），然后再进行比较，用以说明事物的性质、结构或质量不同。

（二）比例相对数对比分析，指将同一总体内不同部分的数值对比得出比例相对数，表明总体内各部分的比例关系，进而再在不同对象间进行比较。

（三）强度相对数对比分析，将两个性质不同但有一定联系的总量指标对比得到强度相对数，用以说明现象的强度、密度和普遍程度，进而再对不同对象的强度、密度等进行比较。

（四）计划完成程度相对数对比分析，将某一时期实际完成数与计划数对比得到某指标的计划完成程度，进而再对不同对象的完成程度进行比较。

（五）动态相对数对比分析，将同一现象在不同时期的指标数值对比得到动态相对数，用以说明发展方向和变化的速度，进而对不同对象的发展方向和变化速度进行对比分析。

图1　相对数对比分析举例（2018年数据）

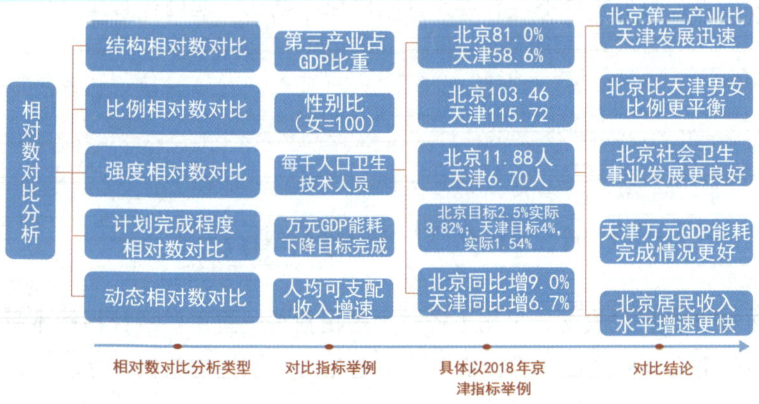

三、主要作用

对比分析法在经济社会研究中的作用是多方面的。首先，对比分析法可以用来追溯事物发展的历史渊源并确定事物发展的历史顺序，找出事物发展的历史脉络。例如，下图展示了 2011—2019 年某地区万元 GDP 能源消耗量情况，通过比较不同时期该地区万元 GDP 能耗的水平可以看出该地区经济发展过程中一直致力于节能降耗，同时预测未来该地区的节能降耗将保持良好水平。其次，对比分析法的运用可以对事物进行定性的鉴别和定量的分析。例如，以经济发展水平较高的国家单位 GDP 能耗为参照，该地区单位 GDP 能耗还有进一步降低的空间。

图2　某地区2011—2019年万元地区生产总值能耗

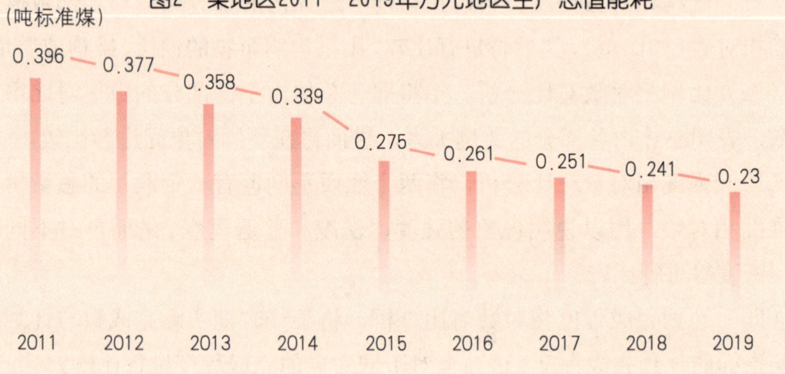

四、注意事项

在对比分析的实际操作过程中，必须遵循可比性原则，具体来说，就是指标的内涵和外延可比、指标的时间范围可比、空间可比、指标的计算方法可比、总体性质可比等。两个完全不具有可比性的对象，摆在一起进行对比分析是徒劳无功的。

（撰稿：姜雷光　班成英）

106. 什么是平均分析法?

人均 GDP、居民收支、平均工资、价格指数等一些主要统计指标本身就是平均数，因此平均分析法在各类分析方法中是相对基础性的分析，原理较为直接，应用极其普遍。

一、基本概念

平均分析法是利用平均指标对社会经济现象进行分析的方法。平均指标又称平均数，是反映社会经济现象在一定时间、地点条件下某一数量特征的一般水平，有算术平均数、几何平均数、调和平均数、加权平均数等，也有中位数等位置平均数。常见的平均指标非常多，比如人均 GDP 比较客观地反映了这个地区居民的平均生产总值水平；平均分集中反映了一个群组的平均成绩；平均成本反映一定产量下的平均投入；平均可支配收入中位数反映了样本按顺序排列处于最中间位置的人均收入等。因其应用基础，在经济分析中，经常与其他指标结合使用：

（一）平均分析结合总量分析。在分析规模差距较大的不同个体时，平均指标与总量指标互相补充支撑，全面客观说明问题。比如，在比较中美经济实力时，应同时了解经济总量和人均经济总量。2019 年，我国 GDP 总量为 14.4 万亿美元，美国为 21.4 万亿美元，我国约为美国的 67.2%；而从人均 GDP 来看，2019 年，我国人均 GDP 为 10276 美元，美国为 65118 美元，差距仍较然大。仅看总量或平均数，都可能得出不切实际的结论。

（二）平均分析结合差异分析。平均数反映了样本指标的平均水平，而极差、方差等则反映了样本的离散程度，两者结合能使用较少指标更好定性样本特点。比如比较两个小组的平均分数，A 组 5 个人分数分别为 75 分、78 分、80 分、82 分、85 分，平均 80 分，极差仅 10 分，标准差为 3.4 分；B 组 5 个人分数分别为 65 分、65 分、75 分、95 分、100 分，平均分也是 80 分，但极差 35 分，标准差 14.8 分，尽管平均分相同，但 A 组各样本水平较为集中，B 组水平差距较大。

（二）平均分析结合边际分析。平均数反映样本平均水平，边际量则反映自变量增加或者减少单位数量时因变量的变化情况。在分析一些具体问题尤其是做决策时，要按照需求选取平均分析或者边际分析。比如企业产量决策中，平均成本和平均收益能反映企业盈利能力，而企业边际成本和边际收益则能决定企业最佳产量。

二、主要作用

平均指标直观、简明，具有高度概括的特点，很多统计分析都是建立在平均分析基础上的。可以用来比较同类现象之间的差距；可以对某一现象在不同时间上的总体水平进行比较，发现现象的发展趋势及规律；可以分析不同现象之间普遍的依存关系，发现影响现象发展的因素等。

三、注意事项

平均数因其高度概括的特点，在应用中要格外注意“被平均”的问题。当前大数据无处不在，个性化信息得到了更多对比机会，居民可支配收入、平均工资等平均指标在发布和使用统计结果时，要通过分组、图表、动态对比等多种方式，展示平均数背后的丰富信息，更加全面反映数据变化和分布特点。平均分析也要注重与典型事例的关联分析，因为平均数已包括了极值的信息，要关注极值出现的原因，如对几年内的某一指标运用平均分析法时，要把2020年出现极值跟是否与新型冠状肺炎疫情和应对事件综合考虑在内，并提出应对策略。

（撰稿：姜雷光 周平）

107. 什么是相关分析法?

经济是一个包罗万象的复杂系统，经济社会现象之间存在着大量相互联系、相互依赖、相互制约的数量关系。各种指标间相关联，用统计数据共同勾画了经济运行的轨迹。研究指标间存在着哪种关联关系、关系的紧密程度如何，是研究经济关系、分析经济走势、进行政策调整的重要基础工作。

一、基本概念

相关分析法是一种测定经济现象之间相关关系的方向及程度，并据此进行预测和控制的分析方法。相关关系指的是这样一种关系：变量之间存在着不确定、不严格的依存关系，对于变量的某个数值，可以有另一变量的若干数值与之相对应，这若干个数值围绕着它们的平均数呈现出有规律的波动。在经济形势分析中，相关分析法能够帮助我们拓展和深化对经济运行状况的认识和评判。

相关关系与因果关系不同，相关关系可能是由于两个变量之间存在某种因果关系所致，也可能是由于两个变量之间存在着某些复杂的公共因素所致。例如，冷饮销量和空调销量密切相关，主要是由于这两个变量与气温高低存在因果联系，而非这两个变量之间存在因果关系。

二、几种表现形式

相关分析法可以用来判定不同变量间相关关系的方向，一般可以采用画散点图等方法，主要有以下几种类型：

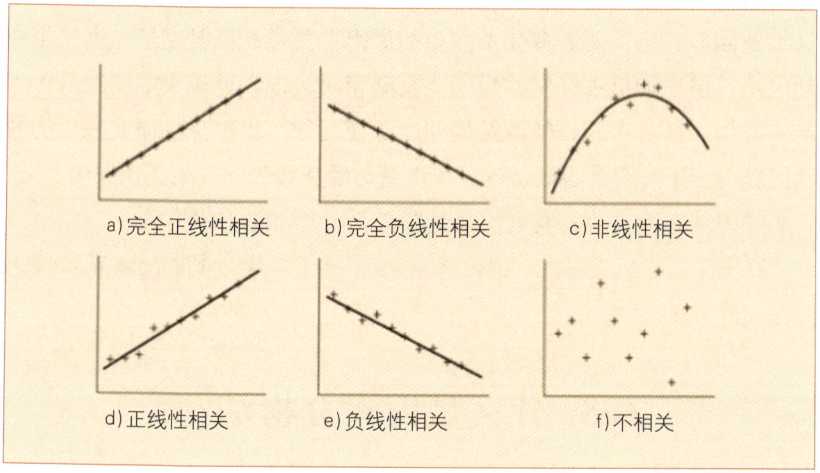

常见的相关关系有正相关和负相关。举个例子，用电量的变化与经济走势呈现正相关关系，常被大家认为是观察经济走势的风向标。通常用电量增长较快的国家，经济增长也较快。根据世界银行数据，1981—2011 年的 30 年间，日本经济增长 81%，用电量增长 79%；印度经济增长 5.1 倍，用电量增长 6.8 倍；美国经济增长 1.3 倍，用电量增长 80%；德国经济增长 72%，用电量增长 27%。

而食品消费占居民消费支出的比重，则往往与居民收入水平呈现负相关关系。比如，2013—2019 年，全国居民人均可支配收入不断提高，2019 年比 2013 年名义增长 67.8%；而食品烟酒消费支出占全部消费支出的比重（恩格尔系数）则不断下降，从 2013 年的 31.2% 下降到 2019 年的 28.2%。

三、经济指标间的相关关系会随着发展阶段发生变化

相关分析法还可以通过计算相关系数来衡量不同变量间相关关系的密切程度。一般来说，相关系数的绝对值越大，两个变量的关联程度越高。需要注意的是，在不同发展阶段，两个变量间的相关程度也会发生变化。以我国为例，在经济增长比较平稳时，用电量和经济增长之间的关系相对稳定；在经济高速成长阶段，用电量增速会更快；经济增速放缓阶段，用电量放缓的幅度也会更大。比如，

1998—2007 年，我国国内生产总值同比增速由 7.8% 提高至 14.2%，而同期工业用电量增速总体上呈现持续平稳上升的态势；2008—2009 年，受国际金融危机冲击，我国经济增速大幅回落，工业用电量增速明显下降；2009 年后，随着我国经济增速的回升，工业用电量加快增长；2011 年以来，经济增速下行，工业用电量增长又加速回落。出现两者变化不同步的原因主要是一段时期里，重化工业是电力消耗大户，但增加值占经济总量的比重则相对较低。近年来中国经济步入新常态，产业结构、经济布局、能源结构和能源使用效率出现深刻而又积极的变化，再加上区域内分工与交换不断加深，用电量与经济增长的关系正在发生一些变化，因此，必须用动态的视角、发展的眼光看待两者之间的相关关系。

（撰稿：刘爱华　姜雷光　胡婷婷）

108. 什么是因素分析法？

因素分析法最早是由萨德勒提出的，经过康德尔、汉斯与施奈德等的继承与发展，成为 20 世纪上半叶比较教育研究中的一种主要方法，后经发扬光大，成为多元统计分析的一个分支，是现代统计学中一种重要而实用的方法。现广泛应用于商品供求关系分析、预测期货价格变化等领域。

一、基本概念

因素分析法是分析总变动中各因素影响程度的一种统计分析方法。使用这种方法能够把反映事物性质、状态、特点等各个因素变量的作用分别罗列分析，比如某工业品的总产值由产量和价格两个因素决定，分析总产值变化中有多少是因为产量变化带来的、有多少是由于价格涨跌带来的，这就是因素分析法的运用。

以下表所提供的某工业品为例，分析产量和价格两个因素对工业总产值变动的影响。变动涉及两个时间点，变动前的时间点是基期，变动后的时间点为报告期。

影响某工业品总产值的产量和价格变动表

指标	产量（吨）	价格（元／吨）	总产值（元）
基期	2000	40	80000
报告期	2500	45	112500

工业总产值由工业品的产量和价格相乘得到，报告期和基期变动增加的产值为 112500 元—80000 元 =32500 元。

在测定各因素变动对总产值影响程度时必须保持其他因素固定不变。比如，分析产量因素的影响，要假定价格因素不变。基期总产值为 p_0q_0，首先替代产量变化得到 p_0q_1，此时价格因素固定在基期，因产量变动使总产值增加的数额为 $p_0q_1 - p_0q_0$=40*2500 － 80000=20000 元；然后替代价格得到 p_1q_1，此时产量保持不变且固定在报告期，因价格变动使总产值增加的数额为 $p_1q_1 - p_0q_1$=112500 － 40*2500=12500 元。

产量变动使总产值增加的数额加上价格变动使总产值增加的数额等于总产值总变动 32500 元，同时可以分别计算价格和产量对总产值影响的程度。

实际操作过程中可通过连环替代进行简化操作分析，以有三个自变量的因素分析为例，假如 $\alpha_0=x_0y_0z_0$，$\alpha_1=x_1y_1z_1$，为了计算各个因素对因变量 a 变动的贡献，如按照 x，y，z 的顺序进行分解，第一个因素 x 对 a 的影响为 $(x_1-x_0)y_0z_0$，第二个因素 y 对 a 的影响为 $x_1(y_1-y_0)z_0$，第三个因素 z 对 a 的影响为 $x_1y_1(z_1-z_0)$；三个影响总和为 $x_1y_1z_1-x_0y_0z_0$ 的总差异。

二、主要作用

因素分析法既可以全面分析各因素对某一经济指标的影响，又可以单独分析某个因素对经济指标的影响，使复杂的研究大为简化，并保持基本的信息量。如上述工业品总产值的增加，既可以分析价格对总产值增加的影响，也可以分析产量对总产值增加的影响，同时两种因素对总产值增加的综合影响也可计算得出，分析更加简便、直观。

三、注意事项

运用因素分析法的一般程序为，确定需要分析的指标、确定影响该指标的各因素及与该指标的关系、计算确定各个因素影响的程度数额。在具体的分析过程中应注意把握几个原则：

一是指标分解的各个因素经济意义明确，与分析指标之间要具有相关性，必须能够说明分析指标产生差异的内在原因，如上述将总产值分解为价格和产量的乘积就符合指标的相关性要求。

二是分析某一因素对分析指标影响时必须假定其他因素不变，只有这样才能准确计算单一因素对分析指标的影响程度，如上述例子中，在测算产量变动的影响时，保持价格因素不变，将其固定在基期；而计算价格变动的影响时，保持产量不变，将其固定在报告期。因基期和报告期各指标均在变化，各个因素影响程度与分解顺序有关。

三是严格按照科学合理的顺序进行因素分析。一般而言，将因素区分为数量指标和质量指标，先替代数量指标，后替代质量指标；如果同时出现多个数量指标或质量指标，则先替换实物量指标，后替换价值量指标。比如，上面举例中，先计算产量影响，再计算价格影响。

四是在进行因素分析时，计算每一个因素变动时，都是在前一次计算的基础上进行，从而保证各因素对分析指标的影响之和等于分析指标自身的变动程度。当出现超过两个因素时，要进行连环替代，也就是分析第 N 个因素时，前面 N-1 个因素均使用报告期数据替换基期数据。

（撰稿：姜雷光 周平）

109. 什么是周期分析法？

经济总是在上升、下降的过程中反复循环，反映出一定的周期性规律。分析影响经济走向的关键因素，以及经济处于哪个阶段、未来发展如何，特别是在经济高速发展或低迷阶段，准确判断经济拐点，对市场和宏观政策制定发挥着极其重要的作用。

一、经济周期

经济周期是指经济活动沿着总体发展趋势所经历的扩张和收缩。这种扩张与收缩主要表现在总产出、工业生产指数、就业及通货膨胀率、投资、消费等经济变量的上下波动上。经济周期通常可以分为四个阶段：衰退阶段、萧条阶段、复苏阶段、繁荣阶段。

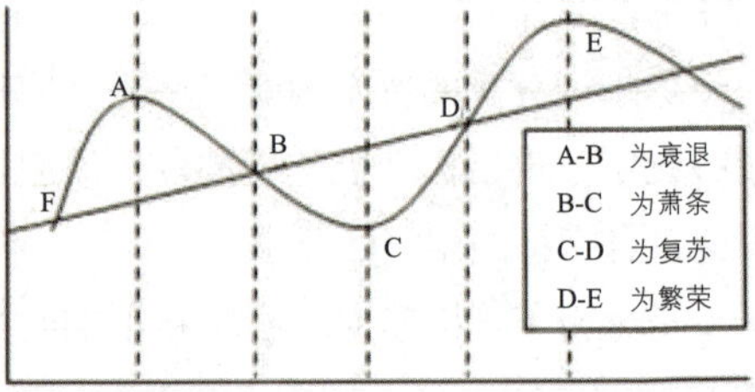

二、周期分析法及类型

周期分析法是指通过分析一些主要宏观经济指标的变动，研究经济周期变化客观规律性的方法。周期分析法有助于判定经济运行所处的阶段，预测经济波动的趋势及其影响，为企业经营和宏观经济调控提供决策依据。周期分析的理论有多家流派，主要如下表所示：

周期名称	提出者	引起因素	周期长度
基钦周期	英国统计学家基钦(Joseph Kitchin)	企业库存投资的变动	3—4 年
朱格拉周期	法国经济学家朱格拉(Clement Juglar)	固定投资波动	8—10 年
库兹涅茨周期	美国经济学家西蒙•库兹涅茨（Simon Kuznents）	建筑投资的循环变动	15—25 年
康德拉季耶夫周期	前苏联经济学家康德拉季耶夫（Nikolai Kondratieff）	技术进步和革新等	45—60 年

对经济周期研究的方法有很多，在国际上广泛使用的经济周期指标法，是按照一定的标准选择一组能够反映和标志周期波动的代表性指标，将这些指标分成先行、同步、滞后三类指标，然后再按一定的方法将各类指标合成若干综合指数来描述和分析经济周期。

三、周期分析法的应用

周期分析法在判定和预测短期波动方面有非常广泛的应用。例如，2009 年上半年，我国经济正处于世界金融危机后比较困难的时期，由于国际金融危机肆虐全球，各国经济大幅滑坡，外需骤减对我国经济增长造成了严重冲击，尽管我国采取了一揽子扩大内需的政策措施，经济增长有所恢复，但各方面对经济增长前景的信心明显不足。在这种情况下，准确把握经济发展的趋势、及时发现运行中的积极苗头显得尤为关键。当时，国家统计局根据经济周期理论，对经济所处阶段做出分析判断。根据周期分析法的四个阶段，经济大幅下滑后，通常要在底部徘徊一段时间然后才能逐渐复苏，关键是判断经济是否到底、何时复苏，也就是经济的拐点是否来临，这一点至关重要。国家统计局在认真研究 GDP、PMI、工业生产情况，特别是钢材生产量、发电量、货运量等一系列指标的波动情况后，提出“如果不出现新的大的意外，基本可以断定，当前我国经济已经见底，最困难的时候已经过去，下阶段经济可望企稳向好”，率先提出了“见底回升”的判断，之后经济发展的实际运行轨迹完全验证了这一判断。

（撰稿：刘爱华 姜雷光 胡婷婷）

110. 什么是时间序列分析？

时间序列分析是现代计量经济学的重要内容，广泛应用于经济、商业、社会问题研究中，在指标预测中具有重要地位，是研究统计指标动态特征和周期特征及相关关系的重要方法。

一、基本概念

经济社会现象随着时间的推移留下运行轨迹，按时间顺序记录下来经济社会现象的观测数据，就是时间序列。比如，2018—2019 年每个季度的国内生产总值，2019 年每个月居民消费价格涨幅。对时间序列进行分析的目的是，描述时间序列过去的变化特征，发现时间序列运行规律，从而预计未来时间序列的走势。

对时间序列进行描述可以采用一系列动态分析指标，如发展水平、发展速度等。发展水平是时间序列中原有的统计指标数值，发展速度是时间序列中两个时期发展水平的比。比如，2019 年我国生产总值为 99.1 万亿元，这是国内生产总值的发展水平；2019 年我国国内生产总值增长 6.1%，是 2019 年国内生产总值相对对 2018 年的发展速度。

二、主要方法

按照时间序列分析方法形成的时代，可以将时间序列方法分为传统时间序列分析和现代时间序列分析。

（一）传统时间序列分析

传统时间序列分析将时间序列分为四种因素，即长期趋势、季节变动、循环变动、不规则变动，将时间序列的变动看做是这些因素复合而成，试图分别揭示各个因素数量对时间序列变动影响的大小，表明各个构成部分变动如何一起形成时间序列的变动。其中，长期趋势是指时间序列在较长时期的变动，季节变动是时间序列由季节性因素影响的周期性变动，循环变动是以年度记录的时间序列所表现出的某种周期性变动，不规则变动是时间序列除去长期趋势、季节变动和循环变动后余下的变动。假定各构成部分影响是可加且相互独立，传统时间序列分析模型可以分为加法模型和乘法模型：$Y_t=T_t+S_t+C_t+U_t$（加法模型），$Y=T_t \cdot S_t \cdot C_t \cdot U_t$（乘法模型），其中 Y_t 为时间序列原始值，T_t 为分解的趋势项，S_t 为分解的季节项，C_t 为分解的循环项，U_t 为分解的随机项。

（二）现代时间序列分析

现代时间序列分析将时间序列看做一个随机过程，通过分析时间序列特性研究序列变化一般规律。时间序列的特性是指序列的平稳性、季节性和随机性。时间序列的统计特性不随时间推移发生变化，称为平稳时间序列；时间序列的统计特性随季节发生变化，则表明序列存在季节性；时间序列变化完全是随机的，序列中各项之间相互独立，称为完全随机序列。分析时间序列重要工具之一是时间序列自相关，即时间序列两项之间的相关性。通过分析时间序列自相关关系，可以识别时间序列是否具有平稳性、季节性和随机性。对于平稳的时间序列，可以采用自回归移动平均模型进行分析预测。对于非平稳时间序列，可以采用差分方法，使时间序列转化为平稳时间序列，进而使用自回归移动平均模型进行分析预测。此外，对于多变量时间序列，还可以采用向量自回归模型进行分析。

应用现代时间序列分析方法时，首先可以通过描述统计方法或图示法预先做一些判断，其次使用统计检验判断时间序列的平稳性，即统计特性（均值和方差等）不随时间的变化而变化。对于平稳序列，可以采用移动自回归模型进行分析；如果是非平稳序列可以采用差分方法，将其转化为平稳序列进行分析。最后，利用该时间序列分析建立的模型进行序列的预测。

三、示例

为分析某公司 2005—2017 年产品销售量的月度变化，先用图示法了解时间序列变化特点（见下图）。

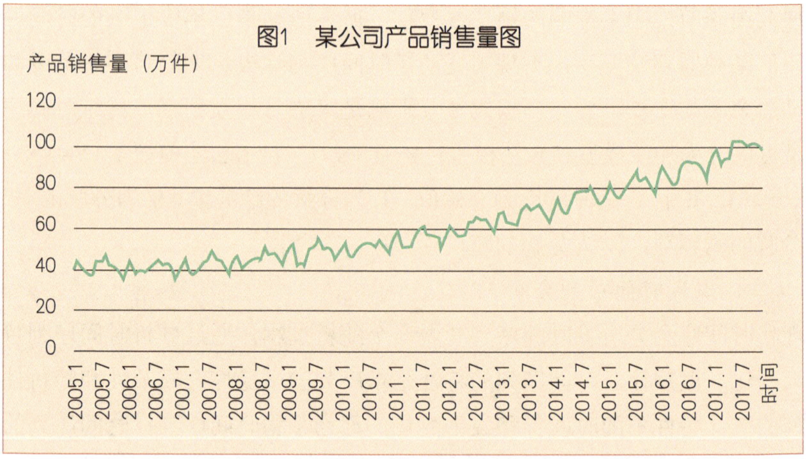

从图中可以看出，该公司产品销售量长期看是持续增长，且增长过程中有波动，波动规律性表现为季节性变化，除此以外还有随机波动因素。对此，采用传统时间序列分析方法中的加法模型进行分析，即 $Y_t=T_t+S_t+U_t$。通过因素分解，可得到时间序列的长期趋势因素、季节因素和随机波动因素的影响大小（见下图）。如果要预测该公司产品销售量未来发展趋势，可以利用该序列中的趋势因素进行外推测算。

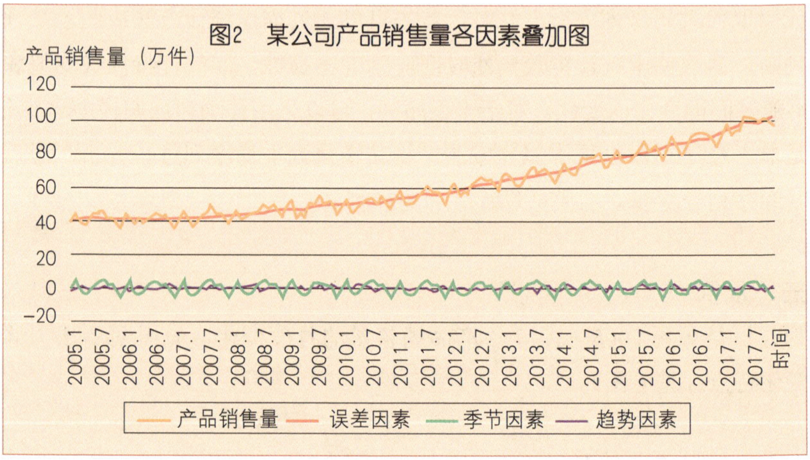

（撰稿：付凌晖　班成英）

111．什么是多元统计分析?

观察经济社会活动往往需要用到多项统计指标，如考察国家宏观经济运行状况，通常会用到国内生产总值、失业率、居民消费价格、进出口等指标，这些指标间一般存在内在的联系，研究多项指标间的相互依赖关系和内在统计规律性是多元统计分析的基本内容。

一、基本概念

多元统计分析是经典统计学发展起来的一个分支，是一种多指标（也称多变量）综合分析方法，可以在多指标相互关联情况下分析其统计规律，在研究经济社会现象中具有广泛应用。

在研究经济社会现象时，会收集大量个体的多方面信息，特别是随着信息化发展，采集到个体数量和指标数量大为增加，比如网上商品交易系统采集到的信息涉及的用户数以亿计，指标数量成百上千，这些都增加了分析的难度。对这些规模宏大、复杂难辨的信息进行提炼简化，提取重要信息辅助决策，是多元统计分析的重要应用领域。同时，经济社会现象间往往存在紧密的联系，表现为统计指标之间存在相关性、因果关系等，使用多元统计分析有助于研究统计指标间的内在联系，发现经济社会现象的内在规律性。

在实际观测和调查中，统计指标的取值一般是随机的，因此统计指标可以用随机变量来表示，那么多个统计指标对应多个随机变量。而多个随机变量组成的数据集合称为随机向量，随机向量服从一定的统计分布，这是多元统计分析方法建立的重要基础。

二、常用方法

多元统计分析方法按照分析特点大致可以分为两类：一是描述性方法，主要从原始数据中提取重要信息，对系统主要特征进行研究，包括主成分分析、因子分析、聚类分析、对应分析等。二是解析性方法，主要是研究变量间相关关系、因果关系等，通过建立模型对变量间的关系认识定量化，包括多元回归分析、判别分析、典型相关分析等。

（一）描述性方法

1. 主成分分析

在研究多指标（变量）问题时，由于指标间存在一定相关性，导致信息冗余，增加分析的难度。对此，主成分分析通过将原有的多个变量进行线性变换，组合成几个较少新的相互无相关性的综合变量，尽可能提取原有变量信息，达到指标简化目的。比如，在进行地区发展综合评价时，往往会选取经济增长、科技创新、人民生活、生态环境等多项指标，而这些指标往往存在相关性，通过主成分分析将这些指标简化为一到两个综合指标，将有助于降低综合评价难度。

2. 因子分析

因子分析是主成分分析的推广，将具有复杂关系的多变量转化为数量较少的几个综合变量，从而用有限个不可观测的隐变量来解释原始变量间相关关系。比如，在研究人体交感神经和副交感神经对人体的影响时，通常采集收缩压、舒张压、心跳间隔、呼吸间隔、舌下温度 5 个指标，通过因子分析可以将这 5 个指标综合为两个隐变量指标，从而反映交感神经和副交感神经的影响，找到其与原始 5 个指标的联系。

3. 聚类分析

聚类分析是将具有相似特征的个体归为一类，从而使同类的个体相似性较高，而不同类的个体之间差异较大。衡量个体之间相似性采用“距离”测度和相似系数，常用的“距离”测度有明式距离、马氏距离、兰氏距离，常用的相似系数有夹角余弦、相关系数。聚类分析中常用的方法有系统聚类、动态聚类等。比如，对全国省区市经济类型进行分类时，一般会选取一些的经济指标，然后利用这些经济指标计算地区与地区之间的“距离”，将“距离”近的地区归为一类，将“距离”远的地区归为不同类别，从而形成不同地区经济发展水平类别，深化对地区经济的认识。

（二）解析性方法

1. 多元回归分析

多元回归分析是研究一个因变量与多个解释变量之间相互依存关系，揭示因变量与解释变量间的数量关系，从而对因变量进行估计或预测。比如，在预测长期经济增长趋势时，通常使用国内生产总值作为因变量，资本存量、就业人数、人力资本存量、制度变量等作为自变量，利用多元回归方法建立经济增长与相关因素的定量模型，利用得到的模型关系对未来经济增长趋势进行预测。

2. 判别分析

判别分析是判别观察个体所属类别的一种统计分析方法，它是在已知观察个体分为若干个类别的条件下，通过建立判别规则，对观察个体进行判别分类。它与聚类分析最大不同是，聚类分析事先不知道观察个体有多少个类别，而判别分析事先已知观察个体的类别个数。常用的判别分析法有距离判别法、费舍尔判别法、贝叶斯判别法等。比如，世界银行将全球国家划分为高收入国家、中高收入国家、中低收入国家、低收入国家四种类型，当判断一个国家属于哪种类型时，可以使用判别分析方法建立规则进行判别。

三、示例

为分析中国经济增长的驱动因素及其影响，基于柯布—道格拉斯生产函数，建立多元回归测算模型：

$Y=Ae^{rt}K^{\alpha}L^{\beta}$，

其中，Y、K、L 分别为总产出、资本投入、劳动投入，r 为技术进步率、t 为时间，α 、β 分别为资本投入、劳动投入的弹性。假定技术进步率不为常数，将其设定为 $r=b_1+b_2X_2+b_3X_3$，其中分别 X_2 和 X_3 为第二产业和第三产业就业人员比例，带入上述生产函数，并假定规模报酬不变，即 $\alpha+\beta=1$，可以得到：

$Y/L=Ae^{(b1+b2X2+b3X3)t}(K/L)^{\alpha}$

记 Y/L=y，K/L=k，取对数后对公式两边进行变换，可以得到：

$Ln(y)=Ln(A)+(b_1+b_2X_2+b_3X_3)+\alpha Ln(k)$

考虑到变量非平稳性，对上式两边进行差分后回归测算，使用 1978—2013 年我国的国内生产总值、资本存量和就业人数等数据得到：

$\Delta Ln(y)=0.1736-0.0093X_2+0.002X_3+1.1141\,\Delta Ln(k)$

(2.557) (-2.06) (0.997) (8.376)

AR(1)=0.507　　(R^2=0.766)

(3.145)

多元回归检验结果表明，回归效果较好，上述模型能够满足分析经济产出、资本投入、劳动投入之间关系的需要。从回归结果来看，人均资本存量的提高有利于人均经济产出的增长。

（撰稿：付凌晖　班成英）

112. 如何进行景气分析？

景气分析是一种短期经济分析方法。主要分析短时间内（一般指一年内，或几个月内）经济运行的态势，包括当前的状态和未来的趋势。景气分析可以为宏观经济政策提供重要的决策与参考信息，例如根据经济运行的方向、强弱可建议扩张或收缩的财政、货币政策。在全球经济波动日趋复杂的背景下，越来越多的国家开始重视经济景气分析。党的十九届三中全会在涉及合理配置宏观管理部门职能时提出，要“强化经济监测预测预警能力”，为我国经济景气分析指明了方向。

一、什么是景气分析

经济在几十年甚至几百年的长期运行过程中，总会出现扩张与衰退交替进行、循环往复这样一种周期现象。景气分析，就是对经济周期波动这一现象所做的定量分析，即判断当前经济处于周期运行中的位置，扩张阶段抑或收缩阶段；预测未来经济趋势，上升、下降抑或基本稳定。

景气分析有多种方法，主要包括：（1）基于数理模型和客观统计数据的宏观经济景气监测方法，即通过计算先行指数、一致指数等来分析经济周期运行态势；（2）基于对企业、消费者等开展景气调查，了解其对经济的定性判断，并由此形成定量的情绪指数，如企业景气指数、消费者信心指数等。通过这些指数的变化来判断经济的周期运行状态。

二、景气指数的编制方法

（一）宏观经济景气指数编制方法

宏观经济景气指数主要包括先行指数、一致指数、滞后指数和预警指数等。编制宏观经济景气指数主要有合成指数法、扩散指数法等方法。在实践中，通常采用合成指数法。该方法的优点在于通过编制的一致指数精确地反映景气波动的方向和程度，且通过编制的先行指数预测宏观经济的走势和转折点。

1. 先行、一致和滞后指数

根据景气指标变动与经济周期波动之间的时滞关系，可以将经济指标划分为先行指标、一致指标和滞后指标。

先行指标包括合同订单等一系列领先于经济周期波动的指标；一致指标包括

GDP 构成项、就业等一系列反映经济周期现状的指标；滞后指标包括库存等一系列滞后于经济周期波动的指标。

采用合成指数法分别对一系列的先行、一致和滞后指标进行合成，得到先行指数、一致指数和滞后指数。一致指数，即我们通常所说的景气指数。

2. 预警指数和预警信号灯系统

预警信号灯是采用类似交通管制信号灯的红、黄、绿灯来直观反映经济现状。

通过建立预警指数指标体系、确定各指标权重、计算得到预警指数，并将预警指数按照不同的界限值划分为红灯区、黄灯区、绿灯区、浅蓝灯区和蓝灯区 5 个区域。其中，“红灯区”表示经济过热，“黄灯区”表示经济偏热，“绿灯区”表示经济正常平稳，“浅蓝灯区”表示经济偏冷，“蓝灯区”表示经济过冷。

预警信号灯系统的优点在于，一是可以直观判断当前经济所处状态，二是利用一组指标作为判断宏观经济景气状况的依据，避免了单一指标决策的风险。

（二）基于景气调查的情绪指数编制方法

基于景气调查的情绪指数主要包括企业景气指数、采购经理人指数、消费者信心指数和经济学家信心指数等，编制方法主要采用扩散指数法。

与宏观经济景气指数的定量分析不同，景气调查方法是一种定性调查，被调查者仅需就调查问题从“上升”、“不变”和“下降”三个选项中进行选择即可。调查结果反映的是调查对象主观信心的变化，具有较高的时效性和前瞻性，可以较好地预测未来经济发展趋势。

情绪指数的编制方法一般采用“上升”比重减去“下降”比重的简单扩散指数法。

景气调查的调查周期一般为月度或季度。其中，采购经理调查和消费者信心调查的调查周期为月度，企业景气调查和经济学家信心调查的调查周期为季度。相应的指数发布周期与调查周期一致。

1. 企业景气调查与采购经理调查

企业景气调查的调查对象是全国大、中、小型企业单位的负责人。调查内容包括对本企业和本行业的生产经营状况的判断和预期，以及投资、用工、订货（业务预订）、存货和资金等方面的问题。

该调查采用与单位规模成比例的概率抽样方法，全国共抽中样本单位逾 50 万家，调查范围覆盖工业、建筑业、批发和零售业等国民经济主要行业。

企业景气指数是根据企业家对本企业综合生产经营情况的判断（即，即期指数）和预期（即，预期指数）编制而成，其取值范围在 0 － 200 之间，以 100 为临界值。

企业景气指数之所以可以反映经济波动规律的逻辑在于，一方面，企业管理人员身处市场，能敏锐地感受到经济的变化；另一方面，企业管理人员的判断又影响其未来决策，能在相当程度上影响市场。

采购经理调查的调查对象为制造业企业的采购经理，调查问卷涉及企业采购、生产、流通等各个环节的相关问题，所编制的采购经理人指数（PMI）是国际上通用的监测宏观经济走势的先行指标之一，具有较强的预测和预警作用。

采购经理人指数的临界值为 50%；高于 50% 时，反映制造业处于扩张态势；低于 50% 时，则反映制造业处于收缩状态。

2. 消费者信心调查

消费者信心调查是通过对消费者进行问卷调查，根据他们对当前就业形势、收入水平、就业前景、收入预期以及消费意愿的主观判断来编制消费者信心指数。

该调查在全国选取 15 个省（市、自治区）[14] 作为代表样本地区，采用随机抽样方法，共抽中城乡消费者逾 6000 名，采取电话调查方式进行调查。消费者信心指数是根据消费者对当前的判断（满意指数）和对未来 6 个月的预期（预期指数）编制的，取值范围在“0—200”之间，以“100”为景气临界值。

3. 经济学家信心调查

经济学家信心调查是通过对经济学家进行问卷调查，了解他们对宏观经济形势及国内外相关热点经济问题的判断，并据此编制经济学家信心指数。

该调查建立的专家库有来自高等院校、经济管理部门、金融机构和其他研究机构的约 200 名专家，每季度有近 100 位经济学家参与调查。经济学家信心指数是根据经济学家对当前经济的评价（即，即期指数）和对未来 6 个月的预期（即，预期指数）编制而成，其取值范围在“0—200”之间，以 100 为景气临界值。

三、景气分析案例

（一）宏观经济景气指数方法应用案例

2020 年 6 月份先行指数为 100.3，比 5 月份上升 1.3 点（图 1）。目前，先行指数对一致指数的领先期为 3 个月左右，自 3 月份以来，先行指数连续 4 个月持

注：14. 其中，东部样本地区为北京、上海、浙江、山东和广东；中部样本地区为安徽、河南和湖南；西部样本地区为重庆、四川、贵州、甘肃和新疆；东北样本地区为辽宁和吉林。

续上行，预示经济稳步复苏态势有望延续。

6月份，宏观经济一致指数为91.8，比5月份上升3.3点，表明当前宏观经济持续复苏，但尚未恢复至新冠肺炎疫情发生前的水平。

图1 宏观经济景气指数与先行指数

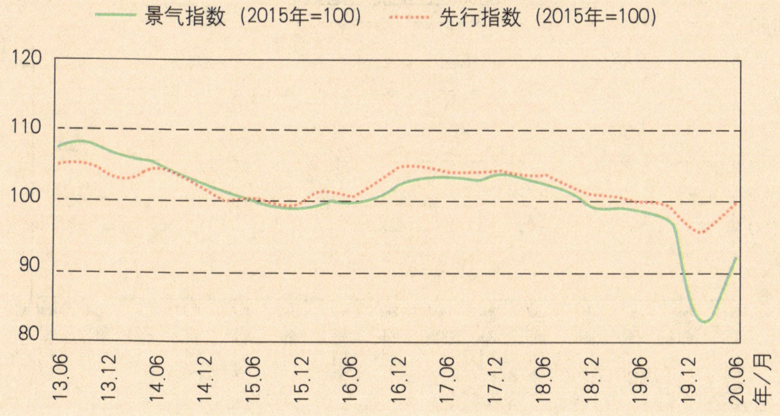

（二）基于景气调查的情绪指数分析应用案例

消费者信心指数继续走高

2020年6月，中国消费者信心指数为112.6，创新冠肺炎疫情发生以来新低（图2），表明消费者经济状况有所变差，消费需求的好转相对迟缓。

图2 消费者信心指数、满意指数与预期指数

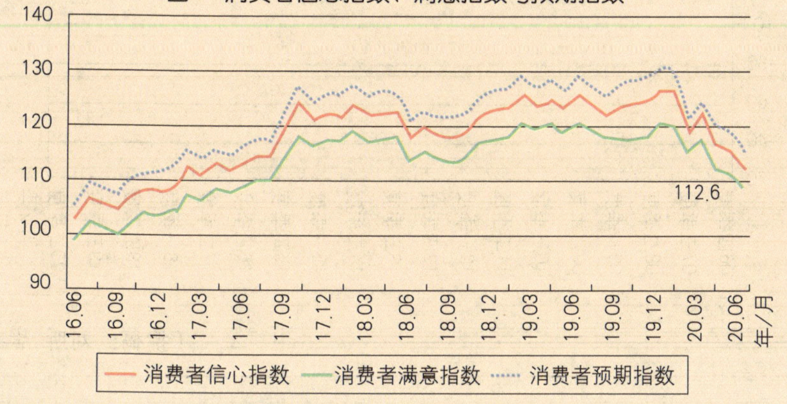

企业景气指数基本稳定

2020 年二季度，企业景气指数为 109.1 点，比一季度明显回升 20.9 点（图 3），表明国内新冠肺炎疫情得到基本控制，我国统筹推进疫情防控和经济社会发展工作取得积极成效，企业家对当前企业运行乐观程度恢复性上升。

图3　企业景气指数

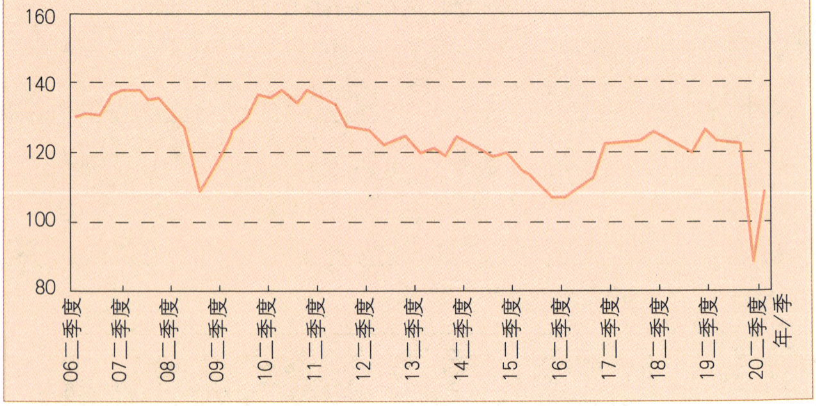

经济学家信心指数有所回升

2020 年二季度，经济学家信心指数为 106.1，比上季度回升 28.1 点（图 4），重回临界点以上，表明经济学家看好我国经济稳步复苏态势。

图4　中国经济学家信心指数

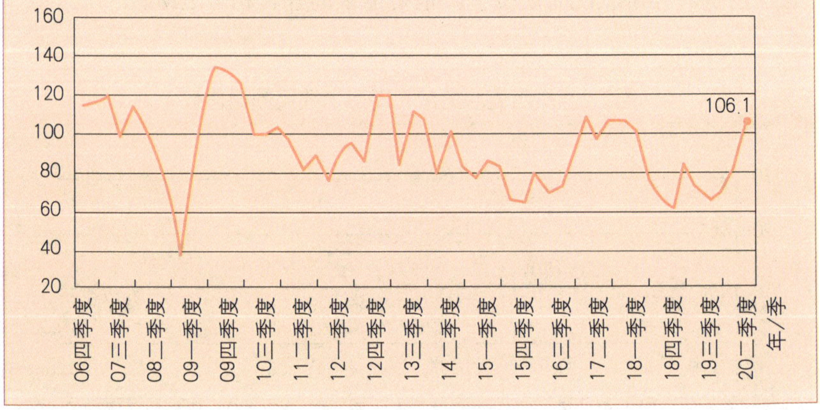

（撰稿：刘昕　唐有成）

113．投入产出表的分析要点有哪些？

投入产出分析是利用投入产出表、投入产出系数和投入产出模型，对国民经济各部门之间的技术经济联系和影响进行分析的一种经济数据分析方法。

一、什么是投入产出表

我国的投入产出表是描述国民经济中各种产品的来源与使用去向的棋盘式平衡表，是产品部门 × 产品部门的二维表，行向表示产品的产出及其使用去向，列向表示生产过程中的投入结构。

表 1　投入产出表表式

投入 \ 产出		中间使用 产品部门 1…产品部门 n	最终使用	总产出
中间投入	产品部门 1 … 产品部门 n	第Ⅰ象限	第Ⅱ象限	X_i
初始投入（增加值）		第Ⅲ象限		
总投入		X_j		

投入产出表中行与列交叉构成了三个象限。中间投入与中间使用交叉部分为第Ⅰ象限，最终使用部分为第Ⅱ象限，初始投入部分为第Ⅲ象限。

第Ⅰ象限每一元素 x_{ij} 都具有双重含义，从列向看表示 j 产品生产中对 i 产品的消耗，从行向看则是 i 产品分配给 j 产品生产使用情况。该部分反映产品部门间的投入产出关系，是投入产出表的核心。

第Ⅱ象限行向表示某产品作为最终产品使用的各种用途，如消费、资本形成或出口。列向反映各类最终使用的具体结构。

第Ⅲ象限行向反映某个具体的初始投入在不同部门的情况，列向反映各部门增加值构成情况。

投入产出表可以清晰反映三种方法核算的 GDP。第Ⅰ、Ⅲ象限各列总投入（总产出）减去中间投入，就是生产法 GDP，第Ⅲ象限数据之和等于收入法 GDP，第Ⅱ象限最终使用减去进口即为支出法 GDP。

二、如何进行投入产出分析

投入产出分析包括投入产出表数据分析和投入产出模型分析两类。利用投入产出表数据可以直接进行产业结构、最终使用结构等分析。投入产出模型分析需要首先根据投入产出表平衡关系建立模型，再利用模型进行各种定量分析。这里主要介绍投入产出模型分析。

进行投入产出模型分析，首先要了解以下主要系数和矩阵。

（一）相关系数和计算公式。

1．直接消耗系数。

直接消耗系数，也称投入系数，记为 a_{ij}（i，j=1，2，…，n），它是指生产一个单位某种产品对另一种产品的消耗量。计算方法为：

$a_{ij}=x_{ij}/X_j$（i,j=1,2,…n）

式中，a_{ij} 为直接消耗系数，x_{ij} 为 j 产品部门生产中消耗 i 部门产品的价值量，X_j 为各部门总投入（总产出）。

将各产品部门的直接消耗系数用表的形式表现就是直接消耗系数表或直接消耗系数矩阵，通常用字母 A 表示。

2. 完全消耗系数。

对完全消耗的理解可以小汽车生产中对电的需求为例。生产一辆小汽车需要直接消耗其他部门的产品，如电力、钢铁、橡胶、电子产品等等。而电力的生产需要煤，橡胶的生产需要农业，钢铁的生产需要铁矿石，钢铁与铁矿石的生产还需要电力。小汽车对电力的直接消耗加上所有的间接消耗就是小汽车对电力的完全消耗。

图1　小汽车生产对电的完全消耗

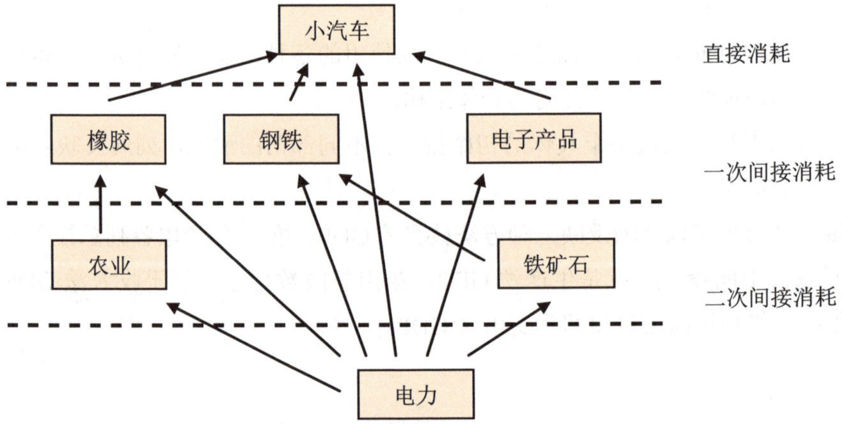

完全消耗系数，通常记为 b_{ij}，是指某产品 j 生产单位最终产品量对另一产品 i 的完全消耗量，即第 j 产品部门每提供一个单位最终使用时，对第 i 产品部门货物或服务的直接消耗和间接消耗之和。计算方法为：

$$b_{ij}=a_{ij}+b_{i1}a_{1j}+b_{i2}a_{2j}+\cdots+b_{ii}a_{ij}+\cdots+b_{in}a_{nj}$$

利用直接消耗系数矩阵 A 计算完全消耗系数矩阵 B 的公式为：

$$B=(I—A)^{-1}—I$$

式中的 I 为单位矩阵。

3. 列昂惕夫逆矩阵。

在完全消耗系数矩阵 $B=(I—A)^{-1}—I$ 中，矩阵 $(I—A)^{-1}$ 称为列昂惕夫逆矩阵，记为 B 。其元素 b_{ij}（i,j=1,2,⋯,n）称为列昂惕夫逆系数，它表明第 j 部门增加一个单位最终使用时，对第 i 产品部门的完全需要量。

（二）投入产出模型。

在定义上述系数和矩阵的基础上，可以建立投入产出行模型和列模型。

1．行模型。

行模型是基于投入产出表行的平衡关系建立的。行模型揭示了国民经济各部门生产的货物和服务的使用去向，可以用来测算为了满足某些部门的最终需求，每个部门必须要达到的产出水平。

行模型为：中间使用 + 最终使用 = 总产出

用矩阵表示：$AX+Y=X$

可变换为：$X=(I—A)^{-1}Y$

2. 列模型。

列模型主要是基于投入产出表列的平衡关系建立的。列模型揭示了国民经济各部门生产过程中发生的各种投入，可以用来研究国民经济各部门生产货物和服务的价值形成问题。

列模型为：中间投入 + 初始投入（增加值）= 总投入

用矩阵表示：$XH+V=X$

可变换为：$X=V(I—H)^{-1}$

其中， H 为直接分配系数。类比于列昂惕夫逆系数，也可以定义 $G=(I—H)^{-1}—I$ 为完全分配系数。

（三）投入产出分析应用。

基于上述投入产出行模型和列模型，结合其他经济学理论和假定，投入产出表可作为重要的经济分析工具，应用于经济结构分析、能源环境研究、区域经济一体化与协调发展、全球价值链等诸多领域，能够为制定有关政策、加强宏观经济管理提供有力的数据支撑。

下面的应用实例，测算的是基于 2017 年投入产出表中数据，第三产业增加值增长 1% 对经济的影响。

测算时首先利用列模型测算各部门总产出，再根据最终使用、增加值等指标与总产出的关系，计算出对最终使用构成项及劳动者报酬的影响，计算结果如下：

表 2　第三产业增加值增长 1% 的影响

	居民消费	最终消费	固定资本形成（投资）	资本形成	劳动者报酬
对有关指标的影响	0.54%	0.61%	0.39%	0.38%	0.53%

由表 2 可见，第三产业增加值增长 1%，居民消费增长 0.54%，最终消费增长 0.61%，劳动者报酬增长 0.53%。

（撰稿：赵同录　曾宪欣　贾俊霞）

114. 资金流量表的分析要点有哪些？

资金流量表是国民经济核算体系的重要组成部分，内容涵盖了整个国民经济运行过程以及相伴随的资金运动，是宏观经济分析的重要工具。

一、什么是资金流量表

资金流量表是以收入分配和资金流动为核算对象，描述一定时期各机构部门收入的分配和使用，资金的筹集和运用情况的核算表。

二、资金流量表的主要作用

资金流量表系统地反映了一个国家或地区中各机构部门之间、与国外之间的资金流向和流量，以及在金融市场投融资的情况。通过对资金流量表进行分析，可以深入研究各机构部门的收入分配关系、资金余缺程度、融资规模、融资结构，为制定宏观经济政策提供依据。

三、资金流量表的主要内容

资金流量表分为非金融交易表和金融交易表。非金融交易表是以各机构部门的增加值为起点，经过收入初次分配形成各机构部门的初次分配总收入，再经过收入再分配形成各机构部门的可支配总收入。可支配总收入可用于最终消费，剩余部分就是各机构部门的总储蓄。总储蓄可用于各机构部门的非金融投资，之后的资金余额或短缺叫做净金融投资。该指标表示各机构部门可用于金融市场投资的资金或需要从金融市场融资的资金。金融交易表的交易项目是各种金融产品，包括通货、存款、贷款、股权和投资基金份额、债务性证券、保险准备金和社会保险基金权益、金融衍生品和雇员股票期权、国际储备、其他等，各机构部门通过不同种类的金融产品在金融市场上投资或融资，投融资的净额就是净金融投资。

四、资金流量表的基本结构

资金流量表采用交易项目 × 机构部门的矩阵结构，主栏按交易项目及平衡项目分列，宾栏按机构部门分列。机构部门包括了非金融企业部门、金融机构部门、广义政府部门、住户部门、为住户服务的非营利机构部门及国外。每个机构部门分列两栏，“运用”栏记录各部门应付的资金，即非金融交易下的支出、金融交易下的金融资产净获得；“来源”栏记录各部门应收的资金，即非金融交易下的收入、金融交易下的负债净增加。

五、资金流量表的平衡关系

由于资金流量表在编制时采用了四式记账法，表内形成了严密的平衡关系，主要有部门内部平衡和交易项目平衡。

部门内部平衡是指一个机构部门内部各指标间的平衡关系，如下列公式所示：

初次分配总收入＝增加值

＋（劳动者报酬来源—劳动者报酬运用）

＋（生产税净额来源—生产税净额运用）

＋（财产收入来源—财产收入运用）

可支配总收入＝初次分配总收入

+（经常转移收入—经常转移支出）

总储蓄 = 可支配总收入 - 最终消费

净金融投资 = 总储蓄

+（资本转移收入—资本转移支出）

– 资本形成总额

– 非生产非金融资产获得减处置

净金融投资 = 各种金融产品资金运用合计

– 各种金融产品资金来源合计

交易项目平衡是指一个交易项目内各机构部门运用合计等于来源合计。

六、资金流量表的分析方法

（一）宏观收入分配分析。

宏观收入分配是指一定时期的生产成果在各机构部门之间进行的分配。宏观收入分配分析是对各机构部门初次分配总收入占国民总收入的比重、各机构部门可支配总收入占国民可支配总收入的比重进行分析。一方面是分析当期的结构，判断其合理程度，并进行国际比较；另一方面是分析动态的变化情况，观察其变化趋势，找出影响收入分配关系变动的原因。宏观收入分配分析能够揭示一定社会制度下各种经济利益主体之间的利益关系，并反映出这种利益关系背后的各种决定因素。宏观收入分配关系是否合理、分配制度是否有效，直接关系到国民经济能否持续、快速和健康稳定地发展，关系国家的长治久安。

（二）储蓄率分析。

储蓄率是指总储蓄占可支配总收入的比率。由于企业部门不进行最终消费，其总储蓄必然等于可支配总收入，因此一般不对企业部门的储蓄率进行分析。储蓄率反映消费和投资之间的关系，储蓄率过高反映国内的消费动力不足以及社会保障的不充分，储蓄率过低则反映消费过度膨胀以及投资能力不足。

储蓄率 = 总储蓄 / 可支配总收入

（三）融资结构分析。

融资结构分析是对各机构部门融资来源进行分析，主要有国内外融资比例分析、直接融资与间接融资比例分析，以及国内外直接融资比例、国内外间接融资比例分析等。分析融资工具的结构及其变化，有助于制定合理的金融规划和金融政策。

七、示例

居民可支配总收入占比分析：

资金流量表的数据结果显示，2018 年，居民可支配总收入为 54.3 万亿元，占国民可支配总收入比重为 59.4%，比 2017 年上升 0.5 个百分点。2000—2018 年，居民可支配总收入占比可以明显地分为两个阶段：2000 年到 2008 年，居民可支配总收入年均名义增长 13.6%，低于同期国民可支配总收入名义增长率 2.3 个百分点，相应的，居民可支配总收入在国民可支配总收入中的比重持续下降，由 65.0% 下降至 55.5%，8 年间下降了 9.5 个百分点；2009 年以来，这一下降趋势得以扭转，居民可支配总收入占比在波动中上升，2018 年达到 59.4%，比 2008 年提高 3.9 个百分点。

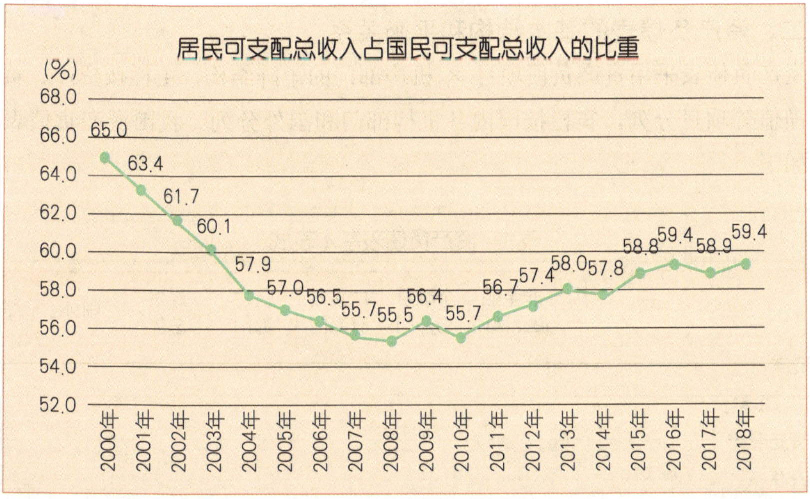

（撰稿：赵同录 魏媛媛）

115. 资产负债表的分析要点有哪些？

资产负债表是以一个国家或地区经济资产与负债的存量为对象的核算，反映某一特定时点上经济总体和非金融企业、金融机构、政府、住户等机构部门的资产和负债的总量、分布与结构，以及机构部门之间的债权债务关系。

一、资产负债表的作用

（一）摸清“家底”。资产负债核算是以资产与负债存量为对象进行核算，可以弄清经济总体和各机构部门的资产负债规模和结构，为从宏观上把握全国和不同地区的经济实力提供信息支撑。

（二）为优化资源配置，推进供给侧结构性改革提供基础信息。资产负债表可以揭示经济总体和各机构部门的资产配置情况，以及机构部门之间的债权债务关系，从而为优化资源配置提供重要的基础信息。

（三）利于防范化解重大经济风险。资产负债表可以提供政府、企业、居民和经济总体的债务、资产负债率等重要信息，有利于及早发现和防范处置重大经济风险。

二、资产负债表的基本结构和平衡关系

资产负债表采用资产负债项目 × 机构部门的矩阵结构，主栏按资产、负债、资产净值等项目分列，宾栏按国内各机构部门和国外分列。我国资产负债表基本表式如下：

表 1　资产负债表基本表式

	非金融企业部门	金融机构部门	广义政府部门	住户部门	经济总体	国外	合计
一、资产							
（一）非金融资产							
1. 固定资产							
2. 存货							
3. 合约、租约、许可和商誉等							
（二）金融资产							
1. 通货							
2. 存款							
3. 贷款							
4. 股权和投资基金份额							
5. 债务性证券							
6. 保险准备金和社保基金权益							
7. 金融衍生品							
8. 国际储备							
9. 其他							

续表

二、负债	
1. 通货	
2. 存款	
3. 贷款	
4. 股权和投资基金份额	
5. 债务性证券	
6. 保险准备金和社保基金权益	
7. 金融衍生品	
8. 国际储备	
9. 其他	
三、资产净值	

资产负债表包含一套复杂、完整的指标体系，各指标之间存在逻辑平衡关系。具体来说，主要体现在两个方面。

（一）内部平衡。

即每个机构部门内的平衡，对每一机构部门而言，都存在如下平衡关系：

1. 资产 = 非金融资产＋金融资产

2. 非金融资产 = 固定资产＋存货＋合约、租约、许可和商誉等

3. 金融资产 = 通货 + 存款 + 贷款 + 股权和投资基金份额 + 债务性证券 + 保险准备金和社保基金权益 + 金融衍生品 + 国际储备 + 其他

4. 负债 = 通货 + 存款 + 贷款 + 股权和投资基金份额 + 债务性证券 + 保险准备金和社保基金权益 + 金融衍生品 + 国际储备 + 其他

5. 资产净值 = 资产－负债

对经济总体而言，都有如下平衡关系：

1. 经济总体资产 = Σ 各机构部门资产

2. 经济总体负债 = Σ 各机构部门负债

3. 经济总体资产净值 = Σ 各机构部门资产净值

（二）外部平衡。

即国内和国外之间通过不同金融工具形成的资金融通关系，对经济总体和国外而言，存在如下平衡关系：

经济总体金融资产 + 国外持有的中国金融资产

= 经济总体负债 + 国外对中国的负债

以上所有平衡关系都来自特定时点上的资产负债表。在经济运行过程中，资产负债关系是不断变化的。就一个核算期而言，通常有期初和期末两张资产负债表，将二者结果进行比较，就会形成一个动态平衡关系：

期初资产（或负债或资产净值）+ 当期变化

= 期末资产（或负债或资产净值）

三、资产负债表分析的主要维度

资产负债表的分析应用主要包括资产负债总量分析、资产负债结构分析和债务风险分析三个方面。

表 2　资产负债简表

单位：亿元

	非金融企业部门	金融机构部门	广义政府部门	住户部门	经济总体	国外	合计
一、资产	400	350	200	450	1400	30	1430
（一）非金融资产	210	5	70	250	535		535
（二）金融资产	190	345	130	200	865	30	895
二、负债	390	355	50	60	855	40	895
三、资产净值	10	-5	150	390	545	-10	535

注：1. 表中数据仅为举例用。
2. 对于非金融企业部门和金融机构部门，由于其所有者权益已按照业务属性纳入负债方“股权和投资基金份额”核算，因此资产净值较小甚至会出现负值的情况。

（一）总量分析

资产负债总量反映一个经济体拥有多少资产，承担多少债务，可以全面分析一个国家财富和经济实力，摸清“家底”。资产负债表中许多总量指标，如资产、资产净值、非金融资产、金融资产和负债等，都具有重要分析价值。

上表中经济总体资产为 1400 亿元，资产净值为 545 亿元，非金融资产为 535 亿元，金融资产为 865 亿元，负债为 855 亿元。

资产、资产净值还可以结合其他指标进行比较，比如资产（资产净值）与 GDP 相比，反映创造一个单位 GDP 需要的资产（资产净值）；资产与人口总量相比，反映人均国民财富水平；固定资产与劳动者人数相比，反映劳动者的技术装备程度等。

（二）结构分析

资产负债表采用矩阵式二维结构，便于从机构部门和交易项目两个角度进行结构分析。从机构部门（列向）角度看，反映部门内部非金融资产、金融资产和金融负债的构成情况。从交易项目（行向）角度看，反映非金融资产的部门构成、金融资产和负债形成的来源结构和去向结构。

上表中，总资产各机构部门的资产分布情况：非金融企业部门400亿元，占经济总体资产的比重为28.6%；金融机构部门350亿元，占比为25.0%；广义政府部门200亿元，占比为14.3%；住户部门450亿元，占比为32.1%。

（三）动态分析

资产负债表是存量核算表，通过比较不同时点的资产负债表，能够动态反映经济总体和各机构部门资产负债总量的变化、结构的变化，以及非金融资产、金融资产和负债在部门分布的变化。

四、资产负债表分析的主要指标

（一）资产净值

资产净值是全部资产减去全部负债后的差额，是一个国家拥有的净资产，代表了财富水平。在国内各机构部门中，广义政府部门和住户部门是经济总体财富的最终所有者，按照国民经济核算原理（与企业会计资产负债记账不同），非金融企业部门和金融机构部门的所有者权益不记入其净资产，而是记入广义政府部门和住户部门的净资产。

（二）资本产出率

资本产出率是一定时期内单位资本创造的产出，用来衡量利用资本存量获得的经济效益。其中，资本指标通常是指经济总体或机构部门的资产、资产净值或非金融资产。产出指标选取范围比较宽泛。对经济总体而言，一般是国内生产总值，资产（资产净值）与GDP相比，反映创造一个单位GDP需要的资产（资产净值）；对各机构部门而言，可以是增加值、初始收入、营业盈余，也可以是其他体现特定部门特点的指标，如金融机构的利息收入或净收入等。

资本产出率 = 产出 ÷ 资产（资产净值）

（三）债务风险指标

衡量债务风险主要利用宏观资产负债率和宏观杠杆率两类指标进行分析。

宏观资产负债率是机构部门承担负债与拥有资产的比率。计算公式为：

宏观资产负债率（%）＝（负债 ÷ 资产）×100%

宏观资产负债率反映一个国家资产对负债的依赖程度。在资产负债核算中，只对经济总体、广义政府部门和住户部门计算宏观资产负债率。因为在国家资产负债核算中，把投资者投入的资本（所有者权益）作为非金融企业部门或金融机构部门的负债，计算非金融企业部门和金融机构部门的宏观资产负债率没有意义。

宏观杠杆率用于衡量债务的可持续性，通常用债务余额与GDP之比来计算，计算公式为：

宏观杠杆率＝债务 ÷GDP

宏观杠杆率包括经济总体杠杆率、非金融企业部门杠杆率、广义政府部门杠杆率和住户部门杠杆率。计算时需要注意债务的口径，非金融企业部门、广义政府部门和住户部门的债务主要包括债务性证券、贷款及其他应付款等。

（撰稿：赵同录 李花菊）

116. 国际收支平衡表的分析要点有哪些？

国际收支统计是国民经济综合平衡必不可少的一个环节，国际收支的顺差或逆差可以弥补国内投资和消费与国内生产总值间的缺口，国际收支状况可影响国内信贷平衡，对金融调控至关重要。良好的国际收支统计信息是制定正确的对外经济政策的基础。

一、基本概念

国际收支平衡表是反映一定时期内一经济体与世界其他经济体之间全部经济往来的收支流量表，是对一个经济体与其他经济体进行经济技术交流过程中所发生的贸易、非贸易、资本往来以及储备资产的实际动态所作的系统记录。

二、主要作用

国际收支平衡表是国际收支核算的重要工具。通过国际收支平衡表，可综合反映一国的国际收支平衡状况、收支结构及储备资产的增减变动情况，为制定对外经济政策，分析影响国际收支平衡的基本经济因素，采取相应的调控措施提供依据，并为其他核算表中有关国外部分提供基础性资料。

三、分析方法

国际收支平衡表的分析方法有静态分析、动态分析和比较分析三种。

静态分析是分析一国在某一时期(一年、一季或一个月)的国际收支平衡情况。具体地讲，是计算和分析表中各个项目及其差额，分析各个项目差额形成的原因与对国际收支总差额的影响。

动态分析是研究一国的国际经济地位、国际金融状况，必须遵循动态性原则，连续分析不同时期的国际收支平衡表，掌握其长期变化情况。

比较分析既包括对一国若干连续时期的国际收支平衡表进行比较分析，也包括对不同国家在相同时期的国际收支平衡表进行比较分析。后一种比较分析较为困难，因为各国的国际收支平衡表在项目的分类与局部差额的统计上不尽相同。利用国际货币基金组织的资料有助于克服这一困难，因为国际货币基金组织公布的国际收支平衡表，是经过重新整理后编制的，具有较强的可比性。

四、示例

2019 年，我国经常账户顺差 1413 亿美元，其中，货物贸易顺差 4253 亿美元，服务贸易逆差 2611 亿美元。资本和金融账户顺差 567 亿美元，其中，资本账户逆差 3 亿美元，金融账户顺差 570 亿美元。

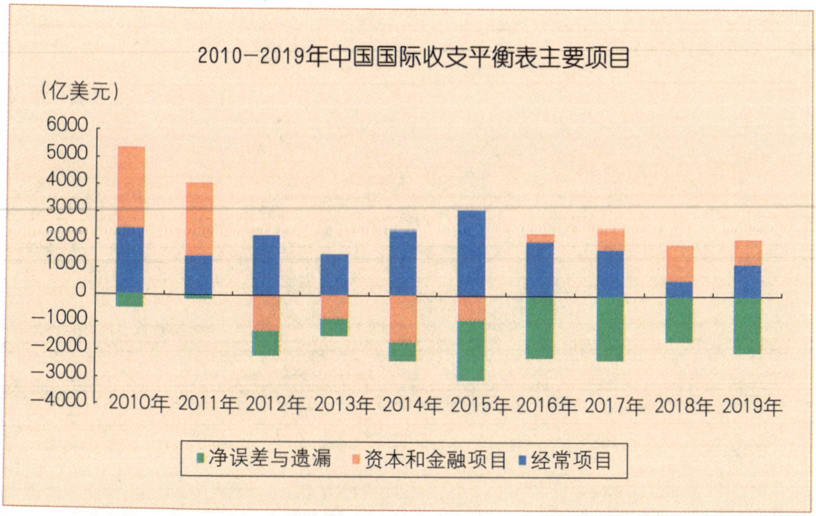

中国国际收支平衡表

单位：亿美元

项目	2019
经常账户	**1413**
贷方	29051
借方	-27638
货物和服务	1641
贷方	26434
借方	-24793
货物	4253
贷方	23990
借方	-19737
服务	-2611
贷方	2444
借方	-5055
初次收入	-330
贷方	2358
借方	-2688
二次收入	103
贷方	259
借方	-157
资本和金融账户	**567**
资本账户	-3
贷方	2
借方	-5
金融账户	570
资产	-1987
负债	2558
误差与遗漏	**-1981**

资料来源：《中国统计年鉴》。

（撰稿：石庆焱 郭义民）

第七部分

统计监督

117. 地方各级人民政府法定的统计职责职权有哪些？

《统计法》第四条规定，国务院和地方各级人民政府、各有关部门应当加强对统计工作的组织领导，为统计工作提供必要的保障。按照统计法律法规的规定，地方各级人民政府在统计活动中职责职权主要表现在以下几个方面。

一、设立组织机构

《统计法》第二十七条第三款规定，县级以上地方人民政府设立独立的统计机构，乡、镇人民政府应当设置统计工作岗位，配备专职或者兼职统计人员。按照这一规定，各省（区、市）、各市（地、州、盟）、各县（市、区、旗）人民政府都应当设立独立的统计机构。市辖区人民政府作为县级以上地方人民政府也应当设立独立的统计机构。目前，各省（区、市）、绝大多数市（地、州、盟）、大多数县（市、区、旗）人民政府都设有独立的统计局。统计机构要独立行使统计职权，其前提是机构必须独立，如果机构失去独立性，独立行使统计职权就会成为一句空话。

二、提供条件保障

为统计工作开展提供必要的保障，是统计法明确规定的地方各级人民政府的重要职责。一要提供人员保障。包括配备必要的领导职数、人员编制，选配与统计业务相适应的工作人员。二是提供经费保障。《统计法》第十九条规定，县级以上人民政府应当将统计工作所需经费列入财政预算。重大国情国力普查所需经费，由国务院和地方人民政府共同负担，列入相应年度的财政预算，按时拨付，确保到位。统计工作所需经费包括行政经费、业务经费。重大国情国力普查所需经费中，由地方人民政府负担的主要有：组织实施费用、调查人员工资及补助费用、宣传动员费用、资料开发费用等。三是提供工作条件保障。包括：办公用房、办公设备、人员培训等。

三、组织实施本地重大国情国力普查

《统计法》第十六条第二款规定，重大国情国力普查由国务院统一领导，国务院和地方人民政府组织统计机构和有关部门共同实施。地方人民政府对重大国情国力普查，一般都是通过设立本级人民政府普查领导小组及其办公室来具体组织实施。

四、保障依法开展统计工作

《统计法实施条例》第四条第二款规定，地方人民政府、县级以上人民政府统计机构和有关部门及其负责人应当保障统计活动依法进行。这就要求地方人民政府及其负责人首先要遵守统计法，严格按照统计法律法规的规定组织领导统计工作；要支持统计机构、统计人员独立行使统计调查、统计报告、统计监督的职权，不得非法干预统计工作；要推动对统计法律法规的宣传教育，增强全社会的统计法律意识；支持统计机构严肃查处统计违法行为，坚决惩戒统计造假作假者。

五、建立防范和惩治统计造假作假责任制

《统计法实施条例》第四条第一款规定，地方人民政府、县级以上人民政府统计机构和有关部门应当根据国家有关规定，明确本单位防范和惩治统计造假、弄虚作假的责任主体。这就要求地方各级人民政府必须健全本级政府防范和惩治统计造假、弄虚作假的责任体系，明确主要负责人的主要领导责任，分管负责人的直接领导责任，纪检监察负责人的监督责任，单位内部各机构负责人的主体责任，以及工作人员的直接责任。

六、监督统计法的执行情况

《统计法》第三十二条规定，县级以上人民政府及其监察机关对下级人民政府、本级人民政府统计机构和有关部门执行本法的情况，实施监督。这种监督包括：下级人民政府、本级人民政府统计机构和有关部门是否严格遵守统计法律法规的各项规定，是否严格依法组织实施统计调查，是否严格依照统计法律法规的规定履行职责职权，是否依法查处统计违法违纪行为。

七、依法追究违法责任人的责任

按照统计法律法规的规定，地方人民政府对统计违法责任人的责任追究主要

为以下两个方面：一是纠正、通报统计违法行为。《统计法》第三十八条规定，县级以上人民政府统计机构或者有关部门在组织实施统计调查活动中有统计违法行为的，由本级人民政府、上级人民政府统计机构或者本级人民政府统计机构责令改正，予以通报。二是追究国家工作人员统计违法责任。《统计法》第四十三条规定，县级以上人民政府统计机构查处统计违法行为时，认为对有关国家工作人员依法应当给予处分的，应当提出给予处分的建议；该国家工作人员的任免机关或者监察机关应当依法及时作出决定，并将结果书面通知县级以上人民政府统计机构。

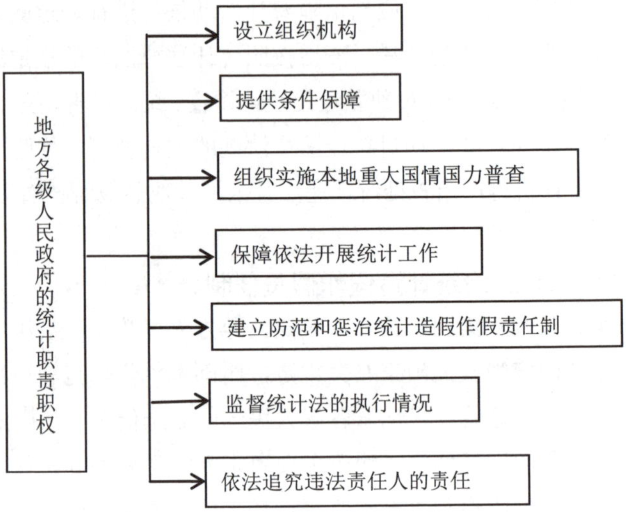

（撰稿：侯予菲 徐超 丁勐 包红艳）

118. 统计机构和统计人员法定的统计职权有哪些？

按照统计法律法规的规定，县级以上人民政府统计机构及其统计人员独立行使统计调查、统计报告、统计监督的职权不受侵犯，这些职权主要表现在以下方面。

一、统计调查权

《统计法》第七条、第三十条规定，统计调查对象必须依照本法和国家有关规定，真实、准确、完整、及时地提供统计调查所需的资料；统计人员进行统计调查时，有权就与统计有关的问题询问有关人员，要求其如实提供有关情况、资料并改正不真实、不准确的资料。《统计法实施条例》第十九条规定，县级以上人民政府统计机构、有关部门和乡、镇统计人员，应当对统计调查对象提供的统计资料进行审核。按照这些法律法规规定，统计机构、统计人员的统计调查权包括：一是布置统计调查任务。通过制定统计调查项目及其调查制度向调查对象布置统计调查任务，统计调查对象应当无条件地提供统计调查所需资料。二是询问权。向调查对象以及调查涉及的机构、单位和人员了解调查情况，询问提供资料情况。三是审核权。审核统计调查对象提供统计资料的真实性、准确性、完整性。四是要求权。要求调查对象及其调查涉及的机构、单位和人员如实反映情况，如实提供调查所需的统计资料，并要求其改正不真实、不准确的资料，补齐不完整的统计资料。

二、统计报告权

县级以上人民政府统计机构及其统计人员有权将统计调查所取得的资料加以整理、分析，向各级党委政府以及社会各界提供统计报告，报告统计调查结果、分析研究成果。

三、统计检查权

《统计法》第三十五条规定，县级以上人民政府统计机构在调查统计违法行为或者核查统计数据时，有权采取下列措施：一是发出统计检查查询书，向检查对象查询有关事项。二是要求检查对象提供有关原始记录和凭证、统计台账、统计调查表、会计资料及其他相关证明和资料。三是就与检查有关的事项询问有关人员。四是进入检查对象的业务场所和统计数据处理信息系统进行检查、核对。五是经本机构负责人批准，登记保存检查对象的有关原始记录和凭证、统计台账、统计调查表、会计资料及其他相关证明和资料。六是对与检查事项有关的情况和资料进行记录、录音、录像、照相和复制。

四、行政惩戒权

在《统计法》《统计法实施条例》的法律责任部分，授予县级以上人民政府统计机构对统计违法行为具有通报、警告、没收违法所得、罚款等惩戒权，对重大国情国力普查中有统计违法行为的个人具有批评教育权。

五、处分建议权

《统计法》第四十三条规定，县级以上人民政府统计机构查处统计违法行为时，认为对有关国家工作人员依法应当给予处分的，应当提出给予处分的建议；该国家工作人员的任免机关或者监察机关应当依法及时作出决定，并将结果书面通知县级以上人民政府统计机构。统计法律法规规定，统计违法行为涉嫌犯罪的，县级以上人民政府统计机构应当将案件移送司法机关处理。

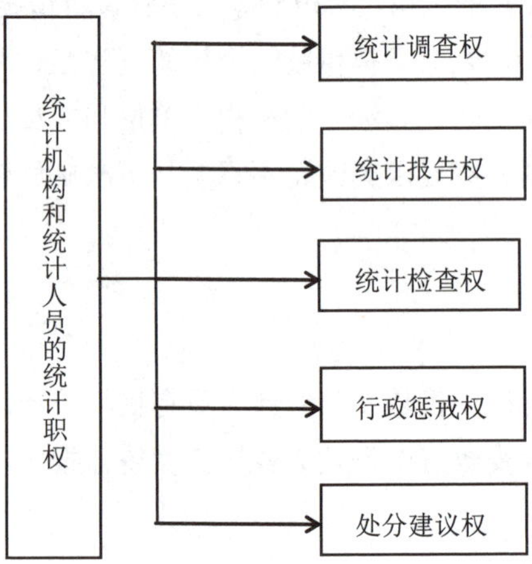

（撰稿：侯予菲　徐超　丁勐　包红艳）

119. 领导干部不能触碰的统计法律底线有哪些？

《统计法》第六条第二款和《统计法实施条例》第四条第二款明确了地方各级人民政府、政府统计机构和有关部门以及各单位负责人的“6个不得”，《统计法》第十条、第二十五条、第三十六条和《统计法实施条例》第二十八条、第三十条、第三十七条规定了任何单位和个人的“11个不得”。以上“17个不得”就是领导干部应当遵守的统计法律底线。这“17个不得”的具体内容如下。

1. 不得侵犯统计机构、统计人员独立行使统计调查、统计报告、统计监督职权。

2. 不得自行修改统计机构和统计人员依法搜集、整理的统计资料。

3. 不得以任何方式要求统计机构、统计人员及其他机构、人员伪造、篡改统计资料。

4. 不得非法干预统计调查对象提供统计资料。

5. 不得统计造假、弄虚作假。

6. 不得利用虚假统计资料骗取荣誉称号、物质利益或者职务晋升。

7. 不得违反国家有关规定对外提供尚未公布的统计资料。

8. 不得利用尚未公布的统计资料谋取不正当利益。

9. 不得对外提供、泄露统计调查中获得的能够识别或者推断单个统计调查对象身份的资料。

10. 不得把统计调查中获得的能够识别或者推断单个统计调查对象身份的资料，直接作为对统计调查对象实施除统计执法依据以外的行政许可、行政处罚等具体行政行为的依据。

11. 不得将统计调查中获得的能够识别或者推断单个统计调查对象身份的资料用于统计以外的目的。

12. 不得将统计调查中获得的能够识别或者推断单个统计调查对象身份的资料用于完成统计任务以外的目的。

13. 不得拒绝、阻碍县级以上人民政府统计机构依法履行监督检查职责。

14. 不得在县级以上人民政府统计机构依法履行监督检查职责时，转移、隐匿、篡改、毁弃原始记录和凭证、统计台账、统计调查表、会计资料及其他相关证明和资料。

15. 不得拒绝、阻碍对统计工作的监督检查和对统计违法行为的查处工作。

16. 不得对依法履行职责或者拒绝、抵制统计违法行为的统计人员打击报复。

17. 不得包庇、纵容统计违法行为。

（撰稿：侯予菲 徐超 丁勐 包红艳）

120. 对统计调查对象资料保密的法定规定有哪些？

国际统计学会《统计职业道德宣言》（2010 年）提出，尊重他人的隐私以及对他人的保密承诺；尊重数据来源所在的群体，并保护他们不因数据误用受到伤害；不应妨碍或不当损害他人的工作。联合国《官方统计基本原则》（2014 年）规定，统计机构为统计汇编收集的个体数据，不论涉及自然人还是法人，都应严格保密，而且只用于统计目的。统计调查要想调查对象予以积极支持配合，就必须体现出对调查对象的尊重，体现出对调查对象个体信息的保护。为此，统计法律法规做出了一系列明确规定。

1.《统计法》第九条规定，统计机构和统计人员对在统计工作中知悉的国家秘密、商业秘密和个人信息，应当予以保密。

2.《统计法》第二十五条规定，统计调查中获得的能够识别或者推断单个统计调查对象身份的资料，任何单位和个人不得对外提供、泄露，不得用于统计以外的目的。

3.《统计法》第三十九条规定，县级以上人民政府统计机构或者有关部门泄露统计调查对象的商业秘密、个人信息或者提供、泄露在统计调查中获得的能够识别或者推断单个统计调查对象身份的资料的，对直接负责的主管人员和其他直接责任人员由任免机关或者监察机关依法给予处分。统计人员有上述行为的，依法给予处分。

4.《统计法》第四十条规定，统计机构、统计人员泄露国家秘密的，依法追究法律责任。

5.《统计法实施条例》第二十九条规定，统计法第二十五条规定的能够识别或者推断单个统计调查对象身份的资料包括：一是直接标明单个统计调查对象身份的资料。二是虽未直接标明单个统计调查对象身份，但是通过已标明的地址、编码等相关信息可以识别或者推断单个统计调查对象身份的资料。三是可以推断单个统计调查对象身份的汇总资料。

6.《统计法实施条例》第三十条规定，统计调查中获得的能够识别或者推断单个统计调查对象身份的资料应当依法严格管理，除作为统计执法依据外，不得直接作为对统计调查对象实施行政许可、行政处罚等具体行政行为的依据，不得用于完成统计任务以外的目的。

7.《统计法实施条例》第四十九条规定，乡、镇人民政府泄露统计调查对象的商业秘密、个人信息或者提供、泄露在统计调查中获得的能够识别或者推断单个统计调查对象身份的资料的，对直接负责的主管人员和其他直接责任人员由任免机关或者监察机关依法给予处分。

（撰稿：侯予菲 徐超 丁勐 包红艳）

121. 党政领导干部违反统计法律法规应当追究哪些党纪政务责任？

统计违法责任人是中国共产党员的，要受到中国共产党纪律的约束，违反纪律规定的要承担党纪责任。违反统计法律法规，违背国家统计政令，未严格依法履职，在统计上弄虚作假，所有这些也都违反了《中国共产党纪律处分条例》《中国共产党党内监督条例》《中国共产党问责条例》等党内法规的有关规定，应当依照党规严格追究责任。《统计法》《公务员法》《公职人员政务处分法》《统计法实施条例》《行政机关公务员处分条例》以及《统计违法违纪行为处分规定》《事业单位工作人员处分暂行规定》规定了统计违法责任人应当承担的政务责任。中央印发的《关于深化统计管理体制改革提高统计数据真实性的意见》《统计违纪违法责任人处分处理建议办法》对国家工作人员在统计工作方面违背党纪政务规定应当承担的责任作出了明确规定。

一、党政领导干部违反统计法律法规应当承担的政务处分责任

按照中央《关于深化统计管理体制改革提高统计数据真实性的意见》《统计违纪违法责任人处分处理建议办法》和《统计法》《统计法实施条例》《统计违法违纪行为处分规定》，地方、部门以及企业、事业单位、社会团体的领导人员具有下列统计违法行为的，应当根据违法行为情节的严重程度，给予领导人员警告直至开除处分。

（一）领导人员统计造假、弄虚作假受到的处分。

领导人员具有下列行为之一的，给予记过、记大过处分：

1. 自行修改统计资料，违法数额占应报数额比例较低的。

2. 自行编造虚假统计数据，违法数额占应报数额比例较低的。

领导人员具有下列行为之一的，给予降级、撤职处分：

1. 自行修改统计资料，违法数额占应报数额比例较高的。

2. 自行编造虚假统计数据，违法数额占应报数额比例较高的。

3. 强令、授意、指使任何单位人员提供不真实统计数据，违法数额占应报数额比例较低的。

领导人员具有下列行为之一的，给予开除处分：

1. 自行修改统计资料，违法数额占应报数额比例很高的。

2. 自行编造虚假统计数据，违法数额占应报数额比例很高的。

3. 强令、授意、指使任何单位人员提供不真实统计数据，违法数额占应报数额比例较高的。

（二）领导人员对严重统计违法行为失察受到的处分。

领导人员具有下列行为之一的，给予警告、记过处分：

1. 应当发现而没有发现数据失实，失实数额占应报数额比例较高的；

2. 发现数据失实不予纠正，失实数额占应报数额比例较低的。

领导人员具有下列行为之一的，给予记大过、降级处分：

1. 应当发现而没有发现数据失实，失实数额占应报数额比例很高的；

2. 发现数据失实不予纠正，失实数额占应报数额比例较高的；

3. 应当发现而没有发现数据失实，涉及范围较大、持续时间较长的。

领导人员具有下列行为之一的，给予撤职或者开除处分：

1. 应当发现而没有发现数据失实，失实数额占应报数额比例特别高的；

2. 发现数据失实不予纠正，失实数额占应报数额比例很高的；

3. 应当发现而没有发现数据失实，涉及范围很大、持续时间很长的。

（三）领导人员包庇、纵容统计违法行为受到的处分。

领导人员具有下列行为之一的，给予记过、记大过处分：

1. 提供虚假情况帮助掩盖统计违纪违法事实；

2. 向统计执法检查对象通风报信；

3. 转移、隐匿、篡改、毁弃或者拒绝提供有关证明和资料；

4. 阻碍统计执法检查；

5. 违规干预和插手统计执法执纪活动，未造成不良影响。

领导人员具有下列行为之一的，给予降级、撤职处分：

1. 提供虚假情况帮助掩盖统计违纪违法事实，造成恶劣影响；

2. 向统计执法检查对象通风报信，造成严重后果；

3. 转移、隐匿、篡改、毁弃或者拒绝提供有关证明和资料，造成严重后果；

4. 严重阻碍统计执法检查；

5. 对已查实的统计违纪违法行为，应当追究相关人员法律责任和党纪政纪责任而不追究；

6. 违规干预和插手统计执法执纪活动，造成不良影响。

领导人员具有下列行为之一的，给予开除处分：

1. 使用暴力或者威胁方法阻碍统计执法检查；

2. 为统计执法检查对象逃避检查出谋划策；

3. 违规干预和插手统计执法执纪活动，造成恶劣影响。

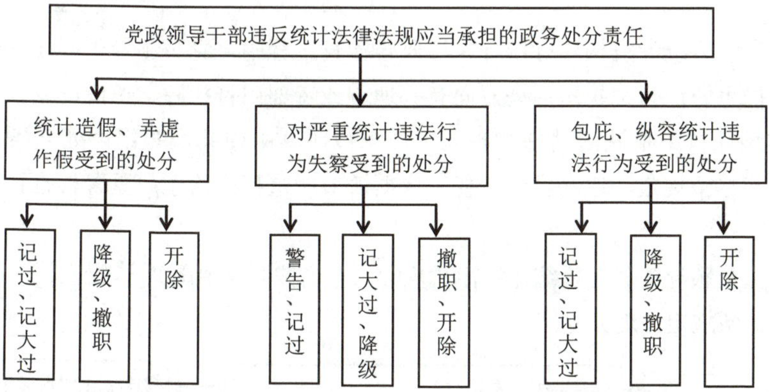

二、党政领导干部违反统计法律法规应当承担的党纪责任

按照《中国共产党纪律处分条例》规定，党员领导干部违反党章和其他党内法规，违反国家法律法规，违反党和国家政策，违反社会主义道德，危害党、国家和人民利益的行为，依照规定应当给予纪律处理或者处分的，都必须受到追究。

1. 统计造假、弄虚作假是典型的弄虚作假、欺上瞒下行为，严重损害群众利益，严重败坏党群、干群关系，应当按照《中国共产党纪律处分条例》第一百一十六条规定，追究直接责任者和领导责任者党纪责任，依据情节严重程度给予警告直至留党察看处分。

2. 统计造假、弄虚作假严重违背党的思想路线，败坏党的作风，触犯党的纪律底线，透支党和政府公信力。党组织负责人有不负责任或者疏于管理行为的，按照《中国共产党纪律处分条例》第一百二十一条规定，追究党组织负责人的党纪责任，依据情节严重程度给予警告直至开除党籍处分。

3. 防范和惩治统计造假、弄虚作假，地方各级党委和政府主要负责人负主要领导责任，分管负责人负直接领导责任；各部门、各单位主要负责人负主要领导责任，分管负责人负直接领导责任；各级统计机构主要负责人负第一责任，领导班子成员负主体责任；纪检监察机关负监督责任。上述相关人员对防范和惩治统计造假、弄虚作假责任履行不到位的，应当依据《中国共产党纪律处分条例》第六十七条规定，追究党纪责任，依据情节严重程度给予警告直至留党察看处分。

4. 政府统计机构履行统计执法监督职责时，相关领导干部拒绝阻碍执法检查，或者在执法检查中不如实反映情况，应当依据《中国共产党纪律处分条例》第一百二十五条规定，追究党纪责任，依据情节严重程度给予警告直至留党察看处分。

5. 在政府统计机构履行统计执法监督检查过程中，党员领导干部违反规定，干预和插手统计执纪执法活动，向有关地方或者部门打招呼、说情，或者以其他方式对统计执纪执法活动施加影响，应当按照《中国共产党纪律处分条例》第一百二十七条规定，追究党纪责任，依据情节严重程度给予严重警告直至开除党籍处分。

6. 党员领导干部违反统计法律法规的，应当按照《中国共产党纪律处分条例》第三十三条规定，追究党纪责任。

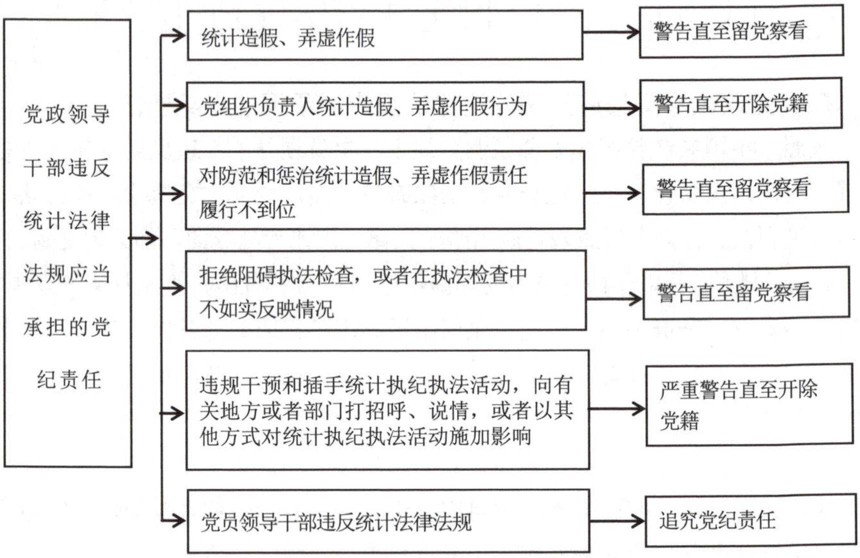

（撰稿：侯予菲　徐超　丁勐　包红艳）

122. 统计领域严重失信将受到哪些惩戒？

为加快推进统计领域信用建设，建立健全失信联合惩戒机制，促进广大企业依法独立真实报送统计资料，国家发展改革委、中国人民银行、国家统计局等 44

个部门于 2018 年 12 月 19 日联合印发《关于对统计领域严重失信企业及其有关人员开展联合惩戒的合作备忘录（修订版）》，决定对统计领域严重失信企业及其有关人员开展联合惩戒。

1. 依据统计法对失信企业及失信人员采取以下惩戒措施：（1）对失信企业依法作出行政处罚；（2）通过国家统计局网站、“信用中国”网站、国家企业信用信息公示系统向社会公示失信企业和失信人员信息；（3）将失信企业列为重点监督检查对象，再次发现有统计违法行为的，延长公示期限；（4）对负有责任的属于国家工作人员的领导人员和直接责任人员，按照有关规定移送任免机关、纪检监察机关、组织（人事）部门依纪依法给予处分处理。

2. 依法限制取得财政资金和社会保障资金支持。

3. 依法限制参加政府投资项目招投标。

4. 将失信信息作为在股票、可转换债券发行审核及在全国中小企业股份转让系统挂牌公开转让审核的参考。对失信主体注册非金融企业债务融资工具加强管理，并按照注册发行有关工作要求，强化信息披露，加强投资人保护机制，防范有关风险。对申请发行企业债券不予受理。

5. 暂停审批科技项目；对已经取得高新技术企业资格的，经认定机构核实，取消资格；禁止参与科技型中小企业评价。

6. 依法限制申请外国人来华工作许可、申报引进外国专家项目、引才引智示范基地、出国培训项目等引智项目。

7. 依法限制参与政府采购活动。

8. 依法限制取得政府供应土地及出让探矿权、采矿权。

9. 严格、审慎审批新改扩建项目的环评事项。

10. 依法限制新增建设项目审批；限制建筑业企业资质；从严审核包括新增许可范围在内的铁路运输企业准入许可。

11. 依法限制参与基础设施和公用事业特许经营。

12. 依法限制享受财政资金补贴等各类政府优惠政策。

13. 依法限制受让收费公路权益。

14. 将失信信息作为境内上市公司实行股权激励计划或相关人员成为股权激励对象事中事后监管的参考。

15. 加大进出口货物监管力度，加强布控查验、后续稽查或统计监督核查。

16. 对申请适用海关认证企业管理的，不予通过认证；已经成为认证企业的，按照规定下调企业信用等级。

17. 将失信状况作为纳税信用评价的重要外部参考。

18. 依法限制申请认证机构资质（含资质延续）、认证领域扩大；依法限制申请认证（含认证证书延续）；认证机构加大对失信企业的证后监督力度，依法撤销或者暂停相关认证证书。

19. 取消申报国家知识产权示范和优势企业资格，取消申报国家专利运营试点企业资格。

20. 作为重点监管对象，加大日常监管力度。

21. 依法限制申请设立保安服务公司。

22. 禁止申请信息安全产品和系统测评服务，不颁发证书，不提供技术支撑；不颁发各类信息安全服务资质，禁止其参与国家关键信息基础安全保障建设服务；禁止申请信息安全从业人员资格认定，不颁发 CISP 资格。

23. 申请或享受住房保障时，作为重点核查或监督检查对象。

24. 依法限制从事食品等行业。

25. 作为审批参股、收购商业银行的参考依据。

26. 作为保险机构的设立及股权或实际控制人变更审批或备案的参考依据。

27. 在上市公司或非上市公众公司收购的事中事后监管中，对失信责任主体予以重点关注。

28. 依法将失信责任主体的违法失信记录作为公司债券核准或备案的参考。

29. 将失信信息作为非上市公众公司重大资产重组审核的参考。

30. 将失信信息作为独立基金销售机构审批的参考。

31. 核准与管理相关外汇额度及办理部分基于信用的跨境融资业务时，将失信信息作为审慎性参考。

32. 取消粮食收购许可，取消中央储备代储资格，不得作为政策性粮食收储委托库点，限制参与政策性粮食竞买。

33. 对企业和个人给予表彰奖励、授予荣誉称号时，参考其统计信用状况，对失信企业和失信人员，不予颁发政府荣誉；及时撤销失信企业和失信人员获得的荣誉称号。

34. 依法限制参加各类评先评优。

35. 依法限制招录（聘）为公务员或事业单位工作人员。

36. 失信责任主体是自然人的，依法限制登记为事业单位法定代表人。失信责任主体是机构的，该机构法定代表人依法限制登记为事业单位法定代表人。

37. 依法限制担任国有企业法定代表人、董事、监事。

38. 协助查询反馈统计严重失信人员身份、出入境证件信息；协助查找下落不明但必须接受调查询问的统计失信被执行人；统计严重失信被执行人拒不履行法律文书确定的义务，由人民法院依法限制或者通知有关单位依法限制其出境。

39. 将失信人员有关信息记入个人信用记录和统计从业人员诚信档案，一定期限内不得从事与会计、统计等有关的工作，不能取得会计、统计等有关专业职称。

40. 对存在失信记录的相关主体在证券、基金、期货从业资格申请中予以从严审核，对已成为证券、基金、期货从业人员的相关主体予以重点关注。

41. 依法限制设立或入股融资担保公司；将失信信息作为证券公司、保险公司、基金管理公司、期货公司等金融机构的董事、监事和高级管理人员及分支机构负责人任职审批或备案的参考。

42. 在投资等优惠性政策认定，金融机构评级授信、信贷融资、管理和退出，证券公司、基金管理公司及期货公司的设立及股权或实际控制人变更审批或备案，私募投资基金管理人登记、重大事项变更以及基金备案，相关责任人考核、干部选任等时，将失信信息作为重要参考。

（撰稿：侯予菲 徐超 丁勐 包红艳）

123. 统计法律制度由哪些部分构成?

统计法律制度包括统计法律、统计行政法规、统计地方性法规、统计规章和统计规范性文件，是一个有机的整体。根据法律规范效力的不同，主要表现为以下几种形式。

一、统计法律

统计法律是由全国人民代表大会常委会制定颁布的规范性法律文件。统计法律具有两个鲜明特点：一是统计法律所规定的内容是统计工作中的一些根本性问题，包括统计管理体制、统计机构和统计人员的设置及基本职责、统计调查项目管理、统计资料公布等。二是统计法律在统计法律制度中具有最高的法律效力，是制定统计行政法规、地方性统计法规、统计规章、统计规范性文件的依据。统计行政法规、地方性统计法规及统计规章、统计规范性文件均不得与统计法律相抵触。

我国目前的统计法律是指《中华人民共和国统计法》。《统计法》于1983年12月8日由第六届全国人大常委会第三次会议通过，自1984年1月1日起施行。1996年5月15日第八届全国人大常委会第十九次会议通过了关于修改《统计法》的决定，对《统计法》进行了修正。2009年6月27日第十一届全国人大常委会第九次会议对《统计法》进行了修订，2010年1月1日起施行。

二、统计行政法规

统计行政法规是由国务院制定的规范性法律文件，其法律地位和效力次于统计法律，高于其他统计法律制度。现行统计行政法规主要有：

1.《中华人民共和国统计法实施条例》。

《统计法实施条例》是对《统计法》中规定的职责职权、权利义务的细化和行政程序的具体规定，是根据《统计法》的规定对《统计法实施细则》进行修改，经国务院常务会议审议颁布的。

国务院于1987年1月19日批准《统计法实施细则》，2000年6月2日进行修订，2005年12月16日进行修改，2017年4月12日国务院以681号令颁布《统计法实施条例》。

2.《全国人口普查条例》。

《全国人口普查条例》是调整全国人口普查中各方参与者行为规范的统计行政法规。2010年5月24日国务院令第576号公布，自2010年6月1日起施行。

3.《全国经济普查条例》。

《全国经济普查条例》是调整全国经济普查中各方参与者行为规范的统计行政法规。2004年9月5日国务院令第415号公布施行。2018年8月11日国务院令第702号进行修改。

4.《全国农业普查条例》。

《全国农业普查条例》是调整全国农业普查中各方参与者行为规范的统计行政法规。2006年8月23日国务院令第473号公布施行。

5.《关于统计报表管理的暂行规定》。

《关于统计报表管理的暂行规定》是关于统计报表管理的统计行政法规。1980年11月17日国务院批转，国家统计局制定发布。

统计行政法规还包括《关于工资总额组成的规定》《国际收支统计申报办法》《海关统计条例》《全国污染源普查条例》《土地调查条例》等。

三、统计地方性法规

统计地方性法规包括：省、自治区、直辖市的人民代表大会常务委员会制定公布的统计地方性法规；设区的市的人民代表大会及其常务委员会制定公布的统计地方性法规。按照《宪法》《地方各级人民代表大会和各级人民政府组织法》《立法法》的有关规定，统计地方性法规不得与统计法律、统计行政法规相抵触。目前我国 31 个省（区、市）和部分较大的市都制定了统计地方性法规。

四、统计行政规章

统计行政规章包括：国务院各部门制定的统计行政规章；各省、自治区、直辖市人民政府及省、自治区人民政府所在地的市、经济特区政府所在地的市和经国务院批准的较大的市的人民政府所制定的统计行政规章。

1. 统计部门规章。主要有：监察部、人力资源社会保障部、国家统计局制定的《统计违法违纪行为处分规定》，国家统计局制定的《部门统计调查项目管理办法》《涉外调查管理办法》《统计执法监督检查办法》《统计调查证管理办法》《统计执法证管理办法》等。国务院其他部门根据本部门统计工作实际，也制定了一些部门统计规章。

2. 统计地方政府规章。我国许多省（区、市）制定了统计地方政府规章。

五、统计规范性文件

统计规范性文件是指对公民、法人和其他组织的权利义务关系产生影响的统计法律规范，其效力低于统计法律、统计行政法规、统计地方性法规和统计规章。目前统计规范性文件主要有：国家统计局公布的《企业统计信用管理办法》《统计人员信用档案管理办法》《国家统计局统计执法“双随机”抽查办法（试行）》《国家统计局政府信息公开指南》等。

（撰稿：侯予菲　徐超　丁勐　包红艳）

124. 国家统计局成立统计执法监督局的意义和作用是什么?

2016 年 10 月，习近平总书记主持召开中央全面深化改革领导小组第二十八次会议审议通过《关于深化统计管理体制改革提高统计数据真实性的意见》（以下简称《意见》），要求强化监督问责，依纪依法惩处弄虚作假。2017 年 2 月，中央编办印发《关于国家统计局内设机构调整等事宜的批复》，同意设立国家统计局统计执法监督局。随后，国家统计局印发《关于统计执法监督局主要职责内设机构和人员编制规定的通知》，对执法监督局主要职责、内设机构、人员编制等作出明确规定。2017 年 3 月，国家统计局印发《国家统计局统计执法监督局组建方案》，明确了人员配备、管理体制、办公条件和经费保障等内容。2017 年 4 月 20 日，国家统计局统计执法监督局正式成立。

统计执法监督局的主要职责包括：具体组织实施对全国统计工作的监督检查，依法查处重大统计违法行为，预防和查处统计造假、弄虚作假；组织实施统计执法“双随机”抽查制度，受理、办理、督办统计违法举报，建立实施对统计造假、弄虚作假的联合惩戒机制；建立完善统计信用制度；指导监督各地统计执法检查工作；起草统计法律法规草案，拟定统计规章和规范性文件，组织开展统计普法宣传；承办涉外调查机构资格认定和涉外社会调查项目审批工作，监督管理涉外调查活动和民间统计调查活动；办理统计行政复议、应诉和其他法律性事务；做好法治与改革的衔接工作，承担统计改革的相关任务。统计执法监督局内设了 11 个处，其中统计执法一处、二处、三处、四处、五处、六处等 6 个处具体负责全国统计执法检查工作。国家统计局还以省级统计执法人员为主体，组建了近 200 人的国家统计执法骨干人才库，由国家统计局统计执法监督局统一调配开展统计执法检查。执法监督局成立以来，已经直接立案查处和核查了一批重大统计违纪违法案件。

国家统计局成立统计执法监督局，是贯彻落实习近平总书记等中央领导同志重要讲话指示批示精神的重要体现，是贯彻落实中央《意见》的重大措施，是践行全面依法治国、全面从严治党战略的重要内容，标志着全面依法统计依法治统工作开启了新的征程。

案例 1

国家统计局 2014 年对某省 C 市 T 区和 H 市 S 县统计及第三次全国经济普查工作进行统计执法检查发现存在以下问题：H 市 S 县部分普查单位和个体经营户不实，统计数据虚报严重，指令填报统计资料、代为填报统计资料问题严重，S 县政府及统计局有关文件对统计工作要求不当，有关领导放任统计弄虚作假。C 市 T 区非联网直报单位名录和统计数据严重失实，部分个体经营户实际不存在，有关街道和社区工作人员伪造相关证照、印章、普查告知书，篡改普查数据，新增“规模以上企业”数据虚报严重，经普办分解指令下达单位核查工作目标及个体经营户普查工作目标数量，区政府有关文件对统计工作要求不当。经立案调查，纪检监察机关对 21 名党政领导干部和有关责任人进行了党纪政务责任追究和组织处理。

1. 对 H 市有关责任人员的处理：（1）市委常委、常务副市长作出书面检查。（2）对市统计局副局长、普查中心主任 2 人分别进行诫勉谈话。

2. 对 H 市 S 县有关责任人员的处理：（1）对副县长进行诫勉谈话。（2）对常务副县长给予行政记大过处分。（3）对原副县长给予行政记过处分。（4）对统计局局长给予行政记过处分。（5）对原统计局局长给予行政记大过处分。（6）对统计局副局长 2 人分别给予党内严重警告、行政记大过处分。（7）对经信局局长兼工委书记给予行政记过处分。（8）对统计局法规股股长、经信局经济运行股股长 2 人分别给予行政撤职处分。

3. 对 C 市有关责任人员的处理：（1）市委常委、常务副市长作出书面检查。（2）市统计局局长做出书面检查。

4. 对 C 市 T 区有关责任人员的处理：（1）对常务副区长给予行政记过处分。（2）对区统计局副局长、该区 N 街道办事处副主任 2 人分别给予行政记大过处分。（3）对该区 N 街道统计站副站长给予行政撤职处分。（4）对该区 N 街道经济财源办工作人员、该区 N 街道 B 社区经济专干 2 人分别给予行政记过处分。

案例 2

国家统计局 2013 年统计执法检查发现，G 省 Z 市 H 镇存在联网直报企业名录不实，编造虚假数据和代为填写企业统计数据、代为报送企业统计数据，工业统计数据严重失实问题。H 镇有关领导疏于职守，知悉联网直报企业名录不实、编造虚假数据和代填、代报企业统计数据等问题，但一直未予制止、纠正和处理。

经立案调查，纪检监察机关对7名党政领导干部和有关责任人进行了党纪政务责任追究和组织处理。

1. 对Z市有关责任人员的处理：（1）对分管统计工作的Z市政府领导进行诫勉谈话。（2）对Z市统计局局长予以免职。

2. 对H镇有关责任人员的处理：（1）对镇党委书记、镇长2人分别给予党内警告处分。（2）对H镇党委委员给予撤销党委委员职务处分，按降级安排工作。（3）对H镇统计办主任给予留党察看二年处分，给予行政撤职处分。（4）对H镇统计办公室办事员予以辞退处理。

案例3

国家统计局2017年执法检查发现，某市下辖A县、B县、C县2016年固定资产投资统计数据、联网直报工业统计数据严重失实，县政府办公室下发文件将统计局作为保持经济总量、财政收入、居民可支配收入增长、翻番的责任单位，政府部门参与统计造假、弄虚作假，有关部门指令报送虚假数据、制作虚假文件、代填代报、打捆上报、超前报送、重复报送、报送无关项目数据等，统计局默许部门造假、把关不严、应付检查，统计调查对象违法现象严重，地方政府考核对统计工作和统计数据质量造成不良影响。经依法立案调查，纪检监察机关对58名党政领导干部进行了党纪政务责任追究和组织处理。

1. 对该市领导班子成员的处理：（1）对市委和市政府主要领导分别进行诫勉谈话。（2）对该市分管统计、发改的常务副市长，分管工信的副市长2人分别给予党内警告处分。

2. 对相关部门责任人的处理：（1）对市统计局局长、分管副局长2人分别给予党内严重警告处分。（2）对市发改局原局长、分管副局长2人分别给予行政记过处分。（3）对市工信委主任、分管副主任、市统计局法规教育培训科科长、市发改局副局长、市发改局原副局长5人分别给予行政记过处分。

3. 对A县有关责任人的处理：（1）对县委书记、县长2人分别给予党内严重警告处分。（2）对常务副县长、原常务副县长2人分别给予党内严重警告、行政记大过处分。（3）对统计局局长、统计局副局长、发改局局长、工信局局长4人分别给予撤销党内职务、行政撤职处分。（4）对统计局副局长、发改局副局长、发改局重大项目稽察特派员办公室主任、工信局副局长4人分别给予行政记大过。（5）对住建局局长、原住建局局长、交通局局长、交通局副局长、文广局局长、文广局原局长6人分别给予行政记过处分。（6）对住建局住房保障和房产管理办主任、交通局副局长、文广局副局长3人分别给予行政警告处分。

4. 对B县有关责任人的处理：（1）对县委书记免去职务，涉及其他违纪问题由省纪委立案审查。（2）对县长给予党内严重警告处分。（3）对副县长给予党内严重警告、行政记大过处分。（4）对发改局局长、工信局原局长2人分别给予撤销党内职务、行政撤职处分。（5）对统计局局长给予行政撤职处分。（6）对发改局副局长、工信局副局长2人分别给予行政记大过处分。（7）对县镇统计管理办公室副主任给予党内警告、行政撤职处分。

5. 对C县有关责任人的处理：（1）对县委书记、县长2人分别给予党内严重警告处分。（2）对副县长给予党内严重警告、行政记大过处分。（3）对统计局局长、发改局局长、工信局局长3人分别给予撤销党内职务、行政撤职处分。（4）对统计局副局长、发改局副局长、开发区经济发展局局长、开发区经济发展局副局长、工信局副局长、农林扶贫工作局局长、农林扶贫工作局副局长、农林扶贫工作局原副局长、扶贫开发服务中心主任9人分别给予行政记大过处分。（5）对农林扶贫工作局原局长给予行政记过处分。（6）对农林扶贫工作局木材检查站工作人员1人降低岗位等级。

（撰稿：侯予菲　徐超　丁勐　包红艳）

领导干部统计知识问答（第二版）

LINGDAO GANBU TONGJI ZHISHI WENDA

第八部分

国际统计合作

125. 国际统计机构主要有哪些？

国际统计机构大致分为联合国系统中的统计机构和其他国际组织统计机构。联合国在其总部机关、各区域委员会以及专门机构均设有统计机构。其他国际组织统计机构主要包括区域性国际组织中的统计机构和国际性统计学术组织。

一、联合国总部机关的统计机构

联合国总部机关的统计机构包括经济及社会理事会（经社理事会）下设的联合国统计委员会、秘书处经济和社会事务部下设的统计司（联合国统计司），二者关系紧密，在具体运作中统计司相当于统计委员会的秘书处。

（一）联合国统计委员会

联合国统计委员会是联合国经社理事会职能委员会之一，成立于1947年，是国际统计活动的最高决策机构，主要任务是协调联合国各专门机构和国际组织的统计工作，负责制定、完善和组织实施国际统计分类标准和统计方法，就有关统计资料的收集、分析和发布等问题提出指导意见。

联合国统计委员会有成员24名，由经社理事会选举产生。成员按区域分配名额，亚太国家4名。委员会设主席团5人，由委员会成员提名，每届会议选举产生，任期一年并可连任。自2000年开始，委员会每年举行一次会议，为期4天。作为国际统计界最高级别会议，联合国统计委员会会议由各国家统计机构负责人率团参会，联合国各区域委员会、专门机构、从事统计活动的政府间国际组织和非政府组织均派人参会。会议总结统计委员会上一年度工作的执行情况，讨论并审议本年度及今后一段时期全球统计工作任务、行动计划，形成会议决议或建议，并向经社理事会报告。

（二）联合国统计司

联合国统计司是联合国统计活动的中心机构，隶属联合国秘书处下设的经济和社会事务部，现有经济统计部、人口和社会统计部、环境统计和地理空间信息部、数据创新和能力部以及发展数据和外援部5个部门。该司致力于促进全球统计体系的发展，主要负责编制和发布全球统计信息，制定统计活动标准与规范，帮助各国加强本国统计体系，同时促进国际统计活动协调开展。联合国统计司支持联合国统计委员会的运作，是委员会的具体执行机构。

二、联合国各区域委员会中的统计机构

联合国有五个负责经济和社会事务的区域委员会，即非洲经委会、欧洲经委会、拉丁美洲和加勒比海经委会、亚太经社会、西亚经社会。各区域委员会均设立统计委员会或统计学家会议等组织来指导和协调本地区的统计工作。各区域委员会的秘书处都设有相应的统计司，同时也是区域统计委员会或统计学家会议的秘书处。

（一）联合国亚太经社会统计委员会（亚太统计委员会）

亚太统计委员会成立于1974年，曾于2006年取消设置，2009年恢复重建。亚太统计委员会是亚太经社会职能委员会之一，负责在亚太地区落实联合国统计委员会的决议，协调各国统计工作，交流统计经验，以推动本区域统计能力的提高。亚太统计委员会是亚太地区国家统计机构领导人的高级别区域性论坛，每两年召开一次会议，旨在讨论统计发展，促进区域合作，以支持各国战略重点和制定影响全球计划的区域战略重点。亚太统计委员会设主席团6人，由每届会议选举产生，任期2年并可连任两届。

（二）联合国亚太经社会统计司（亚太统计司）

亚太统计司是亚太经社会秘书处7个实体部门之一。作为亚太统计委员会的具体执行部门，主要任务包括区域统计能力建设、收集和分析本区域数据、出版统计刊物等，推动和落实亚太统计委员会所制定的区域战略规划。本区域各国统计局是其主要合作伙伴，共同执行区域行动计划。亚太统计司与亚太统计研修所联系紧密，相互配合，协同完成亚太经社会的项目计划。

（三）联合国亚太经社会统计研修所（亚太统计研修所）

亚太统计研修所成立于1970年6月，主要任务是通过对官方统计人员进行各种培训，加强本区域在收集、分析和发布统计资料等方面的能力。1995年成为亚太经社会的附属机构，同时成立理事会作为其最高决策机构。理事会每年召开一次会议，评估研修所培训、管理和财务工作的执行情况，并批准下一年度工作和财务计划。理事会由9名成员组成，除主办国日本以外，另外8名由亚太经社会成员国和准成员提名，经亚太经社会年会选举产生，任期三年并可连任。

（四）欧洲统计学家会议

欧洲统计学家会议成立于 1953 年，隶属于联合国欧洲经济委员会，负责指导和协调该区域的统计工作。欧洲统计学家会议通过规划愿景和制定标准等活动，推动本地区和其他地区的统计工作。欧洲经济委员会下设统计司，在欧洲统计学家会议指导下开展工作。官方统计基本原则是欧洲统计学家会议 1991 年制定和通过的，2014 年得到联合国大会的批准，现在已成为所有官方统计数据生产者的核心指导原则。

三、联合国专门机构中的统计机构

联合国系统包括联合国自身以及被称为方案、基金和专门机构的多个附属组织。联合国专门机构是通过订立协定与联合国共事的自治组织，是对某一特定业务领域负有国际责任的政府间专门性国际组织。这些组织中大多设置专门的统计部门负责本领域统计数据的收集和发布，并与相关国际组织及国家和地区相关机构开展合作。主要包括：

（一）联合国粮农组织统计司

联合国粮农组织成立于 1945 年 10 月，是联合国系统内最早的常设专门机构，是各成员国间讨论粮食和农业问题的国际组织。粮农组织设首席统计师并在经济和社会发展部设统计司。粮农组织的统计系统在首席统计师的监督下运作，由统计司和各技术部门的统计单位组成，各区域设分支机构，在全球整理和传播粮食和农业统计数据。统计司制定数据收集方法和标准，定期举行会议和讲习班，以支持成员国统计制度的发展。

（二）国际劳工组织统计司

国际劳工组织是一个由政府、雇主和劳工代表组成的三方组织，包括国际劳工大会、理事会和国际劳工局。国际劳工组织在秘书处设统计司，通过国际劳工统计学家会议制定劳工统计的国际标准，编制劳工统计数据，并在劳工统计方面开展技术合作、提供援助和培训，以支持成员国改进劳工统计数据的制作、分析和传播。

（三）国际货币基金组织统计部

国际货币基金组织成立于 1945 年，与世界银行并列为世界两大金融机构。基金组织设统计部，为基金组织及成员国和国际社会提供统计产品和服务。主要任务是收集并分析宏观经济和金融统计数据，支持基金组织对金融部门的监测，发现并解决数据缺口和质量缺陷。向成员国提供技术援助，加强宏观经济和金融统计数据的生产能力。基金组织在制定和促进国际统计标准与方法方面发挥着核心作用。数据公布特殊标准（SDDS）是基金组织 1996 年制定的，旨在为成员国向公众提供经济和金融数据时给予指导。

（四）世界银行发展数据局

世界银行成立于 1945 年，是一个独特的全球性合作伙伴。1947 年 11 月成为联合国的专门机构。世界银行发展数据局负责协调世界银行的统计数据工作，维护一系列宏观、金融和部门数据库。主要工作是对统计活动进行投资，建立和实施数据采集、分析和传播标准，协助成员国提高生产和使用统计信息的能力。发展数据局与其他组织合作，共同开展统计新方法研究和统计能力建设。国际比较项目是世界银行主导开展的全球性统计合作研究项目。

四、区域性国际组织中的统计机构

区域性国际组织有经济合作与发展组织、欧洲联盟、东南亚国家联盟等，这些组织中均设有统计机构负责本区域统计工作的开展和协调。主要包括：

（一）经济合作与发展组织（经合组织）统计局

经合组织成立于 1961 年 9 月，是区域性政府间国际经济组织，应成员国的要求进行多领域的研究和分析工作。它向许多国家收集统计数据，包括经济、金融、财政、消费等多个领域。因为对数据的需求量大，经合组织的统计工作是分散式的，一般统计由经合组织统计局负责收集，其他实质性的各部门统计由各单位负责。

（二）欧盟统计局

欧盟统计局始建于 1953 年，1959 年正式命名为欧盟统计局。欧盟统计局负责协调欧盟的统计活动，根据既定规则编制欧洲统计数据，以确保数据的质量和一致性。主要任务是向欧盟提供全欧洲的统计信息，以便开展国家和地区间的比较，为整个欧洲的决策及评估奠定基础。欧盟统计局与欧盟成员国的统计机构或其他机构合作编制欧洲统计数据，这种合作关系被称为欧洲统计系统。

（三）东南亚国家联盟（东盟）统计委员会和统计处

东盟共同体统计系统委员会（东盟统计委员会）成立于 2011 年 8 月，是东盟统计事务的最高协调机构，旨在推动区域统计合作，提高成员国和东盟秘书处的统计能力。东盟共同体统计系统是东盟成员国统计系统、东盟共同体理事会和东盟秘书处之间的伙伴关系，也是东盟统计数据的提供者。东盟统计处是东盟秘书处下属的一个部门，负责向东盟秘书处及东盟相关机构和组织提供统计服务，是东盟统计委员会的执行机构和技术部门。

五、国际性统计学术组织

国际性统计学术组织主要有国际统计学会和美洲统计学会等学术团体。

（一）国际统计学会

国际统计学会成立于1885年，是一个最具权威、历史悠久的非营利性统计学术团体，旨在全球范围促进对于统计科学的了解、发展和应用。自1949年以来学会一直是联合国经社理事会的咨询机构。学会出版的专业书籍、杂志、通讯和报告代表着世界统计知识发展的前沿。学会的个人和团体会员达数千名，世界各国、区域和国际统计机构都是其会员，另外还包括商业组织、大学和研究机构等。学会下设7个分会，即伯努理数理统计与概率学会、国际统计计算学会、国际官方统计学会、国际调查统计师学会、国际统计教育学会、国际工商业统计学会和国际环境计量学会。这些分会以某一个统计领域作为研究的重点。

国际统计学会的最高管理机构是世界统计大会，每两年召开一次，为期一周，旨在交流创新思想、建立相互联系、讨论统计理论和实践的最新发展趋势。各分会可配合世界统计大会举办分会会议，也可独立举办会议。大会选举执行委员会和理事会，负责学会的重要决策工作。

（二）美洲统计学会

美洲统计学会成立于1940年，是学术性专业组织，性质与国际统计学会相同，是一个地区性推广统计方法和理论的非政府组织。旨在通过学术交流和出版专业统计刊物，促进美洲国际统计研究和官方统计工作的发展。学会每年举行美洲统计大会，并同美洲各大学合作举办国际应用统计研讨会、统计培训班等活动推广统计教育。

（撰稿：巴运红　王娟　贾迎东）

126. 世界各国的统计体系主要分为哪几类？

国家统计机构作为服务型机构，其组织管理结构的设置必须取决于并且服务于国家行政管理的需要。由于国家行政管理体制是一个复杂的系统，履行统计职能的国家统计体系（National Statistical System, 简称 NSS）也相对比较复杂。根据联合国统计司 2003 年出版的《统计组织手册》（第三版），按专业统计和地方统计管理的集中和分散程度，通常将各国政府统计体系划分为“集中型”和“分散型”两大类。

“集中型”统计体系。集中型统计体系最主要的特征是，“统计项目的管理和运作主要由一个独立的政府机构负责，并由该国的首席统计长官领导。集中型还包括把一些工作人员安排到其他部门，或者将特定任务交给不在同一地方的单位去完成，不过这些单位仍受中央机构领导”[15]。这个独立的政府机构即中央统计机构，统一负责组织和实施全国大部分官方统计数据的计划、收集、编制和发布。集中型统计体系能够有效集中专业人才、设备和知识等，统计项目得以在一个机构内部协调，且统一机构的辨识度高，能有效保证数据的质量和公正客观，不易受政治因素影响。此外，集中型统计体系能使用户更加方便、有效地从同一个来源获取范围广泛的统计资料，被调查对象面对的是一个机构，相对较为便利，数据保密工作也更加方便可信。集中型统计体系能够平衡不同统计领域，对整个体系进行协调，有利于整合社会和经济统计。

“分散型”统计体系。分散型统计体系是按专业不同分散设置的统计体系，政府统计工作分散在政府其他部门和地方政府等多个机构和部门之中。分散型统计体系与专业政策制定机构联系更加紧密，进而对政策需求更加敏感。根据地方统计管理的集中和离散程度，地区分散型体系有两种基本形式，但很多国家是两种形式的混合体。第一种形式是各地统计机构完全受中央统计机构的控制，例如法国。在这种“垂直”体系形式中，地区统计机构的作用往往是执行中央统计机构的指示，单纯完成数据收集任务。建立这样的体系通常与国家的大小和通信系统的发达程度有关。只要中央统计机构有足够的资源用于对地区机构工作人员进行培训和指导，这样的体系就能顺利实现协调。第二种形式是地区统计机构并不直接或完全由中央统计机构控制，而是作为该国地方政府的一部分，例如德国和瑞士。这种形式通常出现在联邦制中。例如，德国联邦统计局和州政府统计机构之间的协调工作，主要根据在数据收集、统计标准和其他问题上达成的协议而建立起来的复杂体系来开展。相对于垂直体系，这种形式的统计体系在协调方面需要付出更大的努力。

注：15. 见联合国统计司《统计组织手册》（第三版）中文版第 15 页。

需要指出的是，上述关于国家统计体系类型的划分是十分粗略的，现实中没有哪个国家完全属于某一类统计体系。各国国家统计体系类型千差万别，很难与之完全相对应。一些国家统计体系偏向于“集中型”（例如加拿大、澳大利亚、墨西哥），一些则偏向于“分散性”（美国、日本）。而即使在偏向于集中型的国家中，其他部门，例如中央银行也负责一部分统计数据的生产。但是，我们通过基本类型的划分，便于总结、归纳不同类型国家统计体系在统计工作组织、管理和协调方面的经验和做法。

当前，各国统计体系呈现出分散型中趋于集中、集中型中趋于分散的变化趋势。主要表现在：一是在分散型的国家统计体系中，越来越注重发挥中央统计机构的作用，将统计组织、管理和协调功能集中在中央统计机构，保证不同部门、不同来源统计数据之间的协调一致，强调整个国家统计体系的合力和内聚力。二是在集中型的国家统计体系中，也越来越注重充分应用现代信息技术，挖掘不同部门的数据资源，降低统计成本。为利用政府各部门的行政记录资料，有相当一部分专业统计收集工作分散到相关政府部门中，通过协调机制，形成完整的国家统计数据网络。而中央统计机构的管理、协调功能不断强化。因此，无论哪种类型的国家统计体系，统计工作的组织、管理、协调都是至关重要的。中央统计机构作为国家统计工作的主导者，身兼双重任务，既是国家统计数据的提供者，也是国家统计体系的协调者。

（撰稿：安毓环 邸伟 胡鹏飞）

127. 金砖国家统计合作是如何开展的?

金砖国家指巴西、俄罗斯、印度、中国和南非五国。 2003 年，高盛集团从国家规模和增长表现等方面将巴西、俄罗斯、印度和中国列为对世界经济具有重要影响，值得投资者格外关注的国家，因四国英文首字母组合 BRIC 与英语单词的砖（Brick）相似，故被称为“金砖国家”。2010 年，金砖四国一致接受南非加入金砖国际合作机制。

自 2009 年金砖国家领导人会晤机制建立以来，金砖国家之间多方位多层次开展了广泛合作，促进共同发展。金砖国家在统计领域也开展了重要的务实合作。

一、合作发起

2010年2月22日，金砖四国（巴西、俄罗斯、印度和中国）统计局局长利用在美国纽约参加联合国统计委员会第41届会议的机会，在巴西常驻联合国代表团举行会议，讨论四国统计局合作出版统计资料和未来合作的意向。四国局长同意建立金砖国家统计局长会议机制，每年由金砖国家领导人会晤主办国的统计机构轮流组织召开会议。四国还将共同合作编制《金砖国家联合统计手册》（以下简称《手册》），服务于金砖国家领导人会晤。同年12月23日，中国作为“金砖国家”合作机制轮值主席国，与俄罗斯、印度、巴西一致商定，邀请南非作为正式成员加入该统计合作机制。

二、合作机制

金砖国家统计合作采用的是双层架构，包括部长级会议和技术层会议，具体名称为金砖国家统计局局长会议和《金砖国家联合统计手册》技术人员会议。

（一）金砖国家统计局局长会议

金砖国家统计局局长会议每年于金砖国家领导人会晤后召开，会期一般定在秋季。经过多年的发展，金砖国家统计局局长会议已经成为金砖国家统计机构之间密切交流合作、促进相互了解的重要平台。金砖国家统计机构间通过相互了解借鉴统计标准、方法、经验和做法，促进了自身和其他发展中国家统计事业的共同发展、共同进步。

（二）《金砖国家联合统计手册》技术人员会议

《金砖国家联合统计手册》技术人员会议是金砖国家之间在统计领域开展的重要务实合作活动。会议一般于每年上半年召开，由负责《手册》编辑的统计专家和技术人员参加，会议内容主要是讨论《手册》的编写框架、目录、表现形式和内容。2019年，五国统计局新增专家视频会议形式，梳理了以往《手册》在编辑过程中出现的问题，对《手册》编辑的方案进行了沟通与交流。

三、合作影响

金砖国家统计合作贯彻落实了金砖国家领导人会晤精神，有效地加强了金砖五国间的统计合作与交流。金砖国家统计合作机制自成立以来，五国统计局选取共同感兴趣的专题，就住户调查、抽样调查技术、统计战略、工业发展情况的统计测度、新动能新产业统计监测、可持续发展目标的编制以及人口和住房普查等问题开展交流讨论，分享彼此的统计理念、方法、技术，促进了金砖国家统计事业的发展与进步，丰富了金砖国家合作的内容。经过金砖国家统计机构的共同努力，《手册》已连续九年成功编印，成为金砖国家合作机制的一项实质性合作成果，促进了社会各界对金砖国家统计数据的了解和使用，在金砖国家领导人会晤方面发挥了服务作用。

（撰稿：安毓环 邸伟 金钰）

128. 你了解世界统计日吗?

2010年，第64届联合国大会第90次会议通过正式决议，将2010年10月20日确定为“世界统计日”（World Statistics Day）。这是有史以来第一个全球性的统计日，全球统计人迎来了属于自己的共同节日。五年后的第69届联合国大会正式将10月20日定为世界统计日，每五年庆祝一次。作为超越国界的盛事，世界统计日凸显了“全球统计为一家”的理念，提升了官方统计的重要性和公众认可度。

一、“世界统计日”由来

第二次世界大战结束后，各国都在医治战争创伤，恢复和发展经济。在这一过程中，官方统计开始在社会和政府决策中，特别是在经济、人口、卫生等重要的民生领域发挥作用。随着经济社会的不断发展和进步，负责生产和传播官方统计数据的国家统计机构成为每个国家的重要国家机构之一，统计数据也成为政府决策、学术研究、公众知情的重要基础。

世界范围内，联合国于1947年成立了统计委员会，负责制定国际统计标准、方法和准则，推动世界各国统计的标准化和全球可比、方法制度的完善和数据质量的提高。如今，全球统计工作者们精诚合作，官方统计已形成一个联系紧密的世界大家庭。每年联合国成员国和国际组织的统计机构负责人齐聚纽约，在联合国统计委员会的年度会议上就各项统计议题作出决定。官方统计在全球范围内取得了前所未有的成就，值得统计界共同庆祝。

2008年9月，联合国统计司请各国以及各区域机构和国际组织就2010年10月20日庆祝世界统计日的提案发表意见。虽然已有很多国家和地区以各种形式举办过统计日、统计周或统计月的庆祝活动，全球性的统计日庆祝活动更能展示官方统计在全球取得的巨大成就和为经济社会发展做出的重要贡献。这一倡议在2009年2月联合国统计委员会第四十届会议期间获得了广泛响应，75个国家和国际组织表示支持。基于这些积极反馈，2010年2月联合国统计委员会第四十一届会议审议关于世界统计日的报告，并在联合国大会第64届会议上形成决议，将2010年10月20日定为世界统计日，请各国政府支持开展世界统计日的庆祝活动。

二、历届世界统计日风采

2010年10月20日，联合国经社部与中国国家统计局在上海世博园联合国馆共同举办了首个“世界统计日”全球性庆祝活动，主题为庆祝官方统计的众多成就，弘扬官方统计“服务、诚信、专业”的核心价值，旨在增进公众对统计的了解和对官方统计的支持。中国国务院副总理李克强、联合国秘书长潘基文发来书面致辞；联合国经社部统计司和中国国家统计局联合举办了《世界妇女：2010》和《中国主要统计指标诠释》的首发式，签署了《中华人民共和国国家统计局与联合国统计司关于开展国际统计培训合作意向书》，举行了中国国际统计培训中心—联合国统计合作中心揭牌仪式。首届世界统计日的庆祝活动得到了全球约80个国家的支持和推广，全世界100多个国家举办了庆祝活动。

2015年10月20日，第二届世界统计日在中国西安举行了庆祝盛典，55个国家和国际组织的近百名统计官员、专家、学者齐聚一堂，展示政府统计成果，分享统计发展经验，倡导统计更好地服务经济社会发展，增进人民福祉。本届统计日的主题是“优化数据，改善生活”，获得了全球110多个国家和地区的国家统计机构、统计协会、大学和其他合作伙伴的支持和推广。推广活动包括召开新闻发布会、报告最新的调查或普查结果、发布广大公众感兴趣的统计数字等，进一步扩大了官方统计影响力。

第三届世界统计日于2020年10月20日举办，主题是“用我们可以信任的数据连接世界”，强调公信力、权威数据、创新和公共产品在国家统计系统中的重要性。庆祝活动由联合国统计委员会指导组织，全球统计机构共同努力，举办各类活动展示统计、宣传统计。联合国秘书长安东尼奥·古特雷斯在致各国的邀请信中指出：“在联合国成立75周年之际，全世界都在部署数据以应对共同的挑战，让我们借世界统计日的契机彰显统计在推进可持续发展方面所发挥的重要作用。”

历届世界统计日标识

三、中国统计开放日

中国国家统计局积极响应联合国关于庆祝世界统计日的决议，将 2010 年 9 月 20 日定为“中国统计开放日”，以“统计和您在一起”和“走向公开透明的中国统计”为主题开展了一系列活动。此后，每年的 9 月中旬国家统计局都会结合当年中国官方统计重大主题和重点工作，举办中国统计开放日系列活动，邀请基层统计调查员、统计数据用户、高校师生、网友和媒体记者等社会各界代表到活动现场座谈和交流，增进社会公众对统计工作和统计数据的了解，推动中国统计更加公开透明、更好地服务社会。

历届“中国统计开放日”主题一览

届　数	时　间	主　题
第一届	2010.9.20	走向公开透明的中国统计
第二届	2011.9.20	走向规范统一的中国统计
第三届	2012.9.20	改革创新的中国统计
第四届	2013.9.12	统计为您服务
第五届	2014.9.19	统计人统计梦
第六届	2015.9.23	统计服务民生
第七届	2016.9.20	农业普查 福到农家
第八届	2017.9.20	统计新动能 服务新常态
第九届	2018.9.20	走进四经普
第十届	2019.9.12	坚守统计初心 践行时代使命
第十一届	2020.9.20	大国点名 没你不行

迄今，国家统计局已先后举办了 11 届中国统计开放日，得到社会各界的高

度关注、公众的积极参与、各级统计机构和广大统计人的大力支持，不仅展示了中国统计改革和发展的新成就，也传播了统计知识、弘扬了统计文化。作为统计部门打造阳光统计的一张亮丽名片，中国统计开放日体现了统计部门积极主动顺应中国经济社会发展的新形势、开门办统计、自觉接受社会监督的态度，同时更成为切实提高统计能力、统计数据质量和政府统计公信力，展示统计核心价值和统计人精神面貌的窗口。

（撰稿：巴运红 王娟 李璐 赵懿）

129. 近年来国家统计局开展的多边交流合作有哪些？

近年来，在习近平新时代外交思想指引下，中国统计紧紧围绕中心工作，服务国内统计发展需求和国家外交大局，与联合国统计司、联合国亚太经社会统计司、经济合作与发展组织、国际货币基金组织、世界银行等多个国际组织积极开展多边交流与合作，取得丰硕成果。

一、开展统计国际合作项目，助力统计改革与发展

近年来，国家统计局不断扩大与国际组织的统计交流合作，以项目为抓手，不断促进中国统计的改革与发展，提高我国统计能力。与联合国统计司实施“中国和其他发展中国家统计能力开发”信托基金项目，通过技术培训、专家咨询、专题研讨等方式，为南南合作提供经验分享平台，在提升区域及全球统计能力方面成为南南合作的典范；实施“自然资本核算和生态系统服务估价”项目，通过专家咨询和实地考察的方式为国家层面探索编制实物量和价值量自然资源资产负债表提供技术支持，同时为联合国《2012 环境经济核算体系—试验性生态系统核算》框架后续修订提供支撑。与联合国人口基金会、联合国儿童基金会实施联合数据项目，有力推动我国在人口普查、妇女儿童统计和性别统计等方面的改革发展。与世界银行开展统计地理信息系统项目，助力国家统计地理信息系统的研究和应用，提高经济普查信息化水平。

此外，与联合国工业发展组织、经济合作与发展组织、国际货币基金组织等多个国际组织签署合作谅解备忘录，通过专家咨询、开展培训和研讨、交流互访

等多种方式，在工业统计、数字经济、国民核算、先行指标等多个领域开展合作，有力推动了中国统计与国际接轨。

二、参与并筹办重要国际会议，扩大中国统计影响力

联合国统计委员会会议是国际统计界最高级别会议，我国自 1984 年起多次成功竞选联合国统计委员会成员，国家统计局局长或副局长率领高级代表团参加了历届联合国统计委员会会议。在世界统计大会、世界数据论坛等重要国际统计会议中，我代表团积极争取演讲机会，推介中国统计工作改革进展，分享创新成果与实践经验，成为推动全球统计改革发展进程中不可忽视的力量。

同时，积极开展多边主场外交，多次承办重要国际统计会议，如：第一届“官方统计与大数据”国际会议、第一届和第二届“世界统计日”庆祝活动等，为世界更好了解中国和中国统计打开了一扇窗，得到包括联合国在内的国际组织以及各国统计机构的高度评价。2015 年至今，积极响应国家外交倡议，为进一步深化中国—东盟统计交流合作，在广西南宁连续主办了 6 届中国—东盟统计论坛，为共建“一带一路”和共筑中国—东盟命运共同体提供优质高效统计服务。

三、利用统计交流与合作多边平台，贡献中国统计智慧

近年来，国家统计局充分利用统计交流与合作多边平台，深度参与国际统计标准、规则和方法的制修订，为国际和亚太区域统计方法和标准的研究制定贡献中国统计智慧，展现大国责任担当。

在落实 2030 年可持续发展目标方面，国家统计局领导于 2019 年成功当选“2030 年可持续发展议程统计伙伴关系、协调和能力建设高级别小组”（下称高级别小组）成员，在高级别小组会议中积极发声，为开展可持续发展目标统计监测和加强各国统计能力建设提供中国方案。国家统计局统计专家于 2015 年至 2019 年连续两届当选联合国“可持续发展目标指标机构间专家小组”东亚地区代表，积极参与可持续发展目标全球指标框架的研制和实施，参与国际统计规则制定。

在推动大数据应用方面，国家统计局领导担任大数据全球平台咨询委员会成员，国家统计局专家担任官方统计大数据全球工作组成员，积极参加大数据相关国际会议，为大数据应用建言献策。同时，国家统计局与联合国经济和社会事务部依托国家统计局大数据应用中心，建立联合国大数据全球平台中国区域中心，

该中心作为全球平台的亚太区域中心，将进一步推进大数据和数据科学在官方统计中的应用。

此外，国家统计局领导多次担任联合国亚太统计委员会主席团副主席，积极参与和大力支持联合国亚太经社会统计司和联合国亚太统计研修所的活动；作为国际比较项目全球理事会成员，多次参与技术评审会、技术咨询组会议和理事会会议，对项目的开展提出建设性意见。同时，积极选派专家参加环境经济核算专家小组、全球贸易和经济全球化专家小组、企业统计专家小组等国际组织统计平台，涉及国民经济核算、人口普查、贫困监测、物价统计、贸易统计、能源统计、气候变化统计、农业统计等多个统计专业领域。

四、拓展交流互鉴渠道，促进统计信息互联互通

一方面，国家统计局通过“请进来”和“走出去”，充分借鉴国际组织先进经验和做法，不断推进中国统计工作与国际标准和国际通行做法的接轨。先后聘请国际货币基金组织统计部原主任、著名统计学家卡尔•卡森女士、联合国统计司原司长张保罗等作为国际统计顾问，为中国统计发展增添国际视野。同时，为破解统计难题，通过邀请专家来访、派出团组或邮件沟通，学习了解国际组织的先进统计理念与做法，如：与联合国统计司就新经济、共享经济等统计新兴领域进行探讨；与世界银行就营商环境统计进行咨询；与经济发展与合作组织在收入和财富分配领域开展资料交换等。

另一方面，随着我国综合国力的增强，国际组织越来越重视收集中国统计数据，用于经济监测报告和统计出版物。国家统计局每年向包括联合国和国际货币基金组织在内的20多个国际组织提供年度、季度和月度统计资料，以及非定期统计报表，内容涉及国民经济核算、人口、能源、工业、农业、交通、企业景气、价格和教育等众多领域。

未来，中国统计将持续深化多边交流与合作，扎实推进统计外事工作，努力开创统计多边交流与合作的新局面，进一步提升我国在全球统计事务中的话语权和影响力，更好地服务统计改革发展和国家对外开放。

（撰稿：巴运红 王娟 查锐仙）

130. 近年来国家统计局开展的双边交流合作有哪些？

双边关系是指两个国家一对一的关系，是发展对外关系的主体，在国际交流合作中发挥着基础性的作用。改革开放以来，中国统计双边合作从少到多，从弱到强，逐步发展壮大。国家统计局与多个国家或地区的统计机构建立了友好联系和合作关系，取得了丰硕的成果，为中国统计改革发展贡献了经验智慧，促进了世界对中国统计的了解，提升了中国统计的国际地位和影响力。

一、务实合作创造好成绩

1979 年，时任国家统计局局长陈先访问美国商务部普查局、经济分析局、劳工部劳工统计局和农业部经济统计合作局，拉开了统计双边合作的序幕。近年来，国家统计局与多个国家或地区的统计机构建立了友好联系和合作关系，开展了大量人员交流、数据交换、项目合作、课题研究和培训学习等务实合作，取得了十分优异的成绩。

（一）学习优秀经验，改进制度方法。

中国统计的制度方法建立在全面学习前苏联模式的基础上，与曾经高度集中的计划管理体制相适应。改革开放以来，随着经济社会的深刻变革，统计制度方法也进入改革发展的历史阶段，双边合作为其提供了重要借鉴，在建立与市场经济体制相匹配、与国际相接轨的统计方法、标准和制度中发挥了助力作用。例如，通过与加拿大统计局合作开展中加统计信息管理项目，中国企业和住户一体化调查改革取得突破性发展。借鉴加拿大企业调查一体化和名录库更新维护的做法，国家统计局设计了中国一体化企业统计改革方案，变革了统计业务的流程，改善了数据生产过程的规范化和透明度。全面吸收中加合作项目成果，国家统计局自 2012 年起开始实施城乡一体化住户调查，统一城镇和农村居民收入和支出的指标名称与口径、分类标准、抽样方法和程序，为提供城乡可比、地域可比的居民收入、支出和消费数据奠定了基础。同时，调整机构设置，成立住户调查办公室，负责一体化住户调查的实施。

（二）引入先进理念，完善法制建设。

统计法律和统计制度是保障统计活动有序高效开展的重要基础。通过双边交流，国家统计局积极学习美国、加拿大、德国、英国、法国、荷兰、日本、澳大利亚等国家的经验，提出用户至上、依法统计、科学统计的理念。通过与德国联邦统计局开展两轮统计法制合作项目，充分了解德国统计法制工作的总体情况、联邦统计法的主要内容以及地方立法的经验。项目成果被作为重要参考资料向国务院法制办公室和全国人大常委会法工委提供，为我国《统计法》的修订以及相关规章的制定提供了很有价值的借鉴。

（三）促进沟通交流，宣传改革成果。

通过国际项目合作和人员交流，国家统计局与许多国家和地区的统计机构建立了长期友好的联系，合作领域持续扩展、合作内容不断丰富。不仅开阔了视野、学习了优秀经验，也展现了中国统计改革发展的成果，使国际统计社会能够更深更好地了解中国统计。数十年的双边交流见证了许多专业统计不断追赶、发展成熟，从落后到引领的全过程，使中国统计的经验和做法赢得了国际同仁的认可和赞赏，逐渐被国际统计社会所了解和接受。

二、角色转变带来新机遇

随着经济社会的快速发展以及综合实力的显著提高，中国在国际事务中发挥出越来越重要的作用，统计的国际交流与合作也面临重大的发展机遇。近年来，双边合作呈现出新的特点，具体体现在三种角色的转变：

（一）从受援方转变为合作方。

近些年来，与国家统计局合作多年、统计体系较为完善的发达国家统计机构纷纷指出，中国统计的改革发展取得了显著成就，未来的合作不再是单向的教与学的关系，而是相互学习、共同研究的过程，中国的统计同仁可以分享更多经验和做法，彼此受益。双边合作不再是中国单纯接受技术援助和指导，而是一个双向交流的过程，双方共同探讨统计面临的问题与挑战，集中智慧寻求解决方案。国家统计局在与英国、德国、荷兰、日本、韩国等国的交流中，积极介绍自己的统计做法和统计探索，不但增进了彼此的了解，而且获得国际社会对中国统计更多的尊重。

（二）从受惠方转变为施惠方。

中国地域广阔，各地区发展水平很不均衡，中国统计面临的问题和挑战多样而复杂，在多年的改革发展中积累了大量优秀务实的经验和做法。在双边交流中，国家统计局积极与其他发展中国家进行分享，助力其统计能力的建设和提升。例如，应柬埔寨统计局局长要求，国家统计局为柬埔寨2019年开展第四次人口普查提供了统计援助，充分介绍中国经验，并派遣高访团组和专家团组赴柬进行高层磋商和技术指导，在现场登记、设备使用、质量抽查、数据发布等环节提供专题培训和技术支持。近年来，国家统计局接待了来自孟加拉、泰国、苏丹、古巴、巴拿马等亚非拉国家的访问团组，围绕统计体系、统计政策与管理、数据收集和处理、农业普查等多个专题真诚地分享中国统计的经验和做法。

（三）从学习者转变为创新者。

在学习发达国家经验的基础上，中国统计与时俱进，开拓进取，不断适应新形势新要求，积极对新兴领域展开研究和探索。依托国内新技术、新业态的快速发展，国家统计局在大数据应用、可持续发展监测等领域做出了广泛而深入的思考和实践，总结出新的制度和方法，并积极参与国际交流和讨论，为国际统计界制定新的标准和制度，构建科学的指标体系，开展有效的国际比较贡献了中国智慧和方案。

三、共同发展迈向新高度

进入新时代以来，随着新技术、新经济的快速发展，统计事业的发展迈入新的阶段，对国际交流也提出了更高的要求。双边合作将与时俱进、乘势而为，进一步巩固良好基础，创新交流方式，提高合作质量，创造更加辉煌的成绩。

（一）宣传改革发展成果，不断提升中国统计影响力。

新时期，双边合作既要立足根本，充分吸收借鉴国际先进经验，也要转变观念，积极向世界展示自己，宣传中国统计。要更好地搭建交流平台，鼓励专业人员深入参与合作，向各国展示中国统计的实践，使国际统计界了解中国统计的发展和进步。同时，还要提高外事管理服务水平，提升综合素质和能力，协助专业人员讲好中国故事，让国际统计界“听得到、听得懂、听得进”，认识到中国统计的成熟与优势，期待与中国统计携手并进。

（二）贡献中国智慧和方案，共同应对统计领域新挑战。

近年来，中国新经济迅猛发展，新技术不断成熟，各领域呈现出许多新的特点。中国统计积极应对挑战，做出了大量卓有成效的探索。在双边交流中应主动作为，加强新兴问题的研究和讨论，在数字经济测算、可持续发展监测等领域积极介绍中国的经验和做法，提出中国的思路和方案，与各个国家和地区的统计机构一起应对新挑战、解决新问题。

（三）配合国家外交战略，助力发展中国家统计能力提升。

党的十八大以来，我国对外工作统筹国内国际两个大局，积极打造全球伙伴关系网络，深入参与全球治理体系改革，推动构建人类命运共同体。统计双边合作要以国家大外交战略为依托，积极推进与“一带一路”国家的交流合作，促进“东盟”、“金砖国家”等机制更好地发挥作用，加强人员和技术交流，助力发展中国家统计能力建设，推动全球统计治理体系的发展和变革。

（撰稿：安毓环 邸伟 李杨蔚）

领导干部统计知识问答（第二版）

LINGDAO GANBU TONGJI ZHISHI WENDA

第九部分

常用统计术语

131. 什么是统计数据的报告期和基期?

当描述某个统计指标变动情况时，经常采用的形式是一个时期的量与另一个时期的量进行比较，如用 2020 年的国民生产总值数据与 2019 年数据相对比，同时使用一组对照的数据时，就产生了报告期和基期的概念。

一、基期

基期：基是指统计基数，即制定一个日期作为参考标准。基期是一个基础期、起始期的概念，是一开始作为基准的时期。可以是本年、也可以是若干年前的任何日期。使用基期概念是为了将开始时间定位，作为对比基准，基期相当于一个对照组。比如想要知道 2020 年的发展情况，就需要一个对比基准，这个对比基准就是基期。至于选用哪一年做为基期与研究目的有关。通常选用上一年，也可以选用过去的任意一年。

二、报告期

报告期：就是当前研究的阶段，是当期的意思，就是把现在研究的这一期和那一期进行对比。统计的目的就是要找规律，要对比，所以才有基期或基年，报告期、研究期或报告年。报告期与基期是一对指标，一般报告期都是针对基期而言的。

三、举几个例子说明

某企业 2019 年的收入是 800 万元，比 2018 年增加了一倍，这里的 2018 年就是基期，2019 年就是报告期。如果要研究 2020 年物价水平并且和 2019 年比较，那么 2020 年就是报告期，2019 年就是基期。以具体价格数据为例，2020 年 9 月份，CPI 环比上涨 0.2%，则价格指数的报告期是 2020 年 9 月，基期就是 2020 年 8 月；2020 年 9 月份，CPI 同比上涨 1.7%，那么指数的报告期是 2020 年 9 月，基期是 2019 年 9 月，2020 年 1—9 月平均；CPI 总水平比去年同期上涨 3.3%，即指数的报告期是 2020 年 1—9 月，基期是 2019 年 1—9 月。

另外，基期不一定是某个具体日期（时点，如 1 月 1 日），基期与报告期可能是一个时点，也可能是一个时段（时期，如某年、某月等），这取决于研究对象是时期指标还是时点指标。

（撰稿：刘建伟 韩淑颋）

132. 什么是季节调整?

季节调整是指在对时间序列分析过程中估计和剔除季节因素的一种方法。

一、基本概念

在分析应用中发现，一个经济时间序列往往受多种因素影响，通常我们把这些因素分为趋势因素、循环因素、季节因素、以及不规则因素。其中，季节因素是指时间序列季度、月度数据呈现明显的周期性规律。例如，农作物的成熟周期受到季节变化影响，进而使得农林牧渔业的季度总产值、增加值等统计指标会呈现周期性变化的规律。通常季节因素带来的变动会掩盖时间序列的纯经济短期变化趋势，降低相邻两个季度或月度之间的数据可比性，进而影响环比数据的准确性。因此，为了更准确的反映经济的基本发展趋势、突出经济变化的转折点，为开展统计分析、数据预测、决策判断提供依据，需要对时间序列进行季节调整，剔除季节因素的影响，仅保留时间序列的趋势因素、循环因素和不规则因素。

二、季节调整方法

通过季节调整软件剔除季节因素是各国的通行做法，目前国际上比较常用的季节调整软件，在节假日因素上仅考虑了西方的特点。为此，国家统计局专门组织力量，并与南开大学合作，在国际通行的 X13-ARIMA 季节调整方法基础上，针对我国特有的季节因素加以研究，开发了国家统计局版季节调整软件 NBS-SA。这一软件添加了处理我国特有的季节因素的新模块，包括春节、端午、中秋等移动假日的效应，假期变动及调休带来的效应等，从而可以有效剔除我国特有的季节因素。

三、季节调整示例

下图是对某国 1995—2010 年固定基期 GDP 不变价数据进行季节调整的结果。通过观察，我们可以清楚地看到原始序列呈现明显的季节波动，通过剔除季节因素，对原始序列进行季节调整后，更能准确反映经济的基本发展趋势。

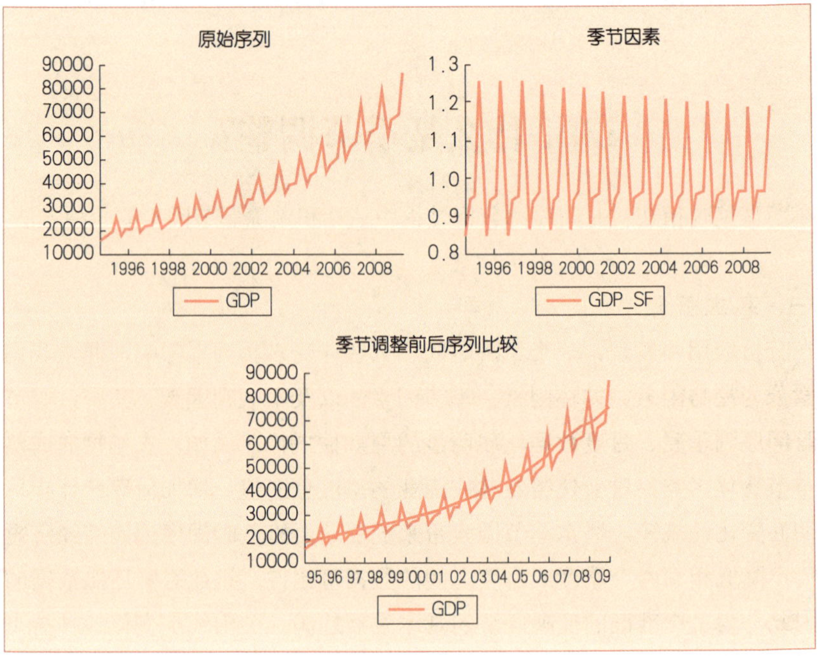

（撰稿：赵同录 陈希）

133．什么是统计误差？

减少统计误差，把统计误差控制在科学合理范围，是统计理论研究的重要内容，也是统计实践的重要方面。在统计生产过程中，减少各个环节统计误差，对确保数据真实准确、提高统计数据质量至关重要。

一、基本概念

统计误差也称统计数据误差，是统计工作实际获取数据结果与相应客观真值之间的差距。根据统计生产的主要过程，统计误差可分为设计误差、调查误差和整理误差，调查误差是统计误差的主要来源，实际工作中，如果不加特别说明，统计误差通常指的是调查误差。根据统计误差产生的原因，统计误差可分为抽样误差和非抽样误差。根据误差的表现形式，统计误差又可分为绝对误差与相对误差。

二、统计误差产生的原因

统计误差的产生原因多种多样，既有技术性因素引起的误差，例如统计方法不科学、统计指标设计不合理造成的误差；也有非技术性因素导致的误差，例如统计对象故意谎报，人为干扰统计工作造成的误差。统计误差产生的原因可以概括为抽样误差和非抽样误差。

抽样误差是当采用随机原则从总体中抽取部分个体组成样本研究总体时，样本估计值与总体真值之间的差异。抽样误差是由样本抽取随机性导致的，而不是调查错误的结果，只要采用抽样调查，抽样误差就不可避免。全国大型抽样调查的抽样误差一般应控制在 5% 以内，才能保证调查结果的可靠性。例如，我国 2016 年“公众生态环境满意度”抽样调查的抽样绝对误差的控制目标在 3% 以内。

非抽样误差是相对于抽样误差而言的，指除了抽样随机性以外，由于其他多种原因引起的调查结果与总体真值之间的差异。在抽样调查和全面调查（普查）中都可能存在非抽样误差，具体产生的原因包括：（1）全面调查中由于统计指标、统计分组、调查方法设计不周、调查对象范围界定不清而产生的涵盖误差；（2）抽样调查构造抽样框时，目标总体与抽样总体不一致所导致的抽样框误差；（3）由于被调查对象无回答造成的无回答误差；（4）统计人员填写调查表错误，以及数据录入、整理、处理等环节中存在错误所产生的计量误差。实践中，非抽样误差通常是上述全部或部分原因综合作用结果。例如，第六次全国人口普查事后质量抽查结果显示普查人口漏登率为 0.12%，这主要是普查中各种非抽样误差的综合结果。

三、如何正确理解统计误差

统计误差是反映统计数据质量的重要指标。统计误差越大，准确性越低，统计数据质量越差；统计误差越小，准确性越高，统计数据质量越好。

首先，统计误差可以作为评判一项调查结果是否准确可靠的重要依据。当统计误差被控制在可接受范围内时，统计推断的结果才有意义。我国 2016 年“公众生态环境满意度”抽样调查在省级层面的绝对误差低于 3% 的控制目标，据此可认为抽样方案设计科学、合理，样本具有良好的代表性，估计精度能够同时满足全国和省级层面的数据使用需要。

其次，统计误差可以作为对比统计数据质量的重要依据。全国农业普查公报显示，数据填报综合差错率已经由 1996 年第一次普查的 4.9‰下降为 2016 年第三次普查的 3.3‰。这说明我国农业普查经过二十年的实践探索，数据质量在稳步提高。

四、如何测量统计误差

均方误差模型可表示统计调查总误差，令总体参数真值为θ，统计调查值为$\hat{\theta}$，调查值的数学期望为$E(\hat{\theta})$，则均方误差$MSE=V(\hat{\theta})+B^2$。式中，$V(\hat{\theta})=E[\hat{\theta}-E(\hat{\theta})]^2$为调查方差，用来测量多种误差因素对调查结果产生的方差总和，$B=E(\hat{\theta})-\hat{\theta}$为净偏差，用来测量多种误差因素对调查结果产生的偏差总和。如图 1 所示，均方误差模型可用直角三角形的三边表示，从理论上描述了统计调查误差的数量关系，实践中统计误差的测量具体体现为对抽样误差和非抽样误差的测量。

图 1 均方误差、偏差及方差的数量关系

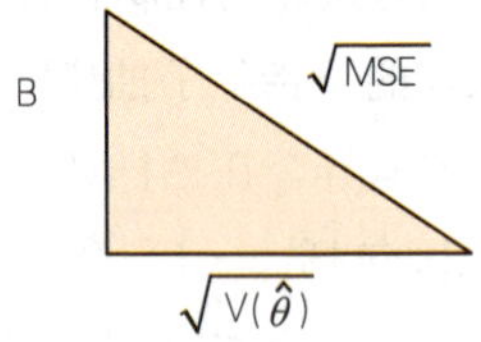

（一）抽样误差的测量。

调查方差是抽样误差的具体形式。以简单随机抽样为例，若从某个包含 200 户的村委会中采用不重复简单随机抽取 10 户家庭估计该村家庭户均人口规模为=4.3 人，10 样本家庭人口规模的方差为 2.23 人。该抽样调查的平均误差为：

$$v(\bar{\theta})=\frac{1-f}{n}s^2=\frac{1-10/200}{10}\times 2.23=0.21\text{ 人}$$

（二）非抽样误差的测量。

当总体参数真值为θ，统计调查值为$\hat{\theta}$时，统计调查数据的绝对误差是$\hat{\theta}-\theta$，相对误差是$(\hat{\theta}-\theta)/\theta$。在实际工作中，可将数据质量相对较高的事后重复调查数据作为推算统计误差的真值标准。例如，人口普查中某普查小区调查登记的人口是 1005 人，在事后质量抽查中被抽中为复查点，经过重新调查登记核对，最终确定该普查小区人口为 1000 人。那么，该小区普查登记的人口统计数据的绝对误差是

5人，相对误差是5‰。对于全面调查（普查）而言，非抽样误差是各种误差因素综合作用的结果，一般可通过事后重复调查进行推算，以绝对误差或相对误差的偏差形式予以表现，例如，第六次全国人口普查事后质量抽查估计的普查人口漏登率为0.12%，即根据事后抽查测算结果，全国人口普查少登记了1646620人。

五、如何控制统计误差

对于全面调查，控制统计误差的主要措施有：（1）提高统计设计的科学性。（2）加强培训，提高调查员素质。（3）降低被调查者的不回答率和回答误差。（4）采用先进的信息处理技术，降低数据汇总整理过程中的统计误差。例如，第三次全国农业普查前制定了周全细致的试点方案，普查中开展广泛的培训与动员宣传、采用遥感信息技术和手持电子设备，普查登记后采用先进的计算机处理技术，切实防范和降低各种统计误差，有效地保证农业普查的数据质量。第三次全国农业普查公报显示农业普查登记户的漏报率为0.19%，普查指标数据差异率为0.4%。

对于抽样调查，重点是控制抽样误差，主要措施有：（1）设计科学合理的抽样方法。全国大型抽样调查的抽样方法通常是简单随机抽样、分层抽样、整群抽样、系统抽样、多阶段抽样等多种方法的组合，保证从总体中抽取出有代表性的样本。（2）适当增加样本量。在其他条件相同的情况下，样本量越大，抽样误差越小，如图2所示，在确定样本量时还要考虑可承担的调查成本。

图2　抽样误差与样本量的关系

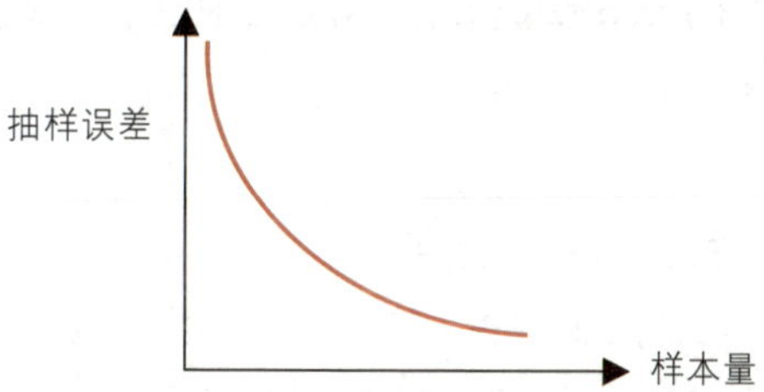

（撰稿：余芳东　陶然）

134．什么是翘尾因素？

在有关CPI的分析文章和新闻稿件中，经常会出现“翘尾因素”或“翘尾影响”等词汇，这是分析同比价格指数变动幅度时所特有的概念。那么什么是“翘尾因素”或“翘尾影响”呢？

一、什么是翘尾因素

“翘尾因素”是指上年价格上涨（下降）对本年同比价格指数的滞后（延伸）影响。翘尾因素产生的影响，简称翘尾影响，也称滞后影响，可以从单个商品价格变动来说明，例如，某一商品 2018 年前 6 个月价格均为每公斤 1 元，7 月份上涨到 2 元，然后一直到 2019 年 12 月，价格都保持在 2 元，那么，虽然 2019 年全年价格保持不变（都是 2 元），但计算 2019 年前 6 个月与 2018 年前 6 个月比的价格指数则为 2÷1=200%，表明价格上涨一倍，这就是 2018 年 7 月份价格上涨对下一年前 6 个月价格指数的滞后影响。一般来说，由于对比基期的原因，上年价格上涨的时间早，则对下年指数的滞后影响小；而上年价格上涨的时间晚，则对下年指数的滞后影响大。可以想像一个画面，商品价格在一年中后几个月上涨，如果将各月的价格连成一条线，这条线呈现出尾部上翘的特点，因此被形象地比喻为“翘尾”影响。

“翘尾”（滞后）影响存在上涨的影响，也存在下降的影响。上面说明了上涨的影响情况，下面来说明下降的影响。假如 2018 年前 8 个月固定电话费的价格都是每 3 分钟 0.180 元，从 9 月份起调整到每 3 分钟 0.144 元，下调 20%，到 2019 年 9 月一直未变。但如果计算 2019 年前 8 个月各月通话费的同比价格指数，均为 80%（0.144÷0.180=0.8），下降了 20%。2019 年前 8 个月固定电话费价格未变，各月同比价格指数却显示下降，这就是上年价格变动带来的滞后下降影响。

二、新涨价因素

与滞后影响相对应的是新涨价影响。在价格指数的变动中，既有滞后影响，当然还包括了本年度新发生的涨价部分，它是同比价格指数中扣除滞后影响后的剩余部分。通常情况下，CPI 的同比指数反映年度居民消费价格总水平变动程度，它是“翘尾因素”和“新涨价因素”两个因素共同作用的结果。

三、计算方法

上文用单个商品的价格直接计算说明了什么是滞后影响因素。在 CPI 生成过程中，计算到类别以上就没有价格资料了，只有指数资料，所以必须利用价格指数来计算。下面举例说明，怎样通过国家统计局公布的 CPI 月度环比指数、同比指数来计算滞后因素，即翘尾因素。

举例来说 2010 年 9 月全国居民消费价格同比上涨 3.6%，同比价格指数为

103.6%，可分解列式为：

$$2010\text{年9月同比价格指数}=\frac{2009\text{年12月价格水平}}{2009\text{年09月价格水平}}\times\frac{2010\text{年09月价格水平}}{2009\text{年12月价格水平}}$$

其中：$\frac{2009\text{年12月价格水平}}{2009\text{年09月价格水平}}$ 即是滞后影响部分；

$\frac{2010\text{年09月价格水平}}{2009\text{年12月价格水平}}$ 即是本年新涨价部分。

（一）滞后影响部分的计算方法与过程。

$\frac{2009\text{年12月价格水平}}{2009\text{年09月价格水平}}$（滞后影响因素）

$$=\frac{2009\text{年10月价格水平}}{2009\text{年09月价格水平}}\times\frac{2009\text{年11月价格水平}}{2009\text{年10月价格水平}}\times\frac{2009\text{年12月价格水平}}{2009\text{年11月价格水平}}-1$$

=2009 年 10、11、12 月 3 个月环比指数连乘积 − 1（各月环比指数均除以 100）

=（99.9÷100）×（100.3÷100）×（101.0÷100）− 1

=0.999×1.003×1.01 − 1

≈1.012 − 1≈0.012

即：滞后影响因素约为 0.012×100=1.2 个百分点

（二）新涨价因素部分的计算方法与过程。

先计算滞后影响因素，然后根据同比指数除以滞后影响因素直接计算新涨价因素，即：

9 月新涨价因素 =9 月同比价格指数 ÷(滞后影响因素 +100) − 1

=103.6÷(1.2+100) − 1=103.6÷101.2 − 1

≈1.024 − 1≈0.024

即：新涨价因素约为 0.024×100=2.4 个百分点。

因此，在 2010 年 9 月份 3.6 个百分点的 CPI 同比涨幅中，2009 年价格上涨的翘尾因素约为 1.2 个百分点；2010 新涨价因素约为 2.4 个百分点，两者合计影响 2010 年 9 月份的 CPI 同比上涨 3.6 个百分点。

总之，不论是翘尾因素还是新涨价因素，都不属于统计指标，仅仅是一种统计分析研究方法，可在数据分析时适当参考使用。

（撰稿：刘建伟 韩淑颋）

135. 什么是指数？

财经新闻中经常出现指数概念，如 2020 年 7 月 9 日上证指数盘中最高涨至 3457 点，刷新两年多来新高；国家统计局发布最新的居民消费价格数据，2020 年 9 月全国居民消费价格指数为 101.7；联合国粮农组织发布的食品价格指数，2020 年 9 月平均为 97.9，环比上升 2.0 点；世界知识产权组织发布《2020 年全球创新指数》报告，中国排名第 14 位，与 2019 年持平。生活中我们也经常看到全国天气网发布的洗车指数和穿衣指数等。指数是一个应用非常广泛的工具，对我们来说也是一个既熟悉又陌生的概念。

一、指数的概念

指数是表明复杂经济社会现象总体的数量综合变动的相对数。复杂经济社会现象总体由于各个部分性质不同而在研究数量特征时不能直接相加或直接对比，但可依据统计的原理和方法，通过编制指数反映总体的综合变动。

二、指数的作用

（一）运用指数可以测定不能直接相加或对比的经济社会现象的总动态。

如，商场洗衣机、电冰箱等不同商品的销售量不能直接相加，但是乘以各自销售价格得到销售额后就可以相加，通过编制总销售额指数可反映商场总体销售形势和变化。

（二）运用指数可以分析经济社会现象总变动中各因素变动的影响程度。

如，通过编制销量指数和价格指数分析销售量或销售价格的变动各自对销售额的影响程度。

（三）运用指数可以对经济社会现象进行综合评价和测定。

如，用中国创新指数综合评定中国的创新进步程度，用绿色发展指数评价各地区绿色发展水平等。

（四）运用指数可以分析研究经济社会现象长期变动趋势。

利用连续编制的动态指数数列，可以分析较长时间内经济社会现象发展的趋势。如，用 2000—2019 年工业生产指数数列，可以分析这期间工业经济的变化和发展趋势。

三、指数的分类

按所反映现象的性质不同，指数分为数量指数和质量指数。数量指数也称物量指数，是表明总体单位数量、规模等数量变动的相对数，如产品产量指数和商品销售量指数等。质量指数是表明总体单位水平、工作质量等质量变动的相对数，如各种价格指数、单位成本指数和劳动生产率指数等。

按所反映现象的范围不同，指数分为个体指数和综合指数。个体指数是表明某单一要素构成现象变动的相对数，如个别产品的物量指数和个别商品的价格指数等。综合指数是表明多种要素构成现象的综合变动的相对数，如社会消费品零售总额指数和居民消费价格指数等。

四、指数的应用

（一）居民消费价格指数。

居民消费价格指数（CPI）是度量一定时期内居民消费商品和服务价格水平变动的相对数，综合反映居民消费商品和服务价格水平的变动趋势和变动程度。编制方法是在众多商品和服务中选择代表品，计算个体物价指数，再以居民消费分类支出为权数，逐级计算类价格指数，直至总价格指数。CPI是宏观经济分析和决策、价格总水平监测和调控以及国民经济核算需要的重要指标，其按年度计算的变动率通常被用来反映通货膨胀或紧缩的程度。如2017—2019年，我国年度居民消费价格指数分别为101.6、102.1和102.9，表明近几年我国消费品和服务的价格涨幅有所扩大，但总体仍是温和的。

（二）股票价格指数。

股票价格指数是度量某一股票市场上多种股票价格水平变动的相对数，综合反映一定时期内股票价格水平的变动趋势和变动程度。股价指数的计算方法很多，一般以报告期股票发行量为权数进行加权综合，即以每日各种股票的价格乘以发行量后求和得到市价总值，除以基期市价总值再乘以基期指数（比如100点）求得。我国股票市场经常发布的股价指数有上证综合指数、深证成份指数和创业板指数等。股价指数可以为投资者和分析师研究、判断股市动态提供信息，可以作为投资业绩评价的标尺，提供一个股市投资的“基准回报”，也可以是指数衍生产品和其他金融创新的基础。

（三）消费者信心指数。

消费者信心指数是度量消费者信心强弱的相对数，是预测经济走势和消费趋向的重要指标，对于监测经济周期变化具有较好的作用。中国经济景气监测中心发布的消费者信心指数由满意指数和预期指数加权平均取得，其中满意指数是指消费者对当前就业形势、当前家庭收入情况和购买时机的判断，预期指数是指消费者对未来6个月就业形势和家庭收入情况的预期。如下图显示，2019年8—12月，我国消费者信心指数在120以上的较高景气区间缓步上升（100为临界值）。2020年上半年，受新冠肺炎疫情冲击，居民就业、收入和消费状况变差，消费者信心指数显著回落，6月降至112.6，比上年末低14.0点，由于国家统筹推进疫情防控和经济社会发展，扎实做好“六稳”工作、全面落实“六保”任务，7月消费者信心指数结束下跌趋势，比6月明显回升4.6点，8月走势基本平稳。

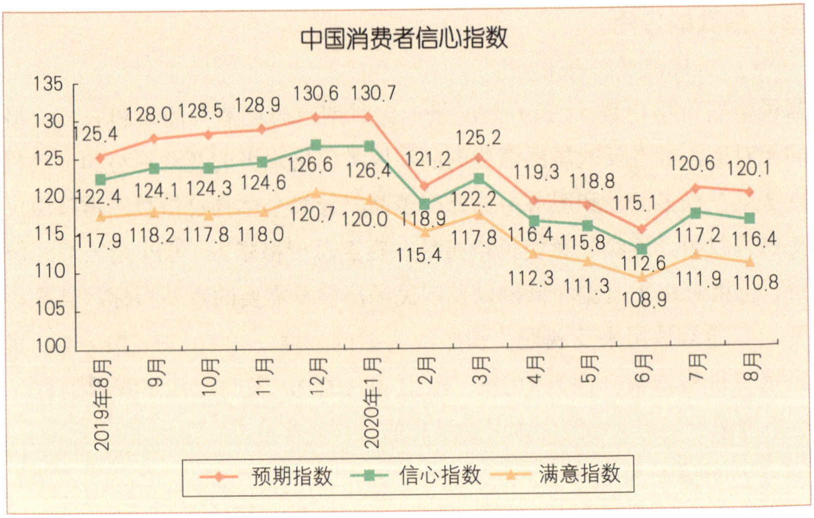

（撰稿：吕庆喆 贾德刚）

136. 什么是权数?

国家统计局公布的数据显示，2019年我国居民消费价格指数（CPI）为102.9，即2019年消费价格比上年上涨2.9%。可能有不少人会认为，我感觉价格一直在涨，怎么最后算下来一年只涨了这么一点儿？为什么CPI数据与居民的感受差异如此之大？产生这种差异的一个重要原因就在于CPI是一个综合反映各类商品和服务价格变动程度的指标，每类商品或服务在居民日常消费支出中的份额也就是比重不同，它的价格变动对CPI的变动影响程度也不相同，这个份额就是“权数”。比如曾经发生过大蒜和绿豆价格疯涨，但这两种商品在居民消费支出中比重都很小，即在CPI中的权数很小，所以尽管二者价格大幅变化，对总体物价水平的影响却不大。

一、权数的概念

权数是用来衡量总体中各构成部分对总体影响程度的数值。权数广泛应用于各类综合指数或平均数的计算中，如居民消费价格指数、工业品出厂价格指数、绿色发展指数、算术平均数和调和平均数等。这些综合指数或者平均数的构成变量中，每个变量对综合指数或平均数的影响程度就是这个变量的权数。权数如果变动，综合指数和平均数也会随之变动，通过权数起到权衡各变量在总体中的轻重作用。

从表现形式上来看，权数通常可以表现为绝对数形式权数（频数）和相对数形式权数（频率）。其中，相对数是用绝对数计算出来的百分数（%）或千分数（‰）表示，又称比重或权重，通常情况下权重之和等于1。

二、权数的应用

无论是编制价格指数、综合指数，还是在抽样调查中，权数的应用非常普遍。

（一）权数在编制居民消费价格指数（CPI）时的应用。

国家统计局编制的居民消费价格指数综合反映了食品烟酒、衣着、居住、生活用品及服务、交通和通信、教育文化和娱乐、医疗保健、其他用品和服务等八大类商品和服务的价格变动，涵盖的商品和服务种类多达260多种，每一种（类）商品和服务都有与其相对应的权数。除商品和服务价格本身的变动外，由于各自权数不同，即在居民消费总支出中所占的份额不同，其价格的变动对CPI变动的影响程度也不同。例如，如果居民消费猪肉比鸡蛋多时，即使猪肉和鸡蛋价格变动幅度相同，比如都上涨了10%，但是猪肉价格的变动就比鸡蛋价格的变动对CPI影响更大。

国家统计局每五年会根据居民消费支出结构的变化对权数体系进行全面更新，每年也会根据居民消费支出变动情况对权数进行及时调整和修正。例如2015年基期调整后，食品烟酒、生活用品及服务权数均有所下降，而居住、交通和通信以及医疗保健权数均有所上升，这与居民消费结构升级的趋势相适应。

（二）权数在编制工业生产者出厂价格指数（PPI）时的应用。

工业生产者出厂价格指数（PPI）是反映各工业行业产品价格水平及其变动趋势和幅度的综合指数。每种工业产品在工业经济中的地位和作用不同，其价格变动对 PPI 的影响程度也有所不同。这种地位和作用通常用该产品所在行业的销售产值大小来衡量。在编制 PPI 时，各行业销售产值的占比即为权数，销售产值高的行业权数相应较大。

（三）权数在构建综合指数中的应用。

构建各类综合指数时，权数是衡量参与综合评价各项指标相对重要程度的量值。例如，国家发展改革委、国家统计局、原环境保护部、中央组织部在对各地区进行生态文明建设年度评价中，建立了绿色发展指标体系，包括了资源利用、环境治理、环境质量、生态保护、增长质量和绿色生活 6 个一级指标以及 55 个二级指标及其权数。55 个二级指标按照重要程度分为三类，最重要的是《国民经济和社会发展第十三个五年规划纲要》和《中共中央、国务院关于加快推进生态文明建设的意见》等提出的主要监测评价指标，其次是《国民经济和社会发展第十三个五年规划纲要》确定的资源环境约束性指标，第三类是其他绿色发展重要监测评价指标，按总权数为 100%，三类指标的权数之比为 3:2:1，分别赋予 2.75%、1.83% 和 0.92% 的权数。6 个一级指标的权数为其所包含二级指标的权数之和。

构建综合指标体系时，各级权数选取常用到以下几种方法：一是主观经验法，根据测算对象的分项构成结构利用主观经验进行赋值。二是专家咨询法，即邀请专家讨论修改各级指标权重意见，直到意见趋于一致得出合理的赋权方案。三是层次分析法，即将一个总目标分解为多级指标，在同层级内根据各指标重要性计算每项指标的相对优先权重。四是多元分析法，利用因子分析、主成分分析等统计方法计算各权数。这几种方法可以单独使用，也可以配合使用。

（四）权数在抽样调查中的应用。

抽样调查中的权数主要是指在用样本推断总体时度量各样本单元相对于总体重要程度的值。比如，抽样中经常遇到的情况就是样本的城乡分布与总体不一致，假设样本中城市比重为 70%，而总体比重为 65%，那么直接使用城市样本的计算结果必然会导致城市样本的影响比实际情况偏大，因此要使用 65%/70% 作为权数对结构进行调整，对样本进行纠偏。

（撰稿：吕庆喆　常炜）

137. 什么是弹性系数？

如果冰淇淋大幅涨价，消费者会如何反应？需求定理告诉我们，通常情况下消费者将会减少购买冰淇淋。那么，消费量会减少多少呢？要回答这个问题就需要用到弹性的概念。

一、弹性的概念

弹性，是一个经济学名词，由英国近代经济学家、新古典学派创始人阿尔弗雷德•马歇尔（Alfred Marshall）提出，是指一个变量相对于另一个变量发生的一定比例改变的属性，也就是一个变量对另一个变量变化的反应程度。

弹性系数则是对弹性大小进行衡量的指标，表示两个变量变动情况的依存关系。

二、计算方法

假定有两个变量 X 和 Y, 并且它们存在着一定的关系，那么要知道变量 Y 对变量 X 变化的反应程度，就可以通过以下公式计算：

$$\text{弹性系数} = \frac{\Delta Y/Y}{\Delta X/X}$$

ΔY 是变量 Y 的增长量，ΔX 是变量 X 的增长量

当两个变量的变动方向相反时，弹性系数为负数。当弹性系数的绝对值大于 1 时，说明富有弹性，反应程度较大；当弹性系数的绝对值小于 1 时，说明缺乏弹性，反应程度较小。当弹性系数的绝对值正好等于 1 时，说明两个变量同比例变动，具有单位弹性。

三、弹性系数的应用

当研究一个变量如何影响另一个变量时，我们不仅要讨论影响的方向，而且要知道影响的大小。弹性和弹性系数就能告诉我们影响的大小程度，因此，在经济和统计分析领域的应用非常广泛。

最常见的应用是在微观经济学中，当衡量需求量或供给量对价格变化的反应程度时，就会用到需求价格弹性系数或供给价格弹性系数，即一个商品价格上涨或下降时会带来的需求量或供给量的变化程度。另外，我们也经常会看到弹性系

数用于分析某个经济指标增长与经济增长之间的关系。例如：消费弹性系数即指消费增长率与 GDP 增长率之间的比率，反映 GDP 每增长一个百分点，消费总额相应增长多少个百分点；税收弹性系数即指税收增长率与 GDP 增长率之间的比率，反映 GDP 每增长一个百分点，相应税收总额增长多少个百分点；就业弹性系数即指就业增长率与 GDP 增长率之间的比率，反映 GDP 每增长一个百分点，就业相应增长多少个百分点。

目前国家统计局发布的关于弹性系数的指标主要有能源生产弹性系数、电力生产弹性系数、能源消费弹性系数和电力消费弹性系数等。下面通过能源消费弹性系数来看看弹性系数在实际工作中的具体应用。

能源消费弹性系数是反映能源消费增长速度与国民经济增长速度之间比例关系的指标，其计算公式为：能源消费弹性系数 = 能源消费量年平均增长速度 / 国民经济年平均增长速度。

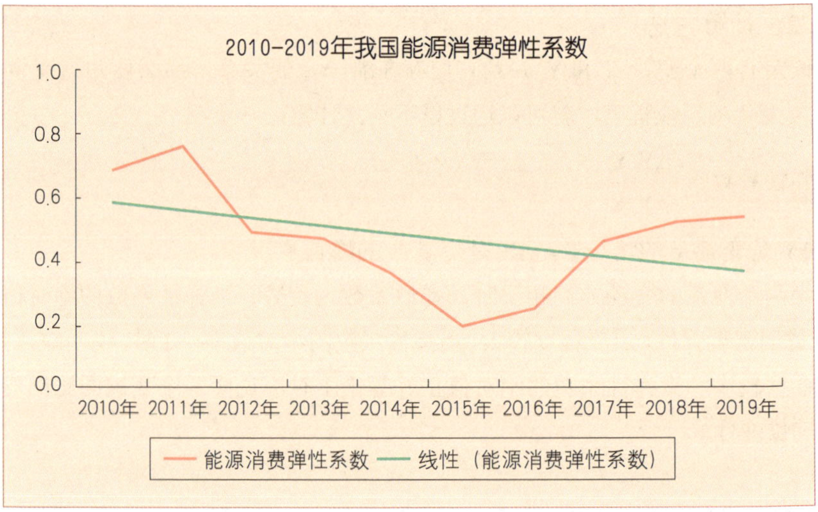

数据来源：《中国统计年鉴 2020》。

从以上图表可以看出，能源消费弹性系数均小于 1， 2011—2015 年能源消费弹性系数明显回落，从 0.76 降至 0.19，但 2016—2019 年该系数持续回升，2019 年升至 0.54，说明近年来单位不变价 GDP 能耗下降态势趋缓，继续提高经济增长利用能源效率需要付出更多努力。

2010—2019 年我国能源消费弹性系数

年份	能源消费增长率（%）	GDP 增长率（%）	能源消费弹性系数
2010	7.3	10.6	0.69
2011	7.3	9.6	0.76
2012	3.9	7.9	0.49
2013	3.7	7.8	0.47
2014	2.7	7.4	0.36
2015	1.3	7.0	0.19
2016	1.7	6.8	0.25
2017	3.2	6.9	0.46
2018	3.5	6.7	0.52
2019	3.3	6.1	0.54

（撰稿：吕庆喆 谭小燕）

138. 什么是变异系数？

在经济发展新常态下，中国经济社会发展日益呈现多元化、异质性特征。利用变异系数可以衡量区域经济社会发展水平差距程度及其变化趋势，为制定地区协调发展战略提供统计依据。变异系数在分析观察值的差异性和异质性方面具有重要作用。

一、什么是变异系数

变异系数又称离散系数，是测度数据变异程度的相对统计量，用于比较平均数不同的两个或多个样本数据的变异程度，是标准差与其平均值之比。

二、变异系数有什么作用

变异系数主要用于比较不同组别数据的离散程度。当进行两个或多个样本数据变异程度的比较时，如果计量单位与平均数相同时，可以直接利用标准差来比较；如果计量单位或平均数不同时，比较其变异程度就不能直接采用标准差，而采用变异系数来比较。通常，变异系数越小，说明数据的变异程度越小；反之，变异系数越大，说明数据的变异程度越大。在观察变异系数变化趋势时，还应结合平均值、标准差一起分析。

三、变异系数是如何计算的

变异系数是一组数据的标准差与其相应的均值之比，其计算公式为：

$$V_\sigma=\frac{\sigma}{\mu}$$

其中，V_σ 为变异系数，σ 为标准差，μ 为数学期望或平均数。变异系数只在平均值不为零时有意义，而且一般适用于平均值大于零的情况。

四、数据解读

基于全国 31 个省区市近 10 年的人均地区生产总值数据，计算各年份变异系数，可以分析我国地区经济发展水平差异的变化情况。

31 个省区市人均地区生产总值变异系数

年份	平均值	最大值	最小值	最大最小值	标准差	变异系数（%）
2010	33350.42	76074	13119	5.80	17153.59	51.43
2011	39441.87	85213	16413	5.19	18796.78	47.66
2012	43386.74	93173	19710	4.73	19739.49	45.50
2013	47395.77	100105	23151	4.32	20974.74	44.25
2014	50742.77	105231	26433	3.98	22080.56	43.51
2015	53083.81	107960	26165	4.13	23308.50	43.91
2016	56766.23	118198	27643	4.28	25721.24	45.31
2017	60855.74	128994	28497	4.53	27573.46	45.31
2018	64687.74	153095	30797	4.97	30769.04	47.57
2019	69235.06	164220	32995	4.98	32698.43	47.23

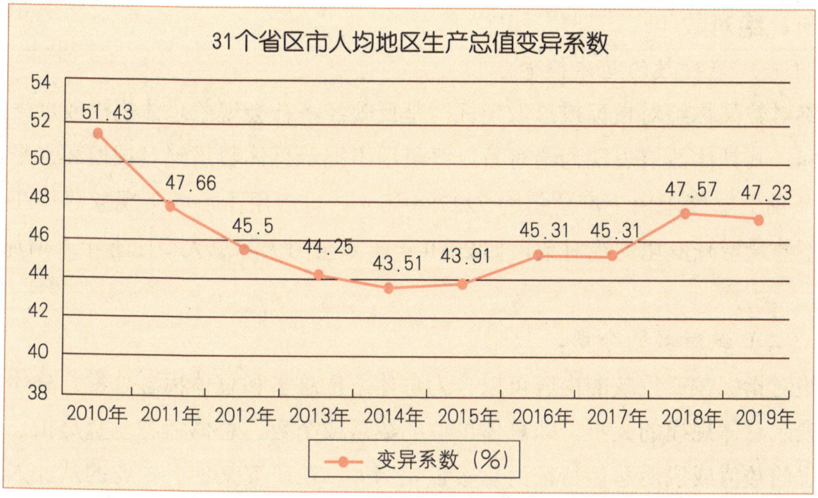

如上图所示，2010—2019 年，随着区域协调发展战略的实施，我国 31 个省区市人均地区生产总值的平均水平不断上升，变异系数和极差比呈现缩小的趋势，表明地区之间发展水平差异在缩小。最大值与最小值之比从 2010 年的 5.80 倍缩小到 2019 年的 4.98 倍；变异系数从 2010 年的 51.4% 下降至 2019 年的 47.2%，虽 2015 年到 2018 年有所回升，但 2019 年比 2018 年有所回落。总体上，近 10 年来，我国地区经济发展差距呈缩小趋势，区域经济发展日趋均衡、协调。

（撰稿：赵军利 董倩）

139. 什么是绝对数与相对数?

绝对数和相对数是反映经济社会规模、结构、速度和水平最常见、最基本的统计指标。2020 年 5 月 22 日，李克强总理代表国务院在第十三届全国人大三次会议上作的《政府工作报告》中提到，2019 年，我国国内生产总值达到 99.1 万亿元，增长 6.1%。城镇新增就业 1352 万人，调查失业率在 5.3% 以下。居民消费价格上涨 2.9%。国际收支基本平衡。总理通过对绝对数和相对数两个概念的综合运用，直观展示了我国国民经济运行总体平稳的状态。

一、绝对数

（一）绝对数的基本概念。

绝对数又称绝对指标或总量指标，是反映经济社会现象总体规模或水平的统计指标，其具体数值表现为绝对数，既可用于揭示总体数量绝对规模和水平，如2020年前三季度国内生产总值为722786亿元；也可用于反映某现象总体在一定条件下数量增减变化的绝对数，如2019年年末全国大陆总人口比上年末增加467万人。

（二）绝对数的分类。

绝对指标按所反映的内容可以分为总体单位总量和总体标志总量。总体单位总量表示总体规模的大小，即总体单位的数量或个数。总体标志总量是指总体某种标志的数值或说明总体特征的总数量。例如，在研究某地区企业的从业人员数时，“企业单位数”为总体单位总量，全部企业的“从业人员数”为总体标志总量。

绝对指标按所反映的时间状态不同，可以分为时期指标和时点指标。时期指标是反映现象在一定时间内发生的总量。例如，2019年全年货物进出口总额315505亿元。时点指标是反映现象在某一时点上的数量状态。例如，2019年年末国家外汇储备为31079亿美元。

（三）绝对数的主要作用。

绝对指标是最基本的统计指标，是对经济社会现象总体认识的起点，也是计算相对指标和平均指标的基础。

二、相对数

（一）相对数的基本概念。

相对数也称相对指标，是两个相互有联系的指标进行对比后形成的统计指标，其具体数值表现为相对数，用以反映现象之间以及现象内部的数量对比关系。通常用百分数（%）、千分数（‰）、系数或倍数等表示。

（二）相对数的分类。

依据不同的研究目的和研究任务，相对指标可以分为：结构相对指标、比较相对指标、强度相对指标、动态相对指标、比例相对指标和计划完成程度相对指标等。

1. 结构相对指标

它是总体的某一部分与总体数值相比求得的比重或比率指标。表明总体中某部分的比重，通常用百分数或系数表示。计算公式为：

$$结构相对指标=\frac{各组（部分）数量}{总体数量}\times 100\%$$

例如，2020 年前三季度第一产业增加值占国内生产总值的比重为 6.7%，第二产业增加值比重为 37.9%，第三产业增加值比重为 55.4%。

2. 比较相对指标

它是同类指标在不同空间、不同条件下进行对比形成的相对指标，表明事物的不均衡程度或不同条件下的差异程度。通常用百分数、倍数或系数表示。计算公式为：

$$比较相对指标=\frac{某条件下的某类指标数值}{另一条件下的同类指标数值}$$

例如，2019 年东部地区生产总值 511161 亿元，西部地区生产总值 205185 亿元，则东部地区生产总值是西部地区的约 2.5 倍。

3. 比例相对指标

它是反映总体中各组成部分之间数量联系程度和比例关系的相对指标。通常用百分数、“1 比几”或“几比几”表示。计算公式为：

$$比例相对指标=\frac{总体中某一部分的数值}{总体中另一部分的数值}$$

例如，2010 年第六次全国人口普查显示，大陆男性人口为 686852572 人，女性人口为 652872280 人，则总人口性别比（以女性为 100，男性对女性的比例）为 105.20。

4. 强度相对指标

它是有一定联系但性质不同的两个总量指标相比较形成的相对指标。用于表明事物现象的强度、密度、普遍程度等。通常用复名数、百分数（%）或千分数（‰）表示。计算公式为：

$$强度相对指标=\frac{某一总量指标}{另一有联系但性质不同的总量指标}$$

例如，2019 年人均图书拥有量 7.29 册，是指一年内全国平均每人拥有的当年出版图书册数。再如，2019 年万元国内生产总值用水量 67 立方米，是用全年总用水量除以国内生产总值得出。

5. 动态相对指标

它是某一经济社会现象的同类指标在不同时间的数值之比，反映事物的发展变化程度。通常用百分数或倍数表示。计算公式为：

$$动态相对指标=\frac{报告期指标数值}{基期指标数值}$$

例如，2019 年全年居民消费价格比 2018 年上涨 2.9%。

6. 计划完成程度相对指标（又称计划完成百分数）

它是以计划为比较标准，将实际完成数与计划规定数相比较，用以表明计划完成情况的相对指标，通常用百分数表示。计算公式为：

$$计划完成程度相对指标=\frac{实际完成数}{计划规定数}\times 100\%$$

例如，2020 年政府工作报告提出实现城镇新增就业 900 万人以上，前三季度城镇新增就业实现了 898 万人，基本完成全年的目标任务。

（三）使用相对数应注意的问题。

在计算和运用相对指标时应注意：

1. 可比性。即要求相对比的指标在内涵、统计口径、计算方法和计量单位等方面要有可比性。

2. 综合运用相对指标与绝对指标，以便全面客观地认识问题。

3. 运用相对指标时，不能只关注数值大小，要结合经济社会现象具体分析。

（撰稿：赵军利　申俊利）

140. 平均数、中位数有什么区别?

对于一组庞大的数据，我们无法分析所有数据，就需要选取合适的代表值来表达这组数据的特征，平均数无疑是最重要的代表值，它可以直观、简明地表示数据情况。平均数不仅可以用来反映一组数据的一般情况，还可以用它进行不同组数据的比较，得出组与组之间的差别。统计学上的平均数有数值平均数和位置平均数，前者包括算术平均数和几何平均数，后者包括中位数、众数。日常应用中，以“平均数”指代数值平均数，“中位数”作为位置平均数应用较多。

一、平均数

（一）算术平均数。

算术平均数分为简单算术平均数、加权算术平均数。

1. 简单算术平均数。主要用于处理未分组整理的数据。设一组数据为 X_1，X_2，…，Xn，简单算术平均数的计算公式为：

$$M=\frac{X_1+X_2+...+X_n}{n}$$

2. 加权算术平均数。主要用于处理经分组整理的数据。设原始数据被分成 K 组，各组的组中值为 X_1，X_2，…，X_k，各组的频数分别为 f_1，f_2，…，f_k，加权算术平均数的计算公式为：

$$M=\frac{X_1\times f_1+X_2\times f_2+...+X_k\times f_k}{f_1+f_2+...+f_k}$$

（二）几何平均数。

几何平均数是指 n 个观察值连乘积的 n 次方根，适用于对比率数据的平均，主要用于计算数据平均增长（变化）率。几何平均数分为简单几何平均数与加权几何平均数。

简单几何平均数的计算公式：

$$G_n=\sqrt[n]{\prod_{i=1}^{n}x_i}=\sqrt[n]{X_1X_2X_3\cdots X_n}$$

加权几何平均数的计算公式：

$$G_n=\sum_{i=1}^{n}f\sqrt{\prod_{i=1}^{n}x_i^{f_i}}=\sum f\sqrt{x_1^{f_1}x_2^{f_2}x_3^{f_3}\cdots x_n^{f_n}}$$

具体实例如下：

假定某地储蓄年利率（按复利计算）分别是 5% 持续 1.5 年，3% 持续 2.5 年，2.2% 持续 1 年，则 5 年内该地平均储蓄年利率为

$$G=\sqrt[1.5+2.5+1]{1.05^{1.5}\times1.03^{2.5}\times1.022^{1}}-1=3.43\%$$

（三）平均数的作用。

平均数既可以用它来反映一组数据的一般情况和平均水平，也可以用它进行不同组数据的比较，分析组与组之间的差别。用平均数能直观简明表示一组数据

的情况，如平均速度、平均身高、平均产量、平均成绩、平均收入等等。例如，我们要比较北京和山西两地居民收入水平，无法将这两个地方的每一个家庭的收入一一进行比较，最简单直接的方法就是比较两地居民的平均收入水平。

算术平均数是最常用的一种平均指标，几何平均数多用于计算比率平均数，它受极端值影响较算术平均数小。

二、中位数

中位数，又称中值，指按顺序排列的一组数据中居于中间位置的数。也就是说，一组数据中，有一半的数据比中位数大，有一半的数据比中位数小。这里用 $m_{0.5}$ 来表示中位数。

（一）计算方法。

将一组数据按照大小的顺序排列。如果数据的个数是奇数，则中间那个数据就是这群数据的中位数；如果数据的个数是偶数，则中间那 2 个数据的算术平均值就是这群数据的中位数。

有一组数据为 $X_1,\cdots,X_N$，将它按从小到大的顺序排序为 $X_{(1)},\cdots,X_{(N)}$，则有：

当 N 为奇数时，$m_{0.5}=X_{(N+1)/2}$；

当 N 为偶数时，$m_{0.5}=\dfrac{X_{(N/2)}+X_{(N/2+1)}}{2}$。

（二）具体实例。

例 1：找出这组数据：23、29、20、32、23、21、33、25 的中位数。

先将该组数据进行排列（这里按从小到大的顺序），得到：20、21、23、23、25、29、32、33。因为该组数据一共由 8 个数据组成，n 为偶数，中位数是第四个数和第五个数的平均数即 (23+25)/2=24。

例 2：找出这组数据：10、20、20、20、30 的中位数。

先将该组数据进行排列（这里按从小到大的顺序），得到：10、20、20、20、30。因为该组数据一共由 5 个数据组成，n 为奇数，中位数为第 3 个数即 20。

（三）中位数的作用。

中位数不易受一组数据中极端数值的影响，常用它来描述一组数据的集中趋势。假设比尔•盖茨和十几个穷人在一个房间里，这个房间里十几个人的平均收入就都超过亿元。因为比尔•盖茨和穷人的收入差距过大，导致平均数值缺乏实际参考意义。但如果用中位数来衡量，就知道这房间里起码有一半人是穷人，有助于了解普通民众的收入水平。

三、平均数与中位数的局限性

平均数易受一组数据中极端数值的影响。比如，某地有五个人，某月工资分别是 1000 元，1000 元，1300 元，1700 元，20000 元。那么，月工资 1300 元就是五个人工资的中位数；而该五个人的平均工资为 5000 元。下个月，最高工资者工资大幅度下降变为 5000 元，这五个人工资中位数不受最大值变化的影响还是 1300 元，但五个人该月的平均工资则受最大值变动影响非常大，从原来的 5000 元下降到 2000 元。

中位数也有局限性，主要是中位数不能推算总量和结构。比如我们要核算居民消费总量时，需要居民消费的平均数与人口规模相结合。

四、平均数和中位数结合使用

中位数可以和平均数一起使用分析一组数据的平均情况。当数列是正态分布，中位数与平均数具有相同的值；当数列是正偏态分布，中位数位于平均数的左侧，小于平均数；当数列是负偏态分布时，中位数位于平均数的右侧，大于平均数。因此，我们可以根据居民人均可支配收入的中位数、平均数的大小判断分布形态。2019 年，我国居民人均可支配收入是 30733 元，中位数 26523 元，呈现正偏态分布。

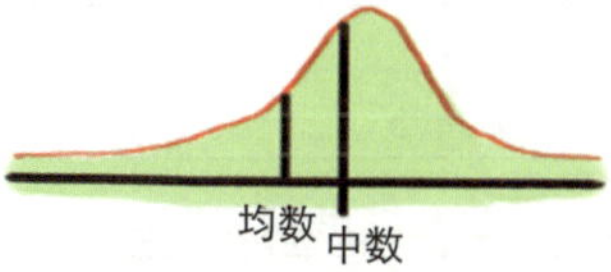

负偏态分布

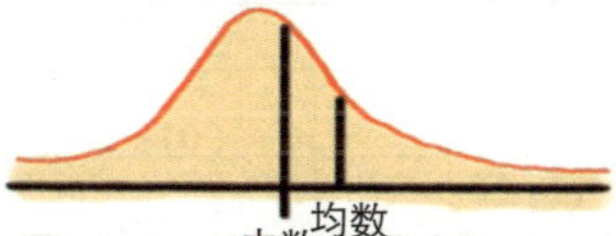

正偏态分布

（撰稿：吴伟 彭丽荃 余秋梅）

141. 什么是存量与流量？

存量与流量是反映经济状况的两类指标，在统计和国民经济核算中得到广泛运用。存量与流量之间既有密切的联系，又有一定区别。

一、存量与流量的基本概念

存量是某一时点结存的量，体现了某一时点上持有的经济价值或物量；流量是一段时期内累计发生的量，反映了一段时期内经济价值或物量的产生、转换、交换、转移和消失，体现一个时期内经济价值或物量的变化。

二、存量与流量之间的关系

存量与流量之间的关系可以概括为：期初存量与本期对应的流量之和形成期末存量。经济运行过程中的许多流量都有与其直接对应的存量，如本期存款与存款余额、本期贷款与贷款余额，但也有一些流量没有与其直接对应的存量，如进口额、出口额、劳动者报酬。

三、统计和国民经济核算中的存量与流量

在各项统计指标中，存量指标包括政府债务余额、外汇储备、总人口、存款余额、贷款余额等；流量指标包括社会消费品零售总额、全社会固定资产投资、客运量、货运量、进口额、出口额等。以人民币存贷款指标为例，2019 年末，全国人民币存款余额 192.8 万亿元，当年人民币存款增加 15.4 万亿元；全国人民币贷款余额 153.1 万亿元，当年人民币贷款增加 16.8 万亿元。其中，人民币存款余额 192.8 万亿元和人民币贷款余额 153.1 万亿元是存量数据；当年人民币存款增加额 15.4 万亿元和人民币贷款增加额 16.8 万亿元，是流量数据。

2019 年人民币存贷款情况

单位：万亿元

	2019 年末余额	比年初增减额
人民币存款	192.8	15.4
人民币贷款	153.1	16.8
指标属性	存量	流量

在国民经济核算中，国内生产总值核算、投入产出核算、资金流量核算、国际收支核算中的国际收支平衡表等，属于流量核算；资产负债核算和国际收支核算中的国际投资头寸表等，既有存量核算又有流量核算。其中，国内生产总值核

算描述一定时期内生产活动最终成果形成和使用过程。投入产出核算描述国民经济各部门在一定时期内生产活动的投入来源和产出使用去向，揭示国民经济各部门间相互联系、相互依存的数量关系。资金流量核算以收入分配和资金运动为核算对象，描述一定时期各机构部门收入的分配和使用，资金的筹集和运用情况。国际收支核算描述我国常住单位与非常住单位之间的经济往来关系，国际收支平衡表反映一定时期内发生的对外经济收支往来；国际投资头寸表反映特定时点对外资产负债存量及其变动状况。资产负债核算描述特定时点的资产负债存量和结构情况，以及资产负债从期初到期末之间发生的变化。

（撰稿：赵同录 李相龙）

142. 什么是经济增长贡献率和拉动点？

贡献率和拉动点主要用于分析经济增长中各因素作用的程度，包括各行业或各类最终需求对经济增长的贡献率和拉动点。常见的指标有三次产业对经济增长的贡献率和拉动点，三大需求对经济增长的贡献率和拉动点。

一、贡献率和拉动点的计算方法

贡献率可利用各行业不变价增加值的增量或各最终需求项的不变价增量除以当期 GDP 的不变价增量计算得到，用公式表示为：

$$\text{某行业或需求的贡献率}=\frac{\Delta X}{\Delta GDP}\times 100\%=\frac{X_t-X_{t-1}}{GDP_t-GDP_{t-1}}\times 100\%$$

其中 X_t 为当期某行业增加值或某项最终需求的不变价绝对额，X_{t-1} 为上年同期某行业增加值或某项最终需求的不变价绝对额，GDP_t 和 GDP_{t-1} 分别为当期与上年同期 GDP 不变价绝对额。

将某行业或某项最终需求贡献率乘以当期 GDP 的增速，就可得到相应行业或最终需求对当期经济增长所拉动的百分点，称为拉动点。用公式表示为：

某行业或最终需求项的拉动点 = 该行业或最终需求的贡献率 ×GDP 不变价增速

二、三次产业对经济增长的贡献率和拉动点

第一产业、第二产业和第三产业对经济增长的贡献率和拉动点（表1和表2），表示从产业层面观察各产业对经济增长的影响和程度。

表1　三次产业对GDP增长的贡献率

单位：%

年份	第一产业	第二产业	第三产业
2015	4.4	39.7	55.9
2016	4.0	36.0	60.0
2017	4.6	34.2	61.1
2018	4.1	34.4	61.5
2019	3.8	36.8	59.4

表2　三次产业对GDP增长的拉动点

年份	GDP增速（%）	拉动点（百分点）		
		第一产业	第二产业	第三产业
2015	7.0	0.3	2.8	3.9
2016	6.8	0.3	2.5	4.1
2017	6.9	0.3	2.4	4.2
2018	6.7	0.3	2.3	4.2
2019	6.1	0.2	2.2	3.6

三、三大需求对经济增长的贡献率和拉动点

最终消费支出、资本形成总额、货物和服务净出口对经济增长的贡献率和拉动点（表3和表4），表示从最终需求角度观察其对经济增长的影响。

表3　三大需求对GDP增长的贡献率

单位：%

年份	最终消费支出	资本形成总额	货物和服务净出口
2015	69.0	22.6	8.4
2016	66.4	45.1	-11.5
2017	55.9	39.5	4.7
2018	64.6	42.7	-7.3
2019	57.6	31.4	11.0

表 4　三大需求对 GDP 增长的拉动点

年份	GDP 增速（%）	拉动点（百分点）		
		最终消费支出	资本形成总额	货物和服务净
2015	7.0	4.9	1.6	0.6
2016	6.8	4.5	3.1	-0.8
2017	6.9	3.9	2.7	0.3
2018	6.7	4.4	2.9	-0.5
2019	6.1	3.5	1.9	0.7

通过观察产业或最终需求贡献率之间的数据关系，可以了解产业或最终需求在国民经济中的地位和作用，研究国民经济的增长类型和运行特点，揭示其发展规律。以 2019 年三大需求贡献率为例，2019 年最终消费支出贡献率为 57.6%，资本形成总额贡献率为 31.4%，货物和服务的净出口贡献率为 11.0%。贡献率的数据表明，2019 年中国经济增长是内需主导的，消费是拉动经济增长的主动力。

另外，使用贡献率进行分析时需要注意，某一行业或最终需求的贡献率高低不仅取决于其自身，还受其他行业或最终需求贡献率的影响。因为不同因素之间是相互影响的，各产业或最终需求贡献率存在着此消彼长的关系。

（撰稿：赵同录 柳楠）

143. 什么是所占比重、比例和相当于百分比？

分析研究经济发展不仅要看总量数据，更要看各个分项数据之间的关系。通过分析部分之间、部分与总量之间的数量关系，来研究数据之间的协调性和平衡性，从而更好更精准地分析经济数据。

一、所占比重的应用

所占比重是一个总体中各个部分的数量占总体数量的百分比，主要用于反映总体的构成。计算方式是：部分的数量除以总体数量并乘以 100%。例如，国内生产总值由一、二、三产业构成，2019 年我国第三产业增加值为 535371 亿元，国内生产总值为 986515 亿元，第三产业增加值占国内生产总值的比重就是

535371/986515×100%=54.3%。在进行经济分析时，我们经常会对比各个部分所占比重的变化，来反映结构的变化。例如，第三产业增加值所占比重由2015年的50.8%上升至2019年的54.3%，4年间上升了3.5个百分点；第二产业、第一产业的比重逐年下降。这三部分所占比重的变化显示我国经济发展步入新阶段，经济结构战略性调整和转型升级加快推进，三次产业发展协调性显著增强。

图1　2015—2019年三次产业增加值占国内生产总值的比重

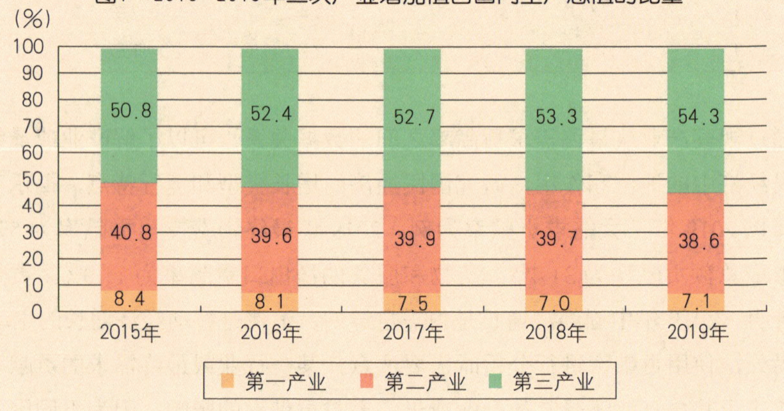

二、比例的应用

比例反映的是构成一个总体的部分与部分之间的基本关系，或者两个总体之间倍差的关系。描述比例关系的变化可以说明部分与部分之间协调性的问题。例如，2019年末中国大陆总人口中男性人口71527万人，女性人口68478万人，以女性人口为100，总人口的男女比例就为：104.45:100。

图2　2015—2019年我国男女比例

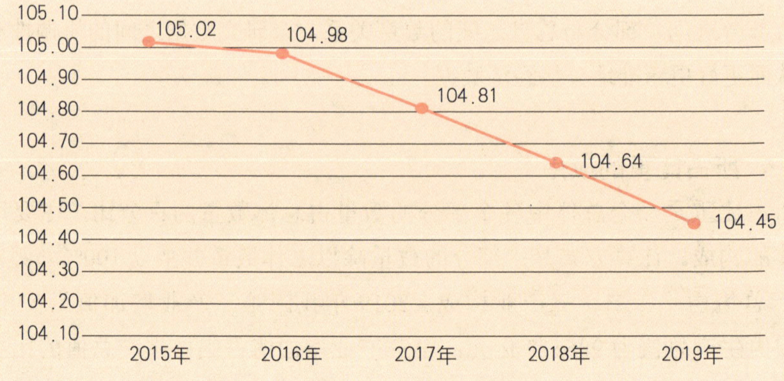

三、相当于百分比的应用

相当于百分比是描述两个不具有从属关系的统计指标之间的数量比例。例如，2019 年全国居民人均可支配收入是 30733 元，河南省居民人均可支配收入是 23903 元，那么河南省居民人均可支配收入相当于全国居民人均可支配收入的百分比就是 77.8%。

总之，所占比重、比例和相当于百分比都是描述一个量与另一个量之间的比例关系。所占比重反映的是部分与总体之间的比，部分是构成总体的一部分。比例反映的是构成部分与部分之间的倍差。相当于百分比的两个指标之间只具有可比性，而没有从属的构成关系。

（撰稿：付凌晖 沈丽文）

144. 同比与环比有何不同？

增长速度是反映经济社会某一领域发展变化情况的重要数据，而同比和环比是反映增长速度最基础、最核心的数据指标，也是国际上通用的指标。在统计中，同比和环比通常是同比变化率和环比变化率的简称，用于表示某一事物在对比期内发展变化的方向和程度。

一、同比基本概念

同比是以上年同期为基期相比较，即本期某一时间段与上年某一时间段相比，可以理解为今年第 n 月与去年第 n 月的比较。如，2019 年 12 月份与 2018 年 12 月份相比较，2019 年上半年与 2018 年上半年相比较就是同比。同比增长率是指本期和上一年同期相比较的增长率，计算公式为：同比增长率＝（本期数－同期数）/ 同期数 ×100%。例如，某公司 2019 年上半年利润 3000 万元，为本期数，同期数就是 2018 年上半年的利润 2000 万元，同比增长率为（3000 － 2000）/ 2000×100% ＝ 50%，即某公司 2019 年上半年利润同比增长 50%。

二、环比基本概念

环比是与上一个相邻统计周期相比较，表明统计指标逐期的发展变化，可以理解为第 n 月与第 n-1 月的比较。如，2019 年 12 月份与 2019 年 11 月份相比较，2019年1月份与2018年12月份相比较就是环比。环比增长率是指本期和上期相比较的增长率，计算公式为：环比增长率=（本期数－上期数）/上期数×100%。例如，某公司2019年6月份营业额为100万元，为本期数，上期数就是2019年5月份营业额80万元，环比增长率为（100－80）/80×100%=25%，即某公司2019年6月份营业额环比增长25%。

三、同比和环比的应用

环比侧重反映数据的短期变化。用环比增长速度反映指标变化时，时效性强，比较灵敏。比如，对居民消费价格指数（CPI）的环比涨跌幅进行分析，可以判断短期内物价变化的方向（上升或下降）。环比的不足之处是，对一些随着季节变化而波动的指标，将当期的数据直接与上期相比时，容易受到季节因素的干扰，使得用其反映的增长速度波动往往较大。比如，由于“双十一”促销影响，11月份网上零售额相比10月份增加较多，而12月份网上零售额相比11月份会减少较多，相应地，11月份的环比增长速度会比较高，而12月份的环比增长速度就可能是负的，但这并不能说明网上零售额发生了趋势性变化。所以进行环比计算之前一般需要先把经济指标变动中的季节性因素剔除掉，即进行季节调整后，再计算环比增长速度。

同比相对于环比，侧重反映长期趋势，能够一定程度上克服季节性波动的影响。比如，同样是“双十一”促销，使用同比增长速度，10月、11月、12月的波动不会像环比波动那样大，主要由于上年与今年11月“双十一”促销因素均存在。但另一方面，同比增长速度的缺点是易于受基期因素影响，比如，上年基期受灾害影响，数据波动大，而今年同期未受灾害影响，则同比增长速度会表现出波动变化。

总之，同比和环比所反映的虽然都是变化速度，但由于对比基期不同，反映的内涵完全不同。一般来说，环比可以与环比相比较，而不能拿同比与环比相比较。但是，对于同一个领域，当既要考虑历史发展趋势，又要考虑短期变化时，则应把同比与环比放在一起进行对照分析。

（撰稿：付凌晖　沈丽文）

145. 什么是环比折年率?

环比折年率是月度（或季度）统计中一个十分重要的统计指标，由环比增速推算得到，用于反映经济的发展速度与趋势变化。环比折年率与同比增速相比具有对趋势变化灵敏度高的优点，在统计分析、趋势预测等领域有着广泛应用。

一、环比折年率的基本概念

在月度或季度统计中，统计指标的增长速度按照对比基期的不同，可以分为同比增速和环比增速。同比增速的对比基期是上年同期，环比增速的对比基期是相邻的上一个时期。环比折年率的含义就是，如果按当月或者当季环比速度增长，在未来一年中这一指标的增长趋势。环比增速和环比折年率可以相互推导得出。

二、环比折年率的主要作用

使用环比折年率的必要性是相对于同比增速而言的。在经济分析中得到广泛使用的同比增长率有明显的不足，不能及时地反映经济的最新变化，尤其是在经济快速变动时期和经济转折点附近，这一缺陷显得更为突出，甚至趋势都有可能与实际情况相背离。环比折年率则正好可以弥补这一不足，一个月或一个季度后就可以观察到经济变化，反映经济变化的敏感性远高于同比增长率。

但是，正是因为环比折年率的敏感性更高，这使得季度间的环比折年率数据波动较大，而且受环比数据影响，其修订频率也比同比数据高。因此，短期内对数据实际趋势变化的判断还需要结合同比数据进行详细分析，而不能仅凭一两期环比折年率数据简单定论。

三、如何计算环比折年率

记 Y_t 为统计指标原始时间序列，R_t 为环比发展速度，其基本公式为：

$$R_t = ((Y_t / Y_{t-1}) - 1) \times 100\%$$

环比折年率是指以当期测算的环比统计指标的发展速度，折算为年度发展速度。若记 AR_t 为环比折年率，则计算公式如下：

$$AR_t = ((Y_t / Y_{t-1})^n - 1) \times 100\%$$

其中，若环比统计数据是月度数据，n 取 12；若环比统计数据是季度数据，n 取 4。

由于大多数原始数据序列含有季节因素，不同月份或季度的季节因素差异较大，因此直接计算的环比增速大多是不可用的，需要通过数学方法消除季节因素的影响，称为季节调整。消除季节因素后，各月（或季）之间都是可比的，记 $\overline{Y}_t$ 为季节调整后的时间序列，则经过季节调整的环比折年率为：

$$\overline{AR}_t=\left((\overline{Y}_t/\overline{Y}_{t-1})^n-1\right)\times 100\%$$

四、示例

下表为2012年1季度至2019年4季度的我国季度GDP同比增速和经季节调整后的环比折年率数据。通过对比我们可以发现，环比折年率序列相较于同比增速序列具有更强的敏感性与波动性。

我国季度GDP同比增速与环比折年率数据

单位：%

季度	同比增速	环比折年率	季度	同比增速	环比折年率
2012Q1	8.1	7.9	2016Q1	6.9	6.3
Q2	7.7	8.7	Q2	6.8	7.4
Q3	7.5	7.6	Q3	6.8	6.9
Q4	8.1	7.9	Q4	6.9	6.7
2013Q1	7.9	7.6	2017Q1	7.0	7.0
Q2	7.6	7.3	Q2	7.0	7.4
Q3	7.9	8.9	Q3	6.9	6.5
Q4	7.7	6.6	Q4	6.8	6.6
2014Q1	7.5	7.6	2018Q1	6.9	7.6
Q2	7.6	7.5	Q2	6.9	6.9
Q3	7.2	7.4	Q3	6.7	5.3
Q4	7.3	6.8	Q4	6.5	6.1
2015Q1	7.1	7.7	2019Q1	6.4	8.0
Q2	7.1	7.5	Q2	6.2	5.2
Q3	7.0	6.8	Q3	6.0	4.0
Q4	6.9	6.6	Q4	6.0	6.4

（撰稿：赵同录 陈希）

146. 什么是购买力平价？

利用经济指标进行跨国比较是衡量经济体经济增长绩效和评价发展阶段的重要方法，这需要将各经济体货币转化为同一货币。通常，人们使用官方汇率将各经济体货币转化为同一货币。但一些经济学家认为，汇率易受国际资本流动、宏观经济波动的影响，只体现了不同经济体可贸易品间的比价关系，未能消除经济体间价格水平差异，利用汇率进行国际比较在一定程度上扭曲了比较结果。为克服汇率作为货币转换因子的弊端，经济学家发明了“购买力平价（Purchasing Power Parity，PPP）”这一指标。

一、基本概念及作用

与汇率类似，PPP 是反映经济体间交换同一组货物和服务的货币比率。以单一商品巨无霸汉堡为例，其在中国和美国的售价分别是 23 元人民币和 5 美元，则以美国为基准，巨无霸汉堡的 PPP=23 元人民币 /5 美元 =4.6。

与汇率相同，可利用 PPP 将不同经济体的经济指标调整至同一货币单位。例如，中国 2017 年 GDP 为 820754 亿元人民币[16]，则经当年汇率 6.76[17] 折算后的 GDP（汇率法 GDP）为 121413 亿美元，经当年 PPP 4.18 折算后的 GDP（PPP 法 GDP）为 196353 亿美元。

与汇率不同，PPP 是人为构造出的一个货币转换因子。因此，尽管其避免了汇率的诸多缺陷，但其准确性受基础数据、统计测度理论和技术方法的影响较大。构造和生产 PPP 的项目很多，目前影响力最大的是由联合国和世界银行主导的国际比较项目（International Comparison Program，ICP）。从 2017 年起，ICP 大约每 3 年组织实施一次，各轮次 PPP 测算方法可能存在差异。新一轮结果公布后，需调整之前轮次的测算结果。

二、ICP 中 PPP 的测算方法

测算 PPP 需要两组数据。第一组数据来自国民经济核算。参与 ICP 的经济体需将其以本币表示的支出法 GDP 拆分至 155 个细项（即基本分类）。这些基本分类的支出加总必须与 GDP 相等。第二组数据来自价格调查。各基本分类下包

注：16. 非经第四次全国经济普查后的修订数据。
17. 数据来自世界银行。

含了若干代表性规格品，每个经济体需按照事先确定的规格品目录调查这些规格品以本币表示的年平均价格。

PPP 计算的基本思路是，先利用规格品价格数据计算 155 个基本分类的 PPP，再以来自国民经济核算的基本分类支出为权重，向上汇总成为总类（小类、中类、大类、主要总量和 GDP）的 PPP。通常说的中国 2017 年 ICP 的 PPP 为 4.18，即指中国 2017 年 GDP 层级的 PPP。

在 ICP 中，PPP 的测算分两阶段进行。第一阶段，由经济体将价格数据和支出数据提交至区域执行机构，区域执行机构负责测算区域结果。第二阶段，由区域执行机构将数据提交至世界银行，由世界银行 ICP 全球办公室结合区域结果测算全球最终结果。

三、2017 年 PPP 结果及其应用

2017 年轮 ICP 最终结果显示，中国 2017 年的 PPP 为 4.18，即 4.18 元人民币等于 1 美元，低于当年汇率 6.76。从全球看，发展中经济体的 PPP 与汇率差距较大，发达经济体的 PPP 与汇率差距较小，大部分经济体的 PPP 值小于汇率值，仅部分经济体 PPP 值大于汇率值。

部分经济体 2017 年 PPP 值与汇率值

经济体	PPP（美元 =1）	汇率（美元 =1）	PPP/ 汇率（%）
中　国	4.18	6.76	61.9
印度尼西亚	4695.66	13380.87	35.1
日　本	105.38	112.17	93.9
法　国	0.77	0.89	86.6
德　国	0.74	0.89	83.7
意大利	0.69	0.89	77.6
俄罗斯	24.05	58.34	41.2
英　国	0.68	0.78	87.9
巴　西	2.18	3.19	68.4
美　国	1.00	1.00	100.0
印　度	20.65	65.12	31.7
南　非	6.43	13.33	48.2

注：各经济体汇率来自世界银行。

根据 2017 年 PPP 结果，中国 2017 年 GDP 为 19.6 万亿美元，居世界（176

个经济体）第 1 位，比汇率法 GDP 排名高 1 位，我国 GDP 占世界经济总量的 16.4%；人均 GDP 为 14150 美元，相当于世界平均水平的 85.3%，位居世界第 90 位，比汇率法人均 GDP 排名低 11 位；价格水平指数为 92.8%，比世界平均价格水平低 7.2%。

176 个经济体总经济规模为 119.5 万亿美元，比汇率法总量 79.7 万亿美元高出 50.0%。全球人均 GDP 为 16596 美元，人均 GDP 最高的卢森堡人均达到 112701 美元，人均 GDP 最低的布隆迪人均仅为 784 美元。全球价格水平最高的经济体为百慕大群岛，其价格水平为全球平均水平的 204.9%，价格水平最低的经济体为埃及，其价格水平仅为全球平均水平的 27.5%。

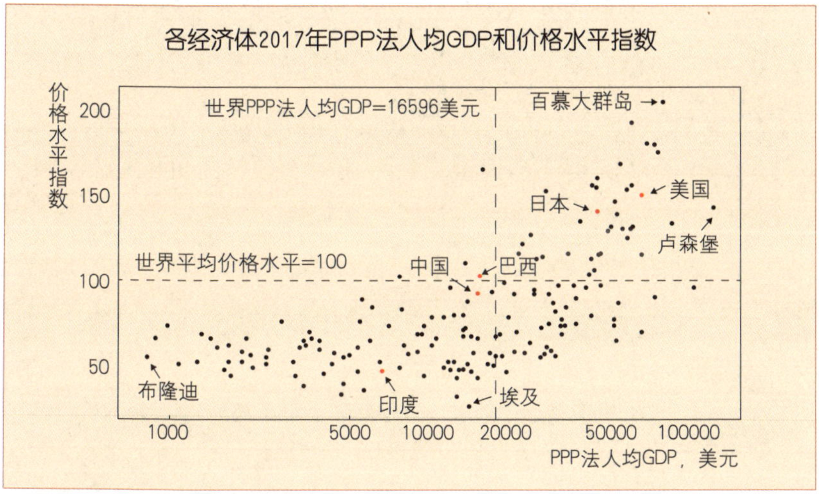

注：横轴为对数坐标轴，轴标签已转化为原值。

（撰稿：鲁志贤 张伟）